▲ | ■ | ●

머신 | 플랫폼 | 크라우드

▲ | ■ | ●

**Machine | Platform | Crowd**

# 머신 | 플랫폼 | 크라우드

앤드루 맥아피, 에릭 브린욜프슨 지음

청림출판

한 그루의 나무가 모여 푸른 숲을 이루듯이
청림의 책들은 삶을 풍요롭게 합니다.

메릴랜드 주 베데스다에 있는 나의 가족
데이비드, 섀넌, 아멜리아, 오로라, 에이버리 매에게.
포커 판에서 가끔 시간을 보낼 수 있게 허락해준 데 고마움을 전하며.

| 앤드루 |


언제나 웃음과 사랑 그리고 흔들림 없는 믿음으로
내가 계속 나아갈 수 있도록 해준 어머니 마거릿께.

| 에릭 |

# 차례

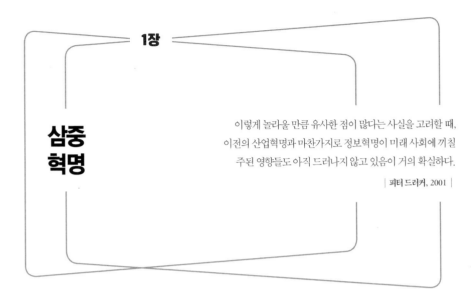

# 1장

## 삼중 혁명

이렇게 놀라울 만큼 유사한 점이 많다는 사실을 고려할 때,
이전의 산업혁명과 마찬가지로 정보혁명이 미래 사회에 끼칠
주된 영향들도 아직 드러나지 않고 있음이 거의 확실하다.

| 피터 드러커, 2001 |

## 바둑 두는 컴퓨터

바둑 잘 두는 법을 배우는 것은 사람에게 언제나 어려운 일이었지만, 바둑을 잘 두도록 컴퓨터를 프로그래밍하는 것은 거의 불가능해 보였다.

바둑은 적어도 2,500년 전에 중국에서 창안된 순수한 전략 게임이다.[1] 즉 행운이 개입되지 않는 게임이다.♦ 한 경기자는 흰 돌을 쥐고, 다른 경기자는 검은 돌을 쥔다. 경기자들은 가로세로 19칸의 교차점에 번갈아 돌을 둔다. 돌 한 점 또는 여러 점이 완전히 자유를 빼앗기면, 즉 상대방의 돌들에 완전히 에워싸이면 '잡힌' 것이 되고, 상대방이 돌을 따낸다. 경기가 끝나면♦♦ 집을 더 많이 차지한 사람이 이긴다.

전략을 좋아하는 사람들은 바둑을 좋아한다. 공자는 이렇게 조언했다. "선비는 하찮은 놀이에 시간을 낭비하지 말아야 한다. 모름지기 바둑을 배워야 한다." [2]

여러 방면에서 바둑은 또 다른 2인용 게임으로 운과 무관한 전략 게임인 체스보다도 더 높은 대접을 받는다. 체스 그랜드마스터인 에드워드 라스커(Edward Lasker)는 이렇게 말했다. "체스의 별난 규칙들은 오로지 인간이 만들 수 있는 것인 데 반해, 바둑의 규칙들은 너무나 우아하고 유기적이고 논리적이어서 우주 어딘가에 지적 생명체가 존재한다면 그들도 바둑을 두고 있을 것이다." [3]

바둑은 언뜻 단순해 보이지만 실제로는 개념화하기조차 어려운 복잡성이 숨어 있다. 넓은 바둑판에 상당히 자유롭게 돌을 놓을 수 있기 때문에, 표준 바둑판에 돌을 놓을 수 있는 경우의 수는 약 '$2 \times 10^{170}$(즉 2에 0이 170개 붙은 값)'으로 추정된다. [4]

이는 얼마나 큰 수일까? 관찰 가능한 범위 내의 우주에 있는 원자 수보다 큰 수다. 사실 원자 수조차도 비교 대상이 안 된다. 관찰 가능한 우주에는 약 $10^{82}$개의 원자가 있다. [5] 따라서 우주에 존재하는 원자 하나하나에 우주 전체에 맞먹는 원자가 들어 있다고 가정해도, 그 원자 수보다 바둑을 둘 수 있는 경우의 수가 여전히 더 많을 것이다.

◆　　게임 이론가라면 바둑을 "결정론적으로 완벽한 정보 게임"이라고 불렀을 것이다.

◆◆　　바둑은 두 대국자가 더 이상 두어도 소용이 없다고 동의할 때 끝난다.

## 아무도 설명할 수 없는 게임

최고의 인간 바둑기사들은 이 터무니없는 바둑의 복잡성을 어떻게 헤치고 나아가면서 영리하게 수를 두는 것일까? 아무도 모른다. 바둑기사 자신도 모른다.

바둑기사들은 일단의 휴리스틱(heuristics : 경험에 의존하여 어림짐작으로 판단하는 것−옮긴이)을 익혀서 따르는 경향이 있다.◆ 그런데 이 경험 법칙을 넘어서면 최고의 바둑기사조차 자신의 전략을 설명하는 데 어려움을 겪는다. 바둑 최고 고수에 오른 몇 안 되는 서양인 중 한 명인 마이클 레드먼드(Michael Redmond)는 이렇게 설명한다. "어떤 수를 보고 적절한 수라고 확신이 들지만, 정확히 어떻게 그렇다는 것을 아는지는 말로 설명할 수 없어요. 그냥 보면 아는 거죠." 6)

바둑기사들이 유달리 말을 잘 못해서 그런 것이 아니다. 다른 사람들도 자신이 지닌 모든 지식에 접근할 수 없는 것은 마찬가지다. 얼굴을 인식하거나 자전거를 탈 때를 생각해보면 우리는 자신이 하고 있는 그런 행동을 어떻게 또는 왜 할 수 있는지를 제대로 설명할 수가 없다. 그런 암묵적 지식은 분명하게 설명하기가 쉽지 않다. 20세기 헝가리계 영국인 석학 마이클 폴라니(Michael Polanyi)는 그런 상태를 멋지게 요약한 바 있다. "우리는 말할 수 있는 것보다 더 많이 안다."

이 개념은 나중에 '폴라니의 역설(Polanyi's Paradox)'이라고 불리게 된다. 폴라니의 역설은 바둑을 두는 컴퓨터를 개발하려고 시도하는 모든 사람들이 겪는 중대한 장애를 잘 나타내주는 개념이기도 하다. 게임 전략을

---

◆　바둑의 많은 휴리스틱은 다소 모호하다. 예를 들면 "세력을 집으로 만들지 말라"와 같은 식이다.

말로 자세히 표현할 수 있는 사람이 없을 때, 바둑을 두는 최고의 전략들을 포함하는 프로그램을 어떻게 짤 수 있을까? 그 휴리스틱 중 일부를 프로그램으로 짤 수는 있겠지만 그렇게 해도 뛰어난 바둑기사, 즉 자신이 설명할 수 없는 방식으로 경험 법칙을 넘어서는 사람에게는 이기지 못할 것이다.

프로그래머들은 바둑으로 둘 수 있는 모든 수로 이루어진 우주 같은 복잡한 상황을 탐색할 때 시뮬레이션을 이용하곤 한다. 그들은 좋아 보이는 수를 둔 다음, 상대가 대응하여 둘 만한 모든 수를 탐색한 뒤, 그 상대의 각 수에 대응하여 둘 만한 모든 수를 탐색하는 식으로 프로그램을 짠다. 최종적으로 택한 수는 기본적으로 앞으로 좋은 미래들이 가장 많은 반면, 나쁜 미래들은 가장 적은 수인 셈이다.

하지만 바둑에서는 가능한 수(따라서 그런 수들로 가득한 우주들)가 너무 많기에, 그 전체 중 별 도움이 안 되는 수준의 미미한 비율만 시뮬레이션 할 수 있을 뿐이고 그 이상은 불가능하다. 슈퍼컴퓨터를 가득 모아놓고 시뮬레이션 해도 마찬가지다.

핵심적인 지식을 획득할 수 없고 시뮬레이션이 효력이 없어 바둑 프로그램은 발전 속도가 느렸다. 2014년 5월 〈와이어드(Wired)〉에 실린 컴퓨터 바둑의 현황과 향후 발전 가능성을 살펴본 기사에서 철학 교수 앨런 레비노비츠(Alan Levinovitz)는 이렇게 결론을 내렸다. "앞으로 10년 뒤에 컴퓨터 바둑 챔피언이 나올 것이라는 견해도 너무 낙관적인 것으로 보인다." [7] 또 2015년 12월 〈월스트리트저널〉에 심리학 교수이자 이 신문의 게임 칼럼니스트인 크리스토퍼 차브리스(Christopher Chabris)가 쓴 글의 제목은 다음과 같았다. "바둑이 아직도 컴퓨터를 좌절시키는 이유."

## 폴라니의 역설을 넘어

그런데 바로 다음 달인 2016년 1월 한 과학 논문이 발표되었는데, 더 이상 좌절하지 않는 바둑을 두는 컴퓨터를 개발했다는 논문이었다. 이는 런던에 있는 머신러닝(machine learning, 기계학습. 인공지능의 한 분야로 3장에서 더 상세히 논의할 것이다) 전문 기업 구글 딥마인드의 연구진이 쓴 〈심층 신경망과 트리 탐색으로 바둑 마스터하기(Mastering the Game of Go with Deep Neural Networks and Tree Search)〉[8]였다. 이 논문은 저명한 학술지인 〈네이처(Nature)〉에 표지 기사로 실렸다. 이 논문은 폴라니의 역설을 피해 문제를 해결할 수 있는 방법을 찾아낸 바둑 프로그램인 알파고를 설명하고 있었다.

알파고를 만든 이들은 뛰어난 바둑 전략과 휴리스틱을 이용하여 프로그램을 짜려고 하지 않았다. 대신에 그들은 그것들을 스스로 학습할 수 있는 시스템을 만들었다. 이는 많은 대국에서 나온 수많은 수들을 연구함으로써 이루어졌다. 알파고는 대량의 자료에 담긴 미묘한 패턴들을 식별하고, 그리고 행동(바둑판의 특정 지점에 돌을 놓는 것 등)과 결과(대국에서 이기는 것 등)를 연관 짓도록 설계되었다. ◆

연구진은 소프트웨어에 온라인 대국 기록에서 구한 3,000만 가지의 수를 제공하면서 이렇게 말했다. "이것들을 사용해서 이기는 법을 알아내." 알파고는 또한 자기 자신을 상대로 많은 바둑을 두어서 다시 3,000

---

◆   이 책에서 우리는 '기술'을 식별하고, 학습하고, 보는 등의 인간 같은 행동을 하는 무언가로 규정하고자 한다. 컴퓨터가 사람이 하는 식의 추론을 하지 않는다는 것은 사실이지만, 우리는 그것이 현재 일어나고 있는 일을 전달하는 적절한 설명이라고 믿기 때문이다. 어떤 분야에서는 이런 접근 방식이 인기가 없다는 것도 안다. 오래전부터 이런 경고가 있었다. "컴퓨터를 의인화하지 말라. 컴퓨터가 싫어한다."

만 가지의 수를 생성한 다음 분석을 했다. 이 시스템은 바둑을 두는 동안 시뮬레이션을 수행했다. 하지만 오로지 한 가지에만 집중했다. 승리로 이어질 가능성이 가장 높다고 생각한 수들만 시뮬레이션 하기 위해 수백만 가지의 수를 연구하여 쌓은 학습 지식을 이용했다.

알파고 연구는 2014년에 시작되었고, 2015년 10월쯤 시험할 준비가 되었다.[9] 비밀리에 알파고는 당시 유럽 바둑 챔피언인 판후이(樊麾)와 다섯 번에 걸쳐 대국했다. 이 대국에서 기계인 알파고가 5 대 0으로 이겼다.

컴퓨터 바둑이 이렇게 압승을 거두리라고는 전혀 예상하지 못했던 터라 인공지능 전문가들은 충격을 받았다. 거의 모든 분석가들과 평론가들은 알파고의 성취를 획기적인 돌파구라고 칭했다. 하지만 그 중요성을 놓고 논쟁이 벌어졌다.

신경과학자 게리 마커스(Gary Marcus)는 이렇게 지적했다. "유럽에서는 바둑이 인기가 거의 없다.[10] 유럽 바둑 챔피언은 세계적으로 보면 633위에 불과하다. 만약 633위의 프로 테니스 선수를 로봇이 이긴다면 인상적이겠지만, 로봇이 테니스에 '통달했다(mastered)'고 말한다면 공정하지는 못할 것이다."

딥마인드의 연구진은 이런 지적이 타당하다고 생각했음이 분명하다. 2016년 3월, 그들은 한국의 서울에서 이세돌과 다섯 번에 걸친 대국을 하기로 했기 때문이다. 많은 사람들에게 이세돌은 지구상에서 최고의 인간 바둑 고수이자 최고의 기억력을 지닌 인물로 여겨진다.♦ 그의 바둑은

---

♦ 2016년 4월 당시 33세의 이세돌은 이미 국제 바둑대회에서 18회 우승을 거두었다. 국제 대회에서 그보다 우승 경력이 많은 사람은 8년 더 선배인 이창호뿐이었다. 이창호는 21회 우승했다.

직관적이고 예측 불가능하고 창의적이고 집중적이고 자유분방하고 복합적이고 심오하고 빠르고 난해하다고 묘사된다.[11] 이런 특징은 어떤 컴퓨터라도 이세돌에게 확실히 더 유리한 점이 될 수 있을 것으로 보였다.

이세돌은 이렇게 말한 바 있다. "바둑의 아름다움을 컴퓨터가 이해하고 두는 것이 아니다. … 인간의 직관력을 인공지능이 따라잡기에는 아직 무리라고 생각한다."[12]

이세돌은 자신이 다섯 번의 대국 중 적어도 네 번은 이길 것이라고 예측했으며 "10월 경기를 봤을 때, 알파고의 수준은 아마추어 최고 수준이었다. 프로 수준은 아니었다"[13]라고 말했다.

이세돌과 알파고의 대국은 한국 전역과 동아시아의 여러 국가들에서 비상한 관심을 끌었다. 이 대국에서 알파고는 세 판을 잇달아 이겼다. 5판 3승제로 보면 이미 이긴 셈이었다. 이세돌은 네 번째 판에서 이겼다. 그가 승리하자, 일부 전문가들은 인간의 명석함이 디지털 대국자의 약점을 파악한 것이기를, 그래서 이세돌이 그 약점을 계속 이용할 수 있기를 기대했다. 하지만 이세돌이 그 기대에 부응했다고 하더라도 다음 판에서 차이를 가져올 정도는 아니었다. 알파고는 다섯째 판에서 다시 이김으로써 4 대 1로 압도적인 승리를 거두었다.

이세돌은 그 대국이 사람을 지치게 만든다고 했으며, 패배한 뒤 이렇게 말했다. "무력한 모습을 보여서 죄송하다. … 여러 가지 바둑적 경험이 있었지만 이렇게 심한 압박감과 부담감을 느낀 적은 없었다. 그것을 이겨내기에는 나의 능력이 부족했다."[14]

그리하여 바둑 역사에 새로운 이정표가 생겼다.

## 자산에 무슨 일이 일어난 것일까?

2015년 3월 전략가 톰 굿윈(Tom Goodwin)은 한 가지 패턴을 지적했다. "세계 최대의 택시 회사인 우버는 소유하고 있는 자동차가 한 대도 없다. 세계에서 가장 인기 있는 미디어 기업인 페이스북은 콘텐츠를 생산하지 않는다. 세계에서 가장 가치 있는 소매업체인 알리바바는 물품 목록이 없다. 그리고 세계 최대의 숙박업체인 에어비앤비는 부동산을 전혀 가지고 있지 않다."[15]

회의적인 독자는 이런 발전들 중 어떤 것들은 처음에 생각했던 것보다 덜 혁신적이라고 반박할지도 모르겠다. 예를 들어 택시업계에는 자체 차량을 소유하지 않은 회사들이 많다. 대신에 도시에서 택시를 운전할 권리를 부여 받아 택시 면허를 소유하고, 차량 소유자와 운전자에게 그 면허를 대여한다. 마찬가지로 최대 호텔 기업들 중 상당수는 실제로 모든 재산을 자기 명의로 가지고 있지 않다. 대신에 부동산 소유자들과 운영 협약을 맺거나 명의를 대여한다.

그러나 이 모든 사례에 속한 기업들은 면허증과 계약서처럼 그 산업에 중요하고 따라서 가치 있는 장기 자산(long-lived assets)을 소유한다. 반면에 우버와 에어비앤비는 그런 장기 자산이 아예 없다. 우버는 세계 어느 도시에서든 차량이나 면허를 전혀 갖고 있지 않으며, 에어비앤비는 세계 어느 곳의 집주인과도 장기 계약을 맺고 있지 않다. 하지만 두 기업 모두 단기간에 수백만 명의 고객을 확보하고 수십억 달러의 자산가치를 기록하면서, 굿윈이 관측한 성공을 더욱더 놀라운 수준까지 확대했다.

굿윈이 위 칼럼을 쓸 당시 60개국 300개 도시[16] 중 어딘가에서 매일

100만 명이 넘는 사람들이 '우버를 타고' 있었고[17], 에어비앤비는 몽골의 유르트(중앙아시아 유목민의 천막집−옮긴이)[18]에서부터 소설가 제임스 조이스(James Joyce)가 어릴 때 살았던[19] 아일랜드의 집에 이르기까지 191개국[20]에서 64만 곳의 숙소를 제공했다.[21]

중국의 알리바바는 소유 자산을 줄여 비용을 절감하는 접근법을 소매업에 적용했다. 역사적으로 소매업은 물건을 가장 많이 소유하는 것이 더 많은 소비자에게 다가간다는 것을 의미하는 사업 분야였다. 한 예로 월마트는 2016년 말 미국 전역의 4,500곳에 달하는 영업점[22]에 상품을 보내는, 연간 총 운송거리가 11억 킬로미터에 달하는 6,000대의 전용 트럭과 150곳이 넘는 물류센터를 소유하고 있었다. 그해 10월 31일자 월마트의 대차대조표에는 부동산과 동산을 합쳐서 자산이 1,800억 달러[23]라고 기록되어 있었다. 하지만 그 날짜의 월마트의 총 시장가치는 알리바바에 못 미쳤다. 알리바바의 2016년 매출은 5,000억 달러가 넘었다.

1999년에 전직 학교 교사인 마윈(馬雲)이 동료 17명과 함께 설립한 알리바바는 구매자와 판매자를 연결하는 온라인 중간상 역할을 했다. 알리바바의 가장 인기 있는 사이트는 개인 및 소기업이 소비자에게 상품을 파는 시장인 타오바오(Taobao)와 더 큰 기업들이 소비자에게 상품을 파는 곳인 티몰(Tmall)이었다. 2016년 말 기준으로, 매달 알리바바의 앱을 이용하는 중국인 수는 미국 전체 인구보다 많았다.[24]

2009년에 티몰은 중국에서 '광군제(光棍節, 독신자의 날)'라는 행사를 시작했다. 원래 이날은 1990년대 중반 난징대학교에서 애인이 없는 사람을 위해 시작된 행사였다. 광군제는 11월 11일에 열리는데, 독신을 상징하는 '젓가락 한 짝'을 나타내는 1이라는 숫자가 가장 많은 날이기 때문이다. 티몰이 처음 광군제 행사를 시작했을 때 참가한 상인은 겨우 27명에 불과했다. 그러나 광군제는 곧 중국의 가장 중요한 쇼핑 행사가 되었다. 독신자들은 자신을 위해서만이 아니라 관심이 있는 사람들을 위해서도 선물을 샀기 때문이다. 2016년 11월 11일 알리바바의 온라인 시장들은 무려 178억 달러의 매출을 올렸다.[25] 미국의 블랙프라이데이와 사이버 먼데이의 매출을 합한 것보다 세 배나 많은 금액이었다.◆

그렇지만 굿윈이 말한 네 기업 중에서 가장 놀라운 이야기를 간직한 기업은 페이스북일 것이다. 15년 전 마크 저커버그의 하버드 기숙사 방에서 시작된 페이스북은 미국의 몇몇 상위 대학교들의 소셜 네트워킹 사이트로 시작하여, 하루에 9억 3,600만 명이 방문하는 의사소통, 연결, 콘텐츠의 세계적인 통로로 성장했다.[26] 굿윈이 지적했듯이, 페이스북은 이 모든 사람들을 끌어들여 그들이 하루에 평균 50분[27]을 아무런 정보도 생성하지 않으면서 그 사이트에 머물도록 했다. 페이스북 가입자들이 올리는 정보 업데이트, 견해, 사진, 동영상, 조언 등에 힘입어서 페이스북을 다시 찾는 방문자들은 점점 늘어났다.

페이스북은 이 모든 콘텐츠를 사용자에게 보여주는 한편 광고도 보여주었고, 결국 광고가 엄청나게 붙어났다. 페이스북의 2016년 2분기 수익은 64억 달러였는데 거의 다 광고에서 나왔다. 비용을 뺀 이익은 20억 달러였다.[28]

언론사를 비롯하여 예전 방식으로(이를테면 급료, 여행 등에 지출하면서) 콘텐

---

◆　블랙프라이데이(11월 넷째 주 목요일 추수감사절 다음날)는 역사적으로 미국에서 한 해 가운데 개인들이 가장 바쁘게 쇼핑을 다니는 날이다. 그 사흘 뒤인 사이버먼데이(추수감사절 연휴 이후의 첫 월요일─옮긴이)는 많은 온라인 상인들이 연휴 특가로 상품을 내놓는 날이다.

츠를 개발하는 온라인 기업들은 페이스북이 비용을 더 적게 들이기 때문만이 아니라, 광고주들이 보기에 중요한 측면에서 훨씬 더 뛰어나기 때문에 페이스북에 경계심을 가졌다. 그 소셜 네트워킹의 거인은 자기 회원들을 너무나 잘 알기에(어쨌든 회원들 스스로 제공한 정보와 기여한 자료를 통해 자기 자신에 관한 아주 많은 것들을 사이트에 알리고 있으므로) 회원들에게 더 잘 맞는 광고를 보여줄 수가 있었다.

모든 광고주는 미국 백화점의 선구자인 존 워너메이커(John Wanamaker)가 한탄한 말과 비슷한 고민에 시달린다. "내가 광고에 쓰는 돈의 절반은 낭비된다. 문제는 그 절반이 어느 쪽인지를 모른다는 것이다."[29] 대체로 광고는 매우 부정확한 과학이라고 여겨져 왔다. 가장 반응할 가능성이 높은 사람들만 골라서 표적으로 삼을 수 없기 때문이다. 하지만 페이스북은 많은 광고주들에게 어떤 주류 미디어 사이트도 대적할 수 없는 수준으로 정확하게 광고의 표적을 제공할 수 있었으며, 그것도 지속적으로 전 세계적인 규모로 할 수 있었다.

## 정의 내리기 어려운 신생 기업들의 성공

굿윈은 자신이 언급한 기업들을 "말로 표현 못할 만큼 얇은 층(indescribably thin layer)"[30]이라고 묘사하면서 "더 나은 사업체가 끼어들 여지가 없다"고 말했다. 그 기업들은 너무 얇기 때문에, 다시 말해서 물리적 자산과 기반 시설이 아니라 주로 애플리케이션과 코드를 보유하기 때문에 급속히 성장할 수 있었다. 예를 들면 에어비앤비는 굿윈이 기고한 글이 실린 지 1년 사이에 숙박 예약 건수가 두 배로 증가했고, 큰 인기를 얻으면서 바르셀로나, 리스본, 베를린, 샌프란시스코를 비롯한 시 당국들은 에어비앤비가 전통적인 숙박업계에 안 좋은 영향을 미치지 않을까 걱정하기 시작했다. 에어비앤비의 성장 속도가 워낙 빠르고 논란을 일으키자, 2016년 7월 기술 저술가 톰 슬리(Tom Slee)는 〈하버드비즈니스리뷰〉 블로그에 이 회사의 팽창에 맞서 싸우는 도시와 지역이 점점 늘어남에 따라 "에어비앤비가 존재론적 팽창 문제에 직면해 있다"[31]는 글을 게재했다.

우버도 급속한 성장과 더불어 잦은 논란을 계속 겪고 있으며, 새로운 방안들을 계속 시험하고 있다. 2014년에 도입한 우버풀(UberPool)이라는 승용차 함께 타기 서비스[32]는 곧 뉴욕 시를 비롯한 여러 도시에서 인기를 끌었다. 2016년 5월에 우버는 맨해튼 125번가 아래쪽 지역에서는 모든 주중 혼잡 시간에 우버풀을 이용하는 비용을 5달러로 책정하겠다고 발표했다.[33] 그리고 그해 7월에는 뉴욕 시민에게 79달러에 같은 우버풀을 4주 동안 이용할 수 있는 특별 할인 가격을 내놓았다.[34] 많은 직장인들에게는 지하철로 출퇴근하는 것보다 싼 가격이었다.

그리고 굿윈이 2015년 3월에 글을 쓸 당시 이미 엄청난 수익을 올리는 대기업이었던 페이스북은 규모와 영향력이 계속 커져, 주류 콘텐츠 제공자들에게 엄청난 영향을 미치고 혁신에 상당히 많은 투자를 할 수 있었다. 2015년 8월 웹 트래픽 분석 업체인 파슬리(Parse.ly)는 주요 언론사와 미디어의 사이트를 전체적으로 조사한 결과, 구글 같은 검색엔진보다 페이스북을 통해 접속한 사람들이 더 많다는 보고서를 발표했다.[35] 2016년 3월 마크 저커버그는 회사의 10년 로드맵을 공개했는데,[36] 거기에는 인공지능(AI), 가상현실(VR), 증강현실(AR), 심지어 원격 통신 기반 시설이 전혀 안 된 곳에 사는 수백만 명이 인터넷을 이용할 수 있도록 태양

광 비행기를 띄우는 것까지 포함된 주요 사업 계획이 담겨 있었다.

"말로 표현 못할 만큼 얇은 층"으로 이루어진 기업이 어떻게 그렇게 엄청난 영향을 끼치고 성공을 거둘 수 있었을까?

굿윈의 말 그대로 "뭔가 흥미로운 일이 일어나고 있다."[37]

## 거인이 손을 뻗치다

제너럴일렉트릭(GE)은 어느 기준으로 봐도 미국에서 가장 성공한 기업 중 하나다. 이 기업의 뿌리는 발명가의 상징이 된 인물인 토머스 에디슨과 그의 기업인 에디슨 전기조명회사(Edison Electric Light Company)로까지 거슬러 올라간다. GE는 1896년에 첫선을 보인 다우존스산업평균지수의 목록에 편입된 12개 기업 중 하나였다.[38] 그리고 그 목록에 오늘날(2017년)까지 남아 있는 유일한 기업이기도 하다. GE는 발전, 항공우주 및 국방, 플라스틱, 보건, 금융 등 여러 산업 분야에 진출해왔지만(때로 발을 빼기도 했다), 오랜 역사 내내 에디슨 전구에서 라디오와 TV를 거쳐 가정 전기용품에 이르기까지 늘 소비자를 위한 제품들도 개발해왔다.

또한 GE는 대규모이고 다각화된 세계적인 기업을 운영하는 데 탁월하며 선구적인 역할을 해왔다. GE는 연구개발에 많은 투자를 했고, 때로 대학과 파트너십을 체결하기도 했다. 또 기술뿐만이 아니라 경영 기법을 발전시키는 데에도 상당한 시간과 노력을 투자한 최초의 대기업 가운데 하나였다. GE는 1956년 뉴욕 주 크로톤빌에 최초의 사내 대학교를 설립했다. 이후 크로톤빌은 경영 실무 전문가 양성의 대명사가 되었다.

21세기에는 크로톤빌과 GE 전체에서 마케팅 능력을 심화시키기 위한 중대한 계획이 진행된 것을 볼 수 있다. 모든 사업 분야에 걸쳐 고객의 니즈(needs)를 이해한 다음 충족시키자는 것이었다. 2013년 이 부분에 대한 GE의 노력을 검토한 결과 가장 추구하고자 하는 역량은 "마케팅 혁신을 내부적으로 이루는 것"[39]이었다.

그렇다면 연간 연구개발 예산이 52억 달러에 이르고,[40] 미국 내에서만 마케팅에 3억 9,300만 달러를 쓰는 기업[41]인 GE가 2015년에 새로운 소비자 제품을 구상하고 설계하는 데 도움을 얻겠다고 인터넷을 통해 낯선 사람들과 협력하기로 한 이유는 무엇일까? 그리고 시가총액이 2,800억 달러에 현금 자산이 900억 달러에 이르는 GE가 왜 잠재 고객들에게 제품이 출시되기에 앞서 수백 달러의 선주문을 해달라고 요청했을까?

### 얼음 덩어리에 관한 집단 지혜

2014년 GE와 루이빌대학교는 퍼스트빌드(FirstBuild)라는 공동 사업단을 출범시켰다. 이는 "제품을 출시하는 방식을 바꾸는 공동 창작 커뮤니티"[42]였다. 퍼스트빌드는 온라인상에도 존재하고, 시제품을 만드는 데 필요한 도구와 재료를 갖춘 '마이크로공장(microfactory)'도 지닌 조직이다.

루이빌의 GE어플라이언스(GE Appliances)의 선행 개발 연구원인 앨런 미첼(Alan Mitchell)은 퍼스트빌드를 시험대로 삼기로 결심했다. 그는 특정한 종류의 얼음을 갖고 싶어 하는 많은 사람들의 욕구를 더 쉽게 충족시키는 것이 가능할지 알고 싶었다.

대부분의 얼음은 그저 다양한 크기와 모양으로 물을 얼린 덩어리일 뿐이다. 한편 너깃 얼음(nugget ice)은 다르다. 작은 원통 모양의 이 얼음은 구멍이 많고 반쯤만 얼어 있다. 이런 특성으로 인해 너깃 얼음은 맛을 내기가 쉽고 깨 먹기도 더 수월하다. 일부 사람들이 원하는, 그것도 몹시 원하는 바로 그런 특성을 가지고 있다. 2008년 〈월스트리트저널〉에 일란 브래트(Ilan Brat)는 "오도독 씹을 수 있는 얼음이 날개 돋친 듯 팔린다"[43]라고 썼다. 너깃 얼음을 넣은 음료수를 파는 패스트푸드 체인점 소닉(Sonic)은 많은 고객들이 단지 그 얼음만 원한다는 사실을 알았다. 그래서 이 회사는 컵에서부터 5킬로그램짜리 봉지에 이르기까지 다양한 용량으로 너깃 얼음을 판매하기 시작했다.

너깃 얼음은 단순히 물을 얼리는 것보다 만드는 과정이 더 복잡해서◆ 너깃 제빙기의 가격이 수천 달러에 달했다. 이 제빙기는 너무 비싸서 대부분의 가정에서는 살 수가 없었다.◆◆ 이에 미첼은 퍼스트빌드 커뮤니티가 가정에서 쓸 만한 너깃 제빙기를 설계하고 시제품을 내놓을 수 있을지 알아보고 싶었다. 그래서 2015년에 온라인 대회를 개최했다.

이 대회의 우승자는 멕시코 과달라하라에 사는 디자이너 이스마엘 라모스(Ismael Ramos)였다. 그가 디자인한 '스톤콜드(Stone Cold)'는 부엌 조리대에 올려놓기 적합한 정육면체 모양의 기계였고, 투명한 플라스틱 얼음통을 분리할 수 있도록 되어 있었다. 라모스는 상금 2,000달러와 자신이 고안한 기계의 첫 제품을 하나 받았다(입상자 두 명도 상금과 제빙기를 받았다).

퍼스트빌드 마이크로공장의 조직원들은 너깃 제빙기의 시제품을 만

---

◆   씹을 수 있는 너깃 얼음을 만들려면, 얼음이 형성되고 있는 동안에 표면을 깎아내 적당한 크기와 모양이 되도록 해야 한다.

◆◆   몇몇 부유한 가정은 너깃 얼음을 사용하는 데 푹 **빠졌다**(Ilan Brat, "Chew This Over: Munchable Ice Sells like Hot Cakes," *Wall Street Journal*, 2008.1.30.). 에이미 그랜트(Amy Grant)는 어느 해에 남편인 컨트리 음악 가수 빈스 길(Vince Gill)에게 크리스마스 선물로 식당에서 쓰는 스카치맨(Scotsman) 제빙기를 주었다.

들고 다듬고 개선했다. 이러한 작업 내내 그들은 그 계획을 중심으로 형성된 온라인 커뮤니티와 자주 상호작용 했다. 분리 가능한 얼음 통을 어떤 모양으로 할지, 얼음이 꽉 차면 어떻게 감지할지, 얼음 삽을 기계에 포함시켜야 할지 등을 질문하며 소통했다.

## 미완성에 투자하는 자본시장, 크라우드펀딩

위 계획이 진행되는 동안 GE는 마케팅과 시장 연구를 비전통적인 방식으로 새롭게 결합하는 일에도 나섰다. 2015년 7월, GE는 인디고고(Indiegogo)에 제빙기 판촉 행사를 시작했다. 제빙기의 이름은 오팔(Opal)이라고 지었다. 인디고고는 온라인 '크라우드펀딩' 커뮤니티다. 인디고고는 스스로를 "모든 유형과 규모의 기업가정신이 담긴 창의적 발상을 위한 발판"[44]이라고 소개한다. 이런 착상에 자금을 대는 사람들은 투자가가 아니다. 그들은 자금을 지원한 대가로 주식을 받거나 수익금 또는 배당금을 받는 것이 아니다. 그래도 거의 보상을 약속받곤 한다. 예를 들어 영화 제작을 지원하면 시사회에 초청 받을 수도 있고, 어떤 제품을 후원하면 맨 먼저 그것을 받아볼 수도 있다. 본질적으로 그들은 아직 존재하지 않고, 자신들의 신임 투표가 없다면 결코 존재하지 않았을지도 모를 제품을 사전 주문한다.

인디고고는 원래 자신의 비전을 실현하는 데 필요한 자금을 마련하기 어려운 개인과 소기업을 위한 사이트로 출범했으나, 2015년 중반부터는 대기업들이 출시할 제품의 수요를 조사하는 사이트로도 쓰이고 있다. 오팔 제빙기를 위한 행사를 하면서 GE와 퍼스트빌드는 사람들에게 399달러(나중에는 499달러로 증액했다)를 투자액으로 제시하면서 모금 목표액을 15만 달러로 잡았다. 그런데 몇 시간이 채 안 되어 모금액이 목표액의 두 배를 넘겼고,[45] 1주일 사이에 무려 130만 달러를 넘었다.[46] 2015년 8월 말에 모금이 끝났을 때는 270만 달러가 넘었다. 오팔 제빙기를 위한 모금은 인디고고에서 가장 인기 있는 10대 모금 행사에 들었다.[47] 완성된 제빙기 제품은 2016년 마지막 석 달에 걸쳐 5,000명이 넘는 사전 주문 고객에게 배송되었고,[48] 그 뒤에 일반 판매에 들어갔다. GE는 굳이 사전 주문을 통해 돈을 벌 필요가 없었지만 시장의 지능을 절실히 원했다.

이로써 GE는 직원들이 아닌 많은 사람들에게 다가갈 새로운 방법뿐만 아니라 제빙기 시장도 찾아냈다.

## 기계 · 플랫폼 · 군중

앞에서 서술한 세 가지 사례, 즉 최고의 인간 바둑 고수를 상대로 한 알파고의 승리, 자기 사업 분야에서 전통적인 자산을 전혀 소유하지 않은 페이스북과 에어비앤비 같은 신생 기업들의 성공, 온라인 군중을 이용해 자기 전문 분야에 속한 제품을 설계하고 판매하는 데 도움을 얻은 GE의 사례는 경제 분야를 재편하고 있는 세 가지 거대한 추세를 보여준다.

첫 번째 추세는 급속히 증가하고 확장되고 있는 '기계(machine)'의 능력이다. 예기치 않게 세계 최고의 바둑 고수로 등장한 알파고로 대표되는 추세다.

두 번째 추세는 자사의 산업 영역에서 기존 기업과 닮은 점이 거의 없지만, 해당 업계를 심하게 뒤흔들고 있는 최근 출현한 영향력 있는 젊은 거대 기업들을 면밀히 주시한 굿윈에 의해 포착되었다. 이 새롭게 급부

상한 성공 기업(upstart)들은 '플랫폼(platform)' 기업이며 그들은 무시무시한 경쟁자다.

세 번째 추세는 GE의 비전통적인 오팔 제빙기 개발 과정으로 대표되는 '군중(crowd)'의 출현이다. 우리는 이 용어를 전 세계에 흩어져 있으면서, 현재 온라인에서 이용할 수 있고 집중시킬 수 있는 놀라운 규모의 인간 지식, 전문성, 열정을 가리키는 의미로 쓰고자 한다.

자산가치가 10억 달러로 증가한 실리콘밸리의 유니콘(unicorn : 기업가치가 10억 달러 이상인 비상장 스타트업 기업—옮긴이)에서부터 포천 500대 기업들의 몰락이나 교체에 이르기까지 경제의 동요와 변화는 혼란스럽고 무작위적으로 보일 수 있다. 그러나 기계, 플랫폼, 군중이라는 세 가지 렌즈는 경제학을 비롯한 여러 분야의 타당한 원리에 근거를 두고 있다. 이 원리들을 적용하는 것이 쉽지는 않지만 적절한 렌즈를 들이대면 혼돈 속에 질서가 보이고 복잡성은 더 단순해진다. 이 책에서 우리의 목표는 이 렌즈를 제공하는 것이다.

### 앞으로 해야 할 일: 마음·생산물·핵심 역량과의 재균형

모든 기업과 산업에는 기계, 플랫폼, 군중에 대응하는 것이 있다. 기계 지능과 대응 관계에 있는 것은 인간의 '마음(mind)'이다. 스프레드시트를 사용하는 회계사, 컴퓨터 이용 설계(CAD) 소프트웨어로 작업하는 기술자, 그리고 로봇 옆에서 일하는 조립라인 노동자는 모두 마음과 기계가 조합된 사례들이다.

플랫폼과 대응 관계에 있는 것은 '생산물(products)'이다. 즉 상품과 서비스다. 도시에서 타는 교통수단은 생산물인 반면, 우버는 그 교통수단에 접근할 때 쓰는 플랫폼이다. 숙박 시설과 에어비앤비, 뉴스 기사와 페이스북의 관계도 마찬가지다.

군중에 대응하는 것은 조직의 '핵심 역량(core)'이다. 기업이 내부적으로 그리고 공급망 전체에 걸쳐 구축한 지식, 프로세스, 전문성, 능력을 가리킨다. GE어플라이언스의 핵심 역량은 냉장고와 오븐 등을 설계하고 제조하고 판매하는 능력이다. NASA의 핵심 역량은 우주선을 만들고, 우주를 더 잘 이해하기 위해 노력하고 시도하는 것이다. 마이크로소프트의 핵심 역량은 개인용 컴퓨터(PC) 운영체제와 응용 프로그램을 개발하는 능력이다.

우리는 마음, 생산물, 핵심 역량이 시대에 뒤떨어졌다거나 그쪽으로 향하고 있다고 말하려는 것이 아니다. 그런 주장은 터무니없다. 뒤에서 반복하여 제시하겠지만 인간의 능력, 훌륭한 상품과 서비스, 강한 조직 역량은 기업 성공의 필수적인 요소로 계속 남아 있다.

우리는 최근의 기술 변화로 기업이 마음과 기계 사이, 생산물과 플랫폼 사이, 핵심 역량과 군중 사이에 균형을 이루는 것에 대해 다시 생각해 볼 필요가 있다는 점을 납득시키려 시도할 것이다. 각 쌍에서 후자가 더 유능해지고 더 강력해지기 시작한 것은 불과 지난 몇 년 전부터이므로 그 점을 새로운 시각에서 살펴볼 필요가 있다. 기계, 플랫폼, 군중이 언제 어디에서 어떻게 왜 효과를 발휘할 수 있는지를 이해하는 것이야말로 오늘날 경제에서 성공하기 위한 열쇠다. 이 책에서 우리의 목표는 이 중요한 일을 할 수 있도록 여러분을 돕는 것이다. 우리는 그것이 단순히 중요하다는 차원을 넘어서는 일이라고 여러분을 설득하기 위해 노력할 것이다. 이 일은 필수적이다.

## 제2의 기계 시대는 언제 시작되었을까?

우리는 전작인 《제2의 기계 시대(The Second Machine Age)》에서 빠른 기술 발전에 대해 기술하고, 그것이 가져온 경제적 결과들 중 몇 가지를 논의한 바 있다. 그 책이 나온 뒤 우리가 가장 많이 받은 질문 중 하나는 "그 시대가 언제 시작되었나요?"라는 질문이었다. 그것은 중요한 질문이고 대답하기 대단히 어려운 질문이기도 하다. 아무튼 디지털 컴퓨터가 등장한 지는 반세기가 넘었지만, 우리가 전작에서 다룬 모든 발전은 아주 최근에야 이루어졌다. 그렇다면 이 중요한 새로운 시대, 즉 '제2의 기계 시대'가 언제 시작되었을까?

우리는 두 단계를 거쳐서 이 질문의 답에 도달했다. 제2의 기계 시대의 1단계는 디지털 기술이 대량의 일상적인 일(이를테면 급여 대장을 처리하고, 차체 부품을 용접하고, 송장을 고객에게 보내는 것과 같은 일들)을 떠맡음으로써 경제계에 충격을 미친 시기를 가리킨다. 1987년 말 경제 성장의 요인을 규명한 업적으로 노벨상을 수상한 MIT의 경제학자 로버트 솔로(Robert Solow)는 그해 7월에 이렇게 쓴 바 있다. "모든 곳에서 컴퓨터 시대가 도래한 것을 볼 수 있지만 생산성 통계에서는 이를 확인할 수 없다."[49]

1990년대 중반이 되자, 그 말은 더 이상 들어맞지 않았다. 생산성이 훨씬 더 빠르게 증가하기 시작했으며, 많은 연구들(그중 몇몇 연구는 에릭과♦ 그의 동료 연구진이 수행했다)을 통해 컴퓨터를 비롯한 디지털 기술들이 그 급성장의 주된 이유임이 드러났다. 따라서 우리는 제2의 기계 시대의 1단계가 1990년대 중반에 시작되었다고 말할 수 있다.

---

♦　이 책에서 우리는 스스로를 언급할 때 성을 빼고 앤드루와 에릭이라는 이름만 적었다.

현재 우리가 와 있다고 믿는 2단계는 시작 시점을 콕 찍어서 말하기가 더 어렵다. 공상과학소설에 나올 법한 기술들(영화, 책, 그리고 최고 수준의 연구실에서 볼 수 있는 기술들)이 현실 세계에 출현하기 시작한 때라고 말할 수 있을 듯하다. 2010년에 구글은 완전 자율주행차량들이 사고 없이 미국의 도로들을 운전하고 있다는 예상치 못한 소식을 발표했다. 2011년에는 IBM의 슈퍼컴퓨터 왓슨이 TV 퀴즈쇼 〈제퍼디!(Jeopardy!)〉에서 역대 우승자 두 명을 이겼다. 2012년 3분기에는 스마트폰 이용자가 10억 명을 넘어섰다.[50] 스마트폰은 무수한 SF 영화에 등장했던 통신 및 센서 기능을 결합한 기기다. 물론 이 장의 첫머리에서 서술한 세 가지 발전은 지난 몇 년 사이에 일어났다. 뒤에서 살펴보겠지만 다른 많은 중요한 약진들도 마찬가지였다. 그것들은 운 좋게 출현한 것도 기술 발전의 무작위적 산물도 아니다. 그와 반대로 경제에 일어날 더 근본적인 변화를 알리는 전조다. 중대한 기술 발전과 타당한 경제 원리들 양쪽에 뿌리를 둔 변화다.

제2의 기계 시대의 2단계는 1단계와 확연히 다르다. 첫째, 사전에 프로그램으로 짜거나 '루틴(routine)'으로 만들 수 있다고 결코 생각하지도 못했던 일을 기술이 할 수 있다는 것을 보여주기 시작한 시기다. 기술은 바둑에서 이기고, 질병을 정확히 진단하고, 사람과 자연스럽게 상호작용을 하고, 그리고 작곡을 하고 유용한 물건을 설계하는 것 같은 창의적인 일에 종사하고 있다. 지난 몇 년 사이에 기술은 폴라니의 역설을 비롯하여 새로운 영역으로 나아가는 길을 가로막고 있던 장애물들을 치워버렸다. 이 시기의 기계는 인간 프로그래머가 꼼꼼하게 짠 코드 안의 명령문들을 단순히 따르는 게 아니다.◆ 기계 스스로 문제를 푸는 법을 배우고 있기 때문이다. 이 발전으로 현재 기계가 다룰 수 있는 응용과 업무의 범위가 크게 확장되었다.

둘째, 수억 명이 강력하고, 융통성 있고, 연결되어 있는 컴퓨터와 항상 함께하기 시작했다는 것이다. 사람들은 스마트폰이나 비슷한 기기들을 늘 끼고 있으며, 그런 기기들은 경이로운 속도로 전 세계로 퍼져나갔다. 아이폰이 출시된 지 고작 8년 뒤인 2015년에 퓨연구센터(Pew Research Center)가 21개 신흥국 및 개발도상국의 성인들을 조사한 결과 스마트폰을 보유한 사람이 40퍼센트 이상인 것으로 나타났다.[51] 2016년에 스마트폰 판매량은 약 15억 대를 기록했다.[52]

인류 역사상 처음으로 세계 성인들의 거의 대다수가 현재 디지털로, 그리고 전 세계의 축적된 엄청난 지식과 서로 연결되어 있다. 게다가 그들은 스스로 이 지식에 기여함으로써 선순환을 일으킬 수도 있다. 그들은 또한 다양한 유형의 교환과 거래에 참여함으로써 현대 세계 경제에 참여하는 사람이 수십억 명 더 늘었다.

이러한 사실은 아무리 강조해도 지나치지 않다. 아주 최근까지 대규모 지식 저장소(좋은 도서관 등)와 첨단 통신 및 정보처리 기술을 접할 수 있었던 이들은 세계의 부자들에게 한정되어 있었다. 즉 가난하지 않은 국가에서 가난하지 않은 가정에 태어날 만큼 운 좋은 사람들만이 접할 수 있었다. 이제는 더 이상 그렇지 않다. 게다가 해가 갈수록 점점 더 강력한 기술들이 전 세계로 확산될 것이다.

---

◆　　우리는 프로그래머를 '코더(coder)'라고 부르곤 하는데 거기에는 나름의 이유가 있다. 아무튼 프로그래머들은 역사적으로 지식을 성문화(codified)함으로써 암묵적인 것을 명시화하는 데 기여해왔으니까 말이다('code'라는 용어는 컴퓨터가 이해할 수 있는 언어라는 의미뿐만 아니라 법률 조항 같은 규정도 가리킨다—옮긴이).

정형적이지 않은 비루틴(nonroutine) 형태의 일을 해낼 수 있는 컴퓨터와 인류의 디지털 연결은 둘 다 지난 몇 년 사이에 일어난 현상이다. 그러므로 우리는 제2의 기계 시대의 출발점을 2010년대라고 본다. 이 시기는 마음과 기계, 생산물과 플랫폼, 핵심 역량과 군중이 빠르게 하나로 합쳐지면서 불꽃을 내기 시작한 때다. 그 결과 오랫동안 유지되었던 많은 가정들이 뒤집히고, 깊게 뿌리박힌 관행들이 쓸모없게 되었다.

## 100년 전에는 무슨 일이 일어났을까?

1세기 전, 전기는 제조업에서 증기를 대체하는 과정을 거치고 있었다. 이 시기를 언급하는 이유는 그 사례가 한 가지 중요한 교훈을 제공하기 때문이다. 성공한 기존 기업들 중 상당수(사실상 대부분)는 한 동력원에서 다른 동력원으로 전환되는 이 과정에서 살아남지 못했다. 다가올 디지털 전환의 시대에 번영을 누리고 싶은 기업이라면, 이런 일이 왜 일어났는지를 이해하고 과거의 몇 가지 중요한 교훈에 주의를 기울여야 한다.

1910년대에 미국은 세계 최대의 경제 대국으로서 대영제국을 능가했다. 그 이유는 대체로 미국의 제조업체들에게 힘입은 바가 크다. 당시 제조업체들은 미국 GDP(국내총생산)의 약 50퍼센트를 차지했다.

미국 공장들은 처음에는 흐르는 물로 수차를 돌려서 가동했고, 그다음에는 증기를 이용하여 전력을 얻었다. 20세기에 들어설 무렵에 전기가 동력원으로서 실행 가능한 또 다른 대안으로 거론되기 시작했다. 처음에 전기는 하나의 거대한 증기기관과 같이 공장 지하실에 자리를 잡고 모든 기계에 동력을 공급하는 방식으로 쓰였다. 즉 증기기관을 대체하는 좀 더 효율적인 장치로 쓰였을 뿐이다. 하지만 이 새로운 기술에 대한 경험이 쌓이기 시작하면서 기업들은 전기가 다른 혜택도 제공한다는 사실을 깨닫기 시작했다. 컬럼비아대학교 교수 F. B. 크로커(F. B. Crocker)는 1901년에 다음과 같이 썼다.

> 많은 공장들이 전력을 도입했는데, 이 기업들이 석탄을 땔 때보다 비용이 20~60퍼센트 절감되었기 때문이다. 그러나 오늘날 전력 장치들이 이 나라 전역으로 퍼지면서 엄청나게 돌아가고 있는 것은 그런 절감 때문이 아니다. … 전력을 처음 도입한 사람들은 약속받은 것뿐만 아니라 더 많은 것들이 절감된다는 것을 알았다. 즉 간접적인 절감이라고 할 수 있는 것들이었다.[53]

그 새로운 기술을 채택한 기업들은 일부 오래된 제약들에 더 이상 얽매일 필요가 없음을 깨닫게 되었다. 일단 기업들이 전기를 생산하게 되면 전원을 건물 어디에든 설치할 수 있었다(더 이상 공장 굴뚝과 석탄 더미 옆에 설치할 필요가 없었다). 굴대, 톱니바퀴, 도르래, 벨트로 이루어진 정교한 (그리고 쉽게 고장 나는) 시스템을 통해 공장의 모든 기계를 가동하는 거대한 동력원 대신에 몇 개로 전원을 분산시킬 수도 있었다.

대부분의 제조업체들은 결국 이 '집합 동력(group drive)'을 어떤 형태로든 채택했다. 공장에 여러 대의 대형 전동기를 설치하여 각 전동기가 기계 집합에 전력을 공급하는 방식이었다.♦ 일부 사람들은 이 전력의 분산

---

♦ 이 전동기들은 공장 가까이에 있는 발전기나, 당시 새로 깔린 전력망을 통해 전력을 공급받았다.

화를 더욱 밀어붙여 '단위 동력(unit drive)'을 언급하기 시작했다. 즉 기계마다 자체 전동기를 갖추는 방식이었다. 어쨌든 증기기관과 달리 전동기는 효율을 크게 떨어뜨리지 않으면서 아주 작게 만들 수 있었다.

오늘날에는 전력 외의 '다른' 동력을 상상한다는 것 자체가 터무니없어 보인다. 사실 지금의 많은 기계들은 이 같은 전력 공급 방식에서 더 나아가 자체 전동기가 여러 대 내장되어 있다. 하지만 단위 동력 개념은 처음 제기되었을 때 심한 비판을 받았으며, 그 후로도 놀라울 만큼 오랫동안 회의적인 시선에 부딪혔다. 경제사학자 워런 드바인 주니어(Warren Devine Jr.)는 이렇게 말했다.

> 기계들을 집합적으로 또는 개별적으로 작동시키는 것의 장단점을 놓고 20세기의 첫 25년 동안 내내 학술지에서 논쟁이 이어졌다. 1895년에서 1904년 사이에 이 주제는 기술계의 모임에서 열띤 논쟁거리였다. 어느 쪽이 모든 사례에서 가장 낫다고 말할 수가 없었다. … 그리고 20여 년 뒤에도 집합 동력은 여전히 많은 산업에서 강력하게 권장되고 있었다. … 1928년에 출판된 두 교과서는 집합 동력이 타당하다고 생각되는 많은 상황이 있었다는 점을 명확히 하고 있다.[54]

### 지나고 보니 알게 된 것들

돌이켜볼 때 너무나 명백한 기술 발전이 펼쳐지는 동안 왜 그렇게 정확히 알아보기가 어려웠을까? 그리고 왜 가장 똑똑하고 가장 경험이 많은 사람들과 기업들, 그리고 그런 변화에 가장 영향을 많이 받는 사람들이 그 변화를 가장 알아차리지 못한 것일까?

많은 다양한 분야에서 이루어진 연구들은 같은 결론을 가리킨다. 기존 주자들이 현재 상황을 너무 능숙하게 잘 알고 있어서 그것에 얽매여 무슨 일이 일어날지 볼 수 없고, 새로운 기술의 진화 가능성과 실현되지 않은 잠재력을 알아볼 수 없기 때문이라는 것이다. 이 현상을 '지식의 저주(curse of knowledge)'[55], '현상 유지 편향(status quo bias)'이라고 하는데, 이는 성공적이고 잘 관리된 기업들에게도 영향을 미친다. 기존 과정들, 소비자와 공급자, 전문가 집단, 더 보편적인 사고방식 때문에 기존 주자들은 새로운 기술이 현 상황에 큰 변화를 일으킬 가능성 같은 명백히 알아야 할 것들을 못 보게 될 수 있다.

공장 전기화는 확실히 알아차렸어야 할 그런 사례였다. 이 시기를 조사한 연구 결과들이 많은데 대부분 같은 결론에 이르렀다. 경제학자 앤드루 앳키슨(Andrew Atkeson)과 패트릭 키호(Patrick J. Kehoe)는 다음과 같이 요약한 바 있다. "(전력으로) 전환이 시작될 때, 제조업체들은 처음에 단지 조금 더 우수한 기술을 채택하기 위해 그동안 쌓은 많은 지식을 포기하라는 말이냐면서 전기를 받아들이기를 꺼렸다."◆[56]

또 다른 두 경제사학자인 폴 데이비드(Paul David)와 개빈 라이트(Gavin Wright)는 전기 전환의 잠재력을 충분히 깨닫는 데 그토록 오래 걸린 큰 이유 중 하나는 "업무와 생산물을 정의하고 체계화하는 방식 면에서 조직적이고 무엇보다도 개념적인 변화가 이루어져야 할 필요가 있었기 때문"[57]이라고 보았다. 조립 라인, 컨베이어 벨트, 천장 기중기는 그런 개

---

◆ 전력은 처음부터 증기력보다 더 값싸고 더 일관성이 있었다. 하지만 증기로 가동되던 공장에서만 직접적인 혜택을 보았으므로 전기는 단지 "조금 더 우수할" 뿐이라고 여겨졌다.

념적 변화의 사례들이다. 그 장치들은 전기의 잠재력을 완전히 실현시키는 데 필수적이지만, 증기력 시대에 크게 성공한 많은 기존 기업가들은 상상도 할 수 없는 것들이었다.

## 전기의 충격

클레이튼 크리스텐슨(Clayton Christensen)은 파괴적 기술이 아주 잘나가는 기업들을 몰락시키는 일이 얼마나 자주 일어나는지를 조명함으로써 경제학계에서 명성을 얻었다. 전기화는 역사상 가장 파괴적인 기술 중 하나였다. 20세기의 처음 몇십 년 동안 전기화는 미국 제조업에 마치 대량 멸종과 흡사한 위기를 야기했다.

20세기가 시작될 때 미국의 제조업은 '산업 트러스트(industrial trusts)'라고 불리는 기업들이 지배하고 있었다. 이 기업들은 합병을 통해 독점적 지위를 구축한 대기업들이었다. 이 대기업의 소유주들은 생산, 구매, 유통, 판매 등에서 규모의 경제를 이용하고자 했다. 몇몇 트러스트 소유주들은 시장을 독점함으로써 가격을 결정할 힘을 확보할 만큼 거대한 기업 집단을 구축하기를 원했다. 1904년에 발표된 한 조사 자료를 보면 그런 트러스트가 300개가 넘었다.[58]

당시 미국 산업 트러스트는 장기간 동안 지배를 유지할 것처럼 보였다. 자본이 충분했고, 1세대 전문 경영자들이 운영했고, 새로운 기술에 결코 적대적이지 않았다. 미국 산업 트러스트는 전신을 통해 통신하고, 철도로 상품을 실어 나르는 것이 좋다는 점을 금방 알았으며, 공장을 증기력에서 전력으로 바꿀 의향도 갖고 있었다. 그러나 전기화가 확산될 때 이를 계속 실행해 나갈 수 있을 정도로 (즉 사업 분야의 많은 영역들에서) 모두

가 자원과 역량이 충분했던 것은 아니었다.

경제학자 쇼 리버모어(Shaw Livermore)가 1935년에 발표한 설문조사 결과에 따르면, 1888~1905년에 설립된 산업 트러스트 중 1930년대 초에 도산한 사례가 40퍼센트를 넘었다. 또 11퍼센트는 "서류상으로 좋은 점과 나쁜 점이 뒤섞인 … '비틀거리는' 집단[59]들이었다. … 대체로 조사한 기간 중 최근 몇 년 사이에 상황이 더 나빴다"고 밝혔다. 살아남은 트러스트 중 대부분은 규모가 훨씬 축소되었다. 경제학자 리처드 케이브스(Richard Caves) 연구진이 조사한 바에 따르면, 1905년에 시장 지배력을 발휘한 기업 중 42곳이 1929년에도 존속했지만, 이 기업들의 시장점유율은 평균 69퍼센트에서 45퍼센트로 3분의 1 이상 감소되었다고 한다.[60]

이러한 연구와 그 밖의 다른 제안들은 미국 제조업의 경쟁 환경이 20세기에 극심해졌고, 1920년대 말까지 많은 기업들이 이전의 지배적인 위치에서 탈락했음을 시사한다. 이것은 적어도 어느 정도는 전기화 때문이었을까?

우리는 그렇다고 믿는다. 지능적인 전기화가 이루어졌을 때 그렇지 않을 때보다 공장의 생산성이 훨씬 더 높아졌다는 점은 분명하다. 전기화에 따른 큰 혜택은 단순히 증기기관을 전동기로 대체함으로써 나온 것이 아니라, 생산 공정 자체를 재설계함으로써 나왔다. 지능적으로 전기를 도입한 공장(모든 기계에 전동기를 장착하고, 조립 라인과 컨베이어 벨트를 갖추고, 천장 기중기를 설치하는 것 등)은 그 어떤 경쟁에서도 이길 수 있는 가공할 무기였다. 그런 공장들은 더 적은 비용으로 더 많은 것을 할 수 있었고, 그 공장들의 소유주는 가격과 유연성 측면에서 경쟁자보다 우위에 섰으며, 자신들의 상품으로 시장을 거의 독점할 수 있게 되었다. 우리는 또한 모든 공장을 지능적으로 전기화할 수 없었다는 점도 안다. 일부 기업들과 그 경영자들은 단위 동력의 잠재력을 알아차리고 받아들인 반면, 다른 기업들은 수십 년 동안 그 문제에 대해 논쟁을 벌였다. 이런 모든 이유를 고려할 때, 조기에 전기화를 채택한 공장들이 오래된 산업 트러스트 중 상당수의 파산에 직접적으로 기여했을 가능성이 높다.

20세기 초 미국 제조업의 격동은 제1차 세계대전의 격변과 시어도어 루스벨트 대통령의 트러스트 파괴(trust-busting : 기업연합 해체—옮긴이) 운동 등 여러 가지 원인으로 일어났지만, 전기화의 충격이야말로 그토록 많은 최고 기업들을 파산하거나 허우적거리게 만든 근본적인 이유 중 하나였다.

전기화를 단순히 더 나은 동력원 정도로만 생각한 공장 소유주들은 요점을 완전히 놓친 것이었고, 시간이 흐르면서 그들은 전기화 경쟁에서 뒤처지고 있음을 알게 되었다. 이 느림보 기업들이 놀라운 제품을 만들어서 탁월한 판촉 활동과 효율적인 유통망을 통해 충성스러운 고객들에게 팔았을 수도 있다. 그러나 지능적으로 전기화를 하지 않은 공장들은 결국 파산하고 말았다. 이 기업들은 가격에서 경쟁이 안 되었고, 상품을 빠르게 판매할 수도 없었고, 한 제품에서 다른 제품으로 쉽게 전환할 수도 없었다. 그들이 이전에 성공을 안겨주었던 일을 똑같이 하고 있음에도 불구하고 (좀 더 정확히 말하면 바로 그렇기 때문에) 그들은 경쟁력을 잃었다.

## 보편화될 기술은 무엇인가?

오늘날 우리는 또 다른 산업 격동의 초기 단계에 들어섰다. 하지만 이번 것은 훨씬 더 크고 더 폭넓다. 세계 어디든 어느 시장에 있든 간에 상당한 규모의 기업이라면 현재 쇄도하는 기술의 물결에 영향을 받을 수밖에 없다. 제2의 기계 시대에 성공하는 기업들은 현재 대부분의 기업이 하는 방식과 전혀 다른 식으로 마음과 기계, 생산물과 플랫폼, 핵심 역량과 군중을 결합하는 기업일 것이다. 그렇게 하지 않는 기업들, 그리고 기술적·조직적 측면에서 현상 유지를 고집하는 기업들은 본질적으로 증기력이나 집합 동력을 고수한 기업들과 같은 선택을 하는 셈이 될 것이다. 그리고 결국에 그들은 동일한 운명을 맞이할 것이다.

이 책에서 우리의 목표는 여러분의 회사에서 증기기관이나 집합 동력의 21세기 초 형태에 해당하는 것이 어디에 있을지 알아볼 수 있게 돕는 것이다. 그리고 여러분이 그것들을 현재와 미래의 경이로운 기술을 더 잘 활용하는 수단으로 대체할 방법을 생각해낼 수 있게 돕는 것이다.

## 미래를 위하여

이 책은 새로운 기계, 플랫폼, 군중이 만들고 있는 세계에 대한 안내서다. 그렇기에 이 책은 불완전할 수밖에 없다. 업계는 항상 변하고 있으며, 이처럼 심오한 변화가 일어나는 동안에는 평소보다 상황이 훨씬 더 불안하다. 따라서 우리는 경제와 사회가 제2의 기계 시대로 더 깊이 진입하고 있기에, 사업에 성공할 수 있는 결정적이고 완전한 답을 발견했다고 주장하지 않을 것이다. 우리가 여기서 기술하는 세 가지 재균형이 이루어지기까지는 여러 해가 걸릴 것이며, 그것들의 종착점과 정확한 궤적은 명확한 것과 거리가 멀다.

하지만 혼돈 속에 기회가 있다. 우리는 역사로부터, 이전 연구로부터, 최근의 사례와 발전으로부터, 그리고 직접 조사한 것들로부터 우리가 믿는 것들이 타당하며 가치 있다고 말할 수 있을 만큼은 충분히 알고 있다. 뒤에서 보게 되겠지만 이러한 통찰 가운데 상당수는 경제학에 뿌리를 두고 있다. 경제학은 우리의 연구가 가장 크게 의지하고 있는 분야다.

왜 그럴까? 오스트리아 경제학자 카를 멩거(Carl Menger)는 1870년에 좋은 답을 제시했다. "경제 이론은 … 어떤 조건에서 사람들(men)이 자신의 욕구를 충족시키기 위해 장래를 대비하는 어떤 행동을 하는지에 관심을 갖는다."[◆61] 경제학은 조직과 사람이 자신의 환경과 미래를 어떻게 이해하고 만들어 나가는지, 그리고 목표를 이루기 위해 상품, 서비스, 정보를 교환하고 협력할 때 어떤 일이 일어나는지를 연구하는 학문이다. 경제학은 이런 주제에 대한 방대하고 탄탄한 식견과 이론을 잘 발전시켜 왔기에 기계, 플랫폼, 군중이 세상을 어떻게 뒤흔드는지에 관한 이 책의 적합한 토대가 된다.

그러나 우리는 경제학에만 의지할 수가 없다. 여기서 우리가 관심을 갖고 있는 현상들은 한 분야로 다루기에는 너무나 다양하며 여러 연구 분야에 걸쳐 있다. 그래서 우리는 공학, 컴퓨터과학, 심리학, 사회학, 역사학, 경영학을 비롯한 여러 학문 분야에도 기댈 것이다. 현재 밀려오고 있는 기술의 물결은 최근의 것이지만, 장구하고 풍성하며 대단히 흥미로운 유산을 간직하고 있다. 우리는 현재 일어나고 있는 일과 앞으로 일어날 법한 일을 기술할 때 그 유산에 토대를 둘 것이다.

이 책의 논의는 3부로 나뉘어 있다. 1부는 마음과 기계의 통합을 다룬다. 2부는 생산물과 플랫폼의 통합, 3부는 조직의 핵심 역량과 군중의 통

---

◆   19세기의 저술가들은 흔히 'men'이라는 용어를 '사람들(people)'이라는 뜻으로 쓰곤 했다.

합을 다룬다. 각 부를 아우르는 주제는 동일하다. 각 쌍의 두 번째 요소가 최근 들어서 훨씬 더 강력해지고 유능해졌다는 것이다. 지금은 이 둘을 가장 잘 통합하는 방식이 무엇인지를 재검토하는 것이 대단히 중요하다.

1부는 마음과 기계의 새로운 결합이 어떻게 기업의 가장 중요한 '과정들'의 실행 방식을 빠르게 변화시키고 있는지를 보여준다. 2부는 선구적인 기업들이 생산물과 플랫폼을 어떻게 결합하여 자신들이 '제공하는 것들'을 변화시키고 있는지를 보여준다. 3부는 조직의 핵심 역량과 군중이 '조직' 자체의 모습과 일하는 방식을 바꾸고 있는 양상을 보여준다.

각 부의 첫 장에서는 제2의 기계 시대의 첫 단계로 돌아가 기존의 현상 유지 상태와 변화가 일어나려 하는 초기의 조짐들을 살펴본다. 그 장들은 약 20년 전에 마음과 기계, 생산물과 플랫폼, 핵심 역량과 군중 사이에 '표준적 파트너십(standard partnership)'이 구축되어 있음을 보여준다. 또 기술이 발전하고 경험이 축적됨에 따라 이 협력 관계가 스트레스를 받는 모습도 보여준다.

각 부의 나머지 장들에서는 최근에 세 가지 재균형의 각 영역에서 우리가 보고 배운 것을 살펴본다. 즉 현재와 미래의 기계, 플랫폼, 군중의 힘을 보여준다. 각 부에 수록된 장들은 마치 공상과학소설의 전개 방식처럼 기이함이 점점 심해지는 순서로 배열했다. 뒤의 장으로 갈수록 다루는 개발과 혁신, 사업 모델은 더욱 파격적인 수준일 것이다. 각 부의 마지막 장은 컴퓨터가 점점 더 '창의적'이 될 수 있는지, 경제 전체가 곧 주문형(on-demand) 경제가 될 것인지, 그리고 기업 자체가 멸종 위기종이 될

◆　　　아주 짧게 답하자면, 이 질문들의 답은 첫 번째는 '예', 두 번째는 '아니오'다.

것인지와 같은 주제를 다룰 것이다.◆

　이 책의 각 장 끝에는 중요한 통찰을 요약하고 실제적인 지침을 제공하는 짧은 절이 제시되어 있다. 이 글은 기계, 플랫폼, 군중으로 사업에 성공하는 비결을 상세히 열거한 사용설명서가 아니다. 우리는 그런 설명서를 쓰는 사람들이 자기 자신이나 독자를 속이고 있는 것은 아닐까 의심한다. 현재로서는 변화가 너무 많고 너무 불확실하기 때문이다. 사실 그런 공식화한 요리법을 쓸 수 있다면 작동하는 더 심오한 힘들과 원리를 이해한들 일에서 경쟁 우위를 얻을 수 있는 기회가 거의 없을 것이다. 따라서 우리는 각 장의 주된 개념들을 간단하게 축약하는 동시에, 여러분의 조직에 이런 개념을 어떻게 적용할지 생각하는 데 도움을 주기 위해 몇 가지 질문들을 제시했다.

1부 | 마음과 기계

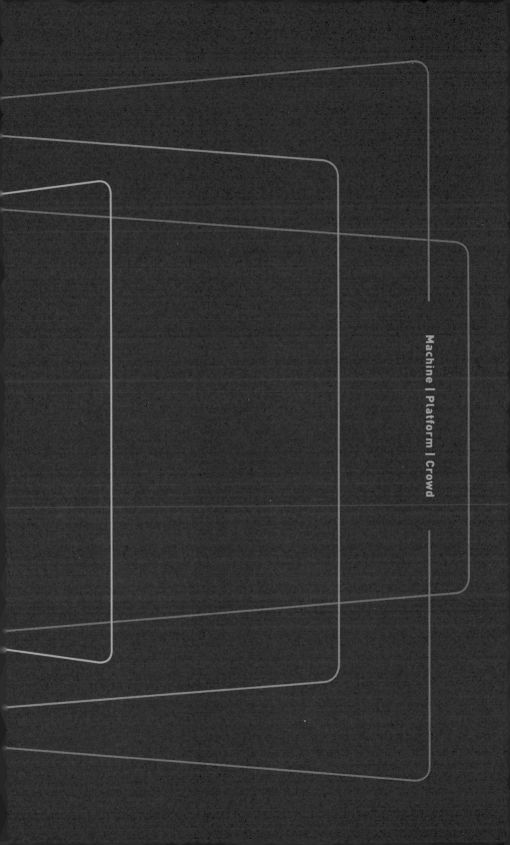

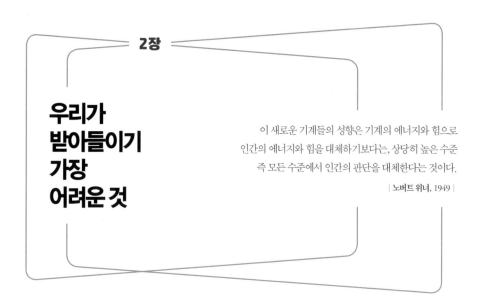

## 2장

# 우리가 받아들이기 가장 어려운 것

이 새로운 기계들의 성향은 기계의 에너지와 힘으로 인간의 에너지와 힘을 대체하기보다는, 상당히 높은 수준 즉 모든 수준에서 인간의 판단을 대체한다는 것이다.

| 노버트 위너, 1949 |

약 20년 전, 전 세계의 기업들은 인간과 기계 사이의 분업이 매우 합리적이라는 결론에 도달했다. 기계는 기초 수학, 기록 관리, 데이터 전송을 담당할 것이라고 보았다. 그럼으로써 사람들은 결정을 내리고, 판단하고, 자신의 창의성과 직관을 활용하고, 서로 상호작용을 하면서 문제를 해결하고 고객을 대하는 일에 전념할 수 있을 것이라고 생각했다.

## 서류 더미에서 표준적 파트너십에 이르기까지

이러한 접근 방식은 지금은 아주 널리 퍼져 있어서 이전에 끊임없이 서류 작업에 치이던 시대를 기억하기란 쉽지 않다. 즉 사람들과 부서 간에 서류철들이 가득한 카트가 오가던 시대 말이다. 오늘날까지도 미국 정부의 인사관리처가 운영하는 악몽과 같은 비효율적인 지하 '서류작업 광산(Paperwork Mine)'[1])에서는 그 당시의 심란한 상황을 엿볼 수 있다. 이곳은 연방 정부 직원이 퇴직할 때 필요한 행정 절차를 처리하기 위해 들어섰다. 이 처리 단계들은 컴퓨터화가 이루어지지 않았기 때문에 틀에 박힌 일을 수행할 600명의 인원을 필요로 한다. 그들은 서류 캐비닛으로 꽉 찬 슈퍼마켓 크기의 공간에서 일한다. 별난 이유들 때문에 이 공간은 예전 석회석 광산이었던 지하 60미터가 넘는 곳에 자리하고 있다. 1977년에는 연방 직원 한 명의 퇴직을 위한 말 그대로 서류 작업을 완결하는 데 평균 61일이나 걸렸다. 지금도 기본적으로 동일한 과정을 처리하는 데 여전히 61일이 걸린다. 한편 이 과정을 디지털화한 텍사스 주는 그 일을 현재 이틀 만에 끝낸다.

세계의 서류작업 광산을 공략할 지적 청사진을 제공한 것은 1993년에 마이클 해머(Michael Hammer)와 제임스 챔피(James Champy)가 쓴 《리엔지니어링 기업혁명(Reengineering the Corporation)》이었다. 이 책은 엄청난 성공을 거두었는데, 전 세계에서 200만 부가 넘게 팔렸고 〈타임〉지가 선정한 역사상 가장 영향력 있는 경영서 25권에 들기도 했다.[2])

해머와 챔피가 말하는 기본적인 내용은, 기업이 스스로를 부서 내의 과제를 수행하는(예를 들면 구매부에서 원료를 구입하는 것) 곳으로 보는 대신에, 본질적으로 여러 부서 간에 걸쳐 있는 사업 과정들(예를 들면 고객의 주문을 받고, 조립 생산하고, 선적하는 것)을 수행하는 곳으로 봐야 한다는 것이었다. 이런 내용은 지금은 명백해 보이지만 당시에는 새롭고 중요한 개념으로 여겨졌다.[3]) 20세기의 저명한 경영학 대가인 피터 드러커(Peter Drucker)는 당시 이렇게 말했다. "리엔지니어링은 새로운 것이며 해야만 하는 일이다." 업무 과정이라는 렌즈는 대개 불필요하거나 제거할 수 있는 많은 과제를 드러냈고, 해머와 챔피의 표현에 따르면 그것들을 지워버려야 했다.

이 업무 재설계(business process reengineering) 운동은 1990년대 중반에 일어난 두 가지 발전, 즉 전사적 정보 시스템과 월드와이드웹을 통해 촉진되었다. 전사적 시스템♦이 출현하기 전까지 기업들은 대개 별개의 소프트웨어를 이것저것 사용했는데, 서로 연관성이 전혀 없는 것들도 많았다. 그렇다 보니 기업의 규모가 클수록 더 혼잡스러워졌다. 전사적 시스템은 그 혼잡한 소프트웨어들을 일련의 다기능적 업무 과정을 실행하도록 설계된 단일한 대규모 소프트웨어♦♦로 대체한다는 목표를 제시했다. 이 소프트웨어는 SAP나 오라클 같은 업체가 내놓은 '기성 제품'을 구입하여 상황에 맞게 어느 정도 수정하여 설치할 수 있었다.

전사적 시스템은 빠르게 확산되었다. 한 추정치에 따르면, 1999년까지 〈포천〉 1000대 기업 중 60퍼센트 이상이 적어도 그런 시스템 하나를 채택했다고 한다.4) 그리고 설치하고 관리하는 데 매우 비용이 많이 들고 많은 시간이 소요될 수 있지만 그 시스템은 대체로 약속한 것을 이행했다. 한 예로 에릭이 동료인 시난 아랄(Sinan Aral)과 D. J. 우(D. J. Wu)와 조사한 결과, 새로운 전사적 시스템을 채택하자마자 기업들의 노동생산성, 재

---

♦    전사적 시스템은 곧 ERP(Enterprise Resource Planning, 전사적 자원 관리), SCM(Supply Chain Management, 공급망 관리), CRM(Customer Relationship Management, 고객관계관리), HRM(Human Resource Management, 인적자원 관리)과 같이 세 글자로 된 약어로 불리게 되었다.

♦♦   좀 더 정확히 말하자면, 몇 가지 소프트웨어다. 가장 자신만만한 기업 소프트웨어 판매 회사도 기업이 해야 하는 모든 일을 하는 데 단 하나의 시스템이면 충분하다고 제안하지는 않는다.

고 회전율, 자산 활용률이 상당히 개선된 것으로 나타났다.[5]

월드와이드웹의 등장은 전사적 시스템의 적용 범위와 힘을 컴퓨터(그리고 나중에는 태블릿과 휴대전화)를 통해 개별 소비자에게까지 확장시켰다. 월드와이드웹은 1989년에 팀 버너스리(Tim Berners-Lee)가 텍스트와 사진 같은 온라인 콘텐츠를 서로 연결할 수 있게 해주는 프로토콜을 개발하면서 출현했다.[6] 팀 버너스리는 월드와이드웹을 개발함으로써 1945년에 과학과 공학에 해박했던 배너바 부시(Vannevar Bush)가 처음 설명했고(마이크로필름을 이용한다는 이론), 그리고 컴퓨터 선각자인 테드 넬슨(Ted Nelson)이 창안한 하이퍼텍스트라는 비전을 실현시켰다. 덧붙이자면, 테드 넬슨이 구상한 제너두 프로젝트는 결국 실현되지 못했다.

월드와이드웹은 인터넷을 텍스트 전용 네트워크에서 사진과 음성을 비롯한 다른 미디어를 처리할 수 있는 네트워크로 급속히 전환시켰다. 이전보다 훨씬 더 풍성하고 쉽게 인터넷을 항해할 수 있게 해준 이 경이로운 멀티미디어는 1994년에 넷스케이프가 최초의 상용 웹브라우저인 내비게이터(Navigator)를 공개하면서 주류로 진입했다(넷스케이프의 공동 창립자인 마크 앤드리슨Marc Andreessen은 당시 22세의 프로그래머였는데, 이전에 웹브라우저를 개발하는 일을 한 바 있었다. 11장에서 그의 이름을 다시 듣게 될 것이다).♦[7] 그와 동시에 인터넷의 상업화가 이루어졌다. 그 전까지 인터넷은 주로 학문의 영역이었다.

월드와이드웹 덕분에 기업은 업무 과정들을 기업 내부를 넘어 고객에게까지 확장할 수 있게 되었다. 이 추세는 전자상거래라고 알려지게

---

♦ 　말 그대로 월드와이드웹을 창안한 공로를 인정받아, 버너스리는 2004년에 영국의 엘리자베스 여왕으로부터 기사 작위를 받았다. 앤드리슨은 2013년에 새로 제정된 엘리자베스 여왕 공학상의 수상자 중 한 명으로 선정되었다.

되었다. 사람들은 기업의 제품을 검색하고 알아내는 데만이 아니라 주문하고 지불하는 데에도 웹을 이용하기 시작했다. 효율성과 편의성의 이 조합은 거부할 수 없다는 것이 드러났다. 넷스케이프가 출현한 지 10년 사이에 전자상거래는 미국에서 식품과 자동차를 제외한 소매 판매량의 약 10퍼센트를 차지했다.[8]

그 뒤로 20년 동안 웹을 통해 강화된 전사적 시스템은 틀에 박힌 일들을 수행함으로써 점점 더 많은 업무 과정들을 촉진시켜 왔다. 잔액 계정과 거래 내역을 추적하고, 원료 운송의 적절한 양과 시기를 계산하고, 직원들에게 임금을 보내고, 고객이 제품을 고르고 지불할 수 있도록 하는 등의 일들이었다.

## 사람들은 판단력을 활용해야 한다

전사적 소프트웨어와 월드와이드웹 같은 기술을 통해 '서류작업 광산'에서 해방되면 직원들은 무엇을 해야 할까? 해머와 챔피는 《리엔지니어링 기업혁명》에서 명확한 대답을 내놓았다. 컴퓨터가 틀에 박힌 일들을 처리하면, 사람들에게는 자신의 판단을 실행하는 권한을 부여해야 한다는 것이다. "대조하고 맞추고 기다리고 지켜보고 추적하는 일들, 즉 비생산적인 일들은 대부분 재설계를 통해 제거된다. … 재설계된 업무를 처리하는 사람들에게는 권한을 부여할 필요가 있다. 그 업무 담당 직원들에게 생각하고 상호작용을 하고 판단을 활용하고 결정을 내릴 수 있도록 허용하고 또 그렇게 해야 한다."[9]

이는 한 가지 일반적인 믿음을 명확히 드러낸다. 하드웨어, 소프트웨어, 네트워크로 가득한 세계에서도 사람은 판단 능력 덕분에 여전히 가치가 있다는 믿음이다. 가용 자료를 토대로 기계적인 계산을 하는 차원을 넘어서는 방식으로 추론할 능력 말이다. 사람들 대다수는 우리가 완수할 수 있는 일이 오로지 틀에 박힌 업무라면 지금쯤 모두 일자리를 잃었을 것이라는 말에 수긍한다. 컴퓨터가 그런 일들을 훨씬 더 잘하기 때문이다. 하지만 거의 모든 사람들은 우리 자신이 디지털 기술이 할 수 있는 일보다 훨씬 더 많은 일을 할 수 있다고 믿는다. 설령 디지털 기술이 무어의 법칙에 따라 계속 성능이 향상된다고 해도 말이다. 무어의 법칙은 동일한 비용으로 얻을 수 있는 연산 하드웨어의 양이 시간이 흐를수록 놀라울 만큼 꾸준히 그리고 놀라울 만큼 빠르게 증가하며, 기하급수적으로 더욱 강력해진다는 것이다.

수십 년에 걸친 연구에 따르면 사실상 사람들은 두 가지 다른 방식으로 추론을 한다고 한다. 이 획기적인 연구를 한 공로로 공동 연구자인 아모스 트버스키(Amos Tversky)와 함께 행동경제학이라고 불리게 될 분야를 개척한 대니얼 카너먼(Daniel Kahneman)은 노벨상을 수상했다.◆ 카너먼 연구진은 우리 모두가 두 가지 사고방식을 지닌다는 것을 보여주었다. 그것을 '시스템 1' 그리고 '시스템 2'라고 불렀다.◆◆

시스템 1은 빠르고 자동적이고 진화적으로 오래되었고 노력이 거의 필요 없는 사고 양식이다. 우리가 직관이라고 부르는 것과 밀접한 관계가 있다. 시스템 2는 정반대다. 느리고 의식적이고 진화적으로 최근에 생긴 것이며 많은 노력을 수반한다. 카너먼은 그의 저서 《생각에 관한 생각

◆　카너먼은 그의 업적을 인정받아, 비경제학자로서 노벨 경제학상을 수상한 최초의 인물이다.

◆◆　'시스템 1'과 '시스템 2'는 다른 용어들을 둘러싸고 벌어진 것과 같은 장기적인 의견 차이와 논쟁을 야기하지 않도록 일부러 채택한 중립적이고 밋밋한 용어였다.

(Thinking, Fast and Slow)》에 다음과 같이 썼다.

> 시스템 1은 노력이 거의 또는 전혀 없이, 그리고 자발적인 통제 감각이
> 없이 자동적으로 빠르게 작동한다. 시스템 2는 복잡한 계산을 포함하여
> 그 사고 양식이 요구하는 노력을 수반하는 정신 활동에 주의를 할당한다.
> 시스템 2의 작동은 흔히 행위성, 선택, 집중이라는 주관적인 경험과 관련
> 된다.[10]

두 시스템은 시간이 흐름에 따라 개선될 수 있다. 시스템 2는 수학이
나 논리학 공부를 함으로써 다듬어지는 반면, 시스템 1은 살아가면서 많
은 사례들을 보는 것만으로 더 자연스럽고 폭넓게 향상된다. 소방관은
건물 안에서 불이 어떻게 번지는지를 시간이 흐름에 따라 더 감을 잘 잡
게 되고, 인사 관리자는 많은 지원자들을 면접함으로써 누가 기업에 적
합할지 더 감을 잘 잡을 수 있게 되고, 바둑기사는 시간이 지남에 따라 더
노련하게 바둑을 두는 고수가 된다. 물론 두 시스템은 동시에 개선될 수
있고 그래야 한다. 병리학자, 즉 질병을 진단하는 전문가는 생화학을 연
구하고 병든 조직과 건강한 조직의 사례를 아주 많이 봄으로써 실력을
갈고닦는다. 학습은 기본 원리를 이해하고 그것을 구체적으로 보여주는
압도적으로 많은 사례들을 접할 때 더 깊어지고 더 빨라진다.

경영 훈련의 주된 방식은 두 시스템을 결합하는 것이었다. 경영대학
원 학생들은 회계, 금융, 미시경제학 강의를 통해 시스템 2 실력을 갈고닦
는다. 또 그들은 기업가정신, 리더십, 윤리학 같은 분야에서 아주 많은 사
례 연구를 다루면서 직관과 판단력, 즉 시스템 1을 가다듬는다. 그리고 많

은 수업들은 두 접근법을 결합한다. 의대와 법대도 비슷한 방식을 쓴다.

시스템 1과 시스템 2에 관한 사람들의 능력에 대해 밝혀진 또 한 가지는 능력의 차이가 아주 다양하다는 것이다. 방정식과 까다로운 두뇌 퍼즐 같은 문제를 아주 잘 풀지만 직관력과 '현실 세계'에서의 영리함이 부족한 사람들도 있다. 반면에 산수를 잘 못하지만 직관력이 아주 뛰어난 사람들도 있다.

기술이 확산될수록 시스템 2 범주에 속한 사람들은 전혀 불리하지 않다. 사실 그들은 더 잘나간다. 컴퓨터가 논리적이고 규칙적인 일들을 모두 수행함에 따라 그들은 해머와 챔피가 옹호하는 일을 할 자유를 얻는다. 판단력을 행사하고, 결정을 내리고, 남들과 협력하여 문제를 해결하고, 기회를 움켜쥐고, 고객을 대하는 일을 한다.

사실, 현재 재계의 많은 영역에서는 시스템 1이 점점 우세해지고 있는 듯하다. 전직 CEO들은 《끝없는 도전과 용기(Straight from the Gut)》(GE의 전 CEO 잭 웰치가 저자다—옮긴이), 《힘든 선택들(Tough Choices)》(휴렛팩커드의 전 CEO 칼리 피오리나가 저자다—옮긴이) 같은 제목의 책들을 쓴다.[11] '기술 관료(technocrat)'는 자료에 너무 집중하고 현실 세계의 복잡성을 등한시하는 지도자를 가리키는 경멸적인 용어가 되어왔다. 2010년에 출간된 저서 《다시 생각하는 MBA(Rethinking the MBA)》는 "혼란스럽고 체계적이지 않은 상황을 해결할 판단력과 직관력을 기르는 것"[12]이 MBA 프로그램이 충족시키지 못하는 주요 수요 중 하나라고 파악했다. 그런 논리는 《리엔지니어링 기업혁명》에서 말하는 바와 일치한다. 사람들이 영리한 결정을 내릴 수 있도록 직관력과 판단력을 계발하고 훈련하도록 하는 한편 수학과 기록은 컴퓨터에게 맡기라는 것이다. 우리는 마음과 기계 사이의 그런 분업에 관한 이야기를 너무나 많이 보고 들어 왔기에, 그것을 '표준적 파트너십(standard partnership)'이라고 부른다.

## 인간의 판단은 기계보다 나을까?

표준적 파트너십은 압도적인 효과를 발휘하지만 잘 돌아가지 않을 때도 있다. 인간의 판단을 아예 제거하고(그리고 경험이 아주 풍부하고 학력과 자격을 갖춘 사람의 판단까지도) 오로지 공식에 끼워 넣는 숫자에만 의존하는 것이 더 나은 결과를 내놓을 때가 종종 있다.

이것은 반(反)직관적 발견이다. 또 외면당하는 발견이기도 한데 그럴 만한 분명한 이유가 있다. 그렇지만 우리는 그 발견을 전적으로 지원할 필요가 있다. 그 전에 시스템 1이 경영에서 무가치한 것이 아님을 강조해야겠다. 사실 무가치한 것과 거리가 멀다. 우리는 인간의 직관, 판단, 빠른 생각이 여전히 중요한 역할을 한다는 것, 그리고 선두 기업들이 그것들을 새롭고 영리한 방식으로 활용한다는 것, 즉 마음과 기계 사이의 새롭고 개선된 협력 관계를 지향하는 방식으로 활용한다는 것을 보여주고자 한다.

하지만 먼저 시스템 1의 약점 중 몇 가지를 설명할 필요가 있다. 인간 전문가의 판단과 직관에도 심각한 한계가 있다는 점을 조명한 선구적인 연구들을 살펴보자.

— 사회학자 크리스 스네이더르스(Chris Snijders)는 네덜란드 기업들이 구입한 5,200대의 컴퓨터 장비를 사용하여 각 거래의 예산 준수, 운송 시간, 구매자의 만족도를 예측하는 수학 모형을 구축했다.[13] 그런 뒤 모형을

사용하여 서로 다른 몇몇 산업에 걸쳐 일어나는 서로 다른 거래 집합에서 나올 결과들을 예측하고, 각 부문의 구매 담당자 집단에게도 같은 예측을 해달라고 요청했다. 연구 결과 스네이더스의 모형은 담당자들보다 더 나은 예측을 내놓았다. 평균을 상회하는 담당자들보다도 더 나았다. 그는 또한 경험 많은 담당자나 신참이나 별 차이가 없으며, 대체로 담당자들이 자기 업계와 별 관계없는 거래보다 자기 업계의 거래를 더 잘 예측하는 것도 아님을 알아냈다.

— 경제학자 오를레이 아셴펠터(Orley Ashenfelter)는 날씨에 관한 공개적으로 구할 수 있는 네 가지 변수만을 사용하여, 보르도 와인의 품질과 가격을 출시되기 한참 전에 성공적으로 예측하는 단순한 모형을 구축했다. 새 와인의 가격은 전통적으로 숙련된 와인 전문가들의 견해에 크게 영향을 받아왔다. 그러나 아셴펠터는 이렇게 썼다. "(이런 연구가) 제기한 가장 흥미로운 현안 중 하나는 와인 가격 결정에서 전문가의 견해가 어떤 역할을 하는지 시사하는 부분이다. … 전문가 견해가 와인 품질을 근본적으로 결정하는 요소들과 무관하다는 증거가 있다. … 이는 자연스럽게 전문가의 견해가 왜 필요한가라는 미해결 질문을 낳는다."14)

— 에릭은 현재 와튼스쿨 교수로 있는 린 우(Lynn Wu)와 함께 주택 거래량과 가격을 예측하는 단순한 모형을 개발했다.15) 그들은 '부동산 중개인', '주택담보대출', '주택 가격' 같은 단어들이 미국의 50개 주 각각에서 매달 얼마나 자주 검색되는지를 알려주는 구글 트렌드(Google Trends)의 자료를 활용했다. 그들은 그 모형을 사용하여 미래의 주택 거래량을 예측하고,

전미 부동산협회(NAR)의 전문가들이 내놓은 예측 자료와 비교했다. 그 결과 그들의 모형이 부동산 전문가들보다 무려 23.6퍼센트나 나은 예측값을 내놓았다. 구글 검색 자료를 예측 모형에 통합할 때 얼마나 강력한 효과가 나타나는지를 반영하는 사례다.

— 에릭은 학계를 위한 별도의 연구 과제인 '머니볼(Moneyball : 최소 비용으로 최대 효과를 얻는 방식 – 옮긴이)' 방식 모형을 개발함으로써 더욱 정확한 예측을 제시했다.[16] 그는 MIT의 디미트리스 베르트시마스(Dimitris Bertsimas), 존 실버홀츠(John Silberholz), 샤차르 라이히만(Shachar Reichman)과 함께 최고의 대학교에서 누가 종신 재직권을 딸지를 예측했다. 그들은 젊은 학자들의 초기 논문 발표 기록과 인용 양상에 대한 역사적인 자료를 살펴보고, 망 이론(network theory)에서 나온 몇 가지 개념을 이용하여 누가 가장 영향력과 파급 효과를 미치는 연구를 해왔는지를 알아보았다. 그런 뒤 모형을 보정하여 운영 연구 분야에서 어느 학자가 종신 재직권을 따게 될지를 예측했다. 그들의 모형은 당시 종신 재직권 심사위원회의 결과와 70퍼센트가 들어맞았다. 그런데 들어맞지 않은 사람들을 보면 모형이 예측한 학자들 쪽이 실제로 심사위원회가 선정한 학자들보다 최고의 학술지에 더 많은 논문을 실었고, 인용 횟수도 더 많았다.

— 샤이 단징거(Shai Danzinger) 연구진은 이스라엘 판사들이 하루를 시작할 때와 점심 식사를 한 뒤에 가석방을 선고할 가능성이 더 높다는 것을 밝혀냈다.[17] 그리고 점심 식사를 하기 직전에(아마도 피곤하거나 혈당량이 낮아졌을 때) 그들은 가석방 요청을 기각할 가능성이 더 높았다. 판사의 결정이

공판 외적인 요인에 영향을 받곤 한다는 개념을 뒷받침하는 연구는 또 있다. 경제학자 오즈칸 에렌(Ozkan Eren)과 나시 모칸(Naci Mocan)은 한 미국 주에서 그 지역의 유명 대학교 출신의 판사들이 모교가 축구 경기에서 예상 외로 패한 직후에 상당히 더 혹독한 선고를 내리며, 이런 선고가 "흑인 피고에게 훨씬 더 많이 내려진다"는 것을 알아냈다.[18]

—  플로리다 주 브로워드 카운티의 학군에서는 부모나 교사의 추천이 영재 아이를 파악하는 첫 단계였다.[19] 브로워드의 학생들은 대부분 소수 인종인데, 영재 수업을 받는 아이들은 백인이 56퍼센트였다. 21세기의 첫 10년 동안 이 학군은 주관적인 방법에서 벗어나 가능한 한 체계적이고 객관적인 방법으로 영재 아이를 선정하기로 결정했다. 이에 학군의 모든 아이들에게 필기 IQ 검사를 했다. 경제학자 데이비드 카드(David Card)와 로라 줄리아노(Laura Giuliano)는 이 한 가지만 바꾸었는데 놀라운 결과가 나타났다고 밝혔다. 즉 영재라고 파악된 아프리카계 미국인 아이가 80퍼센트, 히스패닉계 아이가 130퍼센트 증가했다.

—  법학 교수 테드 루저(Ted Ruger)와 폴린 킴(Pauline Kim)은 정치학자 앤드루 마틴(Andrew Martin), 케빈 퀸(Kevin Quinn)과 함께 마틴과 퀸이 개발한 6개 변수로 이루어진 단순한 모형이 83명으로 이루어진 법학 전문가들보다 2002년 회기의 미국 연방 대법원 판결을 더 잘 예측할 수 있는지 알아보는 실험을 했다.[20] 이 전문가들 중 38명은 대법원 판사를 위한 재판 연구관으로 일한 바 있었고, 33명은 법학 교수였고, 6명은 현직 또는 전직 법학 대학원장이었다. 이 집단의 예측은 평균을 내니 법원의 판결과 들어맞

은 비율이 60퍼센트에 약간 못 미쳤다. 반면에 알고리즘의 적중률은 75퍼센트였다.

위 목록이 대표적이며 공정할까? 우리가 의도적으로 또는 무의식적으로 인간의 판단이 데이터 위주의 접근법에 밀리는 사례들만 강조하고, 인간이 우월한 사례들은 무시하고 있는 것은 아닐까? 우리가 그렇지 않다는 것을 보여주는 다음과 같은 인상적인 연구 결과가 있다.

심리학자 윌리엄 그로브(William Grove) 연구진은 심리학 및 의학 분야에서 임상적 예측과 통계적 예측(즉 경험 많은 '전문가'인 인간의 판단과 100퍼센트 데이터 위주의 접근법)을 정면으로 비교한 사례들을 찾기 위해 지난 50년 동안 동료 심사(peer review)를 거쳐 실린 논문들을 훑었다.[21] 그들은 IQ 예측에서 심장병의 진단에 이르기까지 모든 분야에 걸쳐 그러한 연구 사례를 136건 찾아냈다. 그중 48퍼센트는 양쪽 사이에 유의미한 차이가 없었다. 다시 말해 전문가들은 평균적으로 공식보다 더 낫지 않았다.

인간의 판단력이 더 우수하다는 개념에 훨씬 더 큰 타격을 입힌 부분은 그 연구 사례 중 46퍼센트에서 인간 전문가가 사실상 숫자와 공식보다 현저히 더 '안 좋은' 예측을 내놓았다는 점이다. 이는 인간이 확실하게 뛰어난 사례가 단지 6퍼센트에 불과했다는 의미다. 그리고 연구진은 인간이 더 나은 결과를 내놓은 사례들을 보면, 거의 모두 "임상의가 기계적 예측 쪽보다 더 많은 자료를 받았다"[22]고 결론지었다. 1950년대 초부터 인간 전문가의 판단이 허술함을 서술하고 입증하는 데 기여한 전설적인 심리학자 폴 밀(Paul Meehl)은 이렇게 요약했다.

그런 수많은 정량적으로 다양한 연구들이 이 사례(통계적 예측 대 임상적 예측의 상대적 타당성)와 동일한 방향을 가리키고 있다는 데에는 사회과학계에서 논란의 여지가 없다.[23] 축구 경기의 결과에서부터 간 질환의 진단에 이르기까지 모든 것을 예측하는 100건이 넘는 연구 결과들을 들여다볼 때, 그리고 임상의 쪽이 낫다는 약한 경향이라도 보여주는 사례가 겨우 6건에 불과하다는 것을 볼 때 이제 우리는 현실적인 결론을 이끌어내야 한다.

우리는 그 현실적인 결론이 전문가의 판단과 예측에 덜 의존할 필요가 있다는 뜻이라고 믿는다. 점점 더 많은 미국 기업들이 동일한 결론에 도달했다. 에릭과 현재 토론토대학교 교수인 크리스티나 매캘러런(Kristina McElheren)은 미국 통계국(US Census Bureau)과 공동으로 1만 8,000곳의 제조 시설에 대한 표본조사를 진행했다.[24] 그들은 IT 활용의 증가에 힘입어 데이터 중심 의사결정을 채택하는 공장이 급속히 늘고 있으며, 이 접근법을 채택한 기업들이 상당히 더 나은 성과를 올리고 있음을 발견했다.

이러한 강력한 사례들이 있긴 하지만, 우리는 몇 가지 중요한 조건을 설정함으로써 알고리즘 성공 사례들의 기나긴 목록을 줄여야 한다. 인간의 판단과 수학 모형을 비교하려면 먼저 모형이 있어야 한다는 것은 분명하다. 하지만 폴라니의 역설이 시사하듯이 그것이 반드시 가능한 것은 아니다. 그런 모형은 다수의 비슷한 사례에서 나온 데이터 집합을 토대로 검사하고 다듬어야 한다. 인간이 해야 하는 무수한 결정들 중에서 한 부분집합에 해당하는 상황을 설정해야 한다.

그러나 전반적인 양상은 분명하다. 어느 사례에서든 간에 모형을 만들고 검사할 때마다 그런 모형은 인간 전문가들이 내린 비슷한 결정에 못지않게 또는 그보다 더 잘 수행하는 경향이 있다. 우리는 기계가 더 잘할 수 있을 때에도 인간의 판단에 계속 의존하는 일이 너무 많다.

## 탁월하지만 오류투성이인 인간의 마음

시스템 2에만 의존하는(숫자 데이터를 토대로 순수하게 합리적이고 논리적인 계산에 의존하는) 접근법이 시스템 2와 시스템 1을 '결합'한 방식, 즉 모든 사람이 지닌 심오하고 선천적이고 본능적인 사고 기능을 활용하는 접근법보다 어떻게 더 나을 수 있다는 것일까? 어쨌든 시스템 1은 진화의 모든 무자비한 다원주의적 도전 과제를 견뎌내고 번성하는 데 도움을 줄 만큼 잘 작동해왔다(어쨌거나 우리는 아직 존속한다. 75억 명이나 된다).[25] 그렇다면 어떻게 인간이 그토록 심하게 질 수 있다는 것일까?

이런 질문들은 너무나 광범위하기에 한 개의 장은커녕 한 권의 책으로도 다 다룰 수 없다. 하지만 《생각에 관한 생각》에서 카너먼은 아주 많은 연구들(그중 상당수는 그가 수행했다)을 다음과 같이 짧게 요약해준다.

> 시스템 1은 자동적으로 작동하고 마음대로 끌 수 없기 때문에 직관적 사고의 오류를 막기가 어려울 때가 잦다. 편향도 항상 피할 수 있는 것은 아니다. 시스템 2가 오류의 단서를 전혀 갖고 있지 못할 수도 있기 때문이다.[26]

요컨대 시스템 1은 경이롭지만 사실상 오류투성이다. 시스템 1은 때로 무언가를 철저히 추론하는 대신에 지름길을 취하곤 한다. 또 놀라울 정도로 많은 편향 집합도 지닌다. 심리학과 카너먼이 설립에 기여한 분야인 행동경제학을 연구하는 사람들은 시스템 1의 결함을 아주 많이 파악하고 이름을 붙였다.

그 목록을 전부 나열한다면 우리는 지루해지고 침울해질 것이다. 롤프 도벨리(Rolf Dobelli)는 《스마트한 생각들(The Art of Thinking Clearly)》에서 그 주제를 99개 장에 걸쳐 다루고 있으며, 위키피디아의 '인지 편향 목록'에는 175개 항목(우리가 마지막으로 세었을 때)이 실려 있다. 소프트웨어 회사 슬랙(Slack)의 제품 관리자인 버스터 벤슨(Buster Benson)은 우리가 생각하는 방식 자체는 이 편향들을 범주화하고 그것이 제기하는 문제를 염두에 두는 훌륭한 방식이라는 견해를 제시했다. ◆

1. 정보 과부하가 휩쓸고 있으므로 우리는 공격적으로 걸러낸다.[27] … 그러나 우리가 걸러내는 정보 중에는 사실상 유용하고 중요한 것도 있다.
2. 의미의 결핍이 혼란스러워서 우리는 그 틈새를 메운다. … 그러나 우리의 의미 탐색은 착각을 초래할 수 있다. 우리는 때로 스스로 가정함으로써 메운 세세한 것들을 상상하면서 실제로는 없는 의미와 이야기를 만들어낸다. ◆◆

◆ 벤슨은 위키피디아의 인지 편향 목록을 연구한 뒤 이 범주화를 도출했으며, 그것들을 '라이프 해킹(life hacking)'을 다루는 블로그 "베터 휴먼스(Better Humans)"에 발표했다(http://betterhumans. net). 이는 온라인 군중으로부터 나온 통찰의 탁월한 사례다. 이 현상은 이 책의 3부에서 상세히 논의할 것이다.

◆◆ 여기에는 '아포페니아(apophenia)'라는 멋진 이름이 붙어 있다. 통계학과 머신러닝의 모델들도 같은 실수를 저지를 수 있다. 그것을 대개 데이터에 '과적합(overfitting)'했다고 말한다.

3. 우리는 기회를 잃지 않기 위해 빨리 행동할 필요가 있어서 성급히 결론을 내린다. ··· 그러나 빠른 결정에는 심각한 결함이 있을 수 있다. 우리가 성급하게 내리는 빠른 반응과 결정 중에는 불공정하고 이기적이고 비생산적인 것도 있다.

4. 그것은 더 쉬운 일은 아니므로 우리는 중요한 사항들을 기억하려고 애쓴다. ··· 그러나 우리의 기억은 오류를 강화한다. 나중을 위해 우리가 기억해두는 것들 중 일부는 위의 체계 모두를 더 편향되게 하고, 우리의 사고 과정을 더 훼손시킬 뿐이다.

우리는 우리의 인지 능력에 관한 또 다른 심각한 문제에 주목할 필요가 있다. 우리는 시스템 1이 언제 잘 작동하고 언제 문제를 일으키는지를 알 방법이 없다. 다시 말해 우리는 자신의 직관을 간파하는 능력이 형편없다. 우리는 자신이 내린 빠른 판단이나 결정이 정확한지, 아니면 자신이 지닌 많은 편향 중 하나 이상에 오염되었는지를 알지 못한다. 그래서 폴라니의 역설이 묘하게 뒤틀린 양상으로, 우리는 자신이 말할 수 있는 것보다 덜 알고 있기도 하다. 시스템 1의 산물에 관해서는 더 알지 못한다. 시스템 2가 내놓는 합리적인 계산 결과는 종종 재확인할 수 있지만, 카너먼이 지적하듯이 시스템 1의 산물은 사실상 재확인할 수가 없다. 자기 자신에 관한 사항은 더욱 그렇다.

최근 폴라니의 역설의 이 측면과 관련된 지독한 편향이 연구를 통해 드러났다. 시스템 1이 어떤 결론을 내리면, 시스템 2가 그 이유를 설명하기 위해 동원된다는 것이다. 심리학자 조너선 하이트(Jonathan Haidt)는 이렇게 주장한다. "판단과 정당화는 서로 별개의 과정이다."[28] 시스템 1이 추진하는 판단 내리기는 거의 즉시 일어난다. 그다음에 시스템 2가 합리적이고 설득력 있는 언어로 그것을 정당화한다. ♦ 이 변명은 종종 다른 사람들뿐만 아니라 그 핑계를 떠올린 자기 자신까지도 속인다. 심리학자 리처드 네스빗(Richard Nesbitt)과 티모시 디캠프 윌슨(Timothy DeCamp Wilson)의 말마따나, 우리는 종종 "자신이 알 수 있는 것보다 더 많이 말한다."[29] 따라서 우리가 합리화와 자기 정당화라고 이름 붙인 행동들이 반드시 핑계를 대기 위한 것만은 아니다. 그것은 훨씬 더 근본적인 것이기도 하다. 시스템 1이 작동함을 보여주는 사례다.

2006년에 각각 인투이트(Intuit)와 마이크로소프트에서 일하던 데이터 분석가인 아비나쉬 카우식(Avinash Kaushik)과 론니 코하비(Ronny Kohavi)는 대부분의 기업에서 쓰는 주된 의사결정 방식을 요약하기 위해 '히포(HiPPO)'라는 약어를 제시했다.[30] 이는 "보수를 가장 많이 받는 사람의 의견(Highest-Paid Person's Opinion)"이라는 뜻이다. 우리는 이 약어를 좋아하며 즐겨 쓴다. 표준적 파트너십을 생생하게 보여주기 때문이다. 하지만 보수를 가장 많이 받는 사람들이 결정을 하지 않을 때에도 그들의 견해, 판단, 직관, 직감, 시스템 1을 토대로 결정이 내려지는 일이 너무나 많다. 이

---

♦　조너선 하이트는 그의 저서 《행복의 가설(The Happiness Hypothesis)》에서 이렇게 설명했다. "사람들이 자신의 행동을 설명하기 위한 이유를 쉽게 꾸며낼 것이라는 이 발견은 '작화증(confabulation)'이라고 불린다. 작화증은 분리 뇌 환자 및 심리학자 마이클 가자니가(Michael Gazzaniga)가 통역 모듈이라고 한 좌뇌의 언어중추가 손상된 환자들에게서 흔하게 나타난다. 이 통역 모듈은 자아가 어떤 일을 하고 있든 간에 거기에 실시간으로 해설을 붙이는 일을 한다. 통역 모듈이 자아 행동의 실제 원인이나 동기에 아예 접근할 수 없다고 해도 말이다. 예를 들어 '걷다'라는 단어가 우뇌에 떠오를 때, 그 환자들은 일어서서 걸어 나갈 수도 있다. 왜 일어났는지 물으면 그는 이렇게 답할지도 모른다. '콜라를 가져오려고요.' 통역 모듈은 설명을 꾸며내는 일을 잘하지만 왜 그렇게 했는지는 알지 못한다." Jonathan Haidt, *The Happiness Hypothesis: Finding Modern Truth in Ancient Wisdom*(New York: Basic Books, 2006), 8.

접근 방식이 잘 작동하지 않을 때가 잦고, 히포가 가치를 파괴할 때가 너무 많다는 증거는 명확하다.

## 새로운 마음: 기계와의 파트너십

시스템 1과 시스템 2의 편향과 결함에 관한 이 모든 지식을 어떻게 활용할 수 있을까? 어떻게 활용하면 의사결정을 더 똑똑하게 하고, 더 나은 결정을 하는 방향으로 이끌 수 있을까? 가장 확실한 접근 방식은 기계가 결정을 내릴 수 있는 때와 장소에서 기계가 결정할 수 있도록 고려하는 것이다. 즉 무어의 법칙을 통해 향상되고 데이터가 쏟아져 들어오는 시스템 2의 순수한 디지털 요소들이 시스템 1의 입력 없이 답을 제시하도록 하는 것이다. 시간이 흐를수록 점점 더 많은 기업들이 바로 그렇게 하고 있다.

### 자동적인 '제2의 경제'

완전히 자동화된 의사결정의 최초의 사례 중 하나는 전사적 시스템이 도입되기 시작한 그 시기에 나타났다. 사람들의 신용도를 점수로 나타내는 방식이 개발되면서다. 즉 해당 규모의 대출금을 갚을 확률을 나타낸 것이다. 이 중요한 결정은 전통적으로 은행 지점의 대출 담당자들이 해왔다. 대출 담당자들은 자신의 경험을 바탕으로, 때로 규정이나 지침을 참조하면서 지원자들을 평가했다. 하지만 빌 페어(Bill Fair)와 얼 아이작(Earl Isaac)은 데이터가 그 일을 더 잘할 수 있다고 생각했다. 그들은 1956년에 페어아이작코퍼레이션(FICO, Fair Isaac Corporation)을 설립하여

FICO 신용점수를 계산하기 시작했다.

그리고 곧 자동화된 신용평가가 표준이 되었다. 1999년에 〈아메리칸 뱅커(American Banker)〉는 "5만 달러 이하의 신용대출 요청은 사람이 아예 들여다보지도 않는다. 컴퓨터가 다 알아서 한다"[31]라고 보도했다. FICO를 비롯한 그 같은 신용평가 점수들은 매우 신뢰할 수 있는 대출금 상환의 예측 지표임이 입증되어 왔다. 그리고 최근 개인에 관한 디지털 정보의 양과 다양성이 확대됨에 따라 이 '빅데이터'는 신용점수를 높이고 확장하는 데 쓰여 왔다.

신용점수 개발자들은 이런 점수가 디지털 빨간 줄(redlining)을 긋는 데 쓰이지 않도록 주의해야 한다. 인종과 민족을 근거로 특정 지역의 신용도를 낮추거나 대출을 거부하는 것 같은 불법적인 행위를 하는 것을 말한다. 그러나 일반적으로 그런 기관들은 더 많은 사람들에게 신용대출을 받을 기회를 제공하고, 대출자에게 확신을 갖고 사업을 확장할 수 있게 함으로써 가치 있는 서비스를 제공하고 있다. 그리고 신용평가가 자동화될수록 빨간 줄긋기가 사실상 줄어든다는 증거도 있다. 2007년에 미국 연방준비제도이사회는 신용점수 모델이 "불법적인 차별 행위를 할 기회를 줄인다.[32] … 그리고 이를 통한 신용대출 결정이 개인의 특징이나 인종, 민족을 비롯하여 법으로 금지한 기타 요인에 영향을 받을 가능성을 줄이는 데에도 도움이 될 것이다"라고 발표했다.

요즘에는 가치 있고 수준 높고 100퍼센트 자동화된 결정이 우리 주변에서 흔히 이루어지고 있다. 아마존을 비롯한 전자상거래 사이트들은 각 고객이 들를 때마다 추천 상품을 제시하는데, 고객에 맞지 않는 경우도 많지만 꽤 잘 들어맞는 경우도 많다. 예를 들면 아마존은 매출의 35퍼센트가 추천 상품 같은 끼워팔기 활동에서 나온다고 추정한다.[33] 비행기 표와 호텔 방의 가격은 수요와 공급이 어떻게 변할지, 실제로 시시각각 어떻게 변하는지에 따라 계속 달라진다. 수익 관리(revenue management)라는 이 가격 결정 접근법은 수많은 기업에게 대단히 중요하지만(이 주제는 8장에서 다시 다룰 것이다), 수익 관리 알고리즘이 생성하는 가격이 소비자에게 제시되기 전에 사람을 통해 확인하는 과정을 거치는 경우는 거의 없다. 물리적 상품(physical goods)도 현재 자동화한 가격 변동의 대상이다. 일례로 아마존과 월마트는 2015년 추수감사절 다음날 미국 전체의 재고에 따라 상품들의 가격을 회사 각각 16퍼센트와 13퍼센트 바꾸었다.[34]

완전히 자동화된 많은 결정들이 우리 주변에서 사실상 늘 일어나고 있기에 경제학자 브라이언 아서(Brian Arthur)는 "제2의 경제(second economy)"[35]라는 말을 사용했다. 이것은 거래가 인간의 개입 없이 "소리 없이, 방대하고, 연결되고, 보이지 않고, 자동적인" 양상으로 이루어지는 것을 뜻한다. 시간이 흐를수록 이 자동화한 제2의 경제는 우리에게 친숙한 인간이 매개하는 경제로 파고들고 있다. 알고리즘이 전문가와 히포의 결정을 대체하면서다. 세계의 정보가 점점 더 많이 디지털화함에 따라 직관을 데이터 중심의 의사결정으로 전환함으로써 결정 과정을 개선하기 위한 수많은 자료가 제공되고 있다.

오랫동안 광고 회사들은 새로운 텔레비전 광고를 만들어내는 창조적인 작업을 하는 한편, 그 광고를 정확히 언제 어디서 보여줄 것인가를 파악하는 일을 함으로써 그들의 고객에게 도움을 주었다. 이는 광고주의 목표와 예산에 가장 잘 들어맞는 TV 쇼, 지역 시장, 시간을 알아냄으로써 가능했다. 그 일을 위해 오래전부터 데이터와 기술이 사용되어 왔다. 큰 인기를 끈 TV 드라마 〈매드맨(Mad Men)〉의 광고 대행사는 상업 광고를 더 잘 만드는 데(그리고 고객에게 좋은 인상을 심어주는 데) 도움이 될 수 있도록 1969년에 처음으로 컴퓨터, 즉 IBM 시스템/360을 들여놓았다. 하지만 주로 사람들의 판단과 결정에 의해 일을 해왔다.[36]

2012년에 버락 오바마의 재선 운동 진영에서 수석 분석가 역할을 맡고 있을 동안 댄 와그너(Dan Wagner)는 선거 운동이 얼마나 더 정확해질 수 있는지, 얼마나 더 도움이 될 수 있는지 파악했다. 와그너 팀은 미국의 모든 유권자의 명단을 구축한 바 있었다. 이 오바마 분석 팀은 머신러닝(이 기술은 3장에서 더 상세히 논의할 것이다)을 활용하여[37] 그 명단에 있는 모든 사람들의 세 가지 개인 '점수'를 생성했다. 개인이 오바마(또는 상대인 미트 롬니(Mitt Romney))를 지지할 가능성이 얼마나 되는지를 예측하는 '지지 점수', 11월에 실제로 투표소에 가서 투표할 확률을 예측하는 '투표 점수', 선거 운동 메시지를 받은 뒤 오바마에게 더 호감을 느낄 가능성이 얼마나 되는지를 예측하는 '설득 점수'였다.

여러 해 동안 인구통계 자료는 각 TV 프로그램을 편성하는 데 이용되어 왔다. 이를테면 덴버 지역에서 18~24세의 남성들이 화요일 오후 10시에 재방송하는 애니메이션 〈패밀리 가이(Family Guy)〉를 얼마나 보는가 하는 것이다. 그리고 매체 광고 시간 구매자와 전략가는 전통적으로 결정할 때 이 같은 정보에 크게 의존해왔다. 2012년에 오바마 선거 진영이 콜로라도의 18~24세 남성들에게 선거 메시지를 전달하려고 할 때, 자문을 구한 많은 기업들과 사람들은 화요일 밤에 〈패밀리 가이〉가 재방송할 때 광고를 내보내라고 조언했다.

하지만 대부분의 다른 광고 시간 구매자들처럼 오바마 진영도 인구통계 자료가 지독히 부정확하다는 사실을 잘 알고 있었다. 확고한 롬니 지지자들에게 주로 광고가 보일 가능성도 있었고, 또는 이미 오바마에게 투표하기로 마음먹은 사람들에게 주로 광고가 보일 가능성도 있었다. 그 것도 낭비가 될 수 있었다. 인구통계 자료에 의지한다는 것은 너무 조잡 해서 사실상 추측에 의지하는 것과 별 다를 바 없는 판단에 의지한다는 의미였다. 즉 18~24세의 남성들은 선거 때 끌어들이기 유달리 쉬운 집 단이라거나, 〈패밀리 가이〉 또는 일반적으로 만화영화를 보는 시청자들 이 오바마의 선거 운동 메시지를 더 잘 받아들인다는 식의 추측이었다.

와그너 팀은 확보하고 있는 대량의 유권자 명단이 매체 구매를 위 한 훨씬 더 나은 접근으로 나아가는 수단임을 깨달았다. 그 자료를 토대 로 그들은 메시지를 가장 전달하고 싶은 두 집단에 속한 사람들을 파악 할 수 있었다. 즉 선거일에 실제로 투표장에 가서 투표를 하라고 설득할 필요가 있는 오바마 지지자들과, 오바마에게 애매한 태도를 갖고 있지만 지지해 달라고 설득할 수 있는 유권자들이 그러했다. 전자는 '투표 독려' 집단이었고, 후자는 '설득 가능' 집단이었다. 오바마 분석 팀은 두 집단의 구성원들이 다양한 인구통계 범주에 걸쳐 있으므로, 인구통계 자료만으 로 방송 프로그램을 선택한다면 메시지를 전달하고 싶은 대상자들을 빠 뜨리게 될 것임을 파악했다. 또 분석 팀은 초기 실험을 통해 두 집단이 전 혀 다른 유형의 광고에 잘 반응한다는 것을 알아냈다. 그래서 TV 쇼의 광 고 구매 시간을 집단별로 다르게 할 필요가 있었다.

2012년에 몇몇 시청률 조사 기업들은 TV 쇼를 위한 인구통계 자료를 파악하는 차원을 넘어 '어떤 사람들'이 그 쇼를 보고 있는지까지 파악할 수 있었다.◆ 그것이야말로 와그너 팀이 필요로 하는 유형의 자료였다. 와 그녀 팀은 그 시청률 조사 기업들에게 투표 독려 집단과 설득 가능 집단의 명단을 제공한 뒤, 각 집단에서 얼마나 많은 사람들이 각 쇼를 시청했는지 정보를 얻었다.** 그럼으로써 와그너 팀은 구매해야 할 최고의 광고 시간을 쉽게 알아낼 수 있었다. 광고비 단가당 투표 독려 집단이나 설득 가능 집단에 속한 사람들이 가장 많이 시청할 쇼였다. 와그너는 우리에게 이렇게 말했다. "우리는 결국 TV랜드 같은 방송국의 심야 프로그램 광고 시간을 구매했어요.38) 정말로 묘했어요. 그 방식은 전혀 예상치 못한 것이었고, 그렇게 생각한 이유는 광고 단가도 너무 쌌기 때문이에요. 그런 쇼에는 설득 가능 집단에 속한 유권자가 많았어요. 그래서 우리는 그 광고 시간을 구입했지요."

그 선거가 끝난 뒤, 와그너는 시비스애널리틱스(Civis Analytics)라는 회사를 설립했다. 매체 구입에 관한 이 고도의 데이터 중심 접근법을 상품으로 전환하고, 기업과 다른 기관들이 활용할 수 있도록 하기 위해서였다. 와그너는 지금이 시비스의 상품 등을 내놓기에 알맞은 때라고 믿는다. 대체로 많은 기업들이 개인들의 포괄적인 명단을 보유하고 있기 때문이기도 하다. 잠재 고객, 더 구매할 여지가 있는 현재 고객 등의 명단이다. 와그너는 우리에게 이렇게 말했다. "당신이 값비싼 타이어를 판다고 합시다. 그런 비싼 타이어에 기꺼이 돈을 쓸 의향이 있는 부분집합에 해당하는 사람들이 있는 반면에, 운전하지 않거나 값비싼 타이어를 결코

---

◆　　이 정보는 사람들이 집에 설치하기로 동의한 '셋톱박스'로부터 나왔다.

◆◆　　사생활 보호를 위해 오바마 선거 진영도 시청률 조사 기업도 서로의 명단을 볼 수 없도록 제3의 기관이 짝을 맞추는(matching) 과정을 거쳤다.

구입하지 않을 것이므로 사실상 관심을 가질 수 없는 90퍼센트에 해당하는 집단이 있어요. 누구를 표적으로 삼을지 당신은 나름대로 좋은 생각을 갖고 있겠지만, 그들이 어떤 TV 쇼를 시청하고 있는지만큼은 정확하고 확실하게 알 수 없었을 겁니다. 지금은 그렇게 할 수 있어요."[39]

지금까지 광고주는 얼마 안 되는 자료를 토대로 하여 TV 광고를 배치해야 했다. 그래서 이 중요한 결정을 내릴 때 온갖 골치 아픈 판단을 해야 했다. 시비스는 이 상황을 바꾸기 위해 작업 중이고, 매체 구입을 직관보다는 최적화가 이루어진 행위에 훨씬 더 가까운 것으로 만드는 일을 하고 있다.

물론 고도로 조율된 데이터 중심 시스템도 완벽한 것과는 거리가 멀다. 입력되는 데이터의 질에 문제가 있다면 더욱 그렇다. 2016년에 힐러리 클린턴의 선거 진영도 여러 비슷한 방법들을 썼지만 선거에서 근소한 차이로 패했다. 부분적으로 여론 조사 자료가 힐러리가 근소한 차이로 진 중서부의 세 주에서 큰 표 차로 앞선다고 부정확하게 시사하고 있었기 때문이기도 하다.

또 한 가지 흔한 위험은 의사결정자가 항상 올바른 최종 목표나, 로니 코하비(Ronny Kohavi, '히포'라는 용어의 공동 창안자이기도 하다)가 "전반적 평가기준(overall evaluation criterion)"[40]이라고 부르는 것을 정확히 파악하고 있는 것은 아니라는 점이다. 와그너 팀이 설령 힐러리 클린턴의 전국 득표수에서 격차를 최대로 벌리는 데 성공할 수 있다고 하더라도, 그것은 올바른 목표는 아닐 것이다. 미국 대통령 선거는 전국 득표수가 아니라 선거인단에 따라 정해지며, 그에 따라 주별로 전략을 더 미묘하게 짜야 한다. 마찬가지로 온라인 광고를 통해 생성되는 클릭 횟수나 접속 횟수는 측정하기 쉽지만, 대부분의 기업은 장기 매출에 더 관심이 있으며 매출을 최대화하는 데에는 대개 다른 유형의 광고가 쓰인다. 올바른 데이터 입력과 적절한 수행 척도, 특히 전반적인 평가기준을 세심하게 선정하는 것이 성공적인 데이터 중심 의사결정의 핵심 요소다.

## 나쁜 것도 스스로 배우는 알고리즘

결정을 기계에 맡길 때의 실제 위험은 알고리즘 시스템의 편향이 우리 사회에 존재하는 해로운 편견들 중 일부를 지속시키거나 더 증폭시킬 수 있다는 것이다. 널리 인용되는 사례를 하나 살펴보자. 하버드대학교의 라타냐 스위니(Latanya Sweeney) 교수는 구글 검색엔진에 자신의 이름을 입력해보았을 때 불편한 경험을 했다. 검색 결과 옆에 다음과 같은 광고가 떴기 때문이다.

라타냐 스위니, 체포된 적이 있나요? [41]

(1) 이름과 주를 입력하세요.

(2) 모든 기록이 나타납니다. 즉시 확인해보세요.

www.instantcheckmate.com

그 광고는 스위니에게 범죄 기록이 있음을 시사한 것이다. 그러나 실제로 그녀는 한 번도 체포된 적이 없었다.

스위니가 연구한 결과 트레번이나 라키샤, 라타냐처럼 아프리카계 미국인에게 더 흔한 이름을 검색했을 때가 로라나 브렌던처럼 백인과 더 자주 연관 짓는 이름을 검색했을 때보다 "체포된 적이 있나요?"라는 광고가 훨씬 더 자주 뜬다는 것을 발견했다.[42] 우리는 이 같은 패턴이 나타난 이유를 확실히 알지 못하지만, 스위니는 다음과 같이 심란하게 만드는 설명을 제시했다. 구글의 자동화된 광고 제공(ad-serving) 알고리즘이 그 광고를 흑인처럼 들리는 이름과 연관 지었을 때 클릭 횟수가 늘어날 가능성이 더 높다는 점을 알아냈을 수 있다는 것이다. 다시 말해 광고 제공 알고리즘이 흑인들이 많이 쓰는 이름을 범죄 기록 광고와 연결함으로써 인종적 편향을 드러낸 것이다. 이 인종적 편향은 그 광고를 배치하거나 구글에 있는 누군가의 의식적 차별을 반영하기보다는 사회의 편견을 반영하고 증폭하는 것일 수 있다. 광고를 클릭하는 수백만 명의 차별적인 결정의 패턴을 말이다. 이와 비슷한 예로 2017년 1월에 구글의 이미지 검색에 '과학자'나 '할머니'라는 단어를 입력하면 백인의 사진이 압도적으로 많이 나왔다.

케이트 크로퍼드(Kate Crawford)와 라이언 칼로(Ryan Calo)는 〈네이처〉에 실린 한 논문에서[43] "현재 몇몇 상황에서 AI 시스템의 단점이 인종, 성별, 사회경제적 배경 같은 요인을 통해 이미 불리한 입장에 놓인 집단에 편중된 영향을 미칠 위험이 있다"고 지적했다. 그리고 의도적인 쪽과 의도하지 않은 쪽 모두 이런 시스템이 끼칠 사회적 영향을 고려하는 것이 중요하다고 역설했다.

우리도 그런 우려에 공감하며 알고리즘 의사결정에 점점 더 의지하는 흐름 속에서 도전과 기회를 둘 다 보고 있다. 도전 과제는 이 접근이 부당하고 해롭고 원치 않는 편견을 내포하고 영속시킬 수 있다는 것이다. 게다가 그 편견은 설계자가 편견 없는 시스템을 구축하려고 아무리 애써도 출현할 수 있으며, 그런 편견은 광범위한 대규모 검사를 하지 않고서는 파악하기가 어렵다. 모든 시스템 설계는 이 도전 과제에 직면할 수밖에 없다.

기회는 기계 기반 시스템이 대개 검증되고 개선될 수 있다는 점이다. 그리고 교정되면 동일한 실수를 다시 저지를 가능성이 거의 없다. 반면에 사람은 자신의 편견을 극복하는 데 필요한 힘겨운 일을 하는 것은 고사하고 자신의 편견을 인정하도록 만들기조차 훨씬 더 어렵다(스스로 인종차별주의자라거나 성차별주의자라고 인정하는 사람을 얼마나 보았는가?). 의사결정 시스템(기계, 인간, 또는 둘의 어떤 조합을 토대로 한 것이든 간에)을 채택하는 궁극적인 기준은 현실적으로 완벽해질 수가 없다. 어떤 시스템이든 간에 실수를 저지르고 편견을 지닐 가능성이 높다. 그러니 완벽해지는 대신에 편견과 오류를 최소화하고, 쉽고 빨리 교정할 수 있는 접근법을 택해야 한다.

### 인간의 판단 오류를 줄이는 방법

사람이 의사결정을 내려야 한다면 어떤 역할을 맡아야 할까? 시스템 1의 편향과 오류에 관해 우리가 알고 있는 모든 사실들, 그리고 이용 가능한 데이터양과 컴퓨터의 계산 능력을 고려할 때 제2의 경제가 첫 번째 경제를 막 장악하려 하고 있고, 우리의 디지털 시스템 2가 곧 결정의 대부분을 내릴 것처럼 보일 수 있다. 미래의 공장에는 직원이 두 명뿐일 것이라는 농담이 있다.[44] 사람 한 명과 개 한 마리다. 사람이 하는 일은 개에게 먹이를 주는 것이고, 개가 하는 일은 사람이 기계를 절대로 건드리지 못하게 지키는 것이다. 실제로 미래의 기업은 그런 모습일까?

우리는 그렇게 보지 않는다. 인간이 컴퓨터가 갖고 있지 않은 편견을 지닌다는 것은 맞지만, 인간은 컴퓨터가 갖고 있지 않은 강점도 지닌다.

하나는 인간이 감각들로부터 줄곧 엄청난 양의 데이터를 받고 있으며, 그것들을 미리 선택하지 않는다는 것이다. 그저 그 모든 것을 들어오는 대로 받아들인다. 인간은 아주 짧게라도 특정한 소리만을 듣거나 특정한 것만을 보려고 할 때 어려움을 겪는다. 컴퓨터는 정반대다. 컴퓨터는 설계자와 프로그래머가 허용한 것과 다르거나 또는 더 많은 데이터를 모으는 데 큰 어려움을 겪는다.

이 차이는 폴 밀이 "부러진 다리 역할(broken leg role)"[45]이라고 칭한 사람들이 맡아야 할 한 가지 중요한 역할을 만들어낸다. 그가 사례로 든 것으로 몇 년 동안 토요일 밤마다 영화를 보러 가는 한 교수를 생각해보자. 컴퓨터 모델에게는 다음 주에도 그 교수가 영화를 보러 간다고 예측하는 것이 합리적일 것이다. 불행히도 교수는 화요일 아침에 그만 다리가 부러져서 석고 붕대를 하기로 했다. 그래서 극장 좌석에 앉을 수가 없게 된다(이 사례는 1954년에 제시되었다). 인간은 그 교수가 밤에 극장에 갈 계획을 취소하리라는 것을 즉시 알아차리겠지만, 이 '특별한 힘'을 컴퓨터 알고리즘으로 구현하기란 쉽지 않다. 교수의 행동에 영향을 미치는 '예기치 않은 개별 요인들'[46]이 너무나 많다. 누가 설계하든 간에 컴퓨터 시스템은 프로그램이 이 모든 요인을 다 고려할 수 있도록 각각에 관한 충분한 데이터를 모을 수가 없다. 그렇게 할 방법은 오로지 그 어떤 컴퓨터 시스템이 가진 것보다 훨씬 더 포괄적인 세계 모형을 가지는 것밖에 없다.

인간이 가진 또 한 가지 엄청난 이점은 아주 오래된 상식이다. 사람에 따라 상식을 지닌 정도가 다르기는 하지만, 우리 모두는 최첨단 컴퓨터보다도 무한히 많은 상식을 갖고 있다. 우리는 태어나자마자 세계가 어떻게 돌아가는지에 관한 중요한 사항들을 배우기 시작하며, 게다가 확실하게 빨리 배운다. 하지만 수십 년 동안 연구했어도 인간은 여전히 자신의 상식을 어떻게 습득하는지 잘 이해하지 못하고 있으며, 컴퓨터에 상식을 주입하려는 시도는 지금까지 인상적인 실패를 거듭해왔다. 이 문제는 다음 장에서 더 논의할 것이다.

따라서 많은 사례에서는 컴퓨터의 결정이 타당한지 사람이 검토하는 것을 적절한 개념으로 보고 있다. 분석학과 기술 분야에서 오랫동안 연구한 토머스 데이븐포트(Thomas Davenport)는 이를 "창밖 내다보기(look out of the window)"[47]라고 했다. 이 은유는 듣자마자 무언가를 떠올리게 하지만 실제로는 그렇게 단순하지가 않다. 데이븐포트는 항공기의 기기에 거의 전적으로 의존하고 있어서 이따금 지평선을 훑는 것 외에는 기본적으로 할 일이 없다는 항공기 조종사의 말에 영감을 얻어 이 표현을 제시했다. 이 접근은 오류를 방지하는 일뿐만 아니라 기업의 평판을 관리하는 데에도 대단히 유익하다.

자동차 공유 서비스 기업인 우버는 2014년 말에 이 점을 힘들게 터득했다. 당시 우버는 할증 요금제(surge pricing, 혼잡 시간에 요금을 일시적으로 올리는 정책)를 실시하는 것으로 잘 알려져 있었다. 많은 이용자가 달가워하지 않던 정책이었다. 우버는 할증 요금제가 그 시간대에 수요와 공급의 균형을 맞추는 데 도움이 된다고 주장했다(우리도 동의한다). 우버의 알고리즘은 실제 또는 예상 자동차 공급이 고객의 수요를 따라갈 수 없을 때 더 많은 운전자들이 참여하도록 권장하기 위해 요금을 올렸다.

그런데 한 이란 출신의 이슬람 성직자가 2014년 12월에 오스트레일리아 시드니의 한 카페에서 18명을 붙잡고 인질극을 벌였을 때, 이 방식이 우버에 나쁜 평판을 가져다주었다.[48] 당시 많은 사람들이 사고 현장에서 벗어나려고 했고, 우버를 이용하려 한 사람들도 있었다. 이 갑작스러운 수요 증가에 우버의 컴퓨터 시스템은 요금을 할증하는 식으로 반응했다. 많은 사람들은 이것이 위기 상황에 맞지 않는 지극히 부적절한 대응이라고 여겼고 우버는 심한 비판을 받았다.

결국 우버는 성명을 발표했다. "(시드니 인질극 사건이 발생했을 때) 할증 요금제를 즉시 멈추어야 했다. 잘못된 판단이었다."[49] 그리고 우버는 몇몇 상황에서는 자동적인 요금 할증을 막는 조치도 취했다. 2015년 11월 13일 저녁부터 이슬람 테러범들이 파리에서 연쇄적으로 테러 공격을 가했다. 첫 공격이 있은 지 30분 사이에 우버는 파리에서의 요금 할증을 철회하고 모든 이용자들에게 긴급 상황이라는 경고 메시지를 보냈다.[50]◆

이런 사례들은 인간의 판단과 알고리즘이 협력하는 것이 현명한 방식임을 보여준다. 하지만 이 접근법을 채택할 때 기업들은 주의를 기울일 필요가 있다. 인간은 스스로 판단하기를 너무 좋아하고 그 판단을 맹신하는 경향이 있기 때문에, 설령 대부분은 아니라고 해도 우리 가운데 상당수는 컴퓨터의 판단을 아주 빨리 뒤엎을 것이다. 컴퓨터가 내놓은 답이 더 낫다고 해도 말이다. 이 장의 앞부분에서 말한 구매 담당자의 예측에 관한 연구를 수행한 크리스 스네이더스는 이렇게 말했다. "대개 도움을 받은 전문가의 판단은, 모형과 도움을 받지 않은 전문가 사이의 어딘가에 위치한다. 따라서 전문가에게 모형을 제공하면 전문가는 더 나아진다. 그러나 여전히 모형 혼자 수행하는 편이 더 낫다."[51]

우리는 밀과 데이븐포트가 기술한 바로 그 이유들 때문에 사람을 중

---

◆　그럼에도 여전히 우버가 파리 테러 공격 때 계속 요금 할증을 했다는 소문이 널리 퍼졌다.

심에 두자는 데에는 동의하지만, 기업이 가능한 '점수를 기록할' 것도 주장한다. 알고리즘의 결정과 인간의 결정 중 어느 쪽이 더 정확한지 계속 추적하라는 것이다. 사람의 판단이 기본 알고리즘보다 더 낫다면 본래 해야 하는 방식으로 일이 이루어지고 있는 것이다. 그렇지 않다면 상황을 바꾸어야 하며 그 첫 단계는 사람들이 자신의 진정한 성공률을 제대로 인식하는 것이다.

이 피드백은 시스템 1이 배우고 개선하는 방식이기 때문에 대단히 중요하다. 카너먼과 심리학자 게리 클라인(Gary Klein)은 이렇게 기술했다. "결코 자신의 직감을 믿지 말라.[52] 자신의 직감을 중요한 판단 자료로 삼을 필요가 있기는 하지만, 의식적이고 의도적으로 그것을 평가하고 그 맥락에서 타당한지를 살펴봐야 한다." 시스템 1의 정확성을 향상시키고 편향을 줄이는 가장 좋은 방법은 사례를 많이 보여주고 그 정확성에 관해 자주 그리고 신속하게 피드백을 하는 것이다.

### 기계와 인간의 역전된 파트너십

마지막으로, 가치 있는 기법이며 일부 기업들이 사용하기 시작한 것은 표준적 파트너십을 뒤집는 것이다. 기계에게 데이터를 제공하는 것을 인간의 판단에 쓰일 입력물로 삼는 대신에, 인간의 판단을 알고리즘의 입력물로 삼는 것이다. 구글은 회사의 중요한 영역이지만 분석한 결과, 배치 기준의 효과가 미흡하다고 드러난 분야인 고용에서 이 접근법을 개척하고 있다.

라즐로 복(Laszlo Bock)은 구글 인력관리 책임자로 일할 당시 새 직원을 뽑는 데 사용되는 기법들이 대부분 거의 쓸모없다는 점을 깨달았다. 그의 팀이 회사에서 실제 업무 성과의 차이를 설명해주는 것이 무엇인지 조사했더니, 고용하기 전의 참고 항목은 그 차이의 7퍼센트, 사전 업무 경력 연수는 3퍼센트, 체계적이지 않은 면접("자신의 최대 장점이 무엇이라고 생각하는가?" 또는 "자기소개를 짧게 해보시오" 같은 질문으로 시작하는 가장 흔히 쓰이는 방식)은 14퍼센트만 업무 성과의 차이를 설명해준다는 것이 드러났다. 복은 이런 면접의 문제점을 다음과 같이 말했다.

> 면접은 지원자들을 진정으로 평가하기보다는 지원자가 어떻다고 보는 우리 자신의 생각을 확인하려고 시도하며 시간을 보내는 상황을 조성한다. 심리학자들은 이를 확증 편향이라고 한다. 가장 빈약한 상호작용을 바탕으로 우리는 자신의 기존 편견과 믿음에 크게 영향을 받는 순간적이고 무의식적인 판단을 내린다. 그 점을 깨닫지 못한 채 우리는 지원자를 평가하는 것에서 우리의 첫인상을 확인하는 증거를 찾는 쪽으로 옮겨간다. [53]

여기서 다시 한 번 시스템 1이 작동함으로써 자신의 편견과 오류를 중요한 결정에 끌어들인다.

그렇다면 고용에 대한 더 나은 접근법은 무엇일까? 구글은 구조화 면접(structured interview)에 크게 의존하고 있다. 그 방식은 지원자의 업무 성과 차이의 25퍼센트 이상을 설명한다. 구조화 면접은 지원자의 전반적인 인지 능력을 평가하도록 고안된 미리 정한 질문들의 집합으로 이루어진다. 구글은 모든 면접관들이 구조화 면접을 하고, 동일한 질문을 하는 면접 과정을 채택했다. 복은 이렇게 설명했다. "그런 다음 일관적인 기준에 따라 지원자의 점수를 매긴다. … 면접관은 지원자가 어떠했다고 표시해야 하며, 각 수행 수준을 명확하게 나타내야 한다. … 하나의 간결한 고용 기준이 혼란스럽고 모호하고 복잡한 업무 상황을 측정 가능하고, 비교 가능한 결과로 압축하는 것이다."[54]

이 구조화 면접 방식에서 개별 면접관의 판단은 여전히 가치 있지만, 정량화되어 있고 구직자에게 하나의 점수를 할당하는 데 쓰인다. 복은 이 접근법이 면접 과정을 하찮아 보이게 하거나 비인간적으로 만드는 것이 아니라 정반대라고 본다. 구직자는 자신이 객관적이고 공정하게 평가되고 있음을 인식한다(이 개선된 면접에서 탈락한 지원자의 80퍼센트는 친구들에게 구글에 지원하라고 권한다고 말했다). 그리고 고용 결정이 더 쉬워진다.

복은 이렇게 요약한다. "뛰어난 인재와 평범한 사람 사이의 명확한 선을 보게 될 것이다."[55]

## 인간에게 중요한 결정을 맡길 수 있을까?

마음과 기계의 표준적 파트너십에 상당한 변화가 이루어져야 한다는 개념(몇몇 경우에는 그 배치를 아예 뒤집어야 한다는 개념)은 많은 사람들을 불편하게 만든다. 사람들 대다수는 인간의 직관, 판단, 의사결정 능력을 매우 신뢰한다. 자신의 것이라면 더욱 그렇다(우리는 많은 청중들과 이 주제를 논의했는데, 자신의 직관력이나 판단력이 평균 이하라고 인정하는 말은 거의 듣지 못했다). 그러나 이 주제에 관한 증거는 압도적이라고 할 만큼 너무나 분명하다. 두 가지 선택이 모두 존재하는 사례들의 대부분에서 데이터 중심의 시스템 2 결정이 우리 뇌의 시스템 1과 시스템 2의 혼합에서 비롯된 결정보다 더 낫다는 것이다. 그렇다고 해서 인간의 결정이 무가치하다는 말이 아니다. 더 개선될 수 있다는 뜻이다. 우리가 여기서 살펴본 폭넓은 접근법들(알고리즘과 컴퓨터 시스템이 때로 인간의 판단을 입력물로 삼아 결정을 내릴 수 있도록 하고, 필요한 경우 사람이 그 결정을 무효로 할 수 있도록 하는 방법 등)은 인간의 결정을 개선하는 방법들이다.

우리는 이런 접근법이 비인간적이라는 말을 듣곤 한다. 어떤 사람들은 컴퓨터에게 의사결정을 맡긴다면, 사람은 주변으로 밀려나고 약해질 것이라고 느낀다. 우리는 자신이 가졌던 의사결정 권한을 잃는다는 것이 마음을 불편하게 만들 수 있음을 이해한다.<sup>♦</sup> 그리고 컴퓨터의 하인처럼 느끼고 싶어 할 사람은 아무도 없다는 것도 안다. 그러나 그것은 판사와 가석방 심의위원회가 지금 하는 식으로 계속 일하게 함으로써 재소자가 잘못 석방되거나 계속 투옥되는 일이 일어나도록 놔두어야 한다는 의미가 아닌가? 또 의사와 심리학자가 평소 하던 대로 계속 일하도록 함으로써 오진율을 높게 유지하도록 놔두라는 말인가? 기업이 그저 면접관에게 똑똑하다는 느낌을 준다는 이유로 엉뚱한 사람을 계속 뽑도록 해야 한다는 말인가?

우리가 볼 때 이 질문들의 답은 "아니오"다. 사회가 원활히 잘 돌아가려면 좋은 결정을 내리는 것이 대단히 중요하다. 그런 결정은 택시 잡기에서 직업과 보건 의료에 이르기까지 자원들이 적절한 시기에 적절한 장소에서 적절한 사람에게 돌아가도록 돕는다. 해머와 챔피가 옹호한 표

---

♦   실제로 한 실험에서 심리학자 세바스찬 보바딜라수아레스(Sebastian Bobadilla-Suarez) 연구진은 사람들이 결정이 자동적으로 이루어지도록 한다면 더 많은 돈을 받으리라는 것을 알고 있는 상황에서도, 돈을 배분하는 결정을 내릴 능력을 자신이 보유하기 위해 기꺼이 돈을 지불하려 한다는 것을 알아냈다. 즉 사람들은 결정할 힘을 갖는 것을 좋아한다. Sebastian Bobadilla-Suarez, Cass R. Sunstein, and Tali Sharot, "The Intrinsic Value of Control: The Propensity to Under-delegate in the Face of Potential Gains and Losses", SSRN, February 17, 2016, https://papers.ssrn.com/sol3/papers2.cfm?abstract_id=2733142.

준적 파트너십, 즉 컴퓨터가 기록하고 히포가 판단과 의사결정을 내리는 방식은 그 일을 할 최선의 방식이 아닐 때가 많다.

여기까지 이야기했으니 인간이 미래를 예측하는 일에 아주 형편없다는 것을 알아도 그리 놀랍지 않을 것이다. 어쨌거나 예측하기와 결정하기는 서로 거의 분리할 수 없는 활동이다(타당한 결정을 내리려면 대개 미래의 어떤 측면에 관한 정확한 예측이 필요하다. 즉 이쪽 또는 다른 쪽으로 결정한다면 어떤 일이 일어날 가능성이 높은지를 예측해야 한다). 한쪽을 제대로 못하면, 다른 쪽도 제대로 못할 가능성이 높다. 그리고 시스템 1이 우리가 좋은 예측을 하지 못하게 방해하는 여러 편향과 오류를 지닌다는 것도 확실하다.

1984년부터 정치학자 필립 테틀록(Philip Tetlock)과 그의 연구진은 정치, 경제, 국제 문제 등 여러 분야에서 사람들의 예측의 정확성을 평가하는 장기 연구 프로젝트를 수행했다. 이 연구에서 나온 결론도 명확하고 놀랍다. 이들 연구진은 조사한 8만 2,000건이 넘는 예측 중 정확성을 평가한 결과에서 침팬지가 다트를 던지는 한 실험과 비교해 볼 때 "인간이 최고의 침팬지보다 별로 나을 것이 없다"[56]는 점을 발견했다.

이는 우려되는 일이 아닐 수 없다. 비즈니스 세계는 미래 예측으로 가득하기 때문이다. 그런 예측 중 상당수는 '어떠할 것이다'라고 명확히 제시된다. 특정 주식의 가격이 얼마가 될 것이라는 예측, 미래의 이자율이 어떤 방향으로 얼마나 변할 것이라는 예측, 내년에 어느 국가에서 스마트폰의 판매량이 얼마나 될 것이라는 예측 등이 그러하다. 한편 예측이 행동 계획에 내포되는 경우도 많다. 예를 들면 웹사이트 디자인 개편은 은행 지점의 디자인 개편과 마찬가지로 방문자가 개편된 쪽을 더 좋아할 것이라는 암묵적인 예측이 포함되어 있다. 신제품을 요란스럽게 출시하는 행사는 소비자가 그것을 선호할 것이라는 위험성 높은 예측을 토대로 하고 있으며, 그에 수반되는 마케팅 활동에는 고객의 선호도를 어떻게 형성할 수 있다는 예측이 담겨 있다.

## 예측을 잘하기 위한 방법

물론 이 모든 예측이 틀리는 것은 아니다. 테틀록은 일부 사람들은 정말로 확률상으로 따졌을 때보다 일관되게 더 정확한 예측을 할 수 있다는 것을 발견했다. 그는 그들을 '슈퍼 예측가(superforecaster)'라고 부른다. 그들은 많은 원천으로부터 정보를 취하는 경향이 있으며, 한 상황을 볼 때 여러 관점을 채택하는 능력을 보여준다. 반면에 덜 정확한 예측가들은 항상 분석할 때 한 가지 고정된 관점을 취하는 경향이 있다(예를 들어 열렬한 보수주의자와 강경한 자유주의자는 둘 다 그저 그런 정치적 예측을 내놓는 경향이 있다). 테틀록은 전자에 속한 집단(더 성공적이고 다중 관점을 취하는 예측가들)을 '여우', 후자에 속한 집단을 '고슴도치'라고 칭한다. 이는 고대 그리스 시인 아르킬로코스(Archilochus)의 경구인 "여우는 많은 것을 알지만, 고슴도치는 중요한 것 하나를 안다"◆에서 따온 명칭이다.

그러므로 한 가지 지침은 가능할 때마다 고슴도치 대신에 여우에 의존하라는 것이다. 여우는 그들이 제시하는 다차원적이고 다중 관점적인 추론과 분석을 통해 알아볼 수 있다. 또 지금까지 내놓은 예측 기록을 통

◆  "여우와 고슴도치(The Fox and the Hedgehog)"는 철학자 이사야 벌린(Isaiah Berlin)이 인류 역사의 사상가들을 두 범주로 나눈 글의 제목이기도 하다. 고슴도치는 학자 생애 내내 하나의 크나큰 개념을 추구한 사상가들이고, 여우는 다양한 주제를 추구한 사상가들이다.

해서도 알아낼 수 있다. 정확한 예측들을 내놓았다고 검증된 사람들의 경우 여우일 가능성이 높다.

## 예측을 덜 하고 실험을 더 하라

슈퍼 예측가들은 차치한다 하더라도, 예측에 관한 우리의 가장 근본적인 조언은 그들에게 덜 의존하라는 것이다. 우리 세계는 점점 더 복잡해지고 때로 혼란스러워지고, 그러면서 계속 빠르게 성장하고 있다. 그래서 예측은 엄청나게 어려운 것과 사실상 불가능한 것 사이에 놓이게 된다. 더 긴 기간을 예측할수록 후자 쪽으로 더 강하게 치우친다.

탁월한 기업들 사이에서는 한 가지 근본적인 전환이 일어나고 있다. 장기 예측, 장기 계획, 크나큰 모험에서 벗어나, 일정한 단기적 반복, 실험, 검사 쪽으로 나아가고 있다. 탁월한 기업들은 미래를 예측하는 가장 좋은 방법은 미래를 창조하는 것이라는 컴퓨터과학자 앨런 케이(Alan Kay)의 위대한 조언을 따르고 있다. 탁월한 기업들은 자신 있게 예측한 결과를 가지고 먼 미래의 사건을 향해 나아가는 작업을 은밀하게 하는 대신에, 필요할 때마다 피드백을 받고 조정하면서 무수한 작은 단계들을 밟아간다.

이 방식을 웹사이트에 적용하는 것은 비교적 수월하다. 웹사이트는 이용자의 활동을 토대로 풍부한 자료를 모으기 때문에 주어진 변화가 더 나은 것인지 알아보기가 쉽다. 일부 전자상거래 사이트는 시간의 흐름에 따른 변화에 매우 엄격한 태도를 취하며 모든 변화를 하나하나 검사한다. 여행 사이트인 프라이스라인(Priceline)은 1990년대 말 첫 번째로 웹 열풍이 불 때 두각을 나타냈다. 당시 벼락 성장한 많은 기업들처럼 이 회사도 21세기에 들어선 직후에 급추락했다. 주된 이유는 이용자들이 그 사이트의 원래 명칭처럼 스스로 가격을 제시하는 접근법에 점점 싫증을 냈기 때문이다.

프라이스라인은 2000년대 중반에 더 전형적인 여행 사이트들을 모아놓은 형태로 변신했다. 하지만 그 회사를 잘나가게 만든 것은 끊임없는 데이터 중심 실험이었다. 〈벤처비트(VentureBeat)〉의 기자 매트 마셜(Matt Marshall)은 이렇게 말했다. "작은 성공들(그저 조금 개선하기 위해 색깔, 단어, 자료 배치 등을 조금 바꾸는)[57]을 통해 기존 경험을 개선하는 것처럼 사소한 착상이 때로 급성장으로 이어지곤 한다. … 프라이스라인닷컴은 부동산 매물 정보 중에서 '주차'에서 '무료 주차'라고 바꾸기만 했는데도 전환율이 2퍼센트 상승했음을 파악했다. 웹페이지의 잘 보이지 않는 곳에서 이루어진 보통 독자들은 거의 알아차리지 못할 수정이었음에도 말이다." 그런 성과는 모든 곳에서 나타난다.

엄격한 A/B 검사(A/B testing, 한 사이트를 방문하는 사람 중 절반에게는 A, 다른 절반에게는 B를 보여주는 일반적인 온라인 실험 절차)를 통해 란제리 회사인 어도어미(Adore Me)는 모델이 한 손을 엉덩이가 아니라 머리에 댄 자세를 취하게 했을 때, 몇몇 물품의 매출이 두 배로 증가할 수 있다는 것을 알아냈다.[58] 전문가들이 바꾸려는 변화안을 놓고 몇 주, 며칠, 몇 시간이든 간에 분석하고 논의하는 데 시간을 보내는 것에 비해 온라인에서 대안들을 단순히 검사하는 것이 대개 더 빠르고 더 정확하다. 때로 놀라운 결과가 나오기도 한다.

실험은 온라인 세계에만 한정된 것이 아니다. 물리적 환경에 적용될 때에도 생산적이 될 수 있다. 많은 대기업들은 경영대학원 교수인 데이비드 가빈(David Garvin)이 말하는 '다매장 기업(MUE, Multiunit Enterprise)'[59]이다. 이들 조직은 대체로 동일한 모습에 동일한 방식으로 운영되는 고객과 대면하는 지점을 많이 보유하고 있는 기업이다. 많은 상업은행, 식당 체인점, 소매 체인점, 서비스 업종은 MUE다. 〈포천〉 100대 기업 중 20퍼센트가 정도의 차이는 있지만 다매장 기업이라는 추정치가 나와 있다. MUE의 많은 매장은 실험할 좋은 기회를 제공한다.

혁신 전문가 스테판 톰키(Stefan Thomke)와 기업 실험가 짐 맨지(Jim Manzi)에 따르면[60], 백화점 콜스(Kohl's)는 100개의 지점에서 주중 개점 시간을 1시간 늦추는 것이 매출에 해가 될지 여부를 알아보는 실험을 했다고 한다. 그 결과 영업시간을 1시간 줄여도 매출이 크게 줄어들지 않았다. 그것은 백화점 측에 희소식이었다. 그보다 덜 달가운 소식은 다른 실험의 결과였는데, 콜스의 70개 매장을 대상으로 처음으로 가구 판매를 하는 것이 어떤지를 조사한 실험이었다. 이 실험에서 가구가 다른 제품들에 비해 면적을 너무 많이 차지하므로 백화점 전체의 매출과 고객의 이동을 실제로 감소시킨다는 결과가 나왔다. 비록 많은 이사들이 새로운 제안에 낙관적인 견해를 피력하긴 했지만, 회사는 실험 증거를 토대로 가구를 판매하지 않기로 결정했다. MUE의 모든 매장에서 동시에 새로운 방식을 적용하는 것은 때로 불가능하기 때문에 단계적으로 선을 보이면 실험할 자연스러운 기회가 생긴다. 계획을 조금 세우는 것으로도 새 정책을 도입한 매장과 기존 방식으로 운영되는 매장을 꼼꼼히 비교하는 등의 단계적인 실행을 통해 아주 많은 것을 알아낼 수 있다.

예측과 실험은 결정만큼 쉽게 자동화할 수 없다. 그러나 데이터를 모으고 엄밀한 분석을 하기는 매우 쉽다. 데이터와 분석은 시스템 2, 그리고 제2의 기계 시대의 주된 도구이기도 하다. 한편 시스템 1과 그 구성 요소인 직관, 판단, 축적된 개인적 경험은 적어도 좋은 결정을 내리는 쪽에서 물러난 만큼 정확한 예측을 내리는 영역에서도 물러날 필요가 있다. 요컨대 히포는 조직 내에서 멸종 위기종이 될 필요가 있다.

**SUMMARY** 요점

- 마음과 기계의 21년 된 '표준적 파트너십'은 인간의 판단과 직관 그리고 '직감'에 훨씬 더 중점을 둘 때가 너무 많다.

- 인간의 판단은 왜 그렇게 잘못될 때가 많을까? 이는 빠르고 노력 없이 이루어지는 '시스템 1' 추론 방식이 다양한 유형의 여러 편견에 빠지기 때문이다. 설상가상으로 시스템 1이 오류를 저지를 때 우리는 알아차리지 못하며, 오히려 자신의 합리적인 접근 방식인 '시스템 2'에게 그 성급한 판단을 우리 스스로 납득할 수 있게 정당화하라고 강요한다.

- 데이터와 알고리즘만으로 판단을 내릴 수 있는 대안이 있을 때마다, 그 대안이 대개 인간의 판단에 의존하는 것보다, 심지어 경험 많은 '전문가'의 판단에 의존하는 것보다 더 나은 결정과 예측을 낳는다는 증거가 압도적으로 많다.

- 현재 인간이 내리는 많은 결정, 판단, 예측은 알고리즘에 맡겨야 한다. 일부 경우에서는 사람이 상식적인 검토를 하는 중요한 역할을 계속 맡아야 한다. 반면에 사람의 결정을 아예 제외시켜야 하는 경우들도 있다.

- 인간의 주관적인 판단이 여전히 쓰여야 할 사례도 있지만, 표준적 파트너십이 역전된 상황에서 그래야 한다. 판단은 정량화되어야 하고 정량적인 분석이 포함되어야 한다.

- 의사결정 과정은 의사결정자가 그 권리를 행사하는 일에 흡족함을 느끼도록 설계되어서는 안 된다. 올바른 목표와 명확한 척도를 토대로 최고의 결정을 내릴 수 있도록 설계되어야 한다.

- 알고리즘은 완벽함과 거리가 멀다. 부정확하거나 편향된 자료를 토대로 한다면, 알고리즘은 부정확하거나 편향된 결정을 내릴 것이다. 이런 편향은 감지하기 힘들고 의도하지 않은 것일 수 있다. 적용할 기준은 알고리즘이 결함이 없는지 여부가 아니라 관련된 척도에 비추어 이용할 수 있는 다른 대안들보다 더 나은 성과를 내는지, 그리고 시간이 흐르면서 나아질 수 있는지 여부다.

- 기술이 확산됨에 따라 표준적 파트너십과 인간 히포에게 지나치게 의존하는 양상을 벗어나 더 데이터 중심의 의사결정으로 나아갈 기회가 생겼다. 그렇게 하는 기업이 대개 그렇지 않은 기업보다 중요한 이점을 지닌다는 것을 보여주는 여러 연구 결과들이 있다.

- 다중 관점에서 현안을 볼 수 있는 사람과 효과적으로 반복하고 실험할 수 있는 기업이 더 나은 성과를 보인다.

**1**   당신의 조직에서 사람들과 알고리즘이 내린 결정, 판단, 예측의 성과를 시간별로 체계적이고 엄밀하게 추적하고 있는가? 어느 쪽이 더 잘하고 있는지 아는가?

**2**   당신의 조직에서 히포가 의사결정을 하는 일이 가장 흔한 분야가 어디인가? 그리고 왜 그런가?

**3**   표준적 파트너십을 뒤집을 기회가 있는 곳은 어디인가? 데이터 중심의 분석을 사람의 주관적 평가에 통합하는 대신에 그 반대로 할 기회가 있는 분야가 어디인가?

**4**   일반적으로 어느 쪽이 더 편향되어 있다고 생각하는가? 알고리즘인가, 인간인가?

**5**   어느 쪽이 더 설득력 있다고 생각하는가? 여우인가 아니면 고슴도치인가?

**6**   당신의 조직은 소수의 장기적인 고위험 사업 계획을 수행하는 경향이 있는가, 아니면 더 단기적이고 더 반복적인 다수의 사업 계획을 수행하는 경향이 있는가?

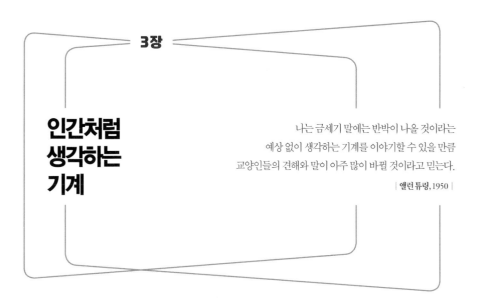

## 3장

# 인간처럼 생각하는 기계

나는 금세기 말에는 반박이 나올 것이라는
예상 없이 생각하는 기계를 이야기할 수 있을 만큼
교양인들의 견해와 말이 아주 많이 바뀔 것이라고 믿는다.

| 앨런 튜링, 1950 |

디지털 컴퓨터를 개발하자마자, 우리는 인간이 하는 방식으로 생각할 수 있는 컴퓨터를 만들고자 노력했다. 컴퓨터가 일련의 통상적인 수학 계산을 하는 데 매우 유용하리라는 점은 처음부터 명확했지만, 이는 새로운 내용은 아니었다. 아무튼 인간은 예수가 등장하기 전부터 계산하는 기계[중국과 바빌론의 주판에서부터 신비한 그리스의 안티키테라 기계(Antikythera mechanism)◆

◆ 　이 시계만 한 기계장치는 해, 달, 행성들의 운동을 예측하는 데 사용되었다. 이 기계는 시대에 비해 매우 발전되어 있어서 대단히 당혹스럽게 만든다. 2015년에 조 머천트(Jo Marchant)는 한 글에서 "고대에 만들어진 이런 장치는 지금까지 이것 외에는 발견된 적이 없다. 이 정도로 정교하거나 이에 근접한 장치가 다시 나온 것은 천년도 넘는 세월이 흐른 뒤였다." Jo Marchant, "Decoding the Antikythera Mechanism, the First Computer", *Smithsonian*, February 2015, http://www.smithsonianmag.com/history/decoding-antikythera-mechanism-first-computer-180953979.

에 이르기까지를 만들어왔다.

신기한 점은 새로운 디지털 컴퓨터에 프로그램을 짜 넣는 능력이었다. 임의로 복합적인 명령문을 컴퓨터에 입력하는 능력이다.♦ 앞 장에서 살펴보았듯이 컴퓨터 프로그램은 알고리즘을 실행하는 데 이상적이다. 어떤 과제를 수행할 정확한 단계적인 명령문들의 집합 말이다. 하지만 여러 분야의 뛰어난 사상가들은 곧 새로운 기계를 대상으로 미리 정한 순서를 밟아가는 것만이 아니라 그 이상을 할 수 있도록 시도하기 시작했다. 이 선구자들은 스스로 똑똑해질 수 있는 하드웨어와 소프트웨어의 조합을 만들기를 원했다. 다시 말해 인간 같은 추론 능력을 갖추고, 그럼으로써 인위적인 지능을 갖출 수 있는 무언가를 만들고자 했다.

## 인공지능의 두 가지 길

다트머스대학교의 수학과 교수로 있던 당시 존 매카시(John McCarthy)는 인공지능을 "지적인 기계를 만드는 과학과 공학"[1]이라고 정의했다. 그는 1956년에 다트머스대학교에서 그 주제를 다룬 최초의 학술회의를 조직했다. 그로부터 불과 몇 년이 지난 후, 인공지능 분야의 가장 크고 오래 지속될 논쟁이 시작되었다. 그 논쟁을 이해하고, 그것이 왜 그렇게 중요한지를 이해하기 위해 어린아이가 언어를 배우는 방식과 대부분의 어른

♦　앨런 튜링은 프로그램을 저장하는 기본적인 컴퓨터가 원리상 알고리즘으로 해결할 수 있는 문제라면 무엇이든 해결하도록 명령문을 짜 넣을 수 있는 보편적 계산 기계(universal computing machine)임을 입증했다.

이 외국어를 배우는 방식의 차이를 생각해보자.

아이는 기본적으로 귀로 들으면서 언어를 배운다. 주변 사람들이 하는 말을 듣고, 언어를 이루는 단어와 규칙 중 일부를 받아들이고, 어느 시점에 이르면 그런 단어를 말하기 시작한다. 아이는 자신이 저지르는 실수를 피드백과 수정을 받아 바로잡으며, 이윽고 혀로 말하는 어려운 일을 잘 해내게 된다.

성인 학습자는 이 일이 얼마나 어려운지를 안다. 외국어를 터득하기 위한 일을 시작할 때, 어른은 즉시 아주 많은 규칙들에 직면한다. 한 문장에서 대명사를 어디에 두는지, 어느 전치사를 쓰는지, 동사는 어떻게 활용할지, 명사는 성별을 지니는지, 지닌다면 그런 명사가 얼마나 많은지, 주어와 목적어를 어떻게 구별하는지(개가 사람을 물었다는 것인지, 사람이 개를 물었다는 것인지 알려면 말이다) 하는 것들이다. 어휘를 기억하는 것도 매우 어렵지만, 언어를 배우는 대부분의 어른이 치를 떨 만큼 어려워하는 것은 누적되고 복잡하고 때로 일관적이지 않은 엄청난 규칙들이다.

어린아이는 말을 잘하는 법을 배우기 위해서 문법(rules) 수업을 따로 들을 필요가 없다.◆ 반면에 어른은 대부분 문법 없이는 배울 수가 없다. 물론 두 접근법이 일부 겹치기도 한다. 많은 아이들은 결국 언어 수업을 들으며, 어른도 귀를 통해 일부를 배운다. 하지만 양쪽 방식은 확연히 다르다. 어린아이의 뇌는 언어 학습에 특화해 있다. 통계 원리를 토대로 언

---

◆ 　언어학자 스티븐 핑커(Steven Pinker)가 1994년에 그의 저서 《언어 본능》에서 지적했듯이, 부모가 잠자리에서 읽어주는 책이 마음에 안 드는 아이는 이런 복잡한 문장을 구사할 수 있다. "아빠, 내가 읽고 싶지 않은 책을 왜 가져왔어요?" Steven Pinker, *The Language Instinct*(New York: HarperCollins, 1994), 23.

어의 패턴을 식별한다[◆](예를 들어 엄마는 자신을 주어로 말할 때 문장을 "엄마는"이라는 단어로 시작한다. 자신을 목적어로 말할 때는 "엄마를"이라고 하면서 뒤쪽에 배치한다). 어른의 뇌는 다르기 때문에 새로운 언어를 습득할 때 대개 문법을 명확하게 배운다.

초창기에 인공지능 학계는 두 진영으로 분열되었다. 한쪽은 이른바 규칙 기반 또는 '상징적' 인공지능을 추구했다.[◆◆] 다른 한쪽은 통계적 패턴 인식 시스템을 구축했다. 전자는 성인이 외국어를 배우려고 노력하는 방식으로 인공지능에 접근하려고 시도했다. 후자는 아이가 첫 언어를 배우는 것과 흡사한 방식으로 인공지능을 구축하려고 시도했다.

처음에는 상징적 접근이 우세할 것처럼 보였다. 예를 들면 1956년에 다트머스 회의에서 앨런 뉴얼(Allen Newell), J. C. 쇼(J. C. Shaw), 그리고 훗날 노벨상을 수상한 허버트 사이먼(Herbert Simon)은 그들의 '논리 이론가(Logic Theorist)' 프로그램을 시연했다. 형식 논리 규칙을 사용해서 수학 정리를 자동적으로 증명하는 프로그램이었다. 그것은 앨프레드 노스 화이트헤드(Alfred North Whitehead)와 버트런드 러셀(Bertrand Russell)이 수학의 토대를 구축하기 위해 쓴 기념비적인 저서 《수학 원리(Principia Mathematica)》 2장에 실린 정리들 중 38가지를 증명할 수 있었다. 실제로 논리 이론가 프로그

---

◆ 특정한 나이 이후에는 아이가 더 이상 그 같은 방식으로 언어를 습득할 수 없다는 강한 증거를 제시하는 비극적인 사례 연구가 있다. 1970년에 캘리포니아 남부에서 끔찍하게 학대를 받고 방치된 13세의 소녀가 당국에 발견되었다. 소녀에게는 "지니"라는 가명이 붙여졌다. 소녀가 걸음마를 뗄 무렵부터 아버지는 소녀를 물리적으로 사회적으로 거의 철저히 격리시켰다. 소녀는 묶인 채 조용한 방에 홀로 내버려졌고, 아무도 그녀에게 말을 걸지 않았다. 지니가 구조된 뒤 살펴본 많은 연구자들과 치료사들은 그녀가 선천적인 정신지체가 있지 않다고 판단했다. 하지만 온갖 노력을 다해도 소녀는 극도로 단순한 문장 외에는 말하는 법을 결코 배우지 못했다. 더 복잡한 문법 규칙을 이해하지 못했다. 현재 그녀는 캘리포니아의 성인 정신지체자들을 위한 시설에서 살고 있다.

◆◆ 규칙 기반 AI는 단어, 숫자 등 인간이 이해할 수 있는 기호로 표현했기 때문에 '상징적'이라고 했다.

램의 증명 중 하나는 그 책에 실린 증명보다도 훨씬 더 세련되었다. 러셀은 그 소식에 "아주 기쁘다"[2]는 반응을 보였다. 사이먼은 자신의 연구진이 "생각하는 기계를 발명했다"[3]고 공표했다.

하지만 다른 과제들은 규칙 기반 접근법을 적용하기가 훨씬 어렵다는 것이 드러났다. 언어 인지, 이미지 분류, 언어 번역 등의 영역에서 수십 년 동안 연구가 이루어졌음에도 인상적인 결과를 내놓지 못했다. 이 시스템들이 내놓은 최고의 결과들은 인간의 성취 수준보다 훨씬 못했고, 기억에 남을 만큼 최악의 결과를 내놓은 것도 있었다. 예를 들어 1979년의 한 일화 모음집에 따르면,[4] 연구자들은 영어를 러시아어로 번역하는 프로그램에 "마음은 원하지만 육신은 약하다(The spirit is willing, but the flesh is weak)"라는 문장을 입력했다. 그러자 프로그램은 "위스키는 괜찮지만, 고기는 상했다"라는 뜻의 러시아어로 옮겼다. 출처가 의심스럽긴 하지만 과장이 아니다. 상징적 인공지능 시스템들은 전체적으로 몹시 미흡한 결과를 내놓았고, 결국 1980년대 말에 이른바 'AI 겨울'이 닥치고 말았다. 주요 기업들과 정부가 그 분야에 지원하던 연구비가 말라붙으면서였다.

## 규칙화할 수 없는 것들

인공지능에 대한 상징적 접근법의 전반적인 실패를 무엇으로 설명할 수 있을까? 상징적 접근법에는 두 가지 주된 장애물이 있다. 하나는 그 분야에 심각한 도전 과제들을 제기하고, 다른 하나는 언뜻 보기에 극복할 수 없을 듯하다. 우선 성인 언어 학습자가 잘 알다시피 세계에는 많은 규칙들이 있으며, 그 규칙들의 대부분을 알고 따르는 것만으로는 충분하지 않다. 언어를 배우는 것을 잘 해내려면 그 규칙들을 거의 다 제대로 따라야 한다. 문법의 80퍼센트가 올바른 문장들은 우스꽝스럽거나, 완전히 이해할 수 없는 것일 수도 있다.

그리고 규칙 내의 규칙도 있다. 예를 들어 영어 문장에서 형용사가 대개 명사 앞에 놓인다는 사실을 아는 것만으로는 충분하지 않다. 마크 포사이스(Mark Forsyth)가 그의 저서 《화술의 요소(The Elements of Eloquence)》에서 이렇게 쓴 것처럼 말이다. "영어에서 형용사들은 전적으로 이 순서로 놓여야 한다.[5] 견해―크기―나이―모양-색깔―출처―재료―목적 명사 순이다. 따라서 '당신은 멋지고 작고 오래된 직사각형의 녹색을 띤 프랑스 은제 과일용 칼'을 지닐 수 있다. 하지만 이 단어 순서를 조금이라도 혼동한다면 미치광이가 하는 말처럼 들릴 것이다. 모든 영어 화자가 이 목록을 쓰고 있음에도 이 순서를 그대로 적을 수 있는 사람이 아무도 없다니 이상한 일이다."

게다가 우리가 사는 세계, 즉 사물은 물론 사상과 개념까지 밀집해 있는 이 세계는 어떤 한 규칙의 집합을 고수하는 것조차 극히 어렵다. 예를 들어 의자는 다리가 있지만, 좌대에 붙어 있거나 아래를 천으로 감싸거나 천장에 매달려 있는 경우는 예외다. 2002년에는 미국에서 남성끼리 혼인할 수 없었지만, 2015년에는 가능했다. 다람쥐는 날지 못하지만, 활공을 통해 나는 종류는 예외다. 영어에서는 이중 부정이 긍정을 뜻할 수 있지만("그녀는 결코 즐겁지 않은 것이 아니다."), 이중 긍정은 결코 부정을 뜻할 수가 없다. 바로 그렇다.

언어나 가구 같은 복잡한 것에 관련된 모든 규칙을 컴퓨터 시스템에 코드로 짜 넣어서, 시스템이 어떤 유용한 일을 하도록 하는 시도들은 대체로 성공하지 못했다. 컴퓨터과학자 어니스트 데이비스(Ernest Davis)와 신경과학자 게리 마커스(Gary Marcus)는 이렇게 썼다. "2014년 현재, 자동화된 상식적 추론을 중요하게 활용하도록 만든 상업적 시스템은 거의 없다. … 만족스러운 상식 추론기를 만드는 데 근접한 사람은 아직 아무도 없다."[6]

대부분의 사람들에게 상식은 2장에서 논의했듯이, 비록 편견과 오류를 지닌다고 하더라도 우리 세계의 복잡성과 모순성이라는 온갖 장애물을 헤치고 나아가는 탄복할 일을 해낸다. 우리는 자신의 생물학적 시스템 1이 하는 것처럼 세상이 실제로 어떻게 돌아가는지를 이해할 상징적인 디지털 시스템을 아직 고안하지 못했다. 우리의 시스템들은 '협소한' 인공지능, 즉 바둑이나 이미지 인식 같은 특정 영역에서는 점점 더 효과를 발휘하고 있지만, 딥마인드의 공동 설립자인 셰인 레그(Shane Legg)가 일반 인공지능(AGI, Artificial General Intelligence, 또는 범용 인공지능)이라고 부른 것과는 거리가 멀다. AGI는 온갖 예기치 않은 유형의 문제에 적용할 수 있는 지능을 말한다.

## 자동화의 발목을 잡고 있는 폴라니의 역설

데이비스와 마커스는 그런 추론 시스템을 구축하는 데 가장 장벽으로 작용할 것이 무엇인지에 대해 이렇게 설명했다. "상식적인 추론을 할 때 사람들은 … 대체로 자기 성찰을 할 수 없는 추론 과정에 이끌리게 된다."[7] 다시 말해 우리 인간이 그토록 많은 규칙들의 덤불을 쉽게 헤치고 나아가는 데 쓰는 인지 작업은 폴라니의 역설을 지속적으로 보여주는 사례이며, 우리가 말로 할 수 있는 것보다 더 많은 것을 알고 있다는 기이한 현상을 보여준다. 1장에서 설명했듯이 최근까지 폴라니의 역설은 최고의 바둑 고수 수준으로 바둑을 둘 수 있는 소프트웨어를 만들지 못하게 하는 장벽이 되어왔다. 이 역설이 어디에서나 발견된다는 점을 명심하자. 여러 중요한 사례들에서 우리는 자신이 무언가를 제대로 하기 위해 쓰는 규칙들이 무엇인지 아예 모르거나 알 수가 없다.

폴라니의 역설은 모든 유형의 자동화나 인공지능으로 가는 길을 막는 절대적인 장애물처럼 보인다. 인간 자신을 비롯하여 지구상의 어떤 존재도 무언가를 성취하는 데 쓰는 규칙들을 알지 못한다면, 우리가 규칙 기반의 시스템, 아니 이런 성취를 모방할 그 어떤 컴퓨터 시스템을 어떻게 만들어낼 수 있다는 말인가? 폴라니의 역설은 자동화할 수 있는 인간의 작업 유형에 확고한 한계를 설정하는 듯하다.

MIT에 있는 우리의 동료 경제학자 데이비드 오터(David Autor)는 이렇게 썼다. "사람들은 암묵적으로 이해하고 노력 없이 성취하지만, 컴퓨터 프로그래머도 어느 누구도 명시적인 '규칙'이나 절차를 열거할 수 없는 많은 과제들을 안고 있기 때문에 이런 유형의 대체(사람을 컴퓨터로)가 이루어지는 범위는 한정되어 있다."[8]

### 스스로 배울 수 있는 기계를 만들기 위한 도전

나머지 다른 주요 인공지능 연구자 진영(즉 상징적 접근법을 회피하는 사람들)은 1950년대 말부터 어린아이가 언어를 배우는 방식으로 과제를 학습하는 시스템을 구축함으로써 폴라니의 역설을 극복하려고 시도해왔다. 경험과 반복, 그리고 피드백을 통해서다. 그들은 '머신러닝'이라는 분야를 창안했다. 말 그대로 기계를 학습시키는 연구를 하는 분야다. 이런 방식으로 학습한 최초의 디지털 기계 중 하나는 퍼셉트론(Perceptron)이었다. 코넬항공연구소(Cornell Aeronautical Laboratory)의 과학자인 프랭크 로젠블래트(Frank Rosenblatt) 연구진이 미 해군의 지원을 받아 생각하고 학습하는 기계를 만들려고 시도한 사례였다. 1957년에 등장한 퍼셉트론의 목표는 자신이 본 것들을 분류할 수 있도록 하는 것이었다. 이를테면 개와 고양이를 분류하는 식이었다. 이 목표를 위해 퍼셉트론[9]은 뇌와 약간 비슷하게 구성되었다.

우리 뇌에 있는 약 1,000억 개의 신경세포들은 결코 깔끔한 패턴으로 배열되어 있지 않다. 대신에 그것들은 깊이 상호 연결되어 있다. 인간의 전형적인 신경세포는 많으면 1만 개의 이웃 신경세포들[10]로부터 입력 또는 메시지를 받은 뒤, 거의 그만큼의 신경세포들에게 출력을 보낸다. 전기 신호를 생성할 만큼 충분히 강한 입력을 충분히 받을 때마다 신경세포는 출력을 받는 모든 신경세포로 신호를 보낸다. 여기서 '충분한'과 '충분히 강한'의 정의는 신경세포가 각 입력에 부여하는 '가중치'라는 중요도가 피드백에 따라 달라지기 때문에 시간이 흐르면서 변한다. 이 기이하고 복잡하고 끊임없이 펼쳐지는 과정으로부터 기억, 기능, 시스템 1과 시스템 2, 번뜩이는 깨달음과 인지적 편향 등 마음의 온갖 활동이 나온다.

퍼셉트론은 이런 많은 일들 중 그저 단순한 이미지 분류만을 하도록 구축되었다. 400개의 빛을 검출하는 광전관이 한 층의 인공 뉴런에 무작위로 연결된 형태였다(뇌의 혼잡함을 모사하기 위해서다). 이 '신경망(neural network)'의 초기 시연과 로젠블래트의 자신만만한 예측이 결합되면서, 1958년 〈뉴욕타임스〉에는 이런 기사가 실렸다. "해군은 이 전자 컴퓨터의 배아가 걷고, 말하고, 보고, 쓰고, 자체 번식을 하고, 자신의 존재를 의식할 수 있을 것이라고 기대한다."[11]

하지만 약속된 돌파구는 금방 실현되지 않았고, 1969년에 마빈 민스키(Marvin Minsky)와 시모어 페퍼트(Seymour Papert)는 《퍼셉트론: 컴퓨터 기하학 입문(Perceptrons: An Introduction to Computational Geometry)》이라는 독한 비평서를 출간했다. 그들은 로젠블래트의 설계가 몇몇 기본적인 분류 과제를 성취할 수 없음을 수학적으로 보여주었다. 이 책은 인공지능 분야의 전문가 대다수가 퍼셉트론뿐만 아니라, 더 일반적으로 신경망과 머신러닝이라는 폭넓은 개념들에 등을 돌리게 만들었다. 이에 양쪽 진영 모두에게 AI 겨울이 들이닥쳤다.

## 퍼셉트론을 고집한 성과가 나타나다

소수의 연구진은 컴퓨터를 인간처럼 생각하게 만드는 올바른 방법이 사례를 통해 학습할 수 있는 뇌에서 영감을 얻은 신경망을 구축하는 것이라고 여전히 믿었기에 머신러닝 연구를 계속했다. 그리고 이 연구자들은 퍼셉트론의 한계를 이해하고 극복하기에 이르렀다. 그들은 복잡한 수학, 더욱더 성능이 좋아지는 컴퓨터 하드웨어, 뇌가 작동하는 방식에서 영감을 얻으면서도 그것에 얽매이지 않는 실용적인 접근법을 조합하는 식으로 연구했다. 한 예로 뇌의 뉴런에서는 전기 신호가 한 방향으로만 흐르지만, 1980년대에 폴 워버스(Paul Werbos)[12], 지오프 힌튼(Geoff Hinton)[13], 얀 르쿤(Yann LeCun)[14]을 비롯한 연구자들이 개발하는 데 성공한 머신러닝 시스템은 네트워크를 통해 정보가 양방향으로 흐를 수 있었다.

이 '오차 역전파법(back-propagation)'은 성능을 훨씬 높였지만 발전 속도는 여전히 좌절할 정도로 느렸다. 1990년대에 르쿤이 숫자를 인식하도록 개발한 머신러닝 시스템은 미국에서 손으로 쓴 수표 서명을 20퍼센트까지 읽어냈지만,[15] 다른 실제 응용 사례들에서는 거의 인식하지 못했다.

최근에 알파고가 거둔 승리가 보여주듯이, 이제는 상황이 전혀 다르다. 알파고가 엄청나게 많은 가능성을 살펴서 효율적 검색을 하는 방식(규칙 기반 AI 시스템의 고전적인 요소)을 통합하긴 했지만, 그 핵심에는 머신러닝 시스템이 있었다. 알파고의 설계자들은 이렇게 기술했다. "알파고 컴퓨터에 쓰인 새로운 접근법은 … 심층 신경망을 쓴다는 것이다. … 인간 바둑기사들에 의한 지도 학습과 스스로 바둑 게임을 하면서 배우는 강화 학습의 새로운 조합을 통해 훈련했다."[16]

알파고는 동떨어진 사례가 아니다. 지난 몇 년 사이에 신경망은 엄청난 활기를 띠어 왔다. 지금은 월등한 차이로 주류를 이루는 인공지능 유형이 되어 있으며, 당분간은 가장 우위에 머물 가능성이 높다. 이런 이유로 AI 분야는 마침내 초기 약속들 중 일부를 적어도 충족시키고 있다.

## 인공지능이 지금 도래한 이유는 무엇일까?

이러한 인공지능의 융성이 어떻게 일어났고, 왜 그토록 단숨에 예기치 않게 일어났을까? 발전 사례들이 종종 그렇듯이 많은 요인이 조합되고 끈기와 우연한 발견이 둘 다 나름의 역할을 했다. 많은 내부 관계자들은 하나의 가장 중요한 요인이 무어의 법칙이었다고 믿는다. 신경망은 크기가 커질수록 훨씬 더 성능이 향상되고, 연구에 활용할 만큼 충분히 큰 신경망들이 최근에서야 많은 연구자들이 이용할 수 있을 정도로 저렴해졌다.

클라우드 컴퓨팅 또한 더욱 적은 예산으로도 AI 연구가 가능하도록 도왔다. 기술 기업가인 엘리엇 터너(Elliot Turner)는 2016년 가을 이후에는 약 1만 3,000달러로 아마존 웹 서비스(AWS) 같은 클라우드 컴퓨팅 공급자로부터 첨단 머신러닝 과제를 수행하는 데 필요한 연산 능력(컴퓨팅 파워)을 대여할 수 있다고 추정했다.[17] 아주 묘하게도 현대 비디오게임의 인기도 머신러닝이 크게 활기를 띠는 데 기여해왔다. 인기 있는 게임 콘솔에 쓰이는 전용 그래픽처리장치(GPU)는 신경망에 필요한 유형의 계산을 하는 데 대단히 적합하다는 것이 밝혀졌다. 그래서 그것이 신경망에 대량으로 쓰여 왔다. AI 연구자 앤드루 응(Andrew Ng)은 이렇게 말했다. "최첨단 연구를 하는 연구자들은 2, 3년 전만 해도 상상도 못했던 터무니없을 만큼 복잡한 것들을 GPU로 수행하고 있다."[18]

'빅데이터' 현상(디지털 문서, 사진, 동영상, 센서 판독 자료 등이 최근에 폭발적으로 늘어난 것)은 머신러닝에 거의 무어의 법칙만큼 중요한 역할을 해왔다. 아이가 언어를 학습하려면 많은 단어와 문장을 들어야 하는 것처럼 머신러닝 시스템도 음성 인식, 이미지 분류 같은 과제를 더 잘 해내려면 많은 사례에 노출되어야 한다.◆ 현재 우리는 그런 자료를 끊임없이 공급받고 있으며, 쉴 새 없이 점점 더 많은 자료가 생성되고 있다. 힌튼, 르쿤, 응을 비롯한 연구자들이 구축한 유형의 시스템들은 사례를 더욱더 접할수록 성능이 향상되는 매우 바람직한 특성을 가지고 있다.

이 행복한 현상을 보며 힌튼은 다음과 같이 겸손하게 말했다. "돌이

---

◆ 빅데이터와 그 분석은 인간의 의사결정도 변화시켜 왔다. 〈하버드비즈니스리뷰〉에 실린 우리의 논문 참조. Andrew McAfee and Erik Brynjolfsson, "Big Data: The Management Revolution", *Harvard Business Review* 90, no. 10(2012): 61~67.

켜보면 머신러닝의 성공은 그저 데이터의 양과 계산의 양에 달려 있었을 뿐이다."[19]

힌튼은 자신의 공헌을 제대로 인정하지 않고 있는지도 모른다. 그는 신경망의 발전에 여러모로 기여해왔으며, 그 분야의 이름을 본질적으로 바꾼 것도 그였다. 힌튼이 2006년에 사이먼 오신데로(Simon Osindero), 이위테(Yee-Whye Teh)와 함께 쓴 논문 〈딥 빌리프 넷을 위한 빠른 학습 알고리즘(A Fast Learning Algorithm for Deep Belief Nets)〉[20]은 신경망이 적절히 배치되고 충분히 강력하다면 인간의 훈련이나 지도가 전혀 필요 없이 기본적으로 스스로 학습할 수 있음을 보여주었다.

예를 들어 손으로 쓴 숫자들을 아주 많이 보여준다면, 그 망은 자료에 10가지 패턴(숫자 0에서 9까지에 해당함)이 있다고 올바로 결론을 내린 뒤, 새로 손으로 쓴 숫자를 보여주면 앞서 파악한 10개 범주 중 어디에 속하는지 정확히 분류할 수 있었다.

이런 유형의 '자율 학습(unsupervised learning, 또는 비지도 학습)'은 머신러닝 분야 내에서 비교적 드문 축에 속한다. 대부분의 성공적인 시스템들은 '지도 학습(supervised learning)'에 의존하는데, 먼저 질문과 정답을 짝지어서 보여준 다음에, 새로운 질문에 답하라고 요청하는 방식이다.

예를 들어 머신러닝 시스템에 사람의 음성 파일과 그에 상응하는 단어 텍스트 파일을 엄청나게 많이 제공한다. 그 시스템은 이 짝지은 자료 집합을 사용해서 신경망 내에서 연관 개념을 구축하여 새로운 음성 파일을 문자로 번역할 수 있다. 머신러닝의 지도 학습과 자율 학습 접근법이 둘 다 힌튼 연구진이 2006년에 발표한 알고리즘을 이용하므로, 그것들은 현재 흔히 '딥러닝(deep learning, 심층학습)' 시스템이라고 불린다.

## 머신러닝의 활용

얀 르쿤이 수표에 손으로 적은 숫자를 인식하도록 구축한 시스템처럼 아주 소수의 사례들을 제외하면 딥러닝을 사업에 응용하기 시작한 것은 불과 몇 년 전부터다. 그러나 딥러닝 기법은 극도로 빠른 속도로 확산되고 있다. 구글에서 이 기술을 활용하는 일의 책임자인 소프트웨어 공학자 제프 딘(Jeff Dean)◆21)은 2012년까지만 해도 구글이 검색, 지메일(Gmail), 유튜브, 지도 같은 제품의 성능을 향상시키는 일에 이 기술을 쓰지 않았다고 말한다. 하지만 2015년 3분기에는 딥러닝이 구글 회사 전체에서 약 1,200개 업무에 쓰이고 있었고, 다른 방법들보다 월등한 성능을 발휘하고 있었다.

딥러닝을 강화 학습(reinforcement learning)◆◆이라고 하는 또 다른 기법과

◆ 딘은 많은 기여를 함으로써 구글에서 전설적인 인물이 되어 있다. 딘의 동료들은 그의 능력을 알리겠다고 "제프 딘에 관한 사실들"이라는 과장된 이야기를 수집해왔을 정도다. 대표적인 사례를 들면 이렇다. "진공에서 빛의 속도는 원래 시속 약 56만 킬로미터였다. 그런데 제프 딘이 1주일 동안 꼬박 애써서 물리학을 최적화했다." Kenton Varda, Google+ post, January 28, 2012, https://plus.google.com/+KentonVarda/posts/TSDhe5CvaFe.

◆◆ 강화 학습은 보상을 최대화하기 위해 환경 내에서 효과적인 행동을 취할 수 있는 소프트웨어 에이전트를 구축하는 것이다. 딥마인드가 이 분야에서 자신의 능력을 처음으로 공개 시연한 사례는 '딥 Q-네트워크(DQN, deep Q-network)' 시스템이다. 딥마인드는 이를 활용하여 스페이스인베이더, 퐁, 브레이크아웃, 배틀존 같은 옛날 오락실 비디오게임인 아타리(Atari) 2600을 하도록 만들었다. 프로그래머들은 DQN 시스템에게 지금 하는 게임이 무엇이고, 규칙은 어떠하며, 어떤 전략이 효과적이고, 어떤 조작과 행동을 할 수 있는지를 전혀 알려주지 않았다. 사실 게임을 하고 있다는 것조차도 알려주지 않았다. 그저 각 게임의 화면을 보여주고 컨트롤러를 움직여서 점수를 최대로 하라고만 말했다. DQN은 49가지 게임 중 절반에서 빠르게 인간 고수보다 더 높은 점수를 낼 수 있었다. Volodymyr Mnih et al., "Human-Level Control through Deep Reinforcement Learning", *Nature* 518(February 28, 2015): 529~33, https://storage.googleapis.com/deepmind-data/assets/papers/DeepMindNature14236Paper.pdf.

결합하는 데 특별히 뛰어난 성과를 내온 딥마인드는 그 기술을 구글이 고객에게 제공하는 정보 제품만이 아니라 물질 세계의 과정에도 적용해 보았다. 구글은 세계 최대의 데이터센터 중 일부를 운영하고 있으며, 데이터센터는 에너지를 무척 많이 잡아먹는 시설이다. 이런 건물은 많으면 10만 대에 달하는 서버에 전원을 공급하는 한편, 냉방 장치를 계속 가동해야만 한다. 시설의 컴퓨팅 부하(서버가 수행하도록 요청 받은 일의 총량)는 시간이 흐르면서 예측할 수 없이 달라진다는 점 때문에 상황은 더욱 복잡해진다. 바깥 날씨도 마찬가지다. 날씨는 건물에 냉방을 어떤 식으로 얼마나 해야 하는지에 확실히 영향을 미친다.

사람들은 대개 펌프, 냉각기, 냉각탑 같은 장비를 조절하여 데이터센터를 적정한 온도로 유지한다. 그들은 온도계, 압력계, 많은 센서를 지켜보고, 설비를 식히는 최선의 방법이 무엇인지를 놓고 시시때때로 결정을 내린다. 딥마인드는 그런 방법 대신에 딥러닝을 사용할 수 있을지 알아보고자 했다. 딥마인드는 데이터센터의 컴퓨팅 부하, 센서 판독, 온도 및 습도 같은 환경 요인에 관한 여러 해에 걸친 데이터를 모은 뒤, 그 정보를 활용하여 모든 가용 냉각 장비를 조절할 신경망 집합을 훈련시켰다. 어떤 의미에서 딥마인드는 데이터센터를 거대한 비디오게임처럼 다루었고, 알고리즘에 더 높은 점수를 얻기 위해 시도하라고 가르쳤다. 이 경우에서는 에너지 효율을 더 높이라는 뜻이었다.

실제 데이터센터의 제어를 이 시스템에 넘기자 곧바로 극적인 효과가 나타났다.[22] 냉각 장치가 쓰는 에너지 총량이 무려 40퍼센트나 줄어들었고, 시설의 간접비(부대시설의 전력 부하와 전력 손실 등 IT 장비에 직접 쓰이지 않는 에너지)도 약 15퍼센트 절감되었다. 딥마인드의 공동 설립자인 무스타파 술레이만(Mustafa Suleyman)은 이 사례가 구글 데이터센터 담당자들이 지금까지 보았던 최고의 개선에 속한다고 말했다.

또한 술레이만은 딥마인드의 접근법을 고도로 일반화할 수 있다는 점을 강조했다. 그들이 사용한 신경망은 각각의 새로운 데이터센터를 완전히 재편할 것을 요구하지 않는다. 그저 가능한 한 많은 상세한 역사적 데이터를 갖고 훈련시키기만 하면 된다. 이 훈련은 정교하면서 어렵지만♦ 확실히 성과가 있다.

실제로 오늘날 데이터센터의 에너지 관리, 음성 인식, 이미지 분류, 자동 번역 같은 서로 전혀 다른 응용 분야에서 쓰이는 최고 성능의 머신러닝 시스템들은 놀라울 만큼 비슷하다. 영역별로 크게 다르지만 대신 모두 딥러닝의 변형된 형태들이다. 이 인공지능 접근법은 다양한 산업과 경제 분야로 아주 빠르게 확산될 수 있음을 시사하기 때문에 중요하다. 새로운 신경망은 거의 즉시 복제되고 규모를 증가시키며, 새로운 데이터로 훈련시켜 적용할 수 있다.

마이크로소프트, 아마존, 구글, IBM 같은 거대 기술 기업들[23]은 자체 개발한 머신러닝 기술을 클라우드와 응용 프로그래밍 인터페이스, 즉 API(Application Programming Interface)의 결합을 통해 다른 기업들도 이용할 수 있게 해왔다. API는 본질적으로 소프트웨어들이 서로 어떻게 상호작용을 할지에 관한 명확하고 일관적이고 공개된 규칙들이다. API는 서로 다

---

♦  제대로 기능하는 신경망을 구축하는 것이 쉽게 들릴지 몰라도(그저 데이터를 마구 집어넣어서 시스템이 연관 관계를 구축하도록 하기만 하면 되지 않나라고 생각될지 몰라도) 현재로서는 실제로 시간을 많이 잡아먹는 까다로운 일이다. 컴퓨터과학 전문가조차도 짜증 나게 만드는 일이다.

른 소스에서 나온 코드들을 결합하여 하나의 응용 프로그램으로 만들기 훨씬 쉽게 해주며, 클라우드는 이 코드를 전 세계에서 주문형(On-Demand)으로 이용할 수 있게 해준다.

이 기반 시설이 갖추어지면 머신러닝이 전 세계로 더 빨리 더 깊이 확산될 기회가 있다. 하지만 1장에서 논의한 이유들 때문에 우리는 그 확산이 불균등하게 이루어질 것이라고 예상한다. 앞서 나가는 기업에서는 업무 과정들이 재창조되고, 새로운 경영 모델이 출현한다. 이미 뜻밖의 장소에서 이런 일이 일어나고 있다.

2015년 고이케 마코토(Koike Makoto)는 일본의 부모가 운영하는 오이 농장으로 돌아왔을 때, 머신러닝을 적용할 기회를 발견했다. 그는 이전에 자동차 산업 분야에서 하드웨어와 소프트웨어 공학자로 일했기에, 코드와 기계를 결합하여 충분히 장비를 만들 수 있었다. 마코토는 오이 분류 작업에 자신의 재능을 적용할 수 있다는 것을 알았다. 그 일은 그의 어머니인 마사카 마코토가 전담하고 있었다. 그녀는 다년간에 걸친 경험을 토대로 생산되는 오이를 모두 수작업으로 9개 등급으로 분류했다. 오이 농장이 작기는 하지만(일본에서 벼농사가 아닌 밭농사는 면적이 평균 1.5헥타르에 불과하다.24) 그래도 대략 야구장의 1.5배 또는 축구장의 2배 크기다)25), 수확기가 되면 하루에 6시간까지 일해야 하는 고된 일이었다.

마코토는 알파고의 패턴 맞추기 능력에 깊은 인상을 받았으며,26) 구글이 2016년 11월에 공개한 머신러닝 프로그램 집합인 텐서플로(TensorFlow)에 흥미를 느꼈다. 마코토는 그것을 사용하여 부모님 농장의 오이 분류 작업을 자동화할 수 있는지 알아보기로 했다. 비록 머신러닝을 접한 경험이 전혀 없었지만 그는 텐서플로를 사용하는 법을 독학한

다음, 각기 다른 등급의 오이 7,000장의 이미지를 가지고 그 시스템을 훈련시켰다. 저렴한 기성품 카메라, 컴퓨터, 하드웨어 컨트롤러를 사용하여 완전히 자동화한 등급 분류기를 제작한 것이다. 이 기계의 작동 첫해에는 정확도가 70퍼센트였다. 고해상도 이미지와 차세대 클라우드 기반 머신러닝 소프트웨어를 사용하면 정확도가 더 높아질 것이 확실하다. 이에 마코토는 "어서 빨리 시험해보고 싶다"[27]라고 말했다.

그런 노력을 접하면서 우리는 구글의 카즈 사토(Kaz Sato)의 다음과 같은 견해에 동의하게 된다. "머신러닝과 딥러닝의 이용 사례들이 우리 상상에만 국한된 것이 아니라는 말은 과장이 아니다."[28]

이 책을 쓰고 있는 지금, 이 분야에서 상업적으로 성공한 사례들은 거의 모두 지도 학습 기법을 적용한 것이며, 강화 학습을 이용한 것(예컨대 딥마인드를 통해 최적화한 데이터센터 같은 것)은 극소수에 불과하다. 하지만 인간이 학습을 하는 주된 방식은 자율 학습을 통해서다. 어린아이는 블록을 쌓고, 컵에 담긴 물을 쏟고, 공을 던지고, 의자에서 떨어지면서 일상생활의 물리학을 배운다. 뉴턴의 운동법칙이나 'F=ma' 같은 방정식을 외움으로써 배우는 것이 아니다. 얀 르쿤은 자율 학습의 방대하고, 대체로 이용되지 않은 중요성을 케이크라는 기억에 남을 비유를 들어 이렇게 강조했다. "지능이 케이크라면 자율 학습은 케이크 자체가 될 것이고, 지도 학습은 케이크 아이싱(icing : 케이크의 겉면에 생크림 등을 바르는 작업−옮긴이)일 것이고, 강화 학습은 케이크에 올린 체리일 것이다. 우리는 아이싱을 덮고 체리를 장식하는 법은 알지만, 케이크를 만드는 법은 알지 못한다."[29] 르쿤은 AGI를 달성하려면 자율 학습을 위한 더 나은 알고리즘을 개발하는 것이 필수적이라고 생각한다.

## 마음 그리고 학습하는 기계

우리는 현 세대의 신경망 건설자들이 이전의 규칙 기반 접근법을 구시대적인 '피처 엔지니어링(feature engineering)'이라고 무시하는 말을 여러 번 들었다. 현재 많은 연구자들이 한 과제를 위한 모든 관련 규칙을 모은 다음, 그것들을 컴퓨터에 프로그램으로 짜 넣는 접근법이 잘못된 것이라고 믿는다. 그들은 스스로 규칙을 학습할 수 있는 시스템을 구축하는 것이 훨씬 더 생산적이라고 믿는다. AI 연구의 통계적 패턴 인식 시스템 진영은 현재 활기를 띠고 있으며, 반세기 전에 그 분야에서 했던 약속 중 적어도 일부를 이행하고 있다.

이런 일이 일어나는 상황에서 마음과 기계를 어떻게 협력하게 만들까? 다음과 같은 몇 가지 방법이 있다. 한 가지는 앞 장의 폴 밀과 토머스 데이븐포트가 주장한 노선을 따라 결합하는 것이다. 즉 인간에게 인공지능의 결정과 행동을 지켜볼 상식을 부여하고, 무언가 놓치는 것이 있을 때 개입하는 것이다. 신경망에게 데이터센터의 최적화를 맡길 때 딥마인드가 한 일이 바로 이것이다. 인간 관리자는 늘 존재하면서 핵심적인 역할을 하고, 한편 언제든 통제권을 빼앗을 수 있다.

지금까지 자율주행 기술을 도입한 자동차 제조업체들도 이 접근법을 취해왔다. 이 기업들은 인간이 말 그대로 운전석에 앉아 있으면서, 자율주행 기술이 작동하고 있을 때에도 차의 안전한 조작을 책임지고 있다고 강조한다. 부주의는 치명적일 수 있기 때문에 많은 사례들에서는 인간이 언제나 개입할 수 있도록 하는 편을 신중한 태도로 보는 것 같다.

2016년 여름, 조슈아 브라운의 테슬라 자동차가 트럭의 트레일러 옆을 들이받았다.[30] 그는 사망했다. 흰색 트레일러가 달려 있던 트럭은 고

속도로에서 좌회전을 하면서 빠져나가던 중이었다. 브라운은 고속도로의 반대 방향에서 트럭을 향해 나아가고 있었다.[31] 충돌 전에 브레이크를 밟은 흔적이 없었기 때문에, 브라운도 자동차의 카메라도 사고 당시 플로리다의 밝은 하늘을 배경으로 놓인 흰색 트레일러를 인식하지 못한 것으로 보인다. 아마 브라운은 그 전까지 자율주행 시스템이 잘 작동하는 사례를 많이 보았기에, 그 시스템의 능력을 점점 더 과신하게 되었고 도로에 주의를 점점 덜 기울였을 것이다.

구글은 인간의 부주의가 영원한 문제이기 때문에, 운전할 때 인간을 완전히 제외시켜야 한다고 믿는다. 구글 자율주행차 계획의 전직 책임자인 크리스 엄슨(Chris Urmson)은 이렇게 말했다. "우리가 그저 이 운전자 지원 시스템을 채택하여 꾸준히 점점 더 개선해 나간다면, 언젠가 자율주행차가 나온다는 것이 일반적인 통념이었다. 음, 그 말은 내가 높이뛰기를 정말로 열심히 연습한다면 언젠가는 날 수 있게 될 것이라는 말이나 다름없다. 사실 우리에게 필요한 것은 뭔가 좀 다른 것이다."[32]

그래서 구글은 인간의 기여를 전혀 요구하지 않는 100퍼센트 자율주행차를 만드는 일을 하고 있다. 이는 업계에서 말하는 자율주행 5단계 중 '레벨 5(level 5 autonomy)'에 해당한다. 자율주행 분야에서 구글은 인상적인 성취를 이루어왔다. 엄슨은 2015년에 테드(TED) 강연회에서 다음과 같이 상세히 설명한 바 있다. "우리 차가 마운틴뷰를 지나가다가 마주친 일을 하나 소개할게요.[33] 전동 휠체어를 탄 여성이 도로 한가운데에서 빙빙 돌며 오리를 뒤쫓고 있는 거예요. 교통국(DMV) 편람에도 그런 상황에서 어떻게 대처해야 하는지 알려주는 내용은 전혀 없어요. 하지만 우리의 (자율주행) 차량은 그 상황을 맞닥뜨리고 대처할 수 있었습니다. 속도를 늦추고, 안전하게 운전했습니다."

'모든' 상황과 조건에서 안전하게 운행할 수 있는 자율주행차는 아직 만들어지지 않았다. 하지만 우리는 곧 나올 것이라고 생각한다.

기계 언어가 폴라니의 역설을 극복하는 능력은 현재까지도 완전한 자동화에 놀라울 만큼 저항하는 것으로 밝혀진 화이트칼라 백오피스(back office, 관리부서)에서도 쓰이기 시작하고 있다. '백오피스'는 구매, 회계, IT 등 고객의 눈에 보이지 않는 곳에서 일어나는 지식 업무를 포괄하는 용어다. 앞서 논의했듯이 백오피스에서 가장 양이 많고 표준화가 가장 잘되어 있는 요소들은 오래전에 전사적 시스템을 통해 자동화가 이루어졌지만, 여전히 대부분의 기업에서는 아주 많은 수작업들이 남아 있다.

이 작업의 적어도 일부를 자동화하는 한 가지 방법은 해당 작업을 수행하는 사람들에게 어떤 규칙을 쓰고 있는지, 그런 규칙의 예외 사항은 무엇인지, 언제 다른 규칙이나 지침으로 전환하는지 등을 물어보는 것이다. 하지만 그 면담을 통해 지식을 이끌어내는 과정은 시간이 많이 걸리고, 하던 일을 중단하게 만들고, 그다지 잘되지 않을 것이다. 털 틀에 박힌 백오피스 업무를 하는 사람들은 다른 사람에게 자신의 일을 어떻게 하는지 정확하고 완벽하게 설명할 수 없을 가능성이 높다.

일본 보험 회사 후코쿠뮤추얼생명(Fukoku Mutual Life)[34]은 다른 접근법을 취했다. 2016년 12월, 이 회사는 IBM의 왓슨(Watson) AI 기술을 사용하여 건강보험금 청구 담당자들의 업무를 일부라도 자동화하겠다고 발표했다. 그 AI 시스템으로 병원을 비롯한 다른 의료 서비스 제공자들이 제출하는 서류로부터 관련 정보를 추출한 다음, 그것을 사용하여 각 보험금 청구에 맞는 질병 코드를 찾아내 그 정보를 사람들에게 제시한다는 계획이었다. 그 AI 시스템은 시간이 흐르면 "과거 지불 평가의 역사를 학습하여 평가사들의 경험과 전문 지식을 물려받겠다"[35]는 의도를 가지고 있다. 다시 말해 그 기술은 시간이 흐를수록 점점 더 많이 배우게 될 것이고, 인간으로부터 더 많은 일들을 넘겨받을 수 있을 것이다.

우리는 앞으로 이런 노력이 더 많이 이루어질 것이고, 딥러닝을 비롯한 머신러닝 접근법이 빠르게 확산될 것이라고 예상한다. 예를 들어 고객 서비스 업무의 많은 부분은 사람들의 말에 귀를 기울이면서 그들이 무엇을 원하는지 이해한 다음, 답이나 서비스를 제공하는 것으로 이루어져 있다. 현대 기술은 일단 상호작용의 규칙을 배운다면 이 활동들 중 후자를 떠맡을 수 있다.

그러나 고객 서비스 업무 중 자동화하기가 가장 어려운 부분은 답을 찾아내는 쪽이 아니라, 오히려 첫 단계다. 즉 듣고 이해하는 일이다. 음성 인식을 비롯하여 자연어 처리의 여러 측면은 그 분야가 시작된 이래로 이 장의 앞부분에서 설명한 모든 이유들 때문에 인공지능에 대단히 어려운 문제가 되어왔다. 이전에 우세했던 상징적 접근법은 그다지 잘 작동하지 않지만, 딥러닝에 기반을 둔 더 새로운 접근법은 전문가들조차 놀랄 만큼 아주 빠르게 진척을 보이고 있다.

2016년 10월, 마이크로소프트 리서치의 한 연구팀은 자신들이 구축한 신경망이 "인간과 동등한 수준의 대화형 음성 인식" 능력을 이루어냈다고 발표했다.[36] 논문 제목도 바로 그러했다. 그 시스템은 특정한 주제에 대한 토론과 친구들과 가족들 사이의 종잡을 수 없이 이어지는 대화 모두에서 전문 구술기록가보다 더 정확하게 대화를 인식했다. 언어학 교수 제프리 풀럼(Geoffrey Pullum)은 이 연구 결과에 대해 이렇게 평했다. "이런 날이 오리라고는 전혀 생각지도 못했다. 1980년대에 나는 연속된 음성의 완전 자동 인식(이어지는 대화를 들으면서 무슨 말을 했는지 정확히 적는 것)이 기계에게는 너무 어려울 것이라고 판단했다. … 음성 공학자들은 심지어 구문◆ 분석에 전혀 의존하지 않고 이 일을 해냈다. 엄청난 양의 원시 자료(raw data)를 기반으로 한 통계 모델링의 도움을 받아서 해낸 순수한 공학적 결과물이었다. … 나는 이런 일이 벌어질 것이라고 생각도 못했을 뿐만 아니라 불가능하다고 장담하곤 했다."[37]

전설적인 컴퓨터과학자 프레더릭 옐리네크(Frederick Jelinek)가 언급한 다음의 말은 인공지능 학계가 전반적으로 규칙 기반에서 통계적 접근으로 옮겨간 배경이 되는 이유를 잘 나타내준다. 그는 1980년대 중반에 "내가 언어학자를 한 명 해고할 때마다, 음성 인식기의 성능이 더 나아진다"[38]라고 말했다. 2010년대 중반까지 음성 인식 문제를 연구하는 집단 중에서 가장 큰 성공을 거둔 집단에는 언어학자가 한 명도 없었으며, 그들의 결과는 세계를 놀라게 했다. 우리는 앞으로 그런 놀라운 일이 더 많이 일어날 것이라고 확신한다.

세일즈포스(Salesforce)의 CEO이자 기술 산업계의 선구자인 마크 베니오프(Marc Benioff)는 'AI 우선 세계(AI-first world)'[39]로 나아가고 있다고 말했는데, 우리도 동의한다. 우리처럼 그도 히포의 의사결정을 훨씬 더 나은 무언가로 대체할 수 있는 기회를 무수히 보고 있다. 그는 "많은 기업들이 여전히 정보 대신에 본능에 근거하여 중요한 결정을 내리고 있다.[40] … 이런 상황은 앞으로 몇 년 안에 바뀔 것이다. AI가 점점 더 확산되면서 모

---

◆　　달리 말하면 규칙 기반에 해당한다.

든 기업과 직원을 더 똑똑하고 더 빠르고 더 생산적으로 만들어갈 것이기 때문이다"라고 썼다. 몇 년 전이라면 이런 예측은 터무니없는 과장이라고 여겨졌을 것이다. 하지만 이제 그것은 확실한 예측처럼 보인다.

**SUMMARY** 요점

□ 규칙 기반 또는 상징적 AI 접근법은 현재 휴면 상태다. 소수의 협소한 영역을 제외하면 그 접근법은 부활할 것 같지 않으며, 아마 인공지능 영역에서조차 사라질 것으로 보인다.

□ 머신러닝(많은 사례를 접함으로써 패턴을 알아내고, 이기는 전략을 세울 수 있는 소프트웨어 시스템을 구축하는 기술 및 과학)은 마침내 초창기의 약속을 이행하고 유용한 일을 해내고 있다.

□ 머신러닝 시스템은 점점 더 커지고 더 빠르고 더 특수한 하드웨어에서 작동하고, 더 많은 데이터를 접하고, 개선된 알고리즘을 적용함에 따라 더욱 향상되고 있다. 이 모든 개선이 현재 일어나고 있으며, 따라서 머신러닝은 빠르게 발전하고 있다.

□ 신경망의 가장 성공한 사례들은 지도 학습으로 이루어졌다. 지도 학습은 학습할 사례에 정보를 알려주는 방식(질문과 정답을 짝지어 보여준 다음, 새로운 질문에 답하라고 요청하는 방식−옮긴이)이다. 그러나 인간이 세상을 배우는 주된 방식인 자율 학습을 이용하는 측면에서는 거의 진전을 이루지 못했다.

- 지도 학습은 특히 패턴 인식, 진단, 분류, 예측, 추천 같은 분야에서 현재 사람들이 하고 있는 많은 작업들을 자동화하는 데 아주 적합하다. 시각, 음성 인식, 그리고 이전에 기계가 할 수 없었던 능력들을 현재 많은 영역에서 기계가 인간에 맞먹는 수준으로 행하고 있다.

- 우리는 아직 머신러닝의 확산 초기 단계에 있다. 특히 이제는 클라우드와 주문형 방식으로 사용할 수 있으므로 머신러닝은 우리 경제와 사회에 더 널리 확산될 것이다.

- 머신러닝 시스템(그리고 다른 모든 유형의 AI)은 아직 상식이 부족하다.

**QUESTIONS** 질문

**1**  당신의 가장 중요한 패턴(매칭, 진단, 분류, 예측, 추천 등) 활동은 무엇인가? 그런 활동을 위해 머신러닝 해법을 살펴보고 있는가?

**2**  주요 결정이나 운영에서 인공지능 시스템에 완전히 맡길 것을 고려하고 있는 것이 있는가? 어느 활동 영역에서 인간에게 여전히 중요한 일을 맡길 것인가?

**3**  내일 아침 당신이 출근할 때 자율주행차를 타고 간다면 편안함을 느낄까? 5년 동안 그렇게 자율주행차를 타고 다닌다면 편안함을 느낄까? 아니라고 생각한다면 그 이유는 무엇인가?

**4**  다음 빈칸을 채워보자. 우리의 경쟁자들이 ＿＿＿＿＿＿＿＿에 머신러닝을 성공적으로 적용한다면 우리는 심각한 문제에 처할 것이다.

**5**  당신의 머신러닝 전략은 무엇인가? 당신의 조직에 머신러닝을 얼마나 도입할 것인가?

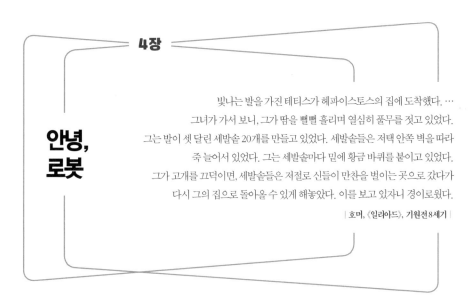

영양가 있고 맛있으면서 동시에 저렴하게 먹을 수 있는 음식은 드물
다. 게다가 자동화의 미래를 흘깃 엿볼 수 있는 음식은 더욱더 드물다.

잇사(Eatsa) 식당은 2015년에 샌프란시스코의 소마(SoMa) 지역에 첫 점
포를 냈다. 잇사는 영양가가 아주 뛰어난 남아메리카 원산의 곡물인 퀴
노아를 주요 성분으로 하는 채식 요리를 판매했다.♦ 잇사는 퀴노아에 옥
수수, 콩, 가지 같은 재료와 과카몰리를 곁들여서 '남서부 스크램블', '걱정
없는 카레' 같은 이름으로 내놓았다.

---

♦    퀴노아는 동물성 단백질 생산에 필요한 에너지의 30분의 1만으로도 생산할 수 있어서 효율적이다.
    또한 콜레스테롤과 글루텐이 없다.

# 무인 식당

잇사에 간 손님들은 음식 맛을 보기 전에 색다른 것과 마주쳤다. 손님들은 종업원과 전혀 마주치는 일 없이 주문을 하고 계산을 하고 음식을 받았다. 이 식당에 들어가면 죽 늘어서 있는 태블릿 컴퓨터가 보인다. 그중 하나를 사용하여 주문을 하고 신용카드로 지불을 한다(잇사에서는 현금을 쓸 수 없다). 요리가 준비되면 커다란 화면에 고객 이름의 머리글자(신용카드에 찍힌 이름을 이용한다)가 뜬다. 이름이 목록 위쪽에 다다르면, 옆에 번호가 나타난다. 약 20개의 배식구 중 어디에서 음식이 나올지 말해주는 번호다. 벽에 난 작은 구멍들이 배식구인데(네모난 배식구가 층층으로 배열되어 있다—옮긴이), 덮개가 붙어 있다. 덮개는 사실 투명한 LCD(Liquid Crystal Display, 액정표시장치)다. 액정 화면 한가운데에 고객의 이름과 오른쪽 위 구석에 작은 원형 표시가 뜬다. 고객이 그 표시를 두 번 두드리면, 덮개가 열리면서 포장된 음식이 나타난다(식당 실내에는 좌석이 약간 배치되어 있다).

처음 오는 손님에게 주문 과정을 알려주고 질문에 답하기 위해 관리 직원이 있긴 하지만, 대부분의 고객은 직원을 접할 필요가 없다. 잇사의 초기 평가는 좋았다. 리뷰 사이트인 옐프(Yelp)의 한 회원은 잇사에 대해 이런 말을 남겼다. "그 누구와도 말하거나 상호작용을 할 필요가 없이 몇 분이면 컴퓨터 화면을 통해 맛 좋고 영양가 있고 저렴한 음식이 나오는 식당이다. 정말 좋다."[1]

잇사의 인기는 제2의 기계 시대의 한 가지 중요한 현상을 잘 보여주는 사례다. 물질 세계에서 사람들 사이에 이루어지는 많은 거래와 상호작용이 이제 디지털 인터페이스를 통해 완성된다는 것이다. 많은 업무 과정들은 원자를 한곳에서 다른 곳으로 옮기거나 변형할 필요는 없는 것들이다. 그 대신에 비트(bit), 즉 정보의 조각을 옮기고 변형한다. 잇사에서 음식을 주문하고 지불하고 어디에서 받을지를 경험하는 것은 그런 과정의 사례다. 그 과정들이 자동화되었다고 말하는 것은 정확하지 않다. 거기에는 아직 사람이 관여한다. 즉 고객 말이다. 따라서 '가상화되었다'라고 말하는 편이 더 정확하다.

## 가상화가 현실이다

가상화는 확산되고 있는 중이다. 한 예로 가방 검사를 받을 필요가 없이 비행기를 탈 때는 탑승구에 도착할 때까지 항공사 직원과 말할 일이 거의 없다. 공항의 자동 발권기에서 탑승권을 뽑거나, 스마트폰에 다운로드 받기 때문이다. 해외여행을 한 뒤 미국 공항에 내릴 때는 글로벌 엔트리 키오스크(Global Entry Kiosk)라는 자동화 기기를 사용하여 통관과 입국 심사 정보를 제출하고 입국하면 된다. 또한 미국 내에서 비행기를 탈 때 곧 완전히 자동화된 보안 검사를 거치게 될 것으로 보인다. 미국 교통안전국(TSA)은 2016년 7월 국내 공항 다섯 곳에 자동 검사 장비를 설치하여 평가할 계획이라고 발표했다.◆

---

◆ 현재 우리의 노동 집약적인 항공 안전 보장 방식이 잘 작동하지 않는다는 불안한 증거가 있다. 2015년에 미국 국토안보부는 '레드팀(Red Team : 조직 내 취약점을 공격하여 대책 수립에 기여하는 부서—옮긴이)'으로 하여금 미국 공항들의 보안 검사장을 통해 무기와 폭발물, 기타 금지된 물품을 몰래 빼내는 시도를 한 결과를 요약하여 발표했다. 레드팀은 95퍼센트 이상의 성공률을 보였는데, 즉 70번의 검사를 시도하여 67번의 밀수품을 발견하는 데 성공했다.

가상화는 네트워크와 간편한 디지털 장비가 어디에나 있을 때 촉진된다. 현금인출기(ATM)가 확산되었을 때 많은 사람들은 더 이상 계좌에 든 현금을 찾기 위해 은행원을 찾지 않았다. PC 기반의 온라인 뱅킹을 통해 고객은 입출금 내역을 확인하고, 현금을 이체하고, 지불하는 등 여러 가지 일을 집에서 할 수 있게 되었고, 스마트폰과 앱 덕분에 이제는 이러한 일들을 어디에서나 할 수 있게 되었다. 많은 은행 거래 앱들은 마침내 또 한 가지 편의 사항을 덧붙였다. 즉 고객들이 휴대전화 카메라로 사진을 찍어서 수표를 입금할 수 있도록 했다. 가상화된 은행 거래의 점점 커지는 위력과 범위, 편의성이 미국에서 은행원 수가 해마다 줄어들고 있는 주된 이유일 것이다.[2] 2007년에 미국의 총 은행원 수가 60만 8,000명으로 정점을 찍은 이래로 거의 20퍼센트가 감소했다.

대체로 가상화되지 않은 채로 남아 있을 거래와 과정들도 있을까? 많은 사람들과 기업들은 그렇다고 생각한다. 통찰력 있는 경영 및 문화 변화 분석가인 버지니아 포스트렐(Virginia Postrel)은 편의점, 슈퍼마켓 같은 소매점에서는 "기술적 문제들 때문에"[3] 자동화된 무인계산(self-checkout) 시스템이 결코 널리 쓰이지 않을 것이라고 믿는다. 그녀는 "인간 직원이 계산을 해주는 쪽에 줄을 선 고객들이 순조롭게 계산이 진행되어 빠져나가는 모습을 보면서, 전자 기기로부터 다시 시도해보라는 말을 끝없이 듣고 싶어 할 사람은 아무도 없다"고 밝혔다.

우리는 포스트렐이 말하고자 하는 의미를 잘 안다. 대부분 무인계산대의 기술은 혼란스럽고, 따라서 사용하는 데 시간이 걸리고, 기기가 자주 먹통이 될 것으로 보인다. 필자인 우리도 실제 편리함 때문이 아니라 연구 관심사 때문에 더 자주 그것을 쓰고 있기도 하다. 하지만 우리는 시간이 흐를수록 무인계산대가 점점 나아져 왔음을 인식하고 있으며, 앞으로도 그럴 것이라고 예상한다. 무인계산대 시스템의 개발자들은 경험을 점점 더 쌓아갈수록 기술과 사용자 경험을 개선할 것이고, 오류율과 사용자 불만을 줄이는 법을 터득할 것이다.

이는 미래의 무인계산 기계와 절차가 매우 다를 수도 있음을 의미한다. 하지만 우리는 지금까지 그것이 별다른 발전이 없었다고 해도 대규모 가상화가 이루어질 것이라고 예상한다. 실제로 이루어진다면 아마존고(Amazon Go)처럼 보일 것 같다. 아마존고는 2016년 12월에 온라인 거인인 아마존이 시애틀에 개장한 면적 약 170제곱미터의 편의점이다.[4] 아마존고는 계산원도 무인계산대도 없는 소매점이다.[5] 대신에 매장 안에 설치된 센서와 카메라를 머신러닝 기술 및 스마트폰 앱과 결합하여 고객이 쇼핑 바구니에 담은 모든 상품을 추적한 후, 무엇이든 가게에서 가지고 나간 상품은 청구를 한다. 언론인 로이드 알터(Lloyd Alter)는 "아마존고는 소매점을 온라인 기술로 개선한 것이 아니다. 그것은 벽돌담에 에워싸인 온라인 경험이다"라고 밝혔다. 이 경험 속에서 쇼핑 카트는 현실이지만 계산대는 가상화된다.

가상화가 아주 널리 퍼질 것이라는 주장에 맞서는 또 다른 주장은 일부 상호작용이 중심인물(고객, 환자, 유망 고객 등)에게 편하고 적절한 태도의 인간적인 접촉을 요청한다는 생각이다. 우리는 이 말에 진실이 담겨 있다고 생각하지만, 적어도 일부 집단은 인간적인 접촉이 더 이상 중요하다고 생각되지 않는 그 거래들을 기꺼이(그리고 열심히) 가상화하려는 것도 봐왔다.

금융 서비스업계에서는 개인이나 가족의 재산 중 상당 부분을 투자

자문가에게 맡기도록 설득하려면 최소한 한 번은 만나서 대면 회의를 하는 것이 필요하다는 게 통념이었다. 하지만 웰스프론트(Wealthfront)는 2011년 12월 설립된 이래로 3만 5,000여 가족으로부터 30억 달러가 넘는 돈을 수탁 받았는데, 탁자를 마주하는 일도 중요한 역할을 하는 투자 자문가도 전혀 없이 가상화 서비스만으로 전액 이체받았다. 웰스프론트는 투자 결정을 내릴 때 인간의 판단을 아예 배제했을 뿐만 아니라 자산 이전 거래의 전형적인 무대와 배역들(설비를 잘 갖춘 사무실, 고급스러운 소책자, 접수 담당자, 전문가다운 인상의 상담가 등)을 완전히 없애고 온라인 서류로 대체한 자산 관리 회사다.

## 자기 선택인가 장기 추세인가?

웰스프론트의 고객들은 다른 투자자문 회사의 고객들보다 더 젊고 더 첨단 기술을 잘 아는 경향이 있다.[6] 경제학자들은 이런 현상을 나타내는 말로 '자기 선택(self-selection)'이라는 용어를 사용한다. 자기 선택은 사람들이 자신의 선호를 바탕으로 서로 다른 집단으로 스스로를 분류하는 경우를 가리킨다. 자기 선택은 가상화를 만들어내는 강력한 힘이 될 가능성이 높다. 어떤 사람들은 웰스프론트에 투자하고, 슈퍼마켓에서 무인계산대를 이용하고, 잇사에서 점심을 먹을 것이다. 반면에 어떤 사람들은 인간 투자상담사를 만나고, 계산원에게 구매 물품의 바코드를 찍게 하고, 사람에게 점심을 주문하고 싶어 할 것이다.

현재 우리는 기업들이 자기 선택의 어느 한쪽에 확실하게 호소하는 것을 볼 수 있다. 패스트푸드 체인 맥도날드도 잇사처럼 가상화를 늘리고 있다. 2016년 11월까지 맥도날드는 뉴욕, 플로리다, 남부 캘리포니아의 매장 500곳에 디지털 무인주문기를 설치했고, 미국 매장 1만 4,000곳 전체에 터치스크린 기기를 설치할 계획이라고 발표했다.[7]

이와 대조적으로 신용카드 회사인 디스커버(Discover)는 사람과의 접촉을 강조하고 있다.[8] 이 회사는 2013년부터 외모가 아주 비슷한 배우들이 고객과 직원 역할을 각각 맡아 서로 전화로 대화하는 모습을 담은 광고들을 잇달아 내보냈다. 그 아이디어는 회사가 지극히 인간적이고, 따라서 더 진심이 담긴 고객 서비스를 제공한다는 점을 전달하는 것이었다. 디스커버의 그 광고들 중 하나는 심지어 회사가 돈을 더 버는 것보다 사람 사이의 관계에 더 신경을 쓴다고 시사하고 있다.[9] 광고에서 내레이터는 이렇게 말했다. "고객이 미국에서 낮이든 밤이든 전화하면 언제나 진짜 디스커버 카드 회사 직원이 받을 겁니다. 또 우리는 고객에게 필요가 없는 상품을 팔겠다고 고객의 아까운 시간을 빼앗으려고 하지 않습니다."

잇사, 웰스프론트, 맥도날드, 디스커버를 비롯한 여러 기업들은 가상화를 선호하거나 또는 반대하는 고객의 선호도에 따라 정의되는 시장 부문을 좇고 있다. 이는 자연스럽고 적절한 행동이다. 하지만 우리는 가상화를 반대하는 시장이 얼마나 오랫동안 큰 규모를 지속할 수 있을지 궁금하다. 최근 미국 은행원의 감소 추세는 가상화가 충분히 기반을 다져서 해당 업무 과정에 이용할 수 있게 되면, 많은 사람들이 가상화를 이용할 것임을 보여준다. 시간이 흐르면서 '디지털 원주민(digital native : 어릴 적부터 디지털 기술과 IT 기기를 사용하면서 성장한 세대-옮긴이)' 인구가 점점 늘어날수록 더욱 그러할 것이다. 이는 특히 인간의 대안이 시간을 더 많이 잡아먹거나, 효율이나 즐거움이 덜하다면 더욱 그렇다. 만약 완전히 자동화되고 안전한 민간 공항 보안 서비스를 어느 날 갑자기 이용할 수 있게 된다면, 줄 서서 기다렸다가 교통안전국 요원의 검사를 받는 편을 택할 사람이 과연 얼마나 될까?

기술이 충분히 발전하고, 실험이 충분히 이루어지고, 반복이 충분히 이루어지면, 우리는 자동화되고 디지털화된 과정들이 아주 널리 퍼질 것이고, 현재 사람들이 관여하고 있는 많은 과정들을 대체할 것이라고 믿는다. 우리는 가상화가 장기 추세(secular trend)라고 믿는다. 여기서 '장기'적이라는 말은 금융업계에서 사용되는 의미로, 단기적 요동이 아니라 여러 해에 걸쳐 펼쳐질 장기적 발전을 가리킨다.

## 자동화 대폭발

잇사는 음식을 주문하는 과정을 가상화하는 차원을 넘어 그 이상을 원한다. 요리를 준비하는 방법도 자동화하고 싶어 한다. 잇사 주방에서의 음식 준비 과정은 고도로 최적화되고 표준화되어 있다. 잇사가 로봇 대신에 인간 요리사를 쓰는 주된 이유는 다듬어야 하는 재료들(예를 들면 아보카도, 토마토, 가지 등)이 모양이 불규칙하고 단단하지 않기 때문이다. 이런 특징은 사람에게는 아무런 문제가 되지 않는다. 사람은 부드러운 덩어리들로 가득한 세계에서 늘 살아왔기 때문이다. 하지만 지금까지 만들어진 로봇들은 대부분 딱딱하고, 하나하나 모양이 다르지 않은 것들을 다루는 일을 훨씬 더 잘한다.

로봇의 시각과 촉각은 역사적으로 볼 때 매우 원시적(인간보다 훨씬 더 열등한 수준)이었고, 토마토를 적절히 준비하려면 아주 정밀하게 그것을 보고

만지는 과정이 따른다. 또 으깨지기 쉬운 것을 다루도록 로봇을 프로그래밍 하기는 대단히 어려우므로(이 점에 대해서도 우리는 말할 수 있는 것보다 더 많이 안다) 로봇의 두뇌는 우리의 뇌보다 훨씬 뒤처져 있었다. 감각도 마찬가지다.

하지만 로봇은 인간을 따라잡고 있으며(그것도 빠르게) 이미 소수의 로봇 요리사가 등장했다. 중국 헤이룽장성의 한 식당에서는 사람처럼 생긴 자주색 로봇이 볶음 요리와 웍을 이용한 다른 요리를 하는 한편, 사람들은 재료를 준비하는 일을 한다.[10] 2015년 4월에 열린 하노버메세(Hannover Messe) 산업 박람회에서 영국 기업 몰리로보틱스(Moley Robotics)는 고도로 자동화된 주방을 소개했다. 이 주방은 천장에 달려 있는 다관절 로봇 팔들이 핵심 장비다. 이 로봇 팔들은 대가의 가장 유명한 요리를 만드는 움직임을 흉내 냈다. 이 박람회에서 로봇 팔들은 영국 텔레비전 쇼 〈마스터셰프(MasterChef)〉 경연 우승자인 팀 앤더슨(Tim Anderson)이 개발한 게 크림 수프를 요리했다. 한 온라인 평론가는 그 요리에 대해 이렇게 평했다. "훌륭하다.[11] 식당에서 나왔다면 눈길도 주지 않았겠지만 말이다." 이 주방에서도 재료 준비는 사람이 해야 했다. 그리고 로봇 팔은 눈이 없으므로 재료나 주방 기구가 예상한 곳에 정확히 있지 않다면 제대로 요리하지 못할 것이다.

우리가 본 로봇 요리사 중에 가장 발전된 형태는 벤처투자가 비노드 코슬라(Vinod Khosla)가 투자한 스타트업인 모멘텀머신즈(Momentum Machines)가 개발한 햄버거 제조기다. 이 기계는 생고기, 빵, 채소, 소스, 양념을 집어서 시간당 400개의 속도로 포장 햄버거를 만든다. 이 기계는 재료 준비 과정도 상당 부분 직접 하며, 음식의 신선함을 유지하기 위해 주문이 들어온 뒤에 갈고 섞고 굽는 일을 시작한다. 또 고객이 원하는 대로 다양하게 버거를 만들 수 있고, 재료를 어떤 식으로 배합할지 뿐만 아니라 고기들을 어떤 비율로 섞을지도 조절할 수 있다. 우리는 그 로봇이 만든 햄버거가 맛있다고 장담할 수 있다.

## 로봇의 '댄스(DANCE)'

이와 같은 자동 요리사들은 도요타연구소의 CEO(그리고 예전에 우리의 MIT 동료였던) 길 프랫(Gill Pratt)이 로봇공학에서 펼쳐지는 '캄브리아기 대폭발'이라고 부른 것의 초기 사례다. 원래 캄브리아기 대폭발은 5억여 년 전에 시작되었던 비교적 짧은 기간 동안 지구상의 대부분의 주요 생명 형태들[생물 문(門)]이 출현한 사건을 말한다. 오늘날 지구상에 존재하는 거의 모든 체형(體型)들은 이 진화적 혁신이 집중된 시기로 거슬러 올라가 추적할 수 있다. 프랫은 로봇 혁신에도 비슷한 전환이 일어나려 하고 있다고 생각한다. 2015년에 그는 이렇게 썼다. "현재 몇몇 첨단 영역에서 일어나는 기술 발전에 힘입어 로봇공학의 다양성과 적용 가능성 측면에서 비슷한 대폭발이 일어나려 하고 있다. 로봇이 의존하는 기본 하드웨어 기술들의 상당수(특히 컴퓨팅, 데이터 저장, 통신)는 기하급수적 속도로 성장을 계속하고 있다."12)

캄브리아기 대폭발을 촉발한 가장 중요한 요인 중 하나는 시각이었다. 생물 종들에게 처음으로 보는 능력이 진화한 시기였다. 그 덕분에 우리 조상들은 엄청난 새로운 능력을 갖추게 되었다. 프랫은 지금 우리의 기계도 비슷한 문턱에 다다라 있다고 말한다. 역사상 처음으로 기계는 보는 법을 배우고 있으며, 그럼으로써 시각에 따르는 많은 혜택을 얻고 있다.

우리의 대화와 탐구는 평행하고 상호 의존적이며 겹치기도 하는 다음 5대 영역의 최근의 주요한 발전들을 향하고 있다. 그것은 데이터(Data), 알고리즘(Algorithm), 네트워크(Network), 클라우드(Cloud), 기하급수적으로 향상되고 있는 하드웨어(Exponentially improving hardware)다. 우리는 그것들을 기억하기 쉽게 '댄스(DANCE)'라는 약어로 쓰고 있다.

**데이터**: 음악 CD, 영화 DVD, 웹페이지는 수십 년 동안 전 세계에서 디지털 방식으로 암호화한 정보를 증가시켜 왔지만, 그 생성 속도가 폭발적으로 증가한 것은 지난 몇 년 전부터였다. IBM은 세계의 모든 디지털 데이터 중 90퍼센트가 사실상 지난 24개월 사이에 생성되었다고 추정한다.[13] 스마트폰과 산업용 장비의 센서들에서 나오는 신호, 디지털 사진과 동영상, 전 세계에서 끊임없이 쏟아지는 소셜 미디어, 그리고 다른 많은 원천들은 서로 결합하면서 유례없는 '빅데이터'의 시대를 불러왔다.

**알고리즘**: 데이터의 폭발적 증가(data deluge)는 앞 장에서 설명한 인공지능과 머신러닝의 발전을 지원하고 촉진하기 때문에 중요하다. 현재 그 분야를 주도하고 있는 알고리즘과 접근법들(딥러닝과 강화 학습 등)은 주어지는 데이터양이 증가할수록 더 좋은 결과가 나오는 기본 특성을 공유한다. 대다수 알고리즘의 수행 능력은 대개 어느 시점에서 안정 상태, 즉 '점근선(asymptote)'에 도달하며, 그 후에는 더 많은 데이터를 제공해도 결과 향상이 아주 미미하거나 전혀 이루어지지 않는다. 하지만 현재 널리 쓰이는 여러 머신러닝 접근법 중 상당수는 아직 이 단계에 도달하지 않은 듯하다. 앤드루 응은 현대 알고리즘이 "무어의 법칙과 몇몇 아주 똑똑

한 기술 연구를 통해 점근선을 계속 밀어내고 있다"[14]고 말했다.

**네트워크**: 단거리 및 장거리 무선통신 기술과 프로토콜은 빠르게 향상되고 있다. 예를 들면 AT&T와 버라이즌(Verizon)은 2016년에 초당 10기가비트의 전송 속도를 내는 무선 5G 기술을 시연했다고 발표했다.[15] 이 것은 LTE 망(현재 널리 쓰이고 있는 가장 빠른 망)의 평균 속도보다 50배 빠르다. LTE 자체는 이전 세대인 3G 기술보다 10배 더 빠르다. 그런 속도 향상은 데이터가 점점 더 빨리 축적된다는 의미이다. 또한 로봇 및 드론이 끊임없이 통신할 수 있어서 빠르게 변화하는 환경에서 즉시 함께 대응하고 협력할 수 있다는 의미이기도 하다.

**클라우드**: 이제 유례없는 수준의 연산 능력을 조직과 개인이 이용할 수 있다. 응용 프로그램, 비어 있거나 미리 구성되어 있는 서버, 저장 공간을 인터넷을 통해 장기간 대여하거나 또는 몇 분 동안 빌릴 수 있다. 10년이 채 안 된 이 클라우드 컴퓨팅 기반 시설은 세 가지 방식으로 로봇 캄브리아기 대폭발을 촉진한다.

첫째, 진입 장벽을 크게 낮춘다. 이전에는 오로지 규모가 큰 연구 중심 대학교나 다국적 기업의 연구개발 부서에서만 사용할 수 있었던 유형의 컴퓨팅 자원을 지금은 신생 기업과 혼자 일하는 발명가도 이용할 수 있다.

둘째, 로봇 및 드론 설계자들이 지역 연산 대 중앙 연산 사이의 장단점을 비교 평가할 수 있다. 어떤 정보처리 작업을 각 로봇의 국소 뇌에서 행해야 하고, 그리고 어떤 작업을 클라우드의 거대한 광역 뇌에서 행해야 할까? 그것들로부터 새로운 통찰을 얻기 위해 이전의 경험을 재생하는 것과 같은 가장 자원 집약적인 작업은 앞으로 얼마 동안은 클라우드에서 이루어질 것으로 보인다.

셋째, 아마도 가장 중요한 것으로 클라우드는 로봇 또는 드론 집단의 모든 개체가 다른 개체들이 무엇을 하는지 빨리 알 수 있다는 것이다. 프랫이 말한 것처럼 "인간은 일반적인 지식이라는 집합에 의미 있는 무언가를 더할 만큼 배우는 데 수십 년이 걸린다.[16] 그러나 로봇은 서로가 학습한 것의 어깨 위에 올라서 있을 뿐만 아니라 로봇이 만들어진 직후에도 로봇 지식의 집합에 새로운 지식을 추가할 수 있다." 이런 유형의 보편적인 '군체 의식(hive mind)'의 초기 사례는 테슬라의 자동차 부대다. 이 차량들은 도로를 지나가면서 주변에 있는 것들에 관한 자료를 공유한다. 이 정보 공유는 시간이 흐를수록 테슬라가 어떤 물체가 영구적(여러 자동차들이 지나갈 때 늘 같은 지점에서 지나치는 것)인지 파악하여, 자동차가 물체를 피해 도로 한가운데로 도망갈 가능성이 없도록 하는 데 도움을 준다.

**디지털 하드웨어의 기하급수적 향상**: 무어의 법칙(18~24개월마다 집적회로의 성능이 꾸준히 두 배씩 증가한다는 것)은 2015년에 50주년을 맞았으며, 그때도 여전히 건재했다. 일부 사람들은 최근 무어의 법칙이 물리학의 한계에 다다르고 있으며, 따라서 앞으로 두 배씩 증가하는 데 걸리는 시간이 점점 느려질 것이라는 견해를 제기했다. 이 말이 사실일 수도 있지만 첨단 기술 분야의 과학자들과 공학자들이 앞으로 수십 년 동안 실리콘에 회로를 더 미세하게 새기는 법을 알아내지 못한다고 할지라도, 우리는 계속해서 앞으로도 오랫동안 디지털 장비(프로세서, 기억장치, 센서, 저장장치, 통신 등)의 가격을 낮추면서 성능을 향상시킬 것이라고 확신한다.

어떻게 그럴 수 있을까? 드론 제조업체인 3D로보틱스의 CEO 크리스 앤더슨(Chris Anderson)은 드론 산업과 더 나아가 여러 산업 분야에서 어떤 일이 일어나고 있는지 생생하게 설명해주었다. 그는 우리에게 지름 약 2.5센티미터, 길이 약 7.5센티미터의 금속 원통을 보여주며 말했다. "이 것은 자이로 센서(gyro sensor)예요.[17] 기계식이고 가격은 약 1만 달러예요. 1990년대에 한 항공우주 공장의 몇몇 아주 재능 있는 여성들이 수작업으로 만든 것이죠. 그 자이로 센서는 한 운동 축만 감지하도록 되어 있어요. 그런데 우리 드론에는 이 같은 센서가 24개가 들어가요. 만약 이런 센서가 지금도 한 개에 1만 달러였다고 생각해보세요. 센서 비용만 24만 달러가 들 거예요. 기기는 냉장고 크기만 해질 거고요. 대신에 지금은 센서 비용이 겨우 3달러이고, 거의 눈에 보이지도 않는 아주 작은 칩 하나 또는 그런 칩 몇 개만 들어갈 뿐이에요."

앤더슨의 말의 요지는 본질적으로 값싼 원료, 대규모 세계 시장, 치열한 경쟁, 그리고 대규모로 제조하는 규모의 경제의 조합이 부품 가격의 급격한 하락과 성능 향상을 지속시킨다는 것이다. 그는 개인용 드론을 "스마트폰 전쟁이 가져다준 혜택(peace dividend)"[18]이라고 부르면서 이렇게 말했다. "스마트폰의 온갖 부품들(센서, GPS, 카메라, ARM 코어 프로세서, 무선 통신 부품, 기억장치, 건전지)을 몇 달러면 구할 수 있다는 뜻이지요. 그것들은 10년 전에는 기본적으로 극히 희소해서 '얻기 어려운 물품'이었어요. 예전에 군 산업 기술에 쓰였던 것인데, 지금은 전자 부품을 파는 곳에서도 쉽게 구할 수 있어요."

이와 같이 '댄스'의 요소들은 결합하여 로봇, 드론, 자율주행 자동차 및 트럭, 고도로 디지털화된 다른 많은 기계들에서 캄브리아기 대폭발을 일으키고 있다. 기하급수적으로 저렴해지는 장치는 혁신과 실험의 속도를 더 높일 수 있고 그럼으로써 방대한 데이터를 생성한다. 이 정보는 알고리즘을 검사하고 다듬고, 시스템의 학습을 돕는 데 사용된다. 그 알고리즘은 클라우드에 담기고, 그리고 강력한 네트워크를 통해 기계들에게 전해진다. 혁신가들은 또다시 검사와 실험을 하고, 이 주기는 계속된다.

## 기계의 업무 영역: 일이 따분하고, 지저분하고, 위험하고, 비싼 곳

그렇다면 물리적 세계에서 움직이는 로봇, 드론, 다른 모든 디지털 기계들은 어떻게 경제 전체로 확산될까? 다가오는 미래에 그것들은 어떤 역할을 하게 될까? 일반적인 견해는 로봇이 따분하고(Dull), 지저분하고(Dirty), 위험한(Dangerous) 일에 가장 적합하다는 것이다. 우리는 이 목록에 'D'를 하나 더 추가하고자 한다. 바로 돈이 많이 드는 '비싼(Dear)' 일이다. 해당 업무에 이 속성들이 더 많이 부여되어 있을수록 그 업무는 디지털 기계에 맡겨질 가능성이 더 높다.

건설 현장을 방문하여 진척 상황을 살펴보는 것이 좋은 사례다. 건설 현장은 대개 지저분하고 때로 위험하다. 그리고 계획대로 일이 진행되는지, 치수가 정확한지, 전선과 배관은 제대로 깔려 있는지 등을 확인하는 일은 지루할 수 있다. 하지만 정기적으로 건설 현장에 사람을 보내 이런 사항을 점검하는 일은 가치가 있다. 사소한 실수가 시간이 흐르면서 증폭되어 매우 비싼 대가를 치를 수 있기 때문이다. 그러나 이런 일도 곧 자동화될 수 있을 것으로 보인다.

2015년 가을, 95년의 역사를 지닌 세계 2위의 건설 장비 제조업체인 일본 기업 고마쓰(Komatsu)는 미국의 드론 스타트업 스카이캐치(Skycatch)와 업무 협약을 체결했다고 발표했다. 이 미국 기업의 소형 항공기들은 건설 현장을 비행하며 3차원으로 정밀하게 지도를 작성(3D mapping)할 것이다. 드론들은 이 정보를 지속적으로 클라우드로 보낼 것이고, 클라우드의 소프트웨어는 현장 시공이 계획과 일치하는지 대조하고, 그 결과로 얻은 정보에 따라 불도저, 덤프트럭, 굴착기 등의 자율 작동 장비에 지시할 것이다.

농업도 곧 드론을 통해 달라질 수 있다. 크리스 앤더슨은 우리에게 드론들이 매일 밭 위를 날아다니며 근적외선으로 작물을 스캐닝하는 농장을 상상해보라고 말했다. 이 파장은 작물의 건강에 관한 많은 정보를 제공하고, 현재의 드론 센서들은 토지를 1제곱미터씩 별도로 파악할 수 있을 정도로 정확하다(게다가 센서의 기하급수적 발전을 고려해볼 때, 곧 각 식물을 개별적으로 살펴보는 일도 가능해질 것이다). 매일 들판으로 비행기를 날리는 일은 지루하고 돈이 많이 드는데, 이 두 장벽은 작고 값싼 드론이 등장하면서 사라질 것이다. 이렇게 매일 드론을 날림으로써 얻은 정보를 통해 특정 작물에 대한 시간별 변화를 훨씬 더 깊이 이해할 수 있고, 또한 물, 비료, 살충제를 목표한 곳에 훨씬 더 정확하게 줄 수 있다. 현대의 농업 장비는 이런 중요한 성분들을 균일한 양으로 뿌리기보다는 제곱미터 단위로 양을 다르게 하여 줄 수 있는 능력이 있다. 드론 데이터는 이 능력을 최대한 활용할 수 있게 도와줌으로써 농부들이 정밀 농업 시대로 더 깊이 진입할 수 있게 해준다.

곧 드론은 보험 회사가 태풍이 지난 뒤 지붕이 얼마나 손상되었는지를 산정하고, 멸종 위기에 처한 동물 무리를 밀렵으로부터 보호하고, 외진 숲의 불법 벌목을 막는 데 도움을 주는 등의 여러 일에 쓰일 가능성이 높다. 이미 드론은 따분하고, 지저분하고, 위험하고, 예산이 많이 드는 일에 쓰이는 장비를 살펴보는 데 사용되고 있다. 영국 기업 스카이퓨처스(Sky Futures)[19]는 북해의 유정 주위로 드론을 날리는 일을 전문으로 하고 있다. 소금기 있는 물과 혹독한 날씨에 시간이 흐르면서 금속과 시멘트가 부식되는 곳이다. 스카이퓨처스의 드론들은 인부들이 살펴보러 위태롭게 기어오르고 매달리고 할 필요가 없도록 날면서 구조물의 상태를 샅샅이 훑는다. 우리는 이런 양상(기계가 따분하거나, 지저분하거나, 위험하거나, 비싼 일을 맡는 것)을 현재 곳곳에서 본다.

— 2015년에 리오틴토(Rio Tinto)는 웨스턴오스트레일리아 주 필바라 지역의 광산에서 철광석을 옮기는 트럭들을 모두 무선 조종으로 움직이는 방식을 채택한 최초의 회사가 되었다.[20] 그 무인 차량들은 1년 365일 내내 하루 24시간 움직일 수 있으며,[21] 약 1,500킬로미터 떨어진 통제소에서 감독을 받고 있다. 휴식 시간, 결석, 교대가 없어짐으로써 사람이 운전하는 차량보다 로봇 차량이 12퍼센트 더 비용 절감 효과가 있는 것으로 나타났다.

— 현재 덴마크와 네덜란드 같은 주요 낙농업 국가에서는 젖소의 약 4분의 1을 자동 유착기[22]로 젖을 짜낸다. 10년 안에 이 비율은 50퍼센트 상승할 것으로 예측된다.

— 일본에서는 모든 작물의 90퍼센트가 무인 헬리콥터를 통해 파종된다.[23]

물론 기계가 일을 떠맡는 이 양상은 공장 내에서 수십 년 동안 진행되어 왔으며, 공장 기술자들은 우리의 MIT 동료인 데이비드 오터(David Autor)가 말한 "환경 제어(environmental control)", 즉 "공장 조립 라인이라는 친숙한 사례에서처럼 기계의 자동 운전이 가능하도록 환경을 극도로 단순화하는 것"[24]을 높은 수준으로 달성할 수 있다. 환경 제어는 자동화 설비가 원시적인 두뇌를 가지고 자신의 환경을 감지할 능력이 전혀 없던 시절에 필수적이었다. 하지만 '댄스'의 모든 요소들이 함께 향상됨에 따라 이제 자동화 설비도 공장의 치밀하게 제어되는 환경을 벗어나 더 넓은 세계로 나아갈 수 있다. 로봇, 드론, 자율주행차를 비롯한 많은 디지털 기계들이 현재 하고 있는 일이 바로 그것이다. 가까운 미래에는 더욱더 그러할 것이다.

## 로봇이 가득한 세계에서 인간은 무엇을 할까?

우리의 마음과 몸은 이런 기계들과 어떻게 일하게 될까? 두 가지 주된 방식이 있다. 첫째, 기계가 물질 세계에서 더 많은 일을 할 수 있게 됨에 따라 인간은 점점 더 일을 덜 하게 될 것이고, 대신에 앞 장들과 다음 장에서 설명한 방향으로 우리 뇌를 쓰게 될 것이다. 인류의 가장 오래된 산업 분야인 농업에서는 이미 그런 일이 일어나고 있다.

작물을 기르기 위해 땅에서 일하는 것은 오랫동안 사람이 하는 가장 노동 집약적인 일 중 하나였다. 그것은 지금은 가장 지식 집약적인 일에 속한다. '농부의 삶(The Farmer's Life)'이라는 블로그를 운영하는 인디애나 주 농부인 브라이언 스콧(Brian Scott)은 이렇게 설명한다. "나의 할아버지가 탈곡기와 수확기를 운전하던 시절에는 … 수확량과 낟알의 수분 함량 같은 것을 인쇄 가능한 지도로 작성하는 한편, 보이지 않는 GPS 신호를 통해 스스로 움직이는 … 오늘날의 기계 같은 것을 상상도 못했을 것이다. 정말 놀랍다!"[25] 마찬가지로 대부분의 현대 공장에서 일하는 노동자들은 더 이상 힘이 세고 강인할 필요가 없다. 대신에 노동자들은 성가신 문제가 생길 때 표시되는 단어와 숫자를 편하게 대해야 하며, 기계와 함께 일할 수 있어야 한다.

사람들이 로봇 및 그 부류와 함께 일하는 두 번째 방법은, 말 그대로 로봇 옆에 있는 것이다. 여기서도 새로운 내용은 전혀 없다. 공장 노동자들은 오랫동안 기계에 둘러싸여 때로 기계와 좁은 곳에서 복작거리면서 일해왔다. 우리의 날카로운 정신, 예리한 감각, 능숙한 손, 튼튼히 버티는 발의 조합은 아직 그 어떤 기계도 따라오지 못했으며, 앞으로도 대단히 가치 있는 조합으로 남아 있을 것이다. 앤드루가 즐겨 꼽는 사례는 이탈리아 볼로냐에 있는 두카티(Ducati) 모터사이클 공장을 방문한 이야기다. 두카티 엔진은 아주 복잡한데,♦ 앤드루는 엔진 조립 과정의 자동화가 얼마나 이루어졌는지 알고 싶었다. 그런데 자동화가 거의 전무하다는 것을 확인했다.

각 엔진은 한 사람이 맡아서 조립했다. 작업자는 느리게 움직이는 컨베이어 벨트를 따라서 걸었다. 각 조립 단계에서 필요한 엔진 부품 옆을 지나칠 때, 그는 부품을 집어서 끼우고 조이고, 필요하다면 조정을 한다. 두카티 엔진 조립에는 이동 능력, 다양한 좁은 공간에서 부품을 끼우고 조이는 일을 할 수 있는 능력, 좋은 시력, 아주 뛰어난 촉감이 필요했다.

---

♦　이 복잡성의 상당 부분은 두카티 엔진에서 밸브를 열고 닫는 부품들이 배치되는 방식에서 비롯된다.

두카티는 이 모든 능력을 지닌 자동화 장치가 결코 없다고 판단했기에 엔진 조립을 계속 인간이 맡았다.

많은 소매점들의 창고에서도 그와 비슷한 능력이 요구된다. 아마존처럼 온갖 모양, 크기, 성분으로 이루어진 물품을 파는 곳들은 더욱 그렇다. 아마존은 선반에서 모든 상품을 확실하게 집어서 상자에 넣을 수 있는 디지털 방식의 손이나 '집게(grabber)'를 아직 알아내거나 개발하지 못했다.◆ 그래서 아마존은 영리한 해결책을 찾아냈다. 선반을 사람에게 가져오면, 사람이 맞는 물품을 골라서 배송할 상자에 담는 방식이다. 선반은 무릎 높이의 주황색 로봇에 실려서 거대한 물류센터를 돌아다닌다. 이 로봇은 본래 보스턴에 위치한 키바시스템즈(Kiva Systems)가 개발했다(아마존은 2012년에 이 회사를 인수했다).²⁶⁾ 이 로봇은 선반 밑으로 들어가 선반을 들어올려서 사람이 있는 곳으로 가져다준다. 사람이 필요한 물품을 집으면, 이 선반 그리고 로봇은 다른 사람이 있는 곳으로 간다. 그 사람도 필요한 물품을 집는다. 이런 방식으로 사람들은 기계보다 더 우위에 있는 자신의 시각과 손재주를 활용할 수 있으며, 이 선반 저 선반으로 걸어 다닐 때 들어갈 체력과 시간의 낭비를 피할 수 있다.

우리가 로봇과 드론보다 우위를 얼마나 더 오래 유지할 수 있을까? 이는 자신 있게 답하기 어려운 질문이다. '댄스'의 요소들이 개별적으로 그리고 함께 계속 발전하고 있기 때문에 더욱 그렇다. 하지만 우리의 감각, 손, 발은 적어도 앞으로 몇 년 동안은 기계가 따라잡기 어려운 조합일 것

---

◆ 적어도 이 책을 쓰고 있는 현 시점에는 그렇다. 몇몇 시도들이 이루어져 왔다는 것은 알지만, 요구 사항들을 충족시킨 결과를 내놓은 사람은 아무도 없었다.

처럼 보인다. 로봇은 인상적인 발전을 이루고 있지만 인간처럼 일을 하려고 시도할 때에는 우리보다 여전히 훨씬 느리다. 아무튼 우리의 뇌와 몸은 물질 세계가 제시한 문제들을 잘 푸는 설계에 보상을 하면서 수백만 년에 걸쳐 진화한 끝에 나온 것이다. 길 프랫은 미 국방부 연구개발 연구소인 DARPA(방위고등연구계획국)의 프로그램 관리자로 일할 때,[27] 2015년에 로봇 경연대회를 맡았다. 출전한 자동 장치들이 아주 조심스럽게 움직이는 바람에, 그는 골프 경기를 지켜보고 있는 관중처럼 느껴졌다고 했다. 하지만 2012년 첫 대회 때보다는 기계들이 크게 향상되었다고 할 수 있었다. 프랫은 당시에 그것을 보는 것은 마치 풀이 자라는 것을 지켜보는 것과 더 비슷했다고 말한다.

## 다가올 세상의 모습

이 장의 사례들이 보여주듯이, 모든 디지털 사물에서 이루어지는 발전 덕분에 우리는 비트(bit)의 세계를 넘어 원자의 세계에 있는 사람들 및 사물들과 상호작용을 하는 기계를 만들 수 있게 되었다. 이 발전은 우리를 한 걸음 더 크게 내딛도록 한다. 전에는 결코 불가능했던 방식으로 원자를 배치할(즉 물건을 만드는 것) 수 있게 해준다. 인간이 만든 세상에서 가장 흔한 물건임이 거의 확실한 제품들에서 이 일이 일어나는 것을 볼 수 있다. 바로 플라스틱 부품이다.

2015년에 세계 플라스틱 생산량은 2,500만 톤이었고,[28] 오늘날 자동차 한 대에는 온갖 모양과 크기의 플라스틱 부품이 2,000개 이상 들어간다. 대개 이 부품들을 제조하려면 먼저 주형을 만들어야 한다. 주형은 뜨거운 플라스틱을 주입하거나 누르거나 지탱하는 데 쓰이는 금속 거푸집이다. 주형의 윤곽과 빈 공간의 모양에 따라 부품의 최종 형태가 정해진다.

주형이 필요하다는 사실에는 세 가지 중요한 의미가 함축되어 있다. 첫째, 주형을 제대로 만드는 것이 대단히 중요하다는 것이다. 똑같은 부품을 수천 개 또는 수백만 개 찍어낼 테니까 말이다. 주형은 무겁고, 내구성이 있고, 아주 정밀하게 가공된다. 이런 특성을 갖추고 있으므로 비싸기도 하다. 둘째, 주형의 필요성은 만들 수 있는 부품의 종류에 제약을 가한다. 단순한 플라스틱 톱니바퀴는 주형으로 찍어내기가 쉽지만, 서로 얽혀서 돌아갈 톱니바퀴의 집합을 하나의 주형으로 찍어내기란 불가능하다. 부품이 복잡할수록 대개 주형도 더 복잡해져야 한다. 게다가 어떤 플라스틱 제품이든 간에 녹인 뜨거운 플라스틱으로 주형 안의 공간을 균일하게 꽉 채워서 성형해야 한다는 점이 문제를 더욱더 복잡하게 만든다. 셋째, 주형의 열역학(각 부위를 가열하고 식히는 방식)이 대단히 중요하다는 것이다. 아직 덜 식었을 때 부품을 빼내면 일그러질 수 있으므로 바람직하지 않고, 필요한 시간보다 더 오래 주형에 넣고 식힌다는 것도 비효율적이다. 게다가 주형의 부위별로 식는 속도가 다를 수도 있다. 그래서 설계자들과 기술자들은 부품의 품질과 주형의 생산성 양쪽을 확보하기 위해 다양한 요인 사이에 균형을 맞추어야 한다.

약 30년 전에 여러 분야의 기술 전문가들로 이루어진 한 연구진은 주형이 대체 왜 필요한지 근본적인 질문을 하기 시작했다.[29] 그들은 레이저프린터에서 영감을 얻었다. 레이저프린터는 레이저를 사용해서 아주 얇은 잉크 층을 종이에 녹여 붙여서 원하는 글자와 이미지를 만들어낸다. 그런데 한 층에서 멈추어야 할 이유가 있을까? 이 과정을 계속 되풀이함으로써 단지 2차원 무늬만이 아니라 3차원 구조를 서서히 쌓아가면 안 될까? 각 층이 아주 얇기 때문에 시간이 걸리기는 하겠지만 이런 식으로 물건을 만든다면 엄청난 가능성이 열린다. 한 가지는 복잡성에 구애받지 않게 된다는 것이다.[30] 이는 3D 프린팅 연구자 루아나 이오리오(Luana Iorio)의 말이다. 다시 말해 아주 복잡한 부품이나 단순한 부품이나 만드는 비용이 별 차이가 없어진다는 것이다. 기본적으로 둘 다 그저 아주 얇은 층을 쌓은 더미이기 때문이다. 예를 들면 서로 얽힌 톱니바퀴의 조합도 톱니바퀴 하나를 3D 프린팅으로 만드는 것만큼 쉽게 만들 수 있을 것이다.

혁신가들은 3D 프린팅 기술을 금속 부품을 제작하는 데에도 적용해 왔다. 레이저로 금속 가루를 녹여 얇은 층으로 만들어서 하부 구조(앞서 쌓은 층들로 이루어진 것)에 층층이 붙여 올려서 만든다. 이 과정은 또 다른 매우 바람직한 특성을 낳는다. 단단한 것을 작업하는 데에도 구애받지 않게 된다는 점이다. 티타늄 같은 극도로 단단한 금속은 기계로 만들기가 어렵고 비용도 많이 들지만, 한 번에 한 층씩 쌓는 일은 알루미늄 같은 더 부드러운 금속을 다루는 것만큼 쉽다. 그저 가루에 레이저를 어떻게 쪼일지 조정하기만 하면 된다.

복잡성과 강도, 둘 다에 구애받지 않게 되면 오랫동안 지속되었던 많은 제약에서 풀려난다. 예를 들어 훨씬 더 빨리 식힐 수 있는 플라스틱 부품 주형을 만들기가 쉬워진다. 텍사스 주 오스틴의 DTM코퍼레이션(DTM Corporation)은 금속 합금을 3D 프린팅함으로써, 기존 방법으로는 만들 수 없었을 복잡한 통로 속에 많은 작고 가는 관들을 집어넣는 일을 해냈다. 이 관 안으로 뜨거운 플라스틱을 흘려보내는 것이 아니다. 대신에 차가

운 액체를 흐르게 함으로써 새 부품을 성형한 뒤 빨리 식힐 수 있다. 그래서 부품을 더 좋은 품질[31]로 20~35퍼센트 더 빨리 만들 수 있다. [32]

회의주의자들은 이 시점에서 점점 더 값싼 플라스틱 조각들이 세상에 계속 쏟아지면서 매립지를 뒤덮고, 바다를 질식시킬 혁신을 인간이 일으키고 싶어 하는 것은 아닌지 물을지도 모르겠다. 우리는 상황을 다르게 본다. 플라스틱의 과소비와 부적절한 폐기가 나쁘다는 데에는 동의하지만, 우리는 3D 프린팅의 발전이 대단히 유익할 것이라고 본다.

3D 프린팅으로 만든 종양 모델을 생각해보자.[33] 3D 프린팅이 등장하기 전, 외과 의사는 자신이 찾고 있는 악성 조직 덩어리를 정확하게 표현한 모형을 만들 현실적인 방법을 갖고 있지 못했다. 전형적인 주형을 만드는 데 필요한 돈과 시간적 여유가 없었을 것이다. 그런 주형은 모형을 많이 찍어내리라는 점을 알고 있을 때에만 경제성이 있다.

하지만 모델 또는 시제품을 단 한 점만 만들고 싶을 때는 어떻게 할까? 또는 부품 하나가 망가져서 당장 교체할 부품이 하나 필요하다면? 서로 조금씩 다른 소량의 부품들을 만들고 싶다면 어떻게 할까? 기존 제조법은 이런 사례에서는 대개 쓸모가 없었다. 3D 프린팅이야말로 이런 사례에 완벽한 방법이다.

3D 프린팅의 가장 중대한 혜택은 저렴하게 실험해보고 주문 제작할 수 있다는 점일 것이다. 유용한 부품의 착상이나 필요에서부터 완성에 이르기까지의 경로에서, 주물 제작이나 다른 기존의 제조 과정처럼 시간을 잡아먹고 비용이 많이 드는 단계들은 더 이상 포함될 필요가 없다.

설계 및 공학 소프트웨어 기업 오토데스크(Autodesk)의 전직 CEO 칼배스(Carl Bass)는 3D 프린팅이 훨씬 더 큰 이야기의 일부일 뿐이라고 본다.

그는 우리에게 이렇게 말했다. "나는 적층 가공이 제조 방식을 진정으로 변혁시켜 온 것들의 한 부분집합이라고 봅니다. 저렴한 마이크로프로세서를 사용해서 기계를 정확히 제어하는 것이지요."[34] 배스의 말의 요지는 센서와 코드가 현재 아주 얇은 물질 층을 정확히 쌓는 데에만 쓰이고 있지 않다는 것이다. 유리판과 세라믹 타일을 자르는 것에서부터 모든 종류의 금속을 구부리고 깎는 데 이르기까지 다른 모든 제조 기술에도 적용되고 있다는 것이다.

이런 일(원자를 우리가 원하는 최종 형태로 변형하는 일)을 하는 기계들은 무어의 법칙 덕분에 요즘 계속 개선되고 있다. CPU와 메모리 칩만큼 빠르게 더 나아지면서 동시에 더 저렴해지는 것은 아니더라도 인상적인 발전을 이루고 있는 것은 분명하다. 20년 전의 기계들에 비해 더 저렴하면서 더 높은 수준으로 더 많은 일을 할 수 있다. 이런 발전에 힘입어서 모든 유형의 혁신가들(더 많은 취미 활동가, 개인 발명가, 학생, 공학자, 기업가 등)이 이런 기계를 쓸 수 있게 되었고, 이 기계들은 사람들에게 더 많은 가능성을 탐색할 수 있는 능력을 제공한다. 우리는 고품질의 도구들을 민주화하는 혁신이 가까운 미래에 더 많은 혁신들을 연쇄적으로 낳을 것이라고 확신한다.

▫ 오늘날 사람들이 관여하는 많은 업무 과정들은 가상화되고 있다. 업무 과정들은 디지털 통로로 나아가고 있고 사람들의 관여는 더 줄어들고 있다. 때로는 고객만이 관여하기도 한다.

▫ 일부 사람들은 계속 인간 대 인간의 상호작용을 선택하겠지만, 우리는 가상화가 기계가 더 많은 능력을 획득함에 따라 전반적으로 시간이 흐를수록 점점 증가하는 장기 추세라고 생각한다.

▫ 기계가 보는 법을 학습함에 따라 로봇공학은 '캄브리아기 대폭발'을 겪고 있으며, 다른 많은 종류의 디지털 발전을 통해서도 그렇다. 온갖 자동 장치(로봇, 드론, 자율주행차 등)는 점점 저렴해지고, 더 널리 이용되고, 더 유능해지는 동시에 더 다양해지고 있다.

▫ 로봇 캄브리아기 대폭발의 추진력은 데이터(D), 알고리즘(A), 네트워크(N), 클라우드(C), 하드웨어의 기하급수적 향상(E)이다. 줄여서 '댄스(DANCE)'다.

▫ 로봇들은 일이 따분하고, 지저분하고, 위험하고, 비싼 곳에서 점점 더 쓰이게 될 것이다.

▫ 사람은 여전히 가장 발전한 로봇보다도 더 민첩하고 재주가 좋으며 당분간은 계속 그럴 것이다. 사람의 감각 및 문제 해결 능력과 결합된 이 능력은 우리가 여러 환경에서 로봇과 더 함께 일할 것이라는 의미다.

▫ 3D 프린팅은 그 자체로 중요하며 더 폭넓은 추세의 한 사례이기도 하다. 디지털 도구가 기존 제조 과정으로 확산되는 추세를 말한다. 이는 자체로 더 빠른 혁신 속도를 가져오는 혁신의 사례다.

1    당신에게 개인 간 상호작용을 필요로 하는 업무 과정들이 많이 있다면, 당신의 고객(또는 직원, 공급자, 협력자)이 그것에 가치를 두기 때문인가, 아니면 효율적인 디지털 대안을 당신이 가지고 있지 않기 때문인가?

2    당신이 속한 산업의 업무 중 어떤 측면의 작업이 앞으로 3~5년 안에 가상화될 가능성이 가장 높은가? 당신의 고객 중 누가 가상화된 상호작용을 더 선호할 것이라고 보는가?

3    당신 조직의 업무 중 어떤 측면이 가장 따분하거나, 지저분하거나, 위험하거나, 비싼가? 최근에 이런 일에 도움을 줄 수 있는 로봇을 비롯한 자동 장치들을 살펴본 적이 있는가?

4    당신 조직의 육체노동은 (있다면) 사람과 기계 사이에 어떻게 배분되어 있는가? 주로 인지력을 이용하는 업무 또는 정보처리 업무에서는 어떤가? 주로 대인 상호작용을 하는 업무에서는 어떤가?

5    당신은 혁신 및 시제품 작업에서 무언가를 만들기 위한 새로운 기술을 얼마나 이용하고 있는가?

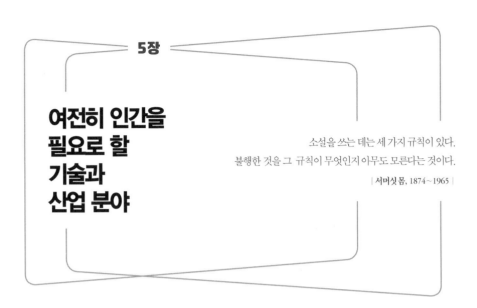

## 5장

# 여전히 인간을 필요로 할 기술과 산업 분야

소설을 쓰는 데는 세 가지 규칙이 있다.
불행한 것을 그 규칙이 무엇인지 아무도 모른다는 것이다.

| 서머싯 몸, 1874~1965 |

"기술이 앞서 나갈 때 인간에게만 계속 남아 있을 능력이 무엇일까?" 이는 우리가 마음과 기계에 관해 가장 흔히 듣는 질문이다. 디지털 도구가 일상적이고 반복적인 정보처리 과정, 패턴 인식, 언어, 직관, 판단, 예측, 몸놀림 등 많은 영역에서 우위에 있는 인간에게 도전장을 던질 때, 우리가 '밀려나지 않을' 것이라고 예상할 수 있는 분야가 있을까?

## 안드로이드는 창의적 도약을 꿈꾸는가?

앞 문단에서 제기한 질문에 우리가 가장 많이 듣는 일반적인 대답은 '창의성'이다. 우리가 이야기를 나눈 사람들 중 대다수는 아닐지라도, 많은 사람들은 새로운 아이디어를 내놓는 인간의 능력에 물리적으로 설명할 수 없거나 말로 표현할 수 없는 무언가가 있다고 주장한다. 우리는 거기에 많은 진실이 담겨 있다고 생각한다. 사실 우리는 《제2의 기계 시대》에서 매우 비슷한 이야기를 한 바 있다. 하지만 산업 디자인이라는 상당히 창의적인 분야에서 일어나는 최근 사례들은 기계가 스스로 강력한 새로운 아이디어를 내놓는 일을 점점 잘하고 있음을 시사한다.

아마 대부분의 사람들은 열교환기를 한 번도 생각해본 적이 없을 것이라고 말해도 과언이 아닐 것이다. 그러나 냉장고, 화로, 엔진을 비롯한 다른 장치들을 설계하는 사람들은 열교환기 생각을 많이 한다. 그 교환기가 하는 일은 한 유체(다시 말해 액체나 기체)에서 다른 유체로 열이 옮겨가도록 하면서 두 유체가 직접 접하지 않게 하는 것이다. 방에 있는 방열기도 열교환기의 일종이다. 그 안에서 흐르는 증기의 열을 주변에 있는 공기로 전달한다. 에어컨도 마찬가지다.

좋은 열교환기를 만드는 일은 쉽지 않다. 에너지를 적절한 양으로 전달해야 한다는 주요한 목표를 달성해야 하고, 또 효율적이고 안전하고 내구성이 있고 값도 싸야 한다. 이 모든 요구 사항을 충족시키기 위해 설계자는 요구되는 성능 수준, 열역학과 유체역학, 물질 특성, 제조 방법, 비용 등을 파악해야 한다. 물론 많은 설계자는 기존에 성공한 열교환기들에 이미 내재된 엄청난 양의 유용한 지식을 토대로 삼는다. 기존 설계를 수정하여 새로운 용도에 맞는 요구 사항을 충족시키는 식이다.

그러나 요구되는 모든 지식을 갖추었지만, 경험은 전혀 쌓은 적이 없는 열교환기 설계자는 어떨까? 다시 말해 설계자가 필요로 하는 성능 지표들(크기, 비용, 수명, 에너지 전달 등)을 정확히 알고 관련된 모든 과학과 공학 분

그림 1 | 생성적 설계 소프트웨어가 설계한 열교환기(ⓒ 오토데스크)

야에서 최고의 전문가이긴 하지만, 전에 열교환기를 직접 연구한 적도 심지어 그런 것이 유용할 것이라는 생각도 해본 적이 없다면 어떨까? 이런 설계자는 어떤 설계안을 내놓을까?

'그림 1'은 열교환기의 한 가지 예를 보여준다. 그리고 아마 추측했겠지만 이것은 컴퓨터가 설계한 것이다.

### 창의적인 인공지능 설계

'그림 1'의 열교환기는 '생성적 설계(generative design)'의 한 예다. 소프트웨어가 도면을 그리고 계산을 하고 균형을 맞추기 위해 분석하는 인간 설계자를 돕는 데 쓰이는 대신에, 그 모든 일을 스스로 100퍼센트 자동으로 수행하여 모든 요구 조건을 충족시키는 하나 이상의 완전한 설계를 내놓는 방식이다.

이 장치는 3D 프린팅에 의해 제작되었다. 사실 전통적인 제조 과정을 통해 이 장치를 만들기란 불가능할 것이다. 하지만 이제 3D 프린팅이 현실화되었으므로 생성적 설계 소프트웨어는 더 이상 기존 생산 방식에 제약받지 않고 훨씬 더 다양한 형태들을 자유롭게 상상하고 제시할 수 있다. 그리고 비록 전부는 아니더라도 대다수의 인간 설계자와 달리, 이 소프트웨어는 의식적으로든 무의식적으로든 기존 방법을 향한 편향을 가지고 있지 않으므로 더 자유롭게 탐구할 수 있다.

생성적 설계 소프트웨어가 정말로 '창의적'일까? 이는 어려운 질문이다. 창의성은 AI 선구자 마빈 민스키(Marvin Minsky)가 "여행가방 단어(suitcase word)"라고 부른 것의 대표적인 사례다. 그가 말했듯이, "우리가 자신의 마음을 기술하기 위해 쓰는 단어들(의식, 학습, 기억 등)은[1] 대부분 여행가방과 같다. 다양한 생각의 잡동사니 같기 때문이다." 우리는 창의성의 다양한 정의 속에서 그런 생각의 잡동사니를 살펴볼 수 있다. 예를 들면《옥스퍼드 영어 사전》에는 창의성이 "상상이나 독창적 생각의 사용, 특히 예술작품을 창작할 때를 가리킨다"라고 기술되어 있다.

생성적 설계 소프트웨어가 만든 열교환기는 사실 이 정의에 들어맞지는 않는다. 그것은 예술작품을 창작하기 위한 것도 아니며, 누군가의 상상으로부터 나온 것도 아니기 때문이다. 하지만 메리엄웹스터(Merriam-Webster) 온라인 사전은 창의성을 전혀 다르게 정의한다. 즉 "새로운 것을 만들거나 새로운 착상을 떠올리는 능력"이라고 기록되어 있다. 이 정의에 따르면 우리는 생성적 설계 소프트웨어가 분명히 창의적이라고 생각한다.

인간은 '그림 1'의 장치를 설계하는 데 아무런 역할도 안 했지만, 생성적 설계 소프트웨어에 어떤 종류의 장치를 설계하라고 알려주는 데 꼭 필요했다. 사람은 그 장치가 무엇을 할 수 있어야 하는지를 정의하는 항목들을 정해서 소프트웨어에 입력했다. 이 일을 잘하려면 어디에 부품이 끼워질지, 어떤 환경에서 견디면서 작동할 수 있어야 하는지, 열을 전달하는 데 에너지가 얼마나 필요한지 등을 이해해야 한다. 한마디로 설정하는 사람들은 관련 분야의 지식과 기술을 아주 많이 지니고 있었다는 점이다. 아마 인간 열교환기 설계자 자신이 설계안을 내놓는 데 필요한 것에 거의 맞먹을 지식과 기술일 것이다.

### 디자인의 미래, 생성적 설계

관련된 지식 중 적어도 일부가 자동적으로 생성될 수 있다면 어떨까? 생성적 설계 소프트웨어와 3D 프린팅의 조합에 다른 도구들을 추가하여 창의적 디지털 기술의 상태를 더욱 발전시킬 수 있다면 어떨까? 2013년부터 오토데스크는 로스앤젤레스에서 자동차 설계자들 그리고 경주차 운전자들과 협력하기 시작했다.[2] 그들의 목표는 경주차 차틀(섀시, chassis)을 아예 처음부터 설계하고, 그 차틀이 얼마나 성능을 발휘할 수 있는지 스스로 판단할 수 있는 자동 시스템을 만드는 것이었다. 다시 말해 차틀의 세부 명세를 작성할 수 있는 시스템이었다.

그러기 위해 이 팀은 먼저 기존 경주차의 덮개를 다 걷어냈다. 사실상 차틀, 변속기, 엔진, 좌석, 바퀴만 남겼다. 그런 다음에 팀은 응력(변형력), 압력, 온도, 변위 등 차틀이 견뎌낼 수 있어야 하는 모든 양을 측정하는 센서들로 차틀을 뒤덮었다. 앞 장에서 논의했듯이 디지털 센서는 현재 작고 저렴하고 성능이 뛰어나므로, 팀은 이 "센서들이 장착된" 차틀로부터 엄청난 양의 정확한 데이터를 저렴하게 얻을 수 있었다.

이 팀은 센서들로 뒤덮인 차를 모하비 사막으로 가져갔다. 시험 운전자는 그 자동차를 한계까지 밀어붙이면서 운전했다. 자동차가 부서지지 않도록 하면서 가능한 한 최대로 가속하고 제동하고 회전하면서 몰았다. 그러면서 센서들을 통해 데이터를 수집했다. 이 위태로운 시운전이 끝났을 때, 팀은 자동차의 구조와 자동차에 가해지는 힘에 관한 데이터를 약 2,000만 점 모았고, 그 데이터를 오토데스크의 생성적 설계 기술인 프로젝트 드림캐처(Project Dreamcatcher)에 입력했다. 그리고 기존 차틀의 3D 모델에 적용했다. '그림 2'는 그 소프트웨어가 내놓은 것이다. 우리가 보기에는 경주차 차틀임을 모호하게나마 알아볼 수 있는 수준이다. 매머드나 고래의 머리뼈 또는 미세한 규조의 이산화규소 뼈대와 훨씬 더 비슷해 보인다.♦

이것은 우연의 일치가 아니다. 뼈나 외골격 같은 자연의 구조들은 기나긴 세월에 걸친 무자비한 진화 경쟁에서 승리한 결과물이다. 말 그대로 생사를 가르는 산물이다. 진화는 경이로운 설계를 낳았다. 복원성, 내구성, 에너지 효율, 복잡성, 강함, 날렵함을 동시에 갖춘 설계들이다. 따라서 생성적 설계 소프트웨어에 여러 성능 요구 조건들을 충족시키는 최적 구조를 설계하는 과제를 주었을 때, 그것이 자연에서 나온 것과 비슷해 보이는 무언가를 내놓는다고 해도 그리 놀랄 일이 아니다.

또 다른 독특한 특징을 알아차렸는가? 이 차틀은 비대칭적이다. 왼쪽과 오른쪽이 서로의 거울상이 아니다. 이 점은 나름대로 의미가 있다. 경주차는 경기장을 달릴 때 한쪽 방향으로 더 자주 돌기 때문에 차틀의 양

---

♦　규조류는 전 세계의 물에서 찾아볼 수 있는 미세한 조류의 일종이다.

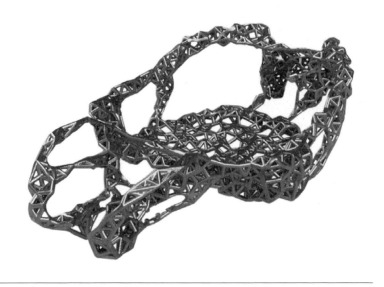

그림 2 | 경주차 차틀 모델(© 오토데스크)

쪽이 받는 힘이 서로 전혀 다르다. 인간 설계자는 오래전부터 이 사실을 잘 알고 있었지만, 그들이 내놓은 차틀 중에서 생성적 설계 소프트웨어가 내놓은 것만큼 심하게 비대칭적인 것은 거의 없었다.

이 경주차 차틀 같은 사례는 디지털 창의성이 모방과 개선 차원을 넘어서는 것이라는 확신을 심어준다. 컴퓨터는 인간이 이미 해온 것의 연장이나 재조합 차원을 넘어서는 것을 제시할 수 있다. 우리는 그렇게 기존 방식의 정반대에 가까운 일들이 일어날 수 있다는 데 낙관적이다. 인간이 쌓은 과학적, 공학적 지식을 제공하고, 특정 상황의 성능 요구 조건을 제시하거나 그런 요구 조건을 이해할 충분한 데이터를 제공한다면, 컴퓨터는 우리에게서는 결코 떠오르지 않았을 새로운 해결책을 내놓을 수 있고 실제로 내놓을 것이다.

## 과학적 가설을 세우는 컴퓨터

디지털 설계자는 인간이 경험을 쌓으면서 불가피하게 쌓게 되는 편견과 맹목성을 지니지 않는다. 현재 이용할 수 있는 이 엄청난 양의 연산 능력은 디지털 설계자가 가능한 많은 해결책들을 빠르고 저렴하게 탐색할 수 있음을 의미한다. 심지어 인간이 생각해낼 수 있는 모든 것들보다도 더 많이 말이다. 실제로 디지털 창작자들은 이미 그렇게 하고 있다.

과학에서 궁극적으로 실험 결과의 지지를 받게 될 새로운 이론을 내놓는 것은 "유레카"식 창의성의 전형적인 사례다. 베일러 의과대학의 계산생물학자들과 IBM의 분석 전문가들은 IBM의 왓슨 인공지능 기술이 유용한 과학적 가설을 도출하는 데 사용될 수 있음을 보여주는 탁월한 연구를 수행한 바 있다.[3] 이 연구진은 p53이라는 단백질을 활성화시키는 키나아제(kinase)◆를 찾고 있었는데, p53이 암의 성장을 억제하는 일을 하기 때문이었다. 연구진은 왓슨에게 그 주제에 관해 발표된 7만 편의 논문을 '읽힌'◆◆ 뒤,[4] p53의 활성을 켜거나 끌 키나아제를 예측하라고 요청했다. 이에 왓슨은 일곱 가지가 후보라고 예측했다.

이 후보들이 좋은지 나쁜지 어떻게 알 수 있을까? 연구자들은 2003년 이전에 발표된 논문만을 왓슨에게 주었기 때문에 알 수 있었다. 이는 2003~2013년 동안 10년에 걸친 과학 발전을 이용하여 왓슨의 가설을 면밀히 검토하고, 그 가설이 맞다면 뒷받침할 수 있는 증거를 찾아낼 수 있

---

◆　키나아제는 세포 내에서 여러 활동을 조절하는 효소다.

◆◆　왓슨은 (아직) 사람이 하는 식으로 언어를 이해하지는 못하지만, 글로 적힌 문서들에서 패턴과 연관 관계를 찾아 자신의 지식 기반으로 사용할 수 있다.

다는 의미였다. 왓슨이 제안한 일곱 가지 키나아제 후보는 실제로 모두 p53을 활성화시킨다는 것이 드러났다. 지난 30년 동안 이 분야의 과학이 p53을 활성화시키는 키나아제를 평균적으로 1년에 대략 하나 정도 발견했다는 사실을 생각하면, 이 결과는 대단히 인상적이다. 즉 현실에 적용하여 성공을 거둔 사례다.

## 기계는 예술을 할 수 있을까?

디지털 창의성은 예술에도 적용되어왔다. 사이먼 콜턴(Simon Colton)의 프로그램인 페인팅 풀(The Painting Fool)[5]은 인간의 개입 없이 풍경화를 그린다. 또 패트릭 트레셋(Patrick Tresset)은 실제 모델의 초상화를 다양한 종류의 '손'으로 그리는 로봇 팔들을 만들어왔다.[6] 음악 교수 데이비드 코프(David Cope)가 개발한 프로그램 에밀리 하월(Emily Howell)은 다양한 양식의 음악을 작곡한다.[7]

우리는 디지털 화가, 디지털, 작곡가, 그 밖의 디지털 예술가들이 같은 일을 하는 인간에 비해 지능이 떨어진다는 말을 종종 듣는다. 기계의 창작물이 아직은 마음의 창작물보다 명백히 깊이가 부족하다는 것이다. 하지만 코프는 한 가지 흥미로운 현상을 주목해왔다고 말한다. 그것은 2010년에 〈퍼시픽 스탠더드(Pacific Standard)〉지에 라이언 블릿스타인(Ryan Blitstein)이 쓴 글에 잘 드러나 있다. "어느 산타크루즈 공연에서 연주회 소개 책자에 에밀리 하월이 인간이 아니라는 말을 실수로 빠뜨렸다. 그런데 어떤 화학 교수이자 음악 애호가가 하월이 지은 곡을 듣고는 자신의 음악 인생에서 가장 감동적인 순간 중 하나였다고 말했다. 6개월 뒤, 그 교수는 에밀리 하월을 설명하는 코프의 강연을 들으러 왔다. 그런데 교수는 그 연주회 실황을 녹음한 음악을 듣고 이렇게 말했다. '꽤 좋은 음악이긴 하지만, 듣자마자 컴퓨터로 작곡된 곡이라는 것을 확실히 알 수 있었죠. 이 작품에는 감정도 영혼도 깊이도 없어요.'"8)

우리는 디지털 작곡가가 사람들이 잊을 수 없거나 애호할 음악을 만들 수 있다는 데 그리 놀랄 필요가 없을지 모른다. 인간의 미학(우리가 아름답다고 느끼는 것들, 또는 미각을 비롯한 감각들에 와 닿는다고 느끼는 것들)은 복잡하고 이해하기가 어렵지만(특히 시간이 흐르면서 변하고, 집단과 문화에 따라서도 다르기 때문에) 불가능하지는 않다. 우리는 그 규칙과 원리 중 적어도 일부를 발견해왔다. 그림이나 다른 시각적 구성의 요소들을 배치할 때 약 1.618 대 1이라는 '황금비'를 자주 쓰는 것 등이 그렇다. 그리고 우리는 줄곧 더 많이 배우고 있다(비록 꽤 오랫동안 우리가 알아차리지 못하는 것도 있겠지만 말이다).

이러한 지식은 기술에 내재되어 다양한 산업 분야에서 사용되고 있다. 그리드(The Grid)는 개인과 기업에 각자의 취향을 반영하면서 웹 디자인의 주요 원칙을 따르는 고도로 맞춤화된 웹사이트를 제공하는 신생 기업인데, 그 일에 인간 웹디자이너는 전혀 관여하지 않는다. IBM은 주방에 왓슨 기술을 적용해왔다. 이 기술로 사람들이 즐기는 것으로 알려진 재료와 맛을 새롭게 조합한 요리법들을 선보였으며, 요리책으로 묶어낼 수 있을 정도다.♦ 상하이타워는 상하이 푸동 지역의 중심에 있는 128층짜리 고층 건물이다.9) 이 건물은 연간 3만 4,000메트릭톤(metric ton : 1메트릭톤은 1000킬로그램임–옮긴이)10)의 탄소발자국을 줄이고, 재료를 절감하여 건설비를 5,800만 달러 줄이는 기술을 사용11)하여 에너지 효율이 매우 높다. 게다가 비틀려 있는 독특한 형태가 대단히 아름답다. 이 건물의 초기 형태와 구조는 컴퓨터로 생성했다. 그 뒤에 인간 건축가들이 발전시키고 다듬는 과정을 무수히 되풀이하긴 했지만, 인간 팀이 출발점으로 삼은 것은 컴퓨터가 설계한 건물이었다. 즉 빈 종이에서 시작한 것이 결코 아니었다.

## 컴퓨터에게는 없고 우리에게는 있는 것

자동 생성 음악의 선구자 데이비드 코프는 이렇게 말한다. "내가 듣는 (그리고 읽는) 이야기는 대부분 천편일률적이다.[12] 기계 대 인간에 관해 어쩌고저쩌고 하다가 '우리에게 남겨진 마지막 작은 것, 우리 인간에게만 있다고 말할 수 있는 것을 기계가 가져가지는 못하지 않겠는가? 창의성 말이다'라는 내용이다. 나는 그런 말들이 너무 진부하고 창의적이지 않다고 본다."

우리는 코프가 어떻게 느끼는지를 잘 안다. 컴퓨터가 진정으로 창의적인가 또는 창의적이 될 수 있는가 하는 논쟁에 흥미를 가질 사람들도 있겠지만, 우리는 그보다는 세계 창의성의 총량을 어떻게 최대화할 수 있을까라는 문제에 훨씬 더 관심이 있다. 우리는 두 방향으로 나아가는 것이 그 일을 추진하는 타당한 방법이라고 믿는다. 즉 좋은 새로운 아이디

---

◆ 〈패스트컴퍼니(Fast Company)〉의 기자 마크 윌슨(Mark Wilson)은 왓슨이 내놓은 것 중 '벵골 버터넛' 바비큐 소스를 좋아했다(Mark Wilson, "I Tasted BBQ Sauce Made by IBM's Watson, and Loved It", *Fast Company*, May 23, 2014, https://www.fastcodesign.com/3027687/i-tasted-bbq-sauce-made-by-ibms-watson-and-loved-it). 그러나 '오스트리아 초콜릿 부리토'는 자신이 맛본 최악의 요리라고 했다(Mark Wilson, "IBM's Watson Designed the Worst Burrito I've Ever Had", *Fast Company*, April 20, 2015, https://www.fastcodesign.com/3045147/ibms-watson-designed-the-worst- burrito-ive-ever-had).

어를 낼 수 있는 컴퓨터를 만드는 연구를 계속하는 한편, 컴퓨터와 인간 창작자를 함께 협력시킬 가장 좋은 방법을 찾아내는 것이다. 여기서 가장 좋은 해결책은 마음과 기계가 협력함으로써 나올 것이다.

이 둘을 협력시키고자 할 때, 우리의 마음은 기계가 지루하고, 틀에 박힌 일들을 처리해주기를 요구할 때가 너무나 많다. 2장에서 설명했듯이 20년 전에 확립된 장기적인 '표준적 파트너십'의 요지는 반복적이고 규칙적인 일들을 컴퓨터에게 맡김으로써, 사람들에게 더 고차원적인 생각을 할 여유를 주자는 것이었다. 하지만 설계자들을 비롯한 지금의 전문 창작자들은 생각할 여지가 없는 따분한 일들을 하면서 너무나 많은 시간을 보낸다. 오토데스크의 전 CEO 칼 배스는 우리에게 이렇게 설명했다.

> 컴퓨터 지원 설계(CAD) 도구를 사용하는 것은 11학년 기하학을 하는 것과 비슷합니다. 그냥 앉아서 선을 긋고, 중심점을 찾고, 다른 선을 긋고, 입체 도형을 만들고, 윤곽(fillet)을 다듬는 거죠.♦ 여기서 흥미로운 점은, 자신이 설계하는 것이 실제 문제를 해결하는지 여부를 알기 전에 설계부터 하고 있다는 겁니다. 몇 주에 걸쳐서 온갖 세세한 부분까지 다듬었는데, 자신이 구축한 메커니즘이 사실은 작동하지 않는다는 것을 그 뒤에야 비로소 알아차리게 되는 식이지요. 우리는 한 세대 전체의 사람들을 이런 식으로 일하도록 훈련시켜 왔어요. 사람들에게 나쁜 도구를 줘온 것이죠.[13]

---

♦   '필릿(fillet)'은 본래 기계공학에서 두 부분이 만나는 곳이 매끄럽게 넘어가도록 곡선으로 다듬은 부위를 가리킨다. 직각으로 만나는 두 표면을 곡선으로 다듬은 부위가 그렇다.

오토데스크 같은 기업들은 창의성을 지원하는 더 나은 도구를 개발하기 위해 애쓰고 있다. 이런 차세대 제품들은 몇 가지 면에서 다르게 기능할 것이다.

첫째, 그 도구들은 "11학년 기하학"에 매달리라고 요구하기 전에, 구상한 설계안의 전반적인 실현 가능성이나 적절성을 검사하도록 해줄 것이다. 휴지에 끄적거린 스케치 같은 원형에 해당하는 첫 설계를 생각해보자. 가까운 미래의 디지털 도구는 이런 스케치 같은 것(영감이 번뜩이는 순간에 재빨리 만들어낸 것)을 취하여 그것이 작동할지 안 할지를 금세 정확히 피드백해줄 수 있을 것이다. 건물이 지진에 버틸지, 엔진이 충분한 힘을 낼 수 있을지 같은 일들도 마찬가지다.

둘째, 설계 과정의 모든 단계에서 새로운 도구들은 틀에 박힌 일을 더 많이 자동적으로 할 것이다. 우리는 그런 일을 잘하지 못하므로 (너무 오래 걸리고 너무 많은 실수를 저지른다) 실제로 그 일을 기술에 넘기고, 최종적으로 창의적 활동을 위한 표준적 파트너십을 수정해야 한다.

앞으로 오랫동안 사람들은 여전히 창의적 활동에서 큰 역할을 맡을 것이다. 비록 기술이 앞서 나간다고 해도 말이다. 이 책의 앞부분에서 우리는 결정, 판단, 진단, 예측을 요구하는 많은 상황에서 사람들이 비교적 작은 역할을 맡아야 한다고 주장했다. 그렇다면 창의적 활동은 왜 다를까? 여러 영역에서 새로우면서 좋은 무언가를 창작하려면 창작자가 그 세계에 살고 있어야 할 텐데, 컴퓨터는 사실 어떤 의미에서도 우리 세계에 '살고 있지' 않기 때문에 다르다. 우리는 여기서 '의식'이 무엇인지를 논하려는 것이 아니지만, 현재로서는 컴퓨터가 의식을 가지고 있지 않다는 말만 하고 넘어가기로 하겠다. 사람들이 다음에 무엇을 원할지 알려면,

대개 그것이 사람에게 어떤 의미가 있는지, 우리의 모든 감각과 감정으로 세계를 경험한다는 것이 무엇인지를 깊이 이해해야 한다. 우리가 말할 수 있는 것은, 앞으로 오랫동안 우리 인간은 그 지식을 지닌 유일한 존재일 것이라는 점이다.

작사가 앤드루 버드(Andrew Bird)는 2008년에 "자신감이 끓어넘치는 순간을 느끼는가에 따라서 이질적으로 보이는 것들을 모아놓은 잡동사니냐 노래냐가 결정된다"[14]라고 말했을 때, 무언가를 엿보았다고 할 수 있다. 우리는 그의 통찰을 좋아하지만 그가 너무 겸손하다고 생각한다. 한편 컴퓨터는 결코 자신감이 부족하지 않으며, 사랑과 상실에 관한 서로 무관하거나 또는 연관된 끝없는 관찰 목록을 만들 수 있다. 하지만 우리는 디지털 작사가가 콜 포터(Cole Porter), 조니 미첼(Joni Mitchell), 제이 지(Jay Z)처럼 믿을 만한 탁월한 작사를 할 수 있는 날이 오면 매우 놀랄 것이다. 이 사람들의 창의성은 대체로 인간의 상태를 이해하는 것으로부터 나온다. 우리는 이 이해의 디지털화가 가까워지고 있음을 보여주는 증거를 전혀 볼 수 없다. AI 선구자 얀 르쿤은 우리가 언젠가는 그 단계에 이르겠지만, 현재로서는 "주요한 개념적 발전이 이루어져 있긴 하지만, 어떻게 거기에 도달할지는 아직 모른다"[15]라고 말한다. 또 다른 위대한 연구자인 앤드루 응도 동의하며 이렇게 말한 바 있다. "우리는 뇌가 어떻게 작용하는지 전혀 모르며 알고리즘은 뇌가 작동하는 것처럼 작동하지 않는다."[16]

그런 날이 올 때까지 우리는 〈큐레이티드AI(CuratedAI)〉에서 수집한 인공지능이 생성한 시와 산문으로 만족해야 할 것이다. 〈큐레이티드AI〉는 "사람들을 위해 기계가 쓴 작품들을 싣는 일종의 문예지"[17]다. "그 음악은 버트램 씨의 마음을 흡족하게 한다"가 대표적인 글이다. 이는 제인 오스틴의 소설들을 모두 입력한 뒤 그것을 토대로 2016년 8월에 신경망 딥 선더(Deep Thunder)가 내놓은 작품이다. 첫 대목은 이렇다.

> 으스스했는데, 그리프에서는 떠오르는 것이 전혀 없군요. 당신의 장녀에게 내가 처음 칭찬의 말을 하려고 하는데, 크로퍼드 씨에게 말을 타고 간 것이 너무 부적절했다는 생각이 듭니다. 하지만 전에 거의 그런 말을 들은 적이 없을 만큼의 행실을 보였다면 부인, 나는 칭찬을 아예 하지 말아야겠다고 확신합니다. 버트램 씨가 그 음악을 마음에 들어 할 줄 우리가 몰랐던 것 같아요.[18]

우리는 위 글이 무슨 뜻인지 전혀 모르겠다. 그냥 가까운 미래에도 인간이 지은 소설과 시를 읽으려 한다.

## 디지털 세계에서의 인간 연결

인간의 조건은 본질적으로 사람 사이의 관계다. 우리는 현대 진화 역사 내내 점점 더 큰 집단(가족, 무리, 부족, 도시)에서 살아 온 지극히 사회적인 존재다. 이 추세의 한 가지 불가피한 결과는 우리가 개인으로서뿐만 아니라 집단 구성원으로서도 서로 잘 맞추면서 살아간다는 것이다. 우리는 거의 모두 서로가 어떻게 관련되어 있는지, 남들이 우리를 어떻게 생각하는지에 대해 끊임없이 깊이 신경을 쓴다(진정한 소시오패스와 자폐 스펙트럼 장애의 극단에 속한 사람처럼 극소수의 예외 사례를 빼고 말이다).

우리의 MIT 동료이자 엄청난 재능을 지닌 연구자 뎁 로이(Deb Roy)는 이 사회적 본성이 어떤 직업 및 업무가 기술 발전에 가장 영향을 덜 받으면서 남아 있을지를 예측할 강력한 방법을 제공한다고 지적해왔다. 아주 단순하게 말하자면, 우리의 사회적 욕구(social drive)를 건드리는 것들이다. 로이는 연민, 자존심, 당황, 질시, 정의, 연대 같은 것이 이 욕구에 포함된다고 본다. 그런 욕구들이 일의 세계에 어떻게 적용되는지를 알아보기 위해 고등학교 여자 축구 코치를 예로 들어보자. 그녀가 축구의 전략을 깊이 이해하고 있으며 경기 흐름을 지켜보면서 적절히 전술을 바꿀 능력까지 가지고 있다면 금상첨화이겠지만, 고등학교 여자 축구는 승패에 따라 엄청난 돈이 오가는 것이 아니므로, 이 일에는 이기는 능력이 가장 중요한 것이 아니다. 대신에 중요한 것은 목표를 위해 학생들을 잘 협력하게 만들고, 서로 돕고 지원하는 동료가 되도록 가르치고, 운동을 통해 인격을 계발하도록 돕는 능력이다. 코치는 대체로 자신의 연민과 학생들의 자존심을 건드림으로써 이 일을 해낸다. 또 코치는 역할 모델이자 권위자인 자신의 인정을 받고자 하는 학생들의 욕망도 활용한다.

사람들은 대부분 좋은 축구 코치가 드물다는 것을 이해하지만, 그런 코치가 모두 인간이라는 사실은 잊고 있다. 코치가 모두 디지털이라고 상상해보자. 인공지능 여자 축구 코치 말이다. 인공지능 코치가 팀에서 지도자 소질이 있는 학생과 다루기 힘든 성격을 지닌 학생을 골라낼 수 있을까? 몇몇 학생이 양쪽의 특징을 다 가지고 있다면 어떻게 해야 할지 알까? 온갖 희로애락을 겪으면서 한 경기 시즌 동안 별 탈 없이 학생들을 다독이며 팀을 잘 끌고 갈 수 있을까? 지난 경기의 피로와 자기 회의감을 잊고, 가능하다고 생각지도 못했던 일을 해낼 수 있도록 동기부여를 할 수 있을까? 우리는 기술에 결코 안 된다는 말을 하지 말아야 한다는 것을 배워왔지만, 이 점에 대해서는 "거의 확실히 아니다"라고 말할 것이다.

컴퓨터는 사람의 얼굴 표정과 음성 패턴을 관찰함으로써 감정 상태를 파악하는 일 같은 과제에 점점 능숙해지고 있다. 하지만 방금 언급한 목록에 있는 일들을 수행하려면 아직 갈 길이 멀다. 우리는 사람들의 감정 상태와 사회적 욕구를 인상적으로 연구하는 능력이 당분간 지극히 인간의 일로 남아 있을 것이라고 확신한다. 이는 우리가 제2의 기계 시대로 더 깊이 들어가려면, 마음과 기계를 결합하는 새로운 방식이 나와야 함을 의미한다. 컴퓨터가 먼저 결정(또는 판단, 예측, 진단 등)을 내리게 한 다음, 그 결정을 따르게 하도록 사람들을 설득하거나 납득시킬 필요가 있다면 사람들에게 그 일을 맡기라는 것이다.

보건의료는 이 세계를 어떻게 적용시킬 수 있을지 많은 사례를 제공해준다. 의학적 진단은 일종의 패턴 맞추기 연습이며, 보건의료 정보의 디지털화와 머신러닝 같은 분야의 발전 덕분에 컴퓨터는 이 연습에서 초인적인 수준의 성과를 달성하고 있다. 방사선학, 병리학, 종양학 등 대다수 전문 분야에서 세계 최고의 진단학자는 아직 디지털이 아니라고 해도 곧 그렇게 될 것이다. 인간 전문가에게 이 진단을 검토하도록 한다는 생각이 아직은 타당할지 모르지만,◆ 먼저 컴퓨터가 진단을 내리게 해야 할 것이다.

그러나 대다수 환자들은 기계로부터 진단을 받고 싶어 하지 않는다. 환자들은 때로 힘든 소식을 이해하고 받아들이는 데 도움을 줄 수 있는 동정심을 지닌 사람으로부터 진단을 받고 싶어 한다. 게다가 진단이 이

---

◆    아니, 타당한 생각이 아닐 수도 있다. 어느 쪽이 옳은지는 앞으로 연구를 통해 드러날 것이다.

루어진 뒤, 인간관계를 형성하고 사회적 욕구를 충족시켜줄 수 있는 의료 전문인은 대단히 가치가 있다. 환자가 처방한 치료 과정을 따르도록 할 가능성을 더 높이기 때문이다. 비순응(noncompliance)은 보건의료의 주요 문제 중 하나로, 수백만 명의 건강에 부정적인 영향을 미치며, 처방전에 관한 사례만 따져도 미국에서 연간 무려 2,890억 달러의 비용[19]을 발생시킨다는 추정치가 나와 있다.

매사추세츠 주 케임브리지에 위치한 기업인 아이오라헬스(Iora Health)는 2015년 중반까지 6개 주에서 13가지 보건의료 사업을 진행하고 있었다. 환자에게 '헬스 코치'를 붙여서 처방을 잘 따르게 하려는 시도였다. 이 전문가들은 의학적 조언을 하는 한편, 환자의 말을 들어주고 환자와 함께 시간을 보낸다. 그리고 보건의료 서비스를 받는 경험을 고도로 비인간적인 것 대신에 지극히 인간적인 상호작용으로 여겨지게 만든다. 이 접근법은 잘 작동하는 듯하다. 〈보스턴 글로브(Boston Globe)〉에 이런 기사가 실리기도 했다. "회사에 따르면, 한 아이오라헬스 지점에서는 더 전통적인 보건의료 시스템을 적용한 대조군보다 입원율이 37퍼센트 더 낮고, 보건의료 지출도 12퍼센트 더 적게 나왔다고 한다. … 다른 두 지점에서는 응급실 방문자 수가 적어도 30퍼센트 낮았다."[20]

미래의 개선된 보건의료 전달 체계에서도 사람은 여전히 매우 중요한 역할을 하겠지만 항상 지금과 똑같은 역할을 맡지는 않을 것이다. 뛰어난 진단학자와 다른 '히포'들보다 정서적으로 사회적으로 능통한 건강관리 전문가(care coordinator)들은 중심 무대로 옮겨갈지 모른다. 앞에서 우리는 미래의 공장에서 사람과 개라는 두 직원에 관한 농담을 한 바 있다. 이 농담을 보건의료 분야에 적용하면 이렇게 달라질 것이다. 미래의 진

료소에서는 인공지능, 사람, 개를 고용할지 모른다. 인공지능은 환자를 진단하는 일을 할 것이고, 사람은 그 진단을 이해하고 환자와 소통하며 전달하고 환자가 치료를 끝까지 잘 받도록 돕는 일을 할 것이다. 개의 일은 사람이 인공지능의 판단에 의문을 제기하려 할 때마다 사람을 무는 것이다.

**SUMMARY** 요점

- 이제 컴퓨터는 기능적이고 아름다운 사물을 설계하고, 음악을 작곡하고, 유용한 과학적 가설을 세우는 등 대부분의 '창의성'의 정의를 충족시키는 일을 점점 더 많이 할 수 있다.

- 컴퓨터의 창의적 능력은 급속히 확산되고 있다. 예를 들면 지금은 요구 조건을 충족시키는 부품을 설계할 수 있을 뿐만 아니라, 대량의 데이터를 통해 요구 조건이 어떤 것일지도 파악할 수 있다.

- 디지털 창작자는 인간과 전혀 다른 해결책을 내놓곤 한다. 이는 좋은 일이다. 관점의 다양성은 더 나은 결과로 이어지곤 하기 때문이다.

- 하지만 컴퓨터는 아직 인간의 조건과 상태를 진정으로 이해하지 못한다. 인간이 하는 식으로 세계를 경험하는 것이 아니기 때문이다. 우리는 기계가 조만간 괜찮은 소설을 쓸 것이라고는 기대하지 않는다.

- 창작 활동은 마음과 기계의 새로운 조합이 이루어질 수 있는 가장 생산적인 영역 중 하나다. 여기에 유망한 접근법이 하나 있는데, 기계가 '쓸데없이 바쁜 일'을 떠맡을 뿐만 아니라 초기 제안도 하고, 사람들은 그 제안을 확장하고 개선해 나가는 일을 맡는 것이다.

- 디지털 기술은 우리의 사회적 욕구 대부분을 충족시키는 일을 잘 못한다. 따라서 그런 욕구를 다루는 일은 앞으로 당분간은 사람이 계속할 가능성이 높다. 공감, 지도력, 협동, 지도를 필요로 하는 일들이 그렇다.

- 기술이 발전함에 따라 고도의 사회적 기능은 고도의 정량적 기능보다 더욱 가치를 지니게 될 수 있다. 그리고 사회적 기능과 정량적 기능을 결합한 능력은 최고의 보상을 받곤 할 것이다.

1 당신의 조직에서 가장 창의적이고 혁신적인 사람들이 지루하고, 틀에 박힌 일들을 얼마나 해야 하는가?

2 당신은 사람이 창작한 그림, 음악, 웹페이지 디자인, 과학적 가설과 기계가 만들어낸 것의 차이를 확실하게 구별할 수 있다고 자신하는가? 그리고 사람이 창작한 것이 더 나을 것이라고 자신하는가?

3 인간관계에서 당신 자신과 조직의 성취에 가장 도움이 될 분야가 어디라고 생각하는가?

4 현재 당신의 조직에서 사람이 수행하고 있는 업무 중에서 컴퓨터가 떠맡기 가장 어려운 일은 무엇인가? 왜 그렇다고 믿는가?

5 당신의 업무 또는 조직의 기존 업무와 과정을 살펴볼 때, 사람과 기계 사이의 이상적인 업무 분담은 무엇이라고 생각하는가?

6 출현하고 있는 기계의 능력을 인간미와 결합함으로써 어떤 새로운 제품이나 서비스를 만들어낼 수 있는가?

2부 | 생산물과 플랫폼

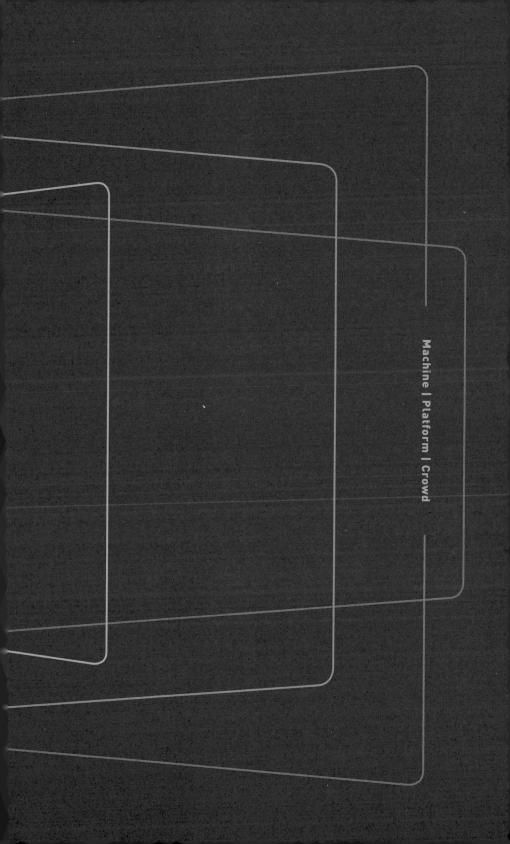

Machine | Platform | Crowd

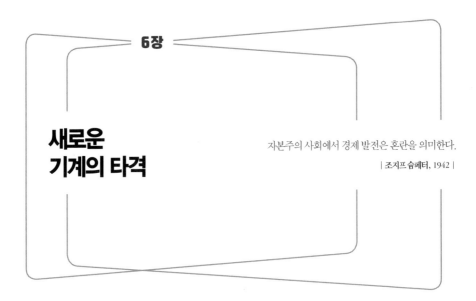

# 6장

# 새로운
# 기계의 타격

한 세대 사이에 몇몇 유서 깊은 산업들이 컴퓨터 네트워크 하나 때문에 깊이 그리고 영구적으로 변모했다. 이는 규모와 속도 면에서 경제계가 역사상 거의 한 번도 접한 적이 없는 수준의 붕괴였다.

앞 단락의 첫 문장은 과장된 면이 있지만(인터넷은 여러 부문을 잇달아 변모시킬 때 다른 기술들의 도움을 어느 정도는 받았다), 우리는 두 번째 문장은 그렇지 않다고 본다. 1장에서 설명했듯이 증기기관과 전기화 같은 발전을 토대로 한 기술 기반의 산업혁명들도 있었다. 하지만 그런 혁명은 펼쳐지는 데 더 오래 걸렸고 세계 경제 전체로 보면 영향을 미친 분야가 더 적었다고 할 수 있다.

# 폭풍 전의 고요

인터넷의 영향을 이해하는 가장 좋은 방법은 20년 전의 상황이 어떠했는지를 돌아보는 것이 아닐까? 당시 휴대전화는 미국에서 값비싼 신제품이었다. 1995년에는 가격이 약 1,000달러였고, 전체 인구의 겨우 13퍼센트만이 구입했다.[1] 미국 가정의 대다수는 유선전화(당시에는 그 용어가 아직 존재하지 않았다)를 통해 구리선으로 구축된 전국 통신망에 연결되어 있었다. 이 통신망을 구축한 AT&T의 독점은 1982년에 법원 명령으로 깨진 상태였지만, 이 회사는 여전히 몇 안 되는 장거리 통신 사업자 중 하나로 존속하고 있었다. 1990년대에는 장거리 통화일수록 비용이 더 많이 들었고, 미국 대부분의 가정은 2개월마다 청구서를 받았다. 지역 내 통화는 무제한 정액 요금제였고, 장거리 통화는 횟수에 따라 별도로 청구가 되었다.

1990년대 중반 미국의 거의 모든 지역 사회에서는 적어도 한 종류 이상의 일간신문이 발행되고 있었고,[2] 〈뉴욕타임스〉, 〈월스트리트저널〉, 〈USA투데이〉 같은 전국 신문도 몇 종류가 있었다. 미국 전체로 볼 때는 2,400종의 신문이 발행되었고 그것들의 연 매출액은 총 460억 달러에 달했다. 주간 및 월간 잡지들도 매출액이 190억 달러에 달했다. 신문 및 잡지 업계는 구독과 광고 판매로 수입을 올렸다. 1995년에 미국 신문사들의 매출은 다단 광고가 30퍼센트, 전면 또는 하단 광고가 49퍼센트, 판매 부수가 21퍼센트를 차지했다. 신문사들로서는 다단 광고가 매출과 수익에 특히 중요했다. 광고를 작성하거나 인쇄하는 데 비용이 거의 들지 않을뿐더러 장기간 유지할 수 있기 때문이었다(광고를 낸 사람들이 목표를 달성하거나, 광고비를 지불하는 데 지칠 때까지 말이다).

라디오 방송국들도 번성했다. 2000년대 미국에는 AM과 FM을 합쳐서 1만 곳이 넘는 방송국이 있었고,[3] 그 방송국들의 총매출액은 200억 달러에 달했다. 대다수의 방송국은 방송 시간 중 적어도 일부를 음악으로 채웠고, 음반 산업과 행복한 협력 관계를 맺었다. 청취자들은 라디오로 좋아하는 노래를 듣고, 그 노래가 실린 앨범을 사곤 했다. 2000년에 음반 산업은 매출액이 143억 달러였고,[4] 그 전의 10년 동안 연간 7퍼센트씩 매출이 성장했다.

음반 수요, 특히 팝(pop) 시대의 우상이 된 가수들의 음반은 충분히 탄탄하고 믿을 만해 보여서 그것을 토대로 한 창의적인 금융상품들까지 나왔다. 1997년에 데이비드 보위와 투자 은행가 데이비드 풀먼(David Pullman)은 공동으로 이른바 '보위 채권(Bowie bonds)'을 발행했다.[5] 보위의 음반 판매량을 담보로 한 참신한 유가증권이었다. 보위가 앞으로 21년에 걸쳐 25장의 음반을 내고, 그 수익을 배당받는 채권이었다.[6] 그 채권은 불티나게 팔려나가서 5,500만 달러가 모였다.[7] 이후 아이언 메이든[8]에서부터 로드 스튜어트와 제임스 브라운[9]에 이르기까지 다른 예술가들도 자극을 받아 비슷한 시도를 했다.

사람들은 컬럼비아 레코드 클럽 같은 이달의 음반 클럽에 가입하여 우편으로 이 음반을 주문하거나, HMV와 타워레코드 같은 매장에 가서 살 수 있었다. 팬들은 마이클 잭슨의 히트곡 모음집인 1996년 음반 〈히스토리(HISTory)〉 같은 앨범이 출시될 때면 음반 가게 앞에 길게 줄을 서곤 했다.

꽤 많은 음반 가게들은 폐쇄형 대형 쇼핑몰에 있었다. 대형 쇼핑몰은 교외 주거만큼 빠르게 확산된 미국의 발명품이었다. 미국인들의 쇼핑몰 사랑은 1956년에 전국 최초의 공조 시설을 갖춘 완전 폐쇄형 쇼핑몰인

사우스데일(Southdale)이 미니애폴리스 외곽에 문을 열면서 시작되었다.[10] 1960년대에 자동차 문화가 교외로 확산되면서, 반세기에 걸친 실내 쇼핑몰 열풍이 시작되었다. 1956년부터 2005년 사이에 이 같은 실내 쇼핑몰이 1,500곳이 세워졌다.[11]

1990년대 중반에 많은 미국인들은 필름을 맡기거나 인화한 사진을 찾으러 이따금 쇼핑몰로 가곤 했다. 필름 사진은 1997년에 매출액이 100억 달러에 달했다.[12] 사진기와 필름의 판매 그리고 필름 인화 매출액을 합한 액수였다. 최초의 본격적인 소비자용 디지털카메라는 1995년에 출시된 카시오 QV-10[13]이었다. 하지만 큰 성공을 거두지는 못했다. 이 제품은 가격이 900달러[14]로 높았고, 분리할 수 없는 기억장치에 해상도가 낮은 사진(0.07메가픽셀)을 겨우 96장 저장할 수 있었기 때문이다. 100년 역사를 자랑하던 미국의 상징적인 필름 제조업체인 코닥의 투자자들은 당시 카시오를 비롯한 초기 디지털카메라에 별 걱정을 하지 않은 듯했다. 코닥의 주가는 1997년 1분기에 310억 달러라는 신기록을 세웠다.

## 부서지는 세계

우리는 코닥의 주가가 결코 더 이상 올라가지 않았다고 말해도, 당신이 놀라지 않을 것이라고 확신한다. 코닥의 기업가치는 1997년부터 15년 동안 붕괴했고, 결국 2012년에 코닥은 파산을 선언했다.♦ 코닥의 사례가

---

♦  코닥의 파산 절차로 이 기업의 운명이 끝난 것은 아니었다. 2013년부터 코닥은 상업용 인쇄와 화상(imaging)에 초점을 맞추어 왔으며, 2015년 말 직원 6,400명은 연 매출액 17억 달러를 달성했다. 코닥 이야기는 《제2의 기계 시대》에서 더 상세히 다룬 바 있다.

특이하거나 예외적인 것은 결코 아니다. 방금 묘사한 것 같은 일들이 일어난 산업들 전체에서 1990년대 중반 이후로 고통스러운 변화의 물결이 일어났다.

— 2013년을 기준으로 미국의 신문 인쇄 광고 매출액은 10년 사이에 70퍼센트가 감소[15]했고, 온라인 광고가 기여한 액수는 겨우 34억 달러[16]에 불과했다. 이는 연 매출 손실액 400억 달러에 비하면 미미한 수치다. 신문업계에서는 "인쇄 달러 지폐가 디지털 동전으로 대체되는 중이다"[17]라는 자조적인 말이 흘러나왔다. 2007년부터 2011년 사이에 미국에서 신문사들은 일자리를 1만 3,400개 감축했다.[18] 구인·구직란 같은 다단 광고 수익은 2000년 이후 10년 사이에 87억 달러에서 7억 2,300만 달러로 90퍼센트 이상 줄어들었다. 〈투손시티즌〉(애리조나 주에서 가장 오랫동안 중단 없이 발행되던 일간지)[19], 〈로키마운틴뉴스〉[20] 등의 신문사들이 파산했다. 맥클라치컴퍼니(the McClatchy Company) 같은 회사들은 주가가 90퍼센트 이상 쪼그라들었다.[21] 그리고 2013년 8월 5일 〈워싱턴포스트〉는 아마존 설립자인 제프 베조스에게 2억 5,000만 달러에 매각되었다는 놀라운 소식을 발표했다.[22]

— 잡지 출간에서도 비슷한 양상이 나타났다. 잡지의 총판매부수와 광고 매출액이 급감했다. 〈펜트하우스〉(제너럴미디어)[23]와 〈내셔널인콰이어러〉 및 〈멘즈피트니스〉(아메리칸미디어)[24] 같은 다양한 잡지들의 모기업이 파산을 선언했다. 1933년부터 발간되었고, 한때 발행 부수가 330만 부[25]에 달했던 〈뉴스위크〉[26]는 2007년부터 2011년 사이에 발행 부수가 50

퍼센트 이상 급감하여 2012년에 아예 인쇄판을 찍지 않겠다고 선언했다.[27] 또 한때 영향력 있던 정치 잡지(1990년대 중반에 "대통령 전용기의 필수 구독물"이라는 평판을 얻기도 했다)[28]인 〈뉴리퍼블릭〉은 페이스북 공동 설립자인 크리스 휴즈(Chris Hughes)에게 2012년에 매각되었다.[29] 당시 매각 가격은 200만 달러로 추정된다.♦ 아마 잡지업계에서 깊은 변화가 일어났음을 가장 명확히 보여준 신호는 2015년 10월에 〈플레이보이〉가 62년 동안 실었던 나체 사진을 더 이상 싣지 않겠다고 한 선언일 것이다.[30] 대체로 여성의 나체 사진을 실은 덕분에 2006년 〈애틀랜틱〉이 선정한 미국에서 가장 영향력 있는 생존 인물 중 한 명으로 뽑힌 바 있는 〈플레이보이〉의 설립자 휴 헤프너(Hugh Hefner)도 그 움직임에 동의했다.[31] 그 변화의 이유 중 하나는 다른 출판물처럼 〈플레이보이〉도 점점 더 소셜 미디어로부터의 트래픽에 의존하게 되었는데, 페이스북과 인스타그램 같은 사이트들이 누드를 허용하지 않았기 때문이다.♦♦ (2017년 2월 설립자의 아들이자 이 잡지의 크리에이티브 경영자인 쿠퍼 헤프너는 〈플레이보이〉에 부분 누드 사진을 다시

♦ 크리스 휴즈는 그 뒤로 4년 동안 〈뉴리퍼블릭〉에 2,000만 달러를 투자했다고 한다(Ravi Somaiya, "The New Republic Is Sold," *New York Times*, February 26, 2016, https://www.nytimes.com/2016/02/27/business/media/the-new-republic-is-sold.html). 하지만 그 조직을 디지털 미디어로 변모시키려는 시도는 실패했고, 휴즈는 2016년 2월에 그 사업체를 매각했다.

♦♦ 〈플레이보이〉의 콘텐츠 경영자인 코리 존스(Cory Jones)는 2014년에 "직장에서 안전한" 사이트로 만든 뒤 플레이보이닷컴의 트래픽이 400퍼센트 증가했다고 말했다(David Segal, "Playboy Puts On [Some] Clothes for Newly Redesigned Issue," *New York Times*, February 4, 2016, https://www.nytimes.com/2016/02/04/business/media/playboy-puts-on-some-clothes-for-newly-redesigned-issue.html). 그는 누드를 싣지 않기로 결정한 직후에 이렇게 말했다. "오해하지 마시라. 12세의 나는 지금의 나에게 몹시 실망하고 있으니 말이다. 하지만 이것이 옳은 길이다."(Ravi Somaiya, "Nudes Are Old News at Playboy," *New York Times*, October 12, 2015, https://www.nytimes.com/2015/10/13/business/media/nudes-are-old-news-at-playboy.html).

도입할 것이라고 선언했다).[32]

— 전 세계 음반 판매량은 1999~2014년에 270억 달러[33]에서 150억 달러
[34]로 45퍼센트 감소했다.[35] 2014년은 세계 음악 산업이 CD 같은 물리
적 형식에서 얻은 매출과 디지털 경로를 통해 얻은 매출이 처음으로 같아
진 해[36]이기도 했다. 2002년에는 5대 음반사가 세계 음반 시장의 75퍼
센트를 장악했다.[37] 그 뒤에 합병으로 3대 대형 콘텐츠 공급자만 남았
다. 유니버설뮤직 그룹, 소니뮤직 엔터테인먼트, 워너뮤직 그룹이다. 이
세 기업은 현재 미국 음반 유통량의 85퍼센트를 차지한다.[38] 타워레코
드는 2006년에 파산했고,[39] HMV는 2013년 초에 법정관리에 들어갔다
[40](파산 못지않게 안 좋은 소식이다). 2004년에 신용 평가사 무디스(Moody's)는
데이비드 보위의 채권을 정크본드 등급으로 떨어뜨렸다.[41] 보위 채권은
원래 일정대로 모두 지불했지만, 다른 음악가들의 음악에 채권을 발행하
려는 움직임은 결코 성사되지 못했다. 2011년에 골드만삭스는 밥 딜런과
닐 다이아몬드 같은 음악가들의 채권을 발행하려고 시도했지만, 투자자
를 충분히 모으지 못했다.[42]

— 2007년은 반세기 만에 새로운 실내 대형 쇼핑몰이 미국에서 개장하지 않
은 최초의 해였다. 2005~2015년에 미국 쇼핑몰 중 20퍼센트가 문을 닫
았고,[43] 쇼핑몰 건설과 운영을 전문으로 하던 기업들은 재정 상황이 악
화되었다. 미국 최대의 쇼핑몰 운영 회사 중 하나인 제너럴 그로스 프로
퍼티스(General Growth Properties)는 2009년에 파산 신청을 했다.[44] 미국
역사상 가장 큰 부동산 회사의 몰락 사례가 되었다.

— 지역 및 장거리 유선통신도 힘겨운 사업이 되었다. 2000년에 미국 가정은 장거리 음성 통화에 770억 달러를 썼다.[45] 2013년에는 160억 달러로 줄었다.[46] 휴대전화가 보급됨에 따라 유선 전화를 아예 끊어버리는 미국 가정이 늘어났다. 2015년에 휴대전화만 있고 유선 전화는 아예 없는 가정에 사는 미국 성인이 44퍼센트에 달했다.[47] 밀레니얼 세대(1977~1994년 사이에 태어난 사람)에서는 그 비율이 3분의 2에 가까웠다.

— 미국 전국 라디오 방송국의 총매출은 2000년에 200억 달러[48]에서 2010년에는 140억 달러[49]로 거의 30퍼센트가 감소했고, 많은 독립 방송국들은 인수합병에 응할 수밖에 없었다. 가장 큰 라디오 방송국 운영사인 클리어채널(Clear Channel)[50]은 1997년에 196개 방송국에서 2005년에는 1,183개 방송국으로 성장했다.

이 사례들이 보여주듯이, 여러 전혀 다른 산업들을 포괄하는 엄청난 지각 변동이 지난 20년 사이에 일어나고 있다. 그리고 이 목록은 결코 완전하지 않다.

다음 장들에서 우리는 비즈니스 붕괴(business disruption)의 많은 사례들을 접할 것이다. 토머스 프리드먼(Thomas Friedman)은 그의 저서 《늦어서 고마워(Thank You for Being Late)》에서 "누군가 당신이나 당신의 회사를 진부해 보이게 만드는 영리한 무언가를 할 때 일어나는 일"[51]이라고 비즈니스 붕괴에 대한 기억에 남을 정의를 내린 바 있다. 디지털 기술은 아마 영리한 파괴자들이 지금까지 휘두른 가장 강력한 도구일 것이다.

## 무료, 완전성, 즉시성의 경제학

우리가 이렇게 말하는 이유를 알아보고, 제2의 기계 시대의 파괴적인 힘을 보고 예측할 지적 토대를 마련하려면 두 가지 색다른 유형의 경제학을 이해할 필요가 있다. 원자가 아니라 비트로 이루어진 정보재(information goods)의 경제학과 네트워크의 경제학이다.

정보재의 첫 번째로 중요한 두 가지 속성은 '무료(free)'와 '완전성(perfect)'이다. 일단 무언가가 디지털화되면, 본질적으로 그것의 추가 사본(복사본)을 공짜로 만들 수 있다. 이 새로운 사본은 사실상 하드드라이브나 다른 어떤 저장 매체의 한 공간을 차지하며, 저장은 실제로 무료가 아니지만 역사적 기준으로 볼 때 놀라울 만큼 저렴하다. 2016년에 저장 용량 1기가바이트의 비용은 0.02달러[52]였는데, 그에 비해 2000년에는 11달러[53]였다. 그리고 시간이 흐를수록 계속 싸지고 있다. 경제학자라면 한계비용이 0에 접근한다고 말할 것이다. 따라서 무료에 거의 가깝다.

그리고 완전성은 말 그대로 완전하다는 뜻이다. 일단 디지털 원본이 만들어지면, 사본은 어느 모로 봐도 디지털 원본과 비슷하다. 사실 디지털 사본은 디지털 원본과 정확히 똑같다. ♦ 서류의 복사본을 다시 복사해 본 적이 있다면, 아날로그 사본에는 이 말이 들어맞지 않는다는 사실을

---

♦ 비트로 변환하는 과정에서 일부 정보가 사라지고, 또 디지털로 귀결되는 것을 원치 않는 사람들도 있기 때문에 어떤 의미에서는 노래나 영화의 디지털 표현물(digital representations)이 아날로그 대응물보다 열등하다는 것은 사실이다. 쿠엔틴 타란티노 감독은 2015년 말 영화〈헤이트풀 8(The Hateful Eight)〉을 찍을 때 70밀리미터 영화 필름 형식을 부활시켰다(Peter Suderman, "There's One Great Reason to See Quentin Tarantino's The Hateful Eight in Theaters", *Vox*, January 4, 2016, http://www.vox.com/2016/1/4/10707828/hateful-eight-70mm-roadshow). 그리고 많은 사람들은 디지털 부호화한 음악보다 레코드판을 선호하는 전축 애호가를 적어도 한 명쯤은 지인으로 두고 있다. 하지만 우리 대다수는 디지털 판본으로 충분히 만족한다.

알 것이다. 하지만 디지털 사본은 사본을 1개, 100개, 100만 개를 만들든 상관없이 원본의 비트가 사라지거나 훼손되는 일이 일어나지 않는다.◆

무료와 완전성은 바람직한 특성이지만 동일한 사진, 파일, 노래의 사본 수백만 개로 꽉 찬 하드드라이브는 바람직하지 않다. 정보재의 경제력은 네트워크를 이용할 수 있게 되면 증가한다. 네트워크는 아주 중요한 세 번째 속성을 추가하기 때문이다. 바로 '즉시성(instant)'이다. 네트워크를 이용하면 정보재의 무료이면서 완전한 사본을 거의 즉시, 이곳에서 저곳으로, 또는 한곳에서 여러 곳으로 유통할 수 있다.

인터넷은 특히 강력한 네트워크다. 무료 개념을 두 가지 중요한 방식으로 확장하기 때문이다.

첫째, 노래나 사진의 추가 사본을 네트워크를 통해 전달하는 비용은 대개 무료인데, 인터넷에서는 정액 요금제가 일반적이다. 사람들은 인터넷 접속 비용을 지불하고 나면, 보내거나 받는 트래픽 비트에는 요금을 내지 않는다.◆◆

둘째, 비트를 옆집으로 보내든 세계 반대편으로 보내든 간에 공짜로 보낸다. 인터넷의 구조는 기본적으로 물리적 거리와 무관하다. 그래서 언론인 프랜시스 케언크로스(Francis Cairncross)는 인터넷이 정보 확산을 제약하는 요인이었던 "거리의 소멸(death of distance)"[54]을 가져온다고 했다.

무료, 완전성, 즉시성은 따로 있을 때보다 모여서 조합을 이루면 더

---

◆　　오류나 수정이 일어나지 않는 한 그렇다. 그리고 아날로그 사본과 달리 단 하나의 비트에 오류나 수정이 일어나도 공개키 암호화를 토대로 한 인증 방식으로 디지털로 검출할 수 있다.

◆◆　　인터넷 서비스 제공자가 정한 이용 총량을 초과하지 않는 한 그렇다.

욱 강력해지며 훨씬 더 가치가 있다. 따라서 맞서 경쟁하기가 무척 어렵다. 물질 제품인 신문이나 음반을 파는 소매점을 같은 제품을 무료로, 완전하게, 즉시 복제하여 유통시킬 수 있는 경쟁자에 맞서 운영하려고 한다고 상상해보라. 경쟁자는 뉴스 기사를 취재하고 쓰거나 음악을 만드는 데 들어가는 '고정비용'이 동일하다고 해도, 똑같은 사본을 추가로 제작하여 유통시키는 데 드는 한계비용이 아주 낮으므로 전반적으로 상당한 비용 우위에 있을 것이다. 인류 역사의 대부분에 걸쳐서 (설령 있었다고 해도) 무료, 완전성, 즉시성을 갖춘 상품이나 서비스는 거의 없었다. 하지만 네트워크에 연결된 디지털 상품은 이 세 가지 특성을 자동적으로 갖추게 된다.

## 플랫폼이 결합할 때 기존 업체는 위축된다

플랫폼은 무료, 완전성, 즉시성의 경제를 이용하는 온라인 환경이다. 더 정확히 말하면 플랫폼은 접근, 재생산, 유통의 한계비용이 거의 0인 점이 특징인 디지털 환경이라고 정의할 수 있다.◆

물론 인터넷은 우리 대다수에게 가장 친숙한 플랫폼이며, 앞서 서술한 비즈니스 붕괴들을 일으킨 원인이다. 어떤 의미에서는 플랫폼들의 플랫폼이다. 앞에서 살펴본 사례들은 플랫폼의 한 가지 중요한 특징을 잘 보여준다. 종종 서로를 토대로 삼아 구축될 수 있다는 것이다. 예를 들어

---

◆　한계비용은 항목을 하나 더 생산하거나 유통할 때 드는 비용이다. 대부분의 인터넷 접속 요금제에서 1비트의 한계비용은 '0'이다.

월드와이드웹은 원래의 인터넷 정보 전송 프로토콜을 토대로 구축된 항해하기 쉬운 멀티미디어 플랫폼이다. 이 프로토콜은 수십 년 동안 있어왔지만, 팀 버너스리가 웹을 발명하기 전까지[♦] 인터넷은 주로 공학계 괴짜들의 플랫폼이었다. 한 플랫폼(인터넷)은 다른 플랫폼(웹)의 토대 또는 구성 요소였다. 전작인 《제2의 기계 시대》에 썼듯이 이 구성단위 형식은 가치가 있다. 조합을 통한 혁신을 가능하게 하기 때문이다. 즉 맨땅에서 시작하는 대신에 이미 있는 것들을 새로운 방식으로 조합함으로써(전반적으로 새로운 성분을 조금 섞으면서) 새롭고 가치 있는 것을 만들어낼 수 있다.

조합형 혁신은 빠르고 저렴할 수 있으며, 플랫폼의 무료, 완전성, 즉시성이라는 특징들의 힘이 뒷받침될 때 변혁을 일으키는 결과가 나오곤 한다. 1995년에 컴퓨터 프로그래머 크레이그 뉴마크(Craig Newmark)[55]는 단순한 이메일 발송 목록을 일반 웹사이트로 확장하여 샌프란시스코 지역의 생활 정보를 올릴 수 있도록 했다.[56] 이 크레이그리스트(Craigslist)는 급속히 성장하여 2014년에는 70개국에 걸쳐 700개 지역 사이트로 늘어났고,[57] 곧 부동산 거래 물품 정보, 구인·구직 광고, 해당 도시의 갖가지 광고가 올라오는 주된 온라인 사이트가 되었다. 플랫폼의 유익한 경제적 효과 때문에 뉴마크는 뉴욕의 월세 아파트 중개나 구인 광고 같은 몇 가지 범주의 광고에만 수수료를 매기면서도,[58] 2008년에 2,500만 달러의

---

[♦] 1990년 10월까지 버너스리는 월드와이드웹이 될 가장 중요한 구성단위 중 세 가지를 만들었다. 즉 HTML(형식 언어), URL(정보를 식별하고 검색하는 주소 체계), HTTP(웹 전체를 연결하는 링크)가 그것이다. 또 그는 최초의 웹 브라우저와 웹 서버도 만들었다. World Wide Web Foundation, "History of the Web", accessed February 7, 2017, http://webfoundation.org/about/vision/history-of-the-web.

수익[59]을 올리면서 건실하게 사업을 운영할 수 있었다. 다른 모든 항목들은 무료였다. 크레이그리스트의 가격 정책은 그 사이트를 이용하는 개인과 사업체에 대단히 매력적이었다. 하지만 많은 신문사들에게는 치명적이었다. 한 연구에 따르면, 크레이그리스트가 2000~2007년에 인쇄 산업에 50억 달러가 넘는 손실[60]을 입혔다고 한다. 인쇄업의 지폐가 디지털의 동전이 된 셈이다.

신문과 잡지는 다른 두 유형의 플랫폼이 출현하면서 매출이 더욱 감소하게 되었다. 첫 번째는 콘텐츠를 무료로, 완전하게, 즉시 퍼뜨리는 플랫폼이었다. 모든 매체, 주제, 산업, 그리고 직업 언론인에서 프리랜서와 무급 열정가에 이르기까지 모든 기여자 유형에 걸쳐 있는 엄청나게 많은 수의 콘텐츠 플랫폼들이 주류 인쇄 매체의 대안으로 출현했다. 두 번째는 이 모든 콘텐츠 유형에 걸쳐서 맞춤 광고를 제공하는 플랫폼이었다. 더블클릭(DoubleClick), 앱넥서스(AppNexus), 구글 애드센스(Google AdSense) 같은 서비스들은 광고주와 콘텐츠 제공자를 빠르게 자동으로 짝짓는 과정을 개발했다. 이 기술 덕분에 양쪽 당사자들은 더 효율적으로 거래할 수 있었고, 비(非)디지털 미디어에 비해 활동 효과를 더 투명하게 측정한 결과를 제공받을 수 있었다. 이런 매칭(matching) 플랫폼들은 곧 온라인 디스플레이 광고의 주된 창안자가 되었다. 2016년에 미국 기업들의 마케팅 비용 중 220억 달러[61]가 이 플랫폼들에 쓰인 것으로 추정된다. 그리고 매칭 플랫폼들은 규모가 엄청나다. 앱넥서스만 보더라도 8,000개가 넘는 서버를 가지고 있으며, 이 서버들은 이용량이 가장 많은 시간대에 남극 대륙까지 포함한 모든 대륙에서 하루에 450억 건의 광고를 처리할 수 있다.[62]

이 새로운 콘텐츠와 광고 플랫폼들이 인쇄 매체를 붕괴하는 속도와 강도에 기존 신문 및 잡지 업계는 당황하고 있었다. 그들 기업은 자신들이 직면한 위협에 혼란스러운 반응을 내비치곤 했다. 2007년 초에 벨기에,[63] 독일,[64] 스페인의 신문사[65]들을 대변하는 단체들은 구글 뉴스에 맞선 소송 사건들에서 승리를 거두었다. 구글 뉴스는 뉴스들을 모아서 기사 제목, 사진, 짧은 요약문을 보여주는 서비스였다. 각 소송에 진 뉴스 모음 제공 사이트들은 수익을 뉴스 발행자들과 나누지 않으면 그 나라에서 문을 닫아야 했다. 각 소송에서 구글은 자사의 뉴스 상품이 아무런 광고도 포함하고 있지 않으므로 나눌 수익이 전혀 없다고 반론을 폈다. 하지만 결국 구글은 뉴스 상품을 폐지했다. 그 결과 신문 웹사이트로 가는 트래픽이 크게 줄어들었다. 그러자 각 소송에 참가했던 발행사들은 법원 결정을 철회하여 트래픽 흐름을 복구해달라고 요청했다.

우리는 동일한 양상이 되풀이하여 나타나는 것을 목격한다. 무료, 완전성, 즉시성의 플랫폼 경제는 힘겨운 경쟁을 일으킨다. 2009년에 얀 쿰(Jan Koum)과 브라이언 액턴(Brian Acton)은 왓츠앱(WhatsApp)을 공개했다. 사용자들이 SMS 메시지가 아니라, 휴대전화 데이터망을 통해 서로 문자메시지를 주고받도록 하는 스마트폰 응용 프로그램이었다. 이 차이는 중요했다. 많은 사용자들, 특히 가장 부유한 국가들이 아닌 국가에 사는 사람들은 SMS를 한 통 보내거나 받을 때 휴대전화 회사에 요금을 지불하고 있었기 때문이다. 반면에 데이터망은 대개 정액제이고, 휴대전화가 와이파이망에 연결되어 있다면 데이터 전송은 완전히 무료였다. 요금에 민감한 엄청나게 많은 사용자들이 왓츠앱을 택했고, 2016년에는 10억 명이 넘는 이용자들[66]이 하루에 400통 이상의 메시지를 왓츠앱을 통해 보냈다.[67] 세계 무선통신 사업자들은 마뜩지 않았다. SMS 트래픽은 그들에게 매우 수지가 남는 사업이었으니까 말이다. 하지만 무료, 완전성, 즉시성을 갖춘 왓츠앱의 인기와 맞서 싸울 수 있는 여지가 거의 없었다.

## 네트워크의 거부할 수 없는 효과

시간이 흐르면서 SMS 무제한 요금제를 쓰는 휴대전화 사용자들도 메시지를 대부분 왓츠앱으로 보내게 되었다. 왜 그랬을까? 그저 메시지를 주고받고 싶은 사람들 중 상당수가 이미 왓츠앱을 쓰고 있어서 그들도 어쩔 수 없이 그 앱을 써야 했기 때문이다.

이것은 경제학자들이 '네트워크 효과(network effect)'라고 부르는 것의 명확한 사례다. 왓츠앱 같은 일부 상품들이 사용하는 사람들이 더 늘어날수록 각 사용자에게 더 가치를 지니게 된다는 점을 말한다. 네트워크 효과의 경제학은 디지털 세계에서의 사업 성공을 이해하는 데 핵심적인 역할을 하며, 1980년대에 일련의 논문들을 통해 규명된 바 있다.✦ 그때가 현대 컴퓨터 네트워크와 디지털 소프트웨어가 경제적으로 특히 중요

---

✦　조 패럴(Joe Farrell)과 가스 샐로너(Garth Saloner)(Joseph Farrell and Garth Saloner, "Standardization, Compatibility, and Innovation", *Rand Journal of Economics* 16, no. 1 [Spring 1985], 70~83, http://www.stern.nyu.edu/networks/phdcourse/Farrell_Saloner_Standardiization_compatibility_and_innovation.pdf), 마이클 카츠(Michael Katz)와 칼 샤피로(Carl Shapiro)("Network Externalities, Competition, and Compatibility", *American Economic Review* 75, no. 3 [June 1985]: 424~40, https://www.jstor.org/stable/1814809?seq=1#page_scan_tab_contents)가 중요한 기여를 했다.

✦✦　규모가 커질수록 이용자(수요의 원천)에게 돌아가는 혜택이 더 커진다는 뜻이다. 수요 측 규모의 경제는 공급 측 규모의 경제와 함께 나아간다. 그래서 규모가 커질수록 공급자의 평균 비용은 줄어든다.

해지기 시작한 시기이기도 한 것은 결코 우연이 아니다.

네트워크 효과는 '수요 측 규모의 경제'♦♦라고도 하며, 왓츠앱의 사례가 보여주듯이 극도로 위력적일 수 있다. 그래서 2014년에 페이스북은 220억 달러에 왓츠앱을 매입했다. 당시 그 앱의 월간 이용자 수는 6억 명[68]에 달했지만, 직원은 70명에 불과[69]했다. 그들은 매일 전 세계의 SMS 망을 통해 전송되는 메시지보다 50퍼센트 더 많은 메시지[70]를 처리했다. 네트워크 효과의 중요성을 살펴보기 위해 '왓츠롱(WhatsWrong)'이라는 앱이 있다고 해보자. 그것은 왓츠앱과 기능과 사용자 경험이 모든 면에서 똑같다. 다만 이용자가 한 명도 없다는 점만 다르다. 그렇다면 페이스북이나 다른 누군가가 왓츠롱을 과연 얼마를 주고 인수할 것이라고 생각하는가?

왓츠앱은 네트워크 효과가 어느 정도는 플랫폼 창안자들의 선택 때문에 발생한다는 것을 보여준다. 앱 개발자들이 그 앱이 기존의 SMS 망과 쉽게 상호 운용이 가능하게 만들기로 결정했다면, 그 망의 사용자들은 군이 옮겨간다면 오로지 비용 때문에 왓츠앱으로 옮길 것이다. 하지만 그 앱이 점점 인기를 끌자, SMS 사용자들은 점점 자신들이 뒤에 남겨진다고 느꼈고, 그래서 그들도 점점 기존 메시지 전송 기술에 등을 돌리고 새로운 기술로 옮겨가고 싶어졌다. 그런 사람들이 점점 더 많아질수록 네트워크 효과는 점점 커졌다. 컴퓨터의 선구자 미치 케이퍼(Mitch Kapor)는 "구조가 곧 정치다(architecture is politics)"라고 밝힌 바 있다. 플랫폼을 갖추면, 구조는 곧 경제이기도 하다.

## 플랫폼의 확산과 파괴력

플랫폼 경제학, 무어의 법칙, 조합형 혁신은 기존 산업과 기존 업체들을 깜짝 놀라게 하는 발전들을 계속 이끌어낸다. 전자상거래의 거인 아마존은 성장을 거듭하면서 매번 시스템 통합 계획(예를 들어 고객의 데이터베이스를 고객이 주문 배송 상태를 추적할 수 있게 해줄 응용 프로그램에 연결하려는 일)에 많은 노력을 쏟아붓고 있다는 사실을 알게 되었다. 전에 비슷한 사업 계획들을 수행했음에도 그랬다. 마치 매번 통합 노력을 할 때마다 그 과정을 처음부터 다시 시작하는 것 같았다. 아마존은 이렇게 같은 일을 중복해서 하느라 많은 비용과 시간이 낭비되고 있음을 알아차렸다. 그래서 CEO 제프 베조스는 릭 달젤(Rick Dalzell)에게 시스템 간에 '인터페이스를 강화하는' 일을 맡겼다.[71] 다시 말해 모든 주요 데이터베이스와 응용 프로그램에 동일한 방식으로 접근할 수 있도록 하고, 편의성이라는 미명하에 어느 누구도 이 표준 방식을 우회하여 지름길을 택할 수 없도록 만들라는 것이었다. 기술적 돌파구를 여는 일은 아니었지만(표준 인터페이스는 오래전부터 있어 왔다) 체계화하기가 쉽지 않은 일이었다. 달젤은 불도그라고 불릴 정도로 추진력을 발휘하여 인터페이스를 강화하고 지름길을 없애는 일을 해냈다.[72]

그 계획은 대단히 성공적이었으며, 아마존은 곧 강력한 새로운 자원을 보유하게 되었음을 깨달았다. 거의 원하는 대로 조합하고 재조합할 수 있는 디지털 자원들(저장 공간, 데이터베이스, 처리 능력 등)의 모듈 집합이 수중에 있었다. 그리고 아마존의 기존 고속 인터넷 연결을 통해 세계 어디에서든 이 자원에 접근할 수 있었다. 그렇다면 데이터베이스, 응용 프로그램, 웹사이트, 또는 다른 디지털 자원을 구축하고 싶지만 필요한 하드웨어와 소프트웨어를 유지 관리해야 하는 수고를 피하고 싶은 사람들에게 이 자원이 가치가 있지 않을까?

아마존은 그런 사람들을 찾아보기로 결정했고, 2006년에 아마존 웹 서비스(AWS)를 내놓았다.[73] 처음에는 플랫폼에서 저장 공간(Amazon S3)[74] 과 컴퓨팅(Amazon EC2)[75] 서비스를 제공했다. 18개월이 채 지나지 않았을 때, 아마존은 그 플랫폼을 이용하는 개발자가 29만 명을 넘었다고 발표했다.[76] 아마존 웹 서비스는 시간이 흐를수록 도구와 자원을 계속 추가했고 강화된 인터페이스를 유지하며 계속 급성장했다. 2016년 4월 기준으로 이 웹 서비스는 아마존 총매출액의 9퍼센트,[77] 놀랍게도 총영업이익의 절반 이상을 차지했다.[78] 2016년 초 도이체방크의 분석가 카를 카이어스테트(Karl Keirstead)는 아마존 웹 서비스를 역사상 가장 빨리 성장하는 엔터프라이즈 기술 기업이라고 했다.[79] 아마존 주주들은 이 말에 기뻐했을 것이 분명하다. 2006년 7월 11일 아마존 웹 서비스가 출범한 이래로 10년 사이에 아마존 주가는 2,114퍼센트(35.66달러에서 753.78달러로)[80] 뛰었으니 말이다. 하지만 엔터프라이즈 IT 산업의 다른 업체들에게는 달갑지 않게 보였을 것이다.

음반 산업은 플랫폼의 이 같은 파괴력을 보여주는 마지막 탁월한 사례다. 음반 산업은 3세대에 걸쳐 반복하여 변모해왔기 때문이다. 2000~2015년에 세계의 음반 매출액은 370억 달러[81]에서 150억 달러[82]로 절반 이상 급감했다. 금세기에 들어서기 전보다 사람들이 음악을 덜 듣는 것도 아닌데 말이다.♦ 경제학자 조엘 왈드포겔(Joel Waldfogel)♦♦은 최근에 나오는 녹음된 음악의 질이 떨어지지 않았음을 보여주는 탁월한 연구 결과를 내놓았다. 이는 음악 애호가들이 큰 혜택을 받아왔다는 뜻이다. 우리는 적어도 이전만큼이나 좋은 음악을 이전만큼 많이 듣고 있지만, 전반적으로 지출하는 비용은 더 적다. 음악의 창작자와 소유자는 아마도 이런 추세 중 처음 두 가지에는 기뻐하겠지만, 세 번째 것에는 그렇지 않을 것이다.

해적 행위(저작권 침해)는 음악 산업의 매출 감소를 가져온 첫 번째 범인이다. 소비자가 노래나 앨범의 사본을 공짜로 완전하게 즉시 구할 수 있다면, 많은 소비자들은 그 기회를 이용할 것이며 그 음악의 저작권을 누가 가지고 있든 간에 보상을 해야 한다는 도덕적 의무를 느끼지 않을 것이다. 그리고 웹이 출현한 직후에, 노래를 리핑(ripping : CD 등에 기록되어 있는

---

◆ CD와 레코드판 시대에는 음악 판매량을 추적하는 일이 복잡하지 않았다. 디지털 형식이 출현함에 따라 음반 업계는 '다운로드 10회(TEA)'와 '스트림 1,500회(SEA)'가 전통적인 물질적 앨범 한 장이 판매되는 것과 같다고 보기로 합의했다. 이렇게 기준을 정함으로써 연도별로 대략적인 비교가 가능해졌다. 2015년에 미국인들은 앨범 5억 6,000만 장에 해당하는 음악을 구입하거나 합법적으로 소비했다(Keith Caulfield, "Drake's 'Views' Is Nielsen Music's Top Album of 2016 in the U.S.", *Billboard*, January 5, 2017, http://www.billboard.com/biz/articles/7647021/drakes-views-is-nielsen-musics-top-album-of-2016-in-the-us). 지난 2000년에는 7억 8,500만 장의 앨범을 구입했다(Jake Brown, "2016 Soundscan Data: Total Music Sales and Consumption", *Glorious Noise*, January 6, 2017, http://gloriousnoise.com/2017/2016-soundscan-data-total-music-sales-and-consumption). 물론 이렇게 차이가 나는 것은 오늘날 불법적으로 (따라서 추적할 수 없는) 음악 소비가 상당히 더 많이 이루어지기 때문이다.

◆◆ 조엘은 음악의 질을 측정하는 영리한 방법들을 고안했다. 즉 평론가들의 회고 목록(이를테면 〈롤링스톤스〉지의 500대 앨범과 같은 목록)과 음악이 출시된 지 오래 지난 뒤에(좋은 음악이라면 더 오랫동안 수요가 있을 것이다) 시대별로 라디오로 방송된 횟수 및 판매량을 분석한 자료를 토대로 한 지수 등도 포함되어 있다. Joel Waldfogel, *Copyright Protection, Technological Change, and the Quality of New Products: Evidence from Recorded Music since Napster*, NBER Working Paper 17503(October 2011), http://www.nber.org/papers/w17503.pdf.

◆◆◆ 2001년에 디지털 음악이 확산될 때, 애플은 "찢어라, 섞어라, 구워라(Rip, Mix, Burn)"라는 기억에 남을 광고 문구를 내놓아서 음악업계 경영진의 분노를 샀다. Apple, "Apple Unveils New iMacs with CD-RW Drives & iTunes Software", February 22, 2001, https://www.apple.com/pr/library/2001/02/22Apple-Unveils-New-iMacs-With-CD-RW-Drives-iTunes-Software.html.

하고 공유하도록 부추기는 인터넷 기반 플랫폼들이 출현했다. 사실은 대가를 지불하지 않고 음악을 얻는다는 것을 완곡하게 표현했을 뿐인 사례들이 많았다. ◆◆◆

1999년에 출범한 냅스터(Napster)[83]는 이런 플랫폼들 중 첫 번째에 속했다. 카자(Kazaa), 라임와이어(LimeWire)[84], 그록스터(Grokster)도 그러했다. 이 플랫폼들은 곧 매우 다양한 사람들 사이에 인기를 끌었다. 음악 저작권자들은 예외였다. 그들은 분노했고 반대 여론을 조성했으며 변호사들을 모아 대처했다. 1999년에 미국 음반산업협회(RIAA)는 냅스터를 고소했고, 헤비메탈 그룹 메탈리카도 2000년에 냅스터를 고소했다. 2001년에 샌프란시스코의 연방 판사가 폐쇄 명령을 내림으로써, 냅스터의 무료 P2P(peer-to-peer, 개인 간) 파일 공유 플랫폼은 종말을 고했다.

그 폐쇄와 소송은 해적 행위를 줄이는 데 얼마간 효과를 발휘했지만 음반의 판매 수익 감소를 막지는 못했다. 게다가 애플의 인기 있는 아이튠스 뮤직 스토어도 막지 못했다. 사실 이 플랫폼은 소비자가 각 곡 단위로 음악을 구입할 수 있게 함으로써 음반 매출 감소에 한몫을 했다.

아이튠스 이전에는 앨범(곡 모음집)이 음반의 주된 형식이었다. 2002년(아이튠스가 출범하기 전 해)에 CD 앨범과 CD 싱글의 판매량 비는 179 대 1[85]이었다. 하지만 소비자는 사실 앨범에서 한두 곡만 듣고 싶어 할 때가 많이 있었다. 라디오 같은 곳에서 들었던 히트곡만 말이다. 따라서 듣는 사람에게 앨범 전체를 경험하기를 원하는 음악가(그리고 전체 앨범을 팔아서 더 많은 수익을 얻고자 하는 음악 회사)와 단지 한두 곡만을 원하는 대다수의 소비자 사이에는 대개 불일치가 존재했다. 아이튠스는 고객이 원할 때마다 각 노래의 완전한 사본을 즉시 구입할 수 있게 함으로써 이 불일치 관계를 소비자에게 좋은 방향으로 돌려놓았다. 이 노래들은 공짜가 아니었지만 앨범 전체보다는 훨씬 더 저렴했다.

이는 디지털 플랫폼의 공통적인 특징 중 하나다. 이전에 하나로 단단히 묶여 있어서 따로따로 소비하기가 어려웠던 자원들을 풀어서 해체할 수 있다(unbundle). 아이튠스 같은 플랫폼은 기존에는 이용하기 어려웠던 이 개별화한 형태의 소비를 기본 소비 형식으로 지정한다. 그 결과 이런 플랫폼은 고객들에게 대단한 인기를 얻게 되고, 그 때문에 음악 저작권자 같은 기존 업계 사람들은 이 플랫폼을 무시하기가 어려워진다. 해체된 음악은 네트워크가 확산될 때 훨씬 더 매력적이 된다. 왜 그러한지 알아보기 위해 고객에게 노래 한 곡씩 들어 있는 음악 CD 10장을 배송하는데 그 노래들을 다 한 CD에 담아서 배송하는 것보다 약 10배 더 비용이 든다고 가정해보자. 거기에 소비자 수백만 명을 곱하면 노래를 한 CD로 묶는 것이 매력적인 이유를 알 수 있다. 그것은 원자의 경제학이다. 하지만 네트워크에서는 배송 비용이 거의 0이므로 노래를 곡별로 팔아도 아무런 손해도 나지 않는다. 그것이 바로 네트워크의 경제학이다.

묶음 해체는 이야기의 끝이 아니다. 인터넷 브라우저 기업인 넷스케이프의 전 CEO 짐 바크스데일(Jim Barksdale)은 "내가 아는 한 돈을 버는 방법은 두 가지뿐이다. 묶는 것과 묶음을 푸는 것이다"[86]라고 말했다. 이 조언의 양쪽 부분은 둘 다 음악에 적용된다. 묶음을 푼 음악의 저작권자도 음악 플랫폼의 세 번째 물결에 밀려나지 않기 위해 애써 왔다.

바로 스포티파이(Spotify)와 판도라(Pandora) 같은 스트리밍 서비스다. 스트리밍 서비스는 와이파이 기능을 갖춘 고성능 스마트폰 같은 기술 발전을 이용하며, 무제한 데이터 요금제를 쓰는 소비자에게 매력적인 제안을 한다. 어떤 기기를 쓰든 상관없이 언제든 공짜로, 완전하게, 즉시 이용할 수 있도록 개별 노래 또는 노래들을 조합한 노래 목록◆을 만들어 얼마든지 들을 수 있는 거대한 음악 도서관을 제공한다는 것이다. 본질적으로 그들은 음악을 구독하는 곡별로 해체한다. 고객은 매달 저렴한 요금을 내고 많은(때로는 거의 무한한) 음악 스트림을 듣곤 한다. 개별 곡을 구입하는 대신에 대규모 음악 묶음을 들을 권리를 산다.

무료, 완전성, 즉시성의 경제에 관한 또 하나의 의외의 사실은 상품들을 새로운 방식으로 다시 묶을 수 있다는 것이다. 특히 음악 구독처럼 정보재의 대규모 묶음은 동일한 상품을 개별 단위로 판매하는 것보다 더 수지맞을 때가 많다. 많은 소비자들은 음악을 좀 더 소비하기 위해 매번 지불할지 여부를 결정하기보다는 월정액을 내는 더 쉬운 대안을 택한다. 이 경향은 심리학(말하자면 결정, 특히 지출에 관한 결정을 하려면 피곤하다)과 경제학(구독(subscription) 모델은 묶음을 파는 쪽이 상품을 개별적으로 파는 것보다 더 이윤이 남고 매출이

---

◆   스포티파이는 초기에 몇 년 동안(2008년에 출범한 이래로) 많은 고객들에게 주문형으로 노래를 제공할 방대한 도서관을 구축하는 데 필요한 기반 시설을 조성하고, 음악 저작권자들과 협상하는 데 집중했다. 그 결과 2013년 무렵에는 이 문제들이 대부분 해결되었다(Erik Bernhardsson, "When Machine Learning Matters," *Erik Bernhardsson* [blog], August 5, 2016, https://erikbern.com/2016/08/05/when-machine-learningmatters.html). 그런 뒤 회사는 머신러닝을 이용하여 고도의 개인별 맞춤 음악을 추천하는 쪽으로 집중했다(Jordan Novet, "Spotify Intern Dreams Up Better Music Recommendations through Deep Learning," *VentureBeat*, August 6, 2014, http://venturebeat.com/2014/08/06/spotify-intern-dreams-up-bettermusic- recommendations-through-deep-learning). 스포티파이는 2016년 9월에 알고리즘을 기반으로 한 데일리믹스(Daily Mix) 서비스를 내놓았다(Spotify, "Rediscover Your Favorite Music with Daily Mix", September 27, 2016, https://news.spotify.com/us/2016/09/27/rediscover-your- favorite-music-with-daily-mix). 모든 이용자를 위해 24시간마다 맞춤 연주 목록을 생성한다.

나도록 더 수요를 재편할 수 있다] 양쪽을 반영한다.♦ 상품이 디지털이 아닐 때에는 이 사업 모델이 들어맞지 않는다. 대규모 묶음은 불가피하게 쓰이지 않을 많은 구성 요소를 포함하기 마련이다. 그런 구성 요소들의 한계비용이 0에 가깝다면(온라인 음악처럼) 낱개로 이용할 수 있도록 만든다고 해도 낭비되는 것은 전혀 없다. 하지만 그 상품이 원자로 이루어져 있다면(레코드판이나 플라스틱 CD 등) 결코 이용되지 않을 구성 요소들을 많은 소비자들에게 보내는 것은 비용이 많이 들며 궁극적으로 수지가 맞지 않는다.

음악을 구독하여 들으라는 제안은 거부하기 어렵다는 것이 드러났고, 스트리밍 서비스는 인기가 폭발적으로 늘어났다. 2016년 상반기 동안에 스트리밍은 미국 음악 총수익의 47퍼센트를 차지했다.[87] 스포티파이가 저작권자와 맺은 수익 공유 구조는 본래 라디오 방송 협약을 염두에 두고 만든 것이었다. 노래가 연주될 때마다 듣는 사람 1인당 약 0.007달러를 배분했다.[88]♦♦ 물론 라디오 청취자 중 일부는 음악을 들은 뒤 그 노래를 구입할 것이라고 가정한 반면, 스포티파이 청취자 중에서는 그럴

---

♦ 에릭은 야니스 바코스(Yannis Bakos)와 함께 쓴 일련의 논문들을 통해 정보재의 묶음과 공유의 놀라운 경제학을 규명해왔다. Yannis Bakos and Erik Brynjolfsson, "Bundling Information Goods: Pricing, Profits, and Efficiency", *Management Science* 45, no. 12(1999): 1613~30; Yannis Bakos and Erik Brynjolfsson, "Bundling and Competition on the Internet," *Marketing Science* 19, no. 1(2000): 63~82; and Yannis Bakos, Erik Brynjolfsson, and Douglas Lichtman, "Shared Information Goods", *Journal of Law and Economics* 42, no. 1 (1999): 117~56.

♦♦ 배분율은 저작권료 중재위원회(CARP, Copyright Arbitration Royalty Panel)의 전담 위원들이 정기적으로 재산정한다. 에릭은 2005년에 그 기관에서 음악 산업의 경제학에 관한 자신의 이론을 검증하는 기쁨을 누린 바 있다. US Copyright Royalty Judges, "In the Matter of Digital Performance Right in Sound Recordings and Ephemeral Recordings: Determination of Rates and Terms," Docket No. 2005-1 CRB DTRA, accessed March 1, 2017, https://www.loc.gov/crb/proceedings/2005-1/rates-terms2005-1.pdf.

사람이 거의 없으리라는 것이 차이점이었다. 후자는 언제 어디에서든 원하면 그 서비스를 이용하여 다시 들을 수 있었기 때문이다. 라디오로 방송되는 음악은 진정한 의미에서 한 가지 광고였으며, 따라서 음반의 보완재였다(보완재는 다음 장에서 더 상세히 논의할 것이다). 스포티파이 곡은 대체재에 더 가까웠다.

따라서 스트리밍 서비스는 구매 행동을 바꾸었다. 음악을 한 곡씩 구매하던 많은 사람들을 구독이나 음악 묶음을 구매하는 사람으로 돌아서게 했다. 그럼으로써 그들은 데이비드 보위가 2002년에 다음과 같이 한 예측을 적어도 어느 정도 실현시키는 데 기여했다. "우리가 지금까지 음악에 관해 생각했던 모든 것에 절대적인 변화[89]가 10년 안에 일어날 것이고, 그 어떤 것도 그 변화를 막을 수 없을 것이다. … 음악 자체는 흐르는 물이나 전기처럼 될 것이다."

사실 그런 일이 일어나긴 했지만 대부분의 음악 저작권자를 행복하게 만드는 방식으로는 아니다. 가수 겸 작곡가인 테일러 스위프트(Taylor Swift)는 2014년 11월에 이렇게 말하면서 스포티파이에서 자신의 음악을 제공하지 않겠다고 발표했다. "파일 공유와 스트리밍은 앨범 판매량을 급감시켜 왔으며, 음악가마다 이 충격에 저마다 다르게 대처해왔다."[90]

하지만 다른 대부분의 음악가들과 저작권자들은 그냥 받아들였다. 무료, 완전성, 즉시성을 갖춘 플랫폼들이 소비자들이 너무나 혹할 만한 경제적 구조를 지니고 있었기에 기존 사업자들은 무시할 수 없었다.

우리는 이 패턴을 앞으로 더 자주 보게 될 것이라고 예측한다. 우리는 《플랫폼 레볼루션(Platform Revolution)》을 쓴 경영학자 제프리 파커(Geoffrey Parker), 마셜 밴 앨스타인(Marshall Van Alstyne), 상지트 초더리(Sangeet Choudary)

의 다음과 같은 견해에 동의한다. "플랫폼이 등장한 결과, 전통적인 경영 관리 행위들은 거의 다 격변 상태에 빠졌다. 우리는 모든 기업과 경영자들에게 영향을 미치는 불균형 시대에 있다."[91]

SUMMARY 요점

- 인터넷 그리고 이와 관련된 기술은 지난 20년 동안 소매업에서 언론, 사진술에 이르기까지 다양한 산업들을 붕괴시켰다. 소비자에게 새로운 대안들이 제공되고, 새로운 가입자가 늘어나고 있음에도 수익은 떨어졌다.

- 이 붕괴는 대체로 만연한 네트워크 시대에 디지털 정보재의 무료, 완전성, 즉시성의 경제학 때문에 일어났다. 추가 디지털 사본의 한계비용은 (거의) 0이며, 각 디지털 사본은 원본의 완벽한 복제물이며, 또한 각 디지털 사본은 대부분 즉시 지구 전체로 전송될 수 있다.

- 기존 상품과 서비스는 무료, 완전성, 즉시성을 갖추지 않았기 때문에 경쟁에서 불리한 위치에 놓인다.

- 네트워크에 연결된 상품은 이용자가 늘어날수록 더 가치 있게 된다. 그리하여 네트워크가 더 클수록 유리해지는 '수요 측 규모의 경제'가 나타난다.

- 플랫폼은 접근, 재생산, 유통의 한계비용이 거의 0이라는 점이 특징인 디지털 환경이라고 설명할 수 있다.

- 플랫폼 경제학, 무어의 법칙, 조합형 혁신은 컴퓨터 하드웨어와 음반 같은 이질적인 산업 분야들을 계속 재편하고 있다.

1  당신의 조직에서 다음에 비트의 무료, 완전성, 즉시성의 경제학이 쓰이게 될 곳이 어디인가?

2  현재 당신의 산업에서 가장 중요한 디지털 플랫폼은 무엇인가? 그것들이 3년 안에 어떻게 될 것이라고 생각하는가?

3  현재 당신의 조직에서 제공되는 것들 중에서 클라우드를 통해 제공될 수 있는 것이 얼마나 된다고 생각하는가? 그 전환이 이루어지도록 빨리 행동을 취하고 있는가?

4  전형적인 고객의 입장에서 생각해보라. 현재 상태와 비교할 때 당신이 제공하는 것들을 묶는 것, 낱낱이 나누는 것, 다른 것들과 섞어서 묶는 것 중에서 어느 쪽이 더 고객에게 매력적이라고 생각하는가?

5  당신의 산업에서 네트워크 효과를 더 강하게 또는 더 흔하게 만들 수 있는 가장 현실적인 시나리오는 무엇인가?

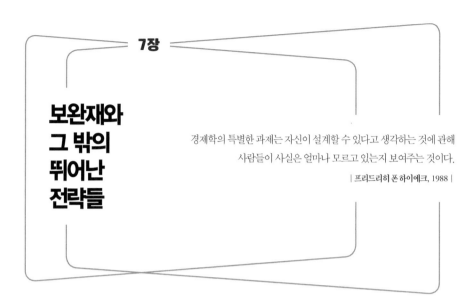

## 7장

# 보완재와 그 밖의 뛰어난 전략들

> 경제학의 특별한 과제는 자신이 설계할 수 있다고 생각하는 것에 관해
> 사람들이 사실은 얼마나 모르고 있는지 보여주는 것이다.
>
> | 프리드리히 폰 하이에크, 1988 |

2007년, 스티브 잡스는 미국 기업 역사상 CEO로서 가장 위대한 성공을 거두었다고 할 수 있는 시기에 있었다. 그러나 그해 내내 그는 경제학의 한 가지 기본 통찰을 제대로 이해하지 못함으로써 회사의 추진력에 제동을 걸 뻔했다.

## 스티브 잡스의 실수

2007년 초 애플은 아이폰을 내놓았다. 그것은 '상징적(iconic)'이라고 부르기에 마땅한 제품이었다. 멀티터치 화면, 강력한 모바일 인터넷 브라우저, 가속도계, GPS를 포함하는 새로운 특징들과 혁신적인 설계에 힘입어, 아이폰은 나오자마자 열광적인 호평을 받으면서 불티나게 팔렸다. 출시 첫해에는 무려 600만 대 이상이 팔렸다. 출시되기 전에는 아이폰에 의구심을 가진 사람들이 많았다. 마이크로소프트 공동 설립자인 스티브 발머(Steve Ballmer)도 그랬다. 그는 이렇게 말했다. "500달러라고? 보조금을 다 받고서도? 게다가 요금제까지? 나는 세계에서 가장 비싼 전화기라고 말했다. 그리고 자판이 없기 때문에 기업 고객들에게 별 매력도 없다. 자판이 없으니 이메일을 보내기에 좋은 기기도 아니다".[1] 2007년과 그 뒤로 몇 년에 걸쳐서 아이폰은 회의주의자들의 견해가 지극히 잘못되었음을 입증했다.

그러나 잡스 자신은 아이폰이 출시된 바로 그 해에 대단히 중요한 논쟁에서 잘못된 편에 서 있었다. 아이폰은 처음부터 전화기로 쓰는 것 못지않게 컴퓨터로 쓰는 것을 염두에 두고 고안되었다. 프로세서, 기억장치, 저장장치, 운영체제, 사용자 인터페이스를 비롯하여 컴퓨터에서 흔히 보는 여러 속성들을 갖추고 있었다. 물론 응용 프로그램들도 있었는데 온전한 크기의 데스크톱 컴퓨터와 노트북에 들어 있는 소프트웨어와 구별하려는 의도도 어느 정도는 있어서 '앱(apps)'이라고 불리게 되었다.

잡스는 자사 제품을 철저히 통제하여 관리하는 것으로 유명했다. 잡스는 그렇게 하는 것이 뛰어나면서 일관적인 사용자 경험을 보장하는 유일한 방법이라고 믿었고, 그래서 아이폰 앱을 모두 애플이 만들기를 원했다. 월터 아이작슨(Walter Isaacson)은 전기인《스티브 잡스(Steve Jobs)》에 이렇게 썼다. "2007년 초에 아이폰이 처음 나왔을 때, 외부 개발자로부터 구입할 수 있는 앱은 전혀 없었으며, 잡스는 처음에 그런 앱을 허용하지 않겠다고 거부했다. 그는 외부인이 아이폰을 엉망으로 만들고, 바이러스에 감염시키고, 완전무결함을 오염시킬 수 있는 응용 프로그램을 만드는 것을 원치 않았다."[2] 잡스는 2007년 1월 〈뉴욕타임스〉에 이렇게 말한 바 있다. "사람들은 자신의 전화기가 PC처럼 되기를 원치 않는다. 자기 전화기에 앱을 3개 띄운 뒤, 전화를 거는 데 먹통이 되는 것을 결코 보고 싶지 않을 것이다."[3]

애플 안팎의 고위 인사들(마케팅 담당 부사장인 필 쉴러(Phil Schiller), 이사인 아트 레빈슨(Art Levinson), 벤처투자자인 존 도어(John Doerr) 등)은 외부 개발자들이 아이폰 앱을 만들 수 있도록 허용해야 한다고 주장했다. 하지만 잡스는 그들의 주장을 받아들이지 않았고, 제품이 출시된 뒤에 외부 앱이라는 개념을 놓고 고민하다가 이사회의 이사 네 명과 논의를 했다.

## 디지털 플랫폼의 진정한 힘

물론 우리는 잡스가 결국 마음을 바꾸어서 아이폰(그리고 그 뒤의 아이패드)에 외부 앱을 허용했다는 것을 안다. 그리고 그것은 올바른 결정이었다. 지금은 독자적인 개발자들이 만든 다양한 앱이 없는 스마트폰이 성공하리라고는 상상도 하기 어렵다. 하지만 그것이 왜 좋은 결정이었을까? 그저 더 많을수록 더 낫기 때문일까?

스마트폰에서 이용할 수 있는 앱이 많으면 좋다는 것은 분명하지만, 그것이 이야기의 전부는 아니다. 그 이유를 알기 위해 아이폰에 쓸 수 있는 무료 앱이 무수히 많지만 모두 게임이라고 가정해보자. 그러면 게이머는 아이폰에 매우 혹하겠지만, 다른 소비자들은 그다지 흥미를 못 느낄 것이다. 이번에는 온갖 종류의 많은 앱을 쓸 수 있지만, 각 앱의 가격이 100달러를 넘는다고 해보자. 그런 아이폰은 부자들에게는 반드시 가져야 할 기기가 되겠지만, 그들 이외의 나머지 사람들에게는 별 쓸모가 없을 것이다. 이 두 가설을 접하면서 우리는 다양한 가격과 결부된 다양한 앱들에게 아이폰의 인기에 기여하는 무언가가 있다고 직감하게 된다. 이 직관을 더 분명히 하고 플랫폼의 힘을 더 깊이 이해하려면, 미시경제학 개론 시간에 반드시 다루는 두 가지 주제를 소개할 필요가 있다. 바로 수요와 공급의 곡선, 그리고 보완재라는 개념이다. 어려운 개념처럼 들릴지 모르지만(너무나 많은 경제학 교과서와 수업 시간에 가르치는 방식도 그런 인식을 심어주는 데 기여하고 있다) 사실 그렇지만은 않으며, 조금만 살펴보면 가치 있는 깨달음을 얻을 수 있다.

## 수요와 공급의 원리

수요곡선은 대부분의 생산물에서 가격이 하락할 때 전반적인 수요가 증가한다는 단순한 개념을 담고 있다. 우리는 다른 모든 조건들이 같을 때 밀가루, 목재, 컴퓨터, 항공권의 가격이 하락할수록 더 많이 산다. 이 단순한 사실을 시각적으로 표현하기 위해 경제학자들은 대략 '그림 3'과 비슷하게 그린 생산물들의 수요곡선을 그린다.

수요곡선에서 세로축은 상품과 서비스의 가격을 나타내고, 가로축은 그 가격에서의 총수요를 가리킨다. 가격이 아주 높다면 총수요는 아주 적을 것이고, 반면에 가격이 0으로 떨어진다면 수요는 훨씬 더 많아질 것이다(물론 무한정 늘어나지는 않을 것이다. 밀가루, 목재, 컴퓨터, 항공권이 공짜가 된다고 해도 원하지 않는 사람도 있을 것이기 때문이다). 일반적인 생산물은 가격과 수요량 사이의 모든 조합을 그래프에 표시하면 '그림 3'과 같은 그림이 나온다. 확연히

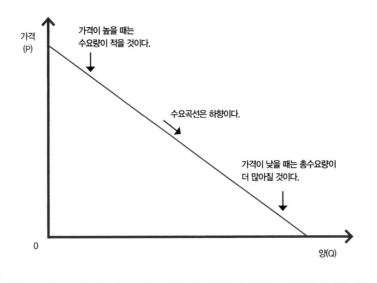

그림 3 | 대부분의 생산물에 적용되는 '수요곡선'

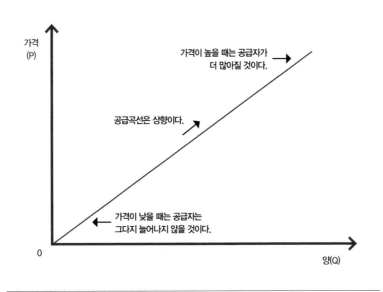

그림 4 | 대부분의 생산물에 적용되는 '공급곡선'

드러나는 여러 가지 이유로, 이를 '하향 수요곡선'이라고 한다.

물론 공급은 가격과 전혀 다른 관계를 맺고 있다. 목재상들과 컴퓨터 제조업체들은 자기 제품의 가격이 올라갈수록 더 많이 생산할 것이다. 따라서 같은 좌표에 그린 전형적인 공급곡선은 '그림 4'처럼 보인다.

다음 단계는 당연히 '그림 5'에서처럼 두 곡선을 한 그래프에 그려서 교차하는 지점이 어디인지를 알아보는 것이다. 이런 곡선은 모든 경제학 개론 교과서에 실려 있다. 상당히 많은 정보를 제공하기 때문이다. 수요와 공급이 일치하는 가격과 양을 보여준다. 그 가격과 양을 곱한 값, 다시 말해 그래프에서 짙게 칠한 사각형의 면적이 바로 생산자가 생산물로부터 얻을 총수익이다.

이제 수익 직사각형 위쪽의 삼각형 모양의 면적을 보자. 이 영역에서 소비자는 꽤 많은 이익을 본다. 소비자는 제품에 P*(시장 균형 가격) 이상의 돈을 낼 의향이 있지만, P*만 지불하면 된다. 이 삼각형은 그런 모든 소비자의 주머니에 남는 돈의 액수를 알려준다. 이를 '소비자 잉여'라고 한다. 생산자에게는 소비자 잉여가 반드시 기뻐할 일은 아니다. 그들은 각 소비자가 지불할 의향이 있는 돈을 다 긁어모으는 편이 낫다(그리고 때로 가격을 달리 매김으로써 그런 방법을 찾아내곤 한다). 하지만 그러지 못할 때가 더 많다. 정보를 충분히 지닌 소비자들이 있는 경쟁 시장에서는 동일한 제품들이 어디에서든 동일한 단일 가격에 팔린다. 경제학에서 '일물일가 법칙(Law of One Price)'이라고 부르는 것에 해당하는 현상이다. 수익 정사각형 오른쪽에 놓인 삼각형은 제품에 P*라는 값을 지불할 의향이나 능력이 없기 때문에 그 제품을 사지 않은 소비자들을 나타낸다. 소비자가 '시장 균형(혹은 청산) 가격'이라고 부르는 것에 응하지 않는 시장 영역에 해당한다.

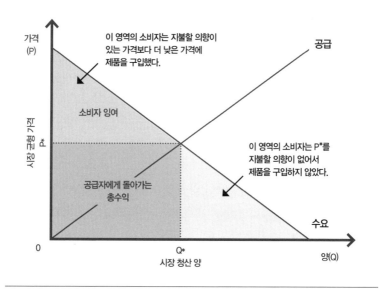

그림 5 | 모든 미시경제학 교과서에 실려 있는 수요와 공급 그래프

아이폰은 '그림 3'과 비슷해 보이는 수요곡선을 지니며, 아이폰에서 쓸 수 있는 앱도 마찬가지다. 하지만 아이폰의 곡선과 앱의 곡선을 따로따로 생각하는 것은 타당하지 않다. 아이폰과 앱은 서로 독립적이지 않기 때문이다. 대신에 그것들은 경제학자들이 '보완재(complementary goods 또는 complements)'라고 부르는 것에 속한다. 보완재의 본질적인 특성은 수요곡선이 볼룸 댄스의 짝처럼 긴밀하게 그리고 예측할 수 있는 양상으로 상호작용을 한다는 것이다.

## 보완재는 곡선을 옮긴다

다진 소고기와 햄버거는 보완재의 고전적인 사례다. 슈퍼마켓이 여름 주말에 다진 소고기의 할인 행사를 한다면, 그 옆에 햄버거 빵도 쌓아놓는 편이 낫다. 햄버거 빵의 수요도 증가할 것이기 때문이다. 일반적으로 보완재는 다음과 같은 특성을 지닌 상품들의 쌍이다. '상품 A'의 가격이 떨어질 때, '상품 B'의 수요곡선이 바깥으로 이동한다는(즉 수요가 증가한다는 뜻) 특성이다.[◆] '그림 6b'가 나타내듯이 이는 '상품 B'의 가격에 아무런 변동이 없을 때에도 그 상품이 수요가 더 늘어난다는 뜻이다.

보완재는 어디에나 있다(예를 들면 병과 병뚜껑, 작물의 씨와 비료, 철과 시멘트, 자동차와 타이어 등이 그렇다). 그리고 기업들은 그것들을 이용하여 수요와 이익을 최대화하는 방법을 예전부터 알고 있었다. 한 예로 일회용 면도날 제조업체는 흔히 보완재인 면도기 자체를 할인하거나 무료로 제공함으로써 면도날의 수요를 자극한다. 스티브 잡스는 앱이 아이폰의 보완재임을 분명히 이해하고 있었다. 그러했기에 홈 화면을 본질적으로 앱들이 격자 모양으로 늘어선 형태로 만들었다. 하지만 처음에 외부 앱을 허용하지 않음으로써, 잡스는 애플이 두 가지 유익한 현상을 활용하지 못하게 막았다. 소비자마다 보완재의 개념이 서로 다르다는 점과 많은 개인과 기업이 기꺼이 무료로 앱을 만들려 한다는 점이었다.

소비자의 선호는 아주 다양한 양상을 띤다. 채식주의자는 다진 소고기가 아무리 싸도 햄버거 빵을 더 많이 사지 않을 것이다. 채식주의자에게는 맛 좋은 야채 햄버거를 만드는 데 쓰일 재료들의 묶음이 햄버거 빵의 보완재일 것이다. 마찬가지로 '킬러 앱(killer app)'은 아이폰 소비자마다 다르다. 게임을 원하는 사람도 있고, 업무 도구를 원하는 사람도 있으며, 음악을 듣고 싶을 때 음악 스트림을 원하는 사람도 있을 것이고, 소셜 미

---

◆  더 공식적으로 말하자면, 상품이 보완재일 때 교차 가격 탄력성이 음의 값을 갖는다고 한다.

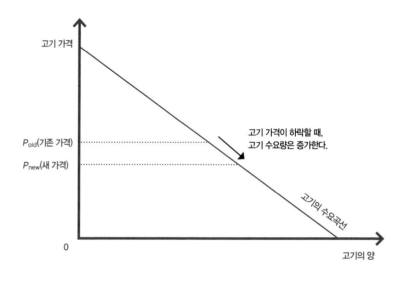

그림 6a | 햄버거 고기의 가격이 하락할 때

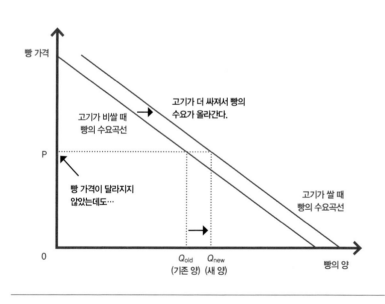

그림 6b | 햄버거 빵의 수요곡선은 밖으로 이동한다

디어를 사용하고 싶은 사람도, 아이폰을 소형 과학 기기로 이용하고 싶은 사람도 있을 것이다. 그들의 욕구를 충족시키는 문제를 떠나서 선호도를 파악하는 가장 좋은 방법은 앱 스토어를 어느 한 명이 소유한 가게보다는 열린 장터에 가까운 형태로 바꾸는 것이다. 애플 같은 혁신적인 기업이라고 해도, 어느 한 기업이 샤잠(Shazam, 당신이 방에 들어갔는데 음악이 흘러나오고 있을 때 그 음악의 제목을 물어보면 알려주는 앱)과 돼지가 알을 훔쳐가는 바람에 화가 나서 알을 되찾기 위해 나선 화난 새들을 돕는 게임인 앵그리버드(Angry Birds)를 둘 다 내놓을 수는 없다.

앵그리버드는 2009년 말에 출시되었고, 역대 다운로드 횟수가 최대인 게임 중 하나가 되었다. 게다가 무료이기도 했다.◆ 그 점은 보완재의 한쪽에게 영향을 미치는 매우 흥미로운 특성이다. 수요곡선으로 돌아가서 이번에는 두 개를 그려보기로 하자. 하나는 앵그리버드 앱의 수요곡선, 다른 하나는 아이폰의 수요곡선이다. 논의를 단순하게 하기 위해 같은 크기로 그리기로 하자(그러면 부정확해지기는 해도 우리가 제시하려는 요지를 해치지는 않는다).

◆ 앵그리버드를 개발한 핀란드 기업 로비오(Rovio)는 2015년 매출액이 1억 4,200만 달러였다(Rovio Entertainment, "First Quarter of 2016 Shows Successful Turnaround for Rovio after Expected Difficult 2015", April 6, 2016, http://www.rovio.com/first-quarter-2016-shows-successful-turnaround-rovio-entertainment-afterexpected-difficult-2015). 인앱(in-app) 구매 외에 스마트폰 덮개, 장난감 같은 상품들의 판매와 상표 사용권 계약을 통해서도 상당한 수익을 올렸다(Alvaris Falcon, "85 Cool Angry Birds Merchandise You Can Buy," Hongkiat, accessed February 4, 2017, http://www.hongkiat.com/blog/cool-angry-birds-merchandise). 2016년 영화 〈앵그리버드 무비〉는 핀란드 제작 영화 중 세계적으로 가장 성공한 축에 들었다(Rovio Entertainment, "The Angry Birds Movie Is the Most Internationally Successful Finnish Movie of All Time!" January 4, 2017, http://www.rovio.com/angry-birds-movie-most-internationally-successful-finnish-movie-all-time).

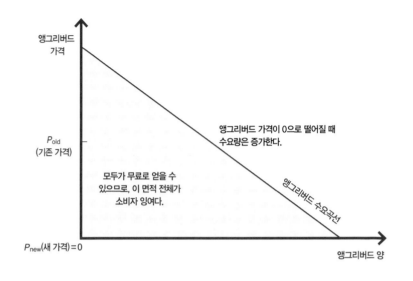

앵그리버드
가격

$P_{old}$
(기존 가격)

$P_{new}$(새 가격) = 0

앵그리버드 가격이 0으로 떨어질 때
수요량은 증가한다.

모두가 무료로 얻을 수
있으므로, 이 면적 전체가
소비자 잉여다.

앵그리버드 수요곡선

앵그리버드 양

그림 7a | 앵그리버드 가격이 0으로 하락할 때 수요량은 증가한다

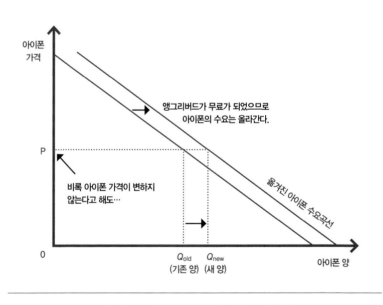

아이폰
가격

P

0

앵그리버드가 무료가 되었으므로
아이폰의 수요는 올라간다.

비록 아이폰 가격이 변하지
않는다고 해도…

옮겨진 아이폰 수요곡선

$Q_{old}$   $Q_{new}$
(기존 양) (새 양)

아이폰 양

그림 7b | 그리고 아이폰의 수요곡선은 바깥으로 이동한다

앵그리버드의 가격이 10달러라면, 그 수요곡선은 총수요량을 알려줄 것이다. 다시 말해 다운로드가 얼마나 이루어질지 알려준다(그림 7a). 또 이 하향 곡선은 그 게임의 가격이 5달러일 때는 총수요가 명백히 더 늘어나리라는 것도 알려준다. 그리고 가격이 0, 즉 무료라면 곡선은 수요가 더욱 늘어날 것이라고 말해준다. 게다가 더욱 흥미로운 점도 알려준다. 엄청난 양의 소비자 잉여가 생기리라는 것이다. 사실 '그림 7a'가 보여주듯이 수요곡선 아래쪽의 삼각형 면적 전체가 소비자 잉여가 된다. 그 게임에 어떤 가격이라도 지불할 의향이 있는 모든 사람들에게는 모든 가격이 할인 가격으로 보일 것이기 때문이다.

### 수요곡선 밀어내기: 보완재가 무료, 완전성, 즉시성을 띨 때

이미 앱과 스마트폰이 보완재라고 말했다는 점을 기억하자. 이 말은 앵그리버드의 명목상 가격 하락(잠재적 소비자의 이전 기댓값에서 실제 가격인 무료에 이르기까지)이 아이폰의 수요곡선을 바깥으로 이동시킴으로써, 그 가격에 아이폰을 기꺼이 사려는 사람이 더 늘어나는 효과가 나타난다는 의미다. 따라서 샤잠과 앵그리버드 같은 무료 앱은 두 가지 효과를 낳는다. 소비자 잉여를 만들어내며(당신은 언제나 고객이 할인을 받는다고 느끼도록 하고 싶기 때문에 이 잉여는 아주 좋다), 아이폰의 수요곡선을 바깥으로 떠민다. 그것은 바로 애플이 원하는 것이기도 하다. 그 가격에 기꺼이 아이폰을 살 사람들이 더 늘어나는 것 말이다.

이 앱 하나하나는 아이폰의 수요곡선을 아주 조금씩 밖으로 밀어낼 것이다. 어쨌거나 단지 게임 하나를 할 수 있다고 해서 599달러(2007년에 첫 출시된 아이폰의 원래 가격)를 기꺼이 지불하고 아이폰을 살 사람이 얼마나 더 늘어나겠는가? 하지만 이 보완재들의 효과는 누적적이다. 각각의 무료 앱이 추가하는 미미한 소비자 잉여들이 모여서 아이폰이 제공하는 전체 다발이 되며, 그럼으로써 애플이 원하는 방향으로 그 수요곡선을 훨씬 더 멀리 밀어낸다. 탐나는 무료 앱 하나를 이용할 수 있다고 해서 값비싼 스마트폰이 갑자기 구매하기에 매력적인 것이 되지는 않는다. 하지만 무료 앱이 수십만 개 있을 때는 스마트폰이 탐날 만하게 보이는 어떤 앱들의 큰 부분집합이 있지 않겠는가? 그런 엄청난 앱 집합은 많은 소비자 잉여를 낳을 것이고, 수요곡선을 아주 멀리까지 밀어낼 것이다. 기대도 마찬가지로 중요한 역할을 한다. 그 모든 앱 그리고 앱 개발자는 소비자에게 시간이 지날수록 새로운 앱이 계속 나올 것이므로 자신의 스마트폰이 계속 가치가 있을 것이라고, 아니 더욱더 가치가 높아질 것이라고 더 확신을 심어준다.

이런 무료 앱을 만드는 사람들은 누구일까? 순수한 이타주의자? 아니면 그저 자신의 능력을 세상에 알리고 싶어 하는 사람들? 무료 앱의 개발자 중에 그런 사람들이 있긴 하지만, 그렇지 않은 사람들도 많다. 무료 상품의 경제학을 깊이 생각해본 적이 없다면 무료 앱이 크게 늘어나리라는 것을 2007년에 예상하기는 어려웠겠지만, 무료로 자신의 앱을 기꺼이 제공하려는 사람과 기관은 많이 있으며 다음과 같이 이유도 아주 다양하다.

**'프리미엄' 서비스**: 클라우드 기반 저장 용량 제공자인 드롭박스(Dropbox)와 메모 관리자인 에버노트(Evernote) 같은 기업들은 고객에게 기본 서비스를 무료로 제공하고, 기능이나 용량을 추가할 때면 추가로 사용료를 부과하는 사업 모델을 갖추었다. 이 접근법은 대단히 인기가 있음이 입증되었고(스티브 잡스는 드롭박스가 나온 지 2년밖에 안 된 2009년에 달러로 '9자릿수' 금액을 제시하면서 인수 의향을 내비쳤다)[4], 이런 기업들이 유용한 무료 앱을 내놓았다는 점에서 지지를 받게 되었다. 영리한 기업들은 무료 상품이 더 값비싼 판본의 대체제가 아니라 보완재가 될 수 있음을 깨닫고 있다. 무료 상품이 유료 상품의 수요를 잠식하기보다는 늘린다는 것을 말이다.

**광고 수익**: 많은 무료 앱들은 사용자에게 광고를 보여줌으로써 창작자에게 수익을 안겨준다. 구글의 아이폰 전용 검색엔진, 운전자 길 찾기 앱인 웨이즈(Waze), 그 밖의 많은 앱들은 광고를 포함하며, 그런 광고를 통해 나오는 매출은 인상적인 수준이 될 수 있다. 페이스북의 아이폰 앱은 소비자에게 무료이지만, 페이스북은 2016년 3분기에 총이익의 84퍼센트를 그 앱을 통한 광고로 얻었다.[5]

**고객 서비스**: 은행, 보험, 투자 같은 산업 분야의 많은 기업들은 고객을 위한 무료 앱을 개발해왔다. 2010년 8월에 아마존은 아이폰 소유자가 상점에 있는 제품의 바코드를 찍으면, 아마존에서 그 상품을 더 값싸게 구입할 수 있을지를 즉시 알려주는 앱을 내놓았다. 2010년 8월에 체이스은행은 이용자가 수표의 사진을 찍기만 하면 그 금액이 예금되는 무료 은행 앱을 내놓았다. 이는 소비자 잉여를 크게 늘렸고, 곧 다른 은행들도 모방한 앱을 내놓았다.

**공공 서비스**: 많은 정부 기관들과 비영리 기관들은 목표를 달성하기 위한 방안으로 앱을 내놓는다. 우리는 보스턴 지역에 살고 있어서 스

트리트범프(Street Bump) 앱을 즐겨 사용한다. 아이폰 센서들을 써서 우리 자동차가 도로가 파인 곳을 지나갈 때면 그 위치를 시청으로 전송하는 앱이다. 그리고 우리는 경제 자료만 나오면 달려들므로, 세인트루이스의 연방준비은행에서 만든 프레드(FRED) 앱도 즐겨 사용한다. 이는 다양한 경제 자료를 공개하는 앱인데 사용하기도 쉽다. 제니퍼 팔카(Jennifer Pahlka)가 설립한 코드 포 아메리카(Code for America)는 혁신적인 비영리 기관인데, 손꼽히는 첨단 기술 기업에서 일하는 기술자들이 안식년을 맞이하여 정부 기관에서 앱 같은 대중을 위한 소프트웨어를 개발하는 일을 할 수 있도록 연결해준다.

**제품과 페어링**(Pairing): 디지털 제품이 우리 삶의 곳곳에 스며듦에 따라 그 제품에 곁들여지는 앱들이 스마트폰에 늘어나고 있다. 핏빗(Fitbit)과 나이키+퓨얼밴드(Nike+ FuelBand) 같은 건강 및 운동 기기, 어거스트(August) 같은 스마트 문 잠금장치, 주방용 저울인 드롭(Drop), 소노스(Sonos) 음악 스피커 같은 많은 장치들은 앱을 통해 작동시킬 수 있다. 바이퍼(Viper) 같은 기업의 장치를 설치하면 스마트폰을 통해 자동차의 문을 열고 시동까지 걸 수 있다.

이러한 사례들은 무료 앱을 개발하려는 동기 중 일부를 대변할 뿐이다. 외부 개발자들에게 앱 스토어를 개방하는 것이 낫다고 잡스가 납득한 뒤에야, 비로소 애플은 그 모든 앱들을 이용할 수 있게 되었고, 소비자 잉여와 수요곡선 이동의 혜택을 거둘 수 있었다. 2008년 7월에 애플은 자사의 앱 스토어에서 약 800개의 외부 개발 앱을 이용할 수 있다고 발표했다. 사흘 사이에 그 앱들은 1,000만 번 이상 다운로드가 이루어졌다. 잡스는 그 성취를 "그랜드 슬램"[6]이라고 했다.

## 개방의 중요성

우리가 플랫폼을 접근, 복제, 유통의 한계비용이 거의 0인 디지털 환경이라고 정의했음을 떠올려보자. 아이폰은 분명히 이 정의를 충족시킨다. 그러나 아이폰은 원래 앱 쪽으로는 폐쇄형 플랫폼(closed platform)이었다. 애플만이 앱을 추가할 수 있었기 때문이다. 애플이 플랫폼을 개방한 뒤에야 비로소 엄청난 혁신과 성장이 이루어졌다.

애플의 사례가 보여주듯이, 플랫폼을 대중에 개방하면 혜택을 본다. 가장 근본적으로 플랫폼 소유자에게 혼자서 이끌어낼 수 있는 것보다 훨씬 더 많고 다양한 기여, 동기, 착상을 가져다준다. 이런 기여는 두 가지 강력한 경제적 혜택을 안겨준다. 소비자 잉여를 늘리고 보완재의 수요곡선을 밀어낸다. 즉 주어진 가격에서 더 많이 팔리게 된다는 의미다.

플랫폼 소유자는 자신의 창작물을 개방할 때 두 가지 혜택을 더 본다. 첫째, 그들은 데이터를 얻는다. 어떤 종류의 앱이 인기가 있는지(또는 플랫폼의 다른 어떤 측면이 인기가 있는지), 이 인기가 시간이 흐르면서 어떻게 변하는지, 플랫폼 회원들의 선호도와 행동은 어떠한지 등을 알려주는 데이터다. 이 데이터는 문제를 해결하고, 플랫폼 회원별로 맞춤 추천을 하고, 어느 사업을 추진할지 결정을 내리는 등 다양한 목적(다음 장에서 그중 몇 가지를 살펴볼 것이다)에 대단히 중요하다. 둘째, 개방형 플랫폼(open platform)은 새로운 수익 기회를 창출한다. 많은 iOS 앱들은 무료가 아니며, 애플은 유료 앱의 수익 중 30퍼센트를 가져간다. 2015년에 애플은 이 수익원에서 60억 달러[7]를 벌었다.

당신의 목표가 수익을 최대화하는 것이라면 플랫폼을 '지나칠' 정도로 개방하는 것도 가능하다. 수익 외에 이리저리 이익을 따져볼 사항들이 많이 있다. 웹은 세계 최대의 디지털 플랫폼이며, 그 기반 시설과 구조는 원래의 의도를 반영한다. 누구든 가입하고 참여할 수 있게 한다는 것이다. 이 개방성은 세계적으로 큰 혜택을 제공해왔지만 멀웨어(malware), 사이버 범죄 및 사이버 전쟁, 디도스(DDoS) 공격, 피싱과 신분 도용, 다크넷(darknet)을 통한 아동 포르노 전파, 신상 털기, 가짜 뉴스 등 인간성에 회의감을 안겨줄 수 있는 것들로도 이어져 왔다.

### 강력한 플랫폼의 조건

이 모든 나쁜 행동과 나쁜 콘텐츠의 해결책은 더 나은 플랫폼을 구축하는 것이다. 큐레이션(curation : 콘텐츠를 목적에 따라 수집하고 선별, 추천하는 것-옮긴이), 평판 시스템 같은 도구를 사용하여 나쁜 것을 배제하고 좋은 것을 장려하는 것이다. 플랫폼 소유자가 이 용어들을 어떻게 정의하든 간에 말이다. 스티브 잡스는 결국 애플이 iOS 아이폰 플랫폼을 외부 개발자들의 앱에 개방하기로 동의했을 때 추천 방식이 대단히 중요해질 것임을 깨달았다. 월터 아이작슨은 잡스 전기에 이렇게 썼다. "잡스는 곧 양쪽 세계의 가장 좋은 점만 취할 수 있는 방법을 고안해냈다. 그는 외부인들이 앱을 만들도록 허용하면서도 엄격한 기준을 충족시키고, 애플의 검증과 승인을 받고 아이튠즈 스토어를 통해서만 팔도록 했다. 수많은 소프트웨어 개발자들의 장점을 활용하면서 아이폰의 순수성과 고객 경험의 단순성을 보호할 수 있을 만큼 통제권을 틀어쥐는 방식이었다."8)

애플의 앱 승인 절차는 너무 느리고, 불투명하고, 제약을 가한다는 비판에 직면해왔다. 옳고 그른지 여부를 떠나서 이 주장은 한 가지 중요한 사실을 강조한다. 플랫폼 소유자가 자신의 창작물을 어떻게 배치하고 관리할 것인지를 결정하는 데 매우 신중해야 한다는 것이다. 플랫폼은 소유자의 재산이며, 재산권은 강력하다.

이는 인기 있는 플랫폼(네트워크 효과, 소비자 잉여, 보완재의 경제학을 가장 잘 활용하는 것)이 콘텐츠, 회원 자격, 트래픽 등을 관리하면서 내리는 선택 때문에 매우 큰 영향력을 갖게 된다는 의미다. 우리가 이 글을 쓰는 2016년 말 기준으로 많은 미디어 기업들은 기사를 자사 웹사이트에 올리는 대신에, 소셜 네트워크에 직접 올리고 광고 수익을 배분하자는 페이스북의 제안에 어떻게 대답할지를 고민하고 있다.9) 교훈은 명확하다. 강력한 플랫폼은 자신의 영향 반경 내에 있는 기업들에게 힘든 선택을 강요할 수 있다는 것이다.

## 플랫폼 전쟁의 기술: 차별화하고 선점하라

애플의 앱 스토어의 승승장구에 자극을 받아 통신과 기술 산업 분야의 다른 기업들도 자체 플랫폼을 구축하고 창안해왔다. 종합해보면, 이 노력들의 결과로부터 몇 가지 깨달음을 더 얻게 된다.

2005년에 구글은 거의 알려지지 않은 신생 기업인 안드로이드(Android)를 약 5,000만 달러에 인수했다. 기술 전문 블로그인 엔가젯(Engadget)은 당시 이렇게 평했다. "우리는 구글이 '휴대전화용 소프트웨어'를 만드는 일을 하는 은밀한 신생 기업인 안드로이드를 왜 인수했는지 아주 어렴풋이 추측만 할 수 있을 뿐이다."[10] 하지만 몇 년 지나지 않아 애플 앱 플랫폼의 확고한 대안으로서 가치가 있음이 아주 명확히 드러났다. 2010년 구글의 기업 발전 담당 부사장인 데이비드 로위(David Lawee)는 그 검색 거인이 "지금까지 한 최고의 거래"[11]라고 말했다. 그리고 그 일은 거의 일어나지 않을 뻔했다. 안드로이드의 설립자인 앤디 루빈(Andy Rubin)은 사실 구글에게 인수되기 몇 주 전에 한국으로 가서 삼성에 매각 의사를 타진한 바 있었다.[12]

구글의 앱 플랫폼과 그 토대인 휴대전화 운영체제는 처음부터 애플의 것과 달랐다. 우선 안드로이드는 오픈소스 소프트웨어로 배포되어 기기 제조자들이 무료로 이용할 수 있었다. 반면에 애플의 iOS는 애플 휴대전화(그리고 나중에 태블릿)에서만 이용할 수 있었다. 구글은 안드로이드 자체를 수익원이나 자사 기기의 판매량을 촉진하는 수단으로 보지 않았다. 대신에 자사의 제품과 서비스, 그리고 더 중요하게는 엄청난 광고 수익 엔진◆을 계속 확산시킬 수단이라고 보았다. 또 애플의 선점과 강한 추진력에 맞서려면 자사의 플랫폼을 빨리 폭넓게 퍼뜨려야 한다는 것도 깨달았다. 안드로이드를 오픈소스 소프트웨어로 내놓은 것은 도움이 되었다. 그것을 채택할지 고심하는 기업들에게 구글이 이를테면 사용료를 부

---

◆ 2016년 4분기에 구글이 노출한 검색 광고 중 96퍼센트가 휴대 기기를 통해 접속되었다. 모바일 이용자가 늘어날수록 모바일 검색과 광고 수익이 더 늘어난다는 뜻이다. Jack Nicas, "Alphabet's Earnings Rise but Falls Short of Views-Update", Morningstar, January 26, 2017, https://www.morningstar.com/news/dow-jones/TDJNDN_2017012614626/alphabets-earnings-rise-but-falls-short-of-viewsupdate.html.

과하는 식으로 나중에 안드로이드 사용 규칙을 일방적으로 바꿀 수 없을 것이라는 확신을 심어주었기 때문이다. 이 전략은 잘 먹혔다. 2011년에 안드로이드는 세계에서 가장 인기 있는 모바일 운영체제가 되어 있었고,[13] 2016년 3분기에 팔린 스마트폰 중 88퍼센트에 들어 있었다.[14]

두 번째 차이는 iOS보다 안드로이드가 앱을 덜 심하게 통제했다는 것이다. 구글은 자사가 관리하는 무료 및 유료 앱을 제공하는 공식 스토어를 갖고 있지만, 안드로이드 휴대전화기 소유자는 그 스토어에 있지 않은 앱도 쉽게 설치하고 이용할 수 있다. 여기서 다시 구글은 자사의 플랫폼을 경쟁사의 것보다 덜 중앙 집중화하고 덜 관리하는 쪽으로 결정했고, 아직까지는 그 결과를 놓고 왈가왈부하기가 어렵다.

휴대전화를 위한 플랫폼을 구축하려는 다른 시도들은 그만큼 성공을 거두지 못해왔다. 자사의 기기를 파는 한편으로(애플처럼) 검색엔진 광고로부터 수익을 얻겠다는(구글처럼) 야심을 품은 마이크로소프트[15]는 2008년에 윈도우 폰[16]을 개발하기 시작했다. 그 사업을 너무나 중요하게 여겼기에, 2013년에 마이크로소프트는 핀란드 제조업체 노키아의 휴대전화 사업 부문을 인수했다.[17] 노키아는 한때 세계 휴대전화 산업을 지배했지만, 앱 중심의 스마트폰이 가하는 위협을 인지하고 대응하는 일에 너무 늦게 대처함으로써 몰락한 기업이었다. 노키아는 한쪽에서는 스마트폰에 밀리고, 다른 한쪽에서는 훨씬 더 저렴한 기본 기능을 지닌 아시아 제조업체들의 휴대전화에 밀리고 있었다.

불행히도, 그 인수는 마이크로소프트에 별 도움이 되지 못했다. iOS 및 안드로이드와 경쟁할 활기찬 플랫폼을 구축하기 위해 총력을 기울였지만 별 성과가 없었고, 스냅챗 같은 여러 인기 있는 앱들은 마이크로소프트 버전을 내놓지 않겠다고 거부했다.[18] 2016년 1분기에 마이크로소프트의 스마트폰은 세계 스마트폰 판매량의 1퍼센트에도 못 미쳤다.[19] 그 해 말에 평론가들은 이렇게 선언했다. "마이크로소프트의 노키아 실험은 종말을 고했다."[20] 그 실패로 2만여 명이 일자리를 잃었고,[21] 거의 80억 달러의 손실이 났다.[22] 마이크로소프트 역사상 최대 규모였다.[23]

다른 노력들은 더욱 큰 실패로 이어졌다. 블랙베리는 휴대 기기 시장에서 초기에 선두 주자였다. 이메일을 보낼 수 있는 이 기기는 바쁜 경영자들에게 특히 인기가 있어서 '크랙베리(Crackberry : 코카인 열매를 뜻하며, 블랙베리가 그만큼 중독성이 있음을 가리켰다 – 옮긴이)'라는 애칭까지 얻었다. 2009년에 블랙베리 운영체제는 새로운 스마트폰의 20퍼센트를 차지했고,[24] 모기업인 리서치 인 모션(RIM, Research In Motion)의 자산가치는 770억 달러를 넘어섰다. 문제는 블랙베리가 보안성이 뛰어나고 배터리 수명이 길어서 기업 고객들에게는 인기가 있었지만, 물리적 자판이 달린 기기 자체는 일반 소비자에게는 아이폰과 안드로이드 기기만큼 매력적으로 보이지 않았다는 것이다. 그래서 개발자들은 블랙베리 플랫폼용 소비자 앱을 덜 만들게 되었다. 휴대전화망 사업자들은 애플이나 구글의 협상력을 좀 줄이고자 하는 마음에 RIM이 성공하기를 바랐지만, RIM은 추진 동력을 잃었고 결코 회복되지 못했다. 2016년 말 RIM은 자체 하드웨어 생산을 중단한다고 선언했고,[25] 시장가치는 40억 달러로 줄었다.[26] 정점에 있을 때보다 95퍼센트가 쪼그라들었다.

이러한 사례들은 어느 특정 영역이나 사업 분야에 들어설 수 있는 플랫폼 수가 한정되어 있을 경우가 많음을 시사한다. 사용자가 '멀티호밍(multihoming)'이라고 해서 동시에 여러 플랫폼을 이용하는 데 불편함을 느낄 때 더욱 그렇다. 어느 한 플랫폼 제공자가 독점권 같은 것을 느끼거나 행사하는 것을 막으려는 의도도 어느 정도 있고 해서, 소비자는 둘 이상의 대안을 지니는 쪽을 선호하긴 하지만 가시적인 대안을 여럿 지니고 싶어 하지는 않는 듯하다. 단 두 개로 만족할 때도 종종 있다. 휴대전화의 사례에서는 한 번에 둘 이상 플랫폼을 쓰는 사람은 거의 없다.

## 성공한 플랫폼의 습관

우리가 살펴본 플랫폼 전투에서의 승자들은 어떤 특징을 가지고 있고, 그 특징은 앞으로도 유용할까? 성공한 플랫폼들이 모두 똑같지는 않지만, 우리는 그 플랫폼들(빨리 성장하면서 참여자와 소유자 모두에게 가치를 지니게 되는 것)이 다음과 같은 몇 가지 공통점을 지니는 경향이 있음을 이미 살펴보았다.

1. 성공한 플랫폼들은 선점한다. 반드시 첫 번째일 필요는 없지만(안드로이드는 확실히 그렇지 않았다), 많은 잠재적 참여자들이 이미 한 플랫폼을 선택하고 네트워크 효과가 발휘되어 온 상태라면 너무 늦다.
2. 성공한 플랫폼들은 한 보완재의 낮은 가격이 다른 상품의 수요 증가로 이어진다는 점을 깨달음으로써 가능할 때마다 보완재의 경제학을 이용한다.
3. 성공한 플랫폼들은 다양한 기여자와 기여물에 플랫폼을 개방한다. 이 다양성은 총소비자 잉여를 증가시키며, 기여물 중 일부가 사용자에게 무료로 제공됨으로써 수요곡선을 누적적으로 조금씩 밖으로 밀어낸다면 더욱 그렇다.

4. 성공한 플랫폼들은 개방성이라는 일반적인 규칙을 유지하면서, 참여자에게 일관적이면서 긍정적인 경험을 전달하고 갑작스럽게 불쾌한 상황을 접하는 일을 최소화하는 쪽으로 플랫폼을 관리한다.

애플과 구글이 보여주듯이, 제3자가 보완재를 창작하여 제공하는 것을 허용하지 않는 완전한 폐쇄형 시스템과, 플랫폼에서 나오는 가치 중 상당한 몫을 받을 수 없는 완전한 개방형 시스템 사이에서 균형을 잡는 방법은 한 가지가 아니지만 이 긴장은 관리되어야 한다.

## 사용자 경험과 사용자 인터페이스에 전략적으로 집중하라

모든 성공한 플랫폼 구축자들이 하는 일이 한 가지 더 있다. 그들은 참가자에게 전달하는 사용자 경험과 사용자 인터페이스를 개선하기 위해 강박적으로 애쓴다는 것이다. 사용자 인터페이스는 개인이 기술과 상호작용을 하는 방식의 집합이다. 예를 들어 아이폰의 사용자 인터페이스에는 터치스크린, 홈 버튼, 음량 조절, 마이크로폰, 스피커가 포함된다. 인터페이스는 사용자에게 금방 와 닿으면서 가능한 한 직관적이어야 한다. 최고의 인터페이스는 종종 아인슈타인이 말했다고 하는 다음과 같은 조언을 따른다. "가능한 한 단순하게 만들어라. 하지만 너무 단순하게는 말고."[27]

사용자 경험은 한 제품이 사용할 때 얼마나 즐겁고 효과를 발휘하는지를 포함하는 더 폭넓은 개념이다. 디자이너 에드 리(Ed Lea)는 둘의 차이를 재치 있게 요약한 바 있다.[28] 숟가락은 사용자 인터페이스이고, 그릇에 담긴 시리얼은 사용자 경험이라는 것이다.

페이스북은 사용자 인터페이스와 사용자 경험이 양호할 때 두 가지 혜택이 있음을 보여준다. 많은 사람들은 페이스북이 최초의 소셜 미디어도 아니었고, 심지어 최초로 인기를 끈 것도 아니었음을 잊었다. 아니 알지도 못한다. 프렌드스터(Friendster) [29]는 2002년경부터 있었고, 마이스페이스(MySpace)는 2003년에 출범했다. 마이스페이스는 헌신적인 이용자들을 끌어들였고 강력한 네트워크 효과를 발휘하는 듯했기에 뉴스코프(News Corp)는 2005년에 5억 8,000만 달러에 그 기업을 인수했다. [30] 그러나 시간이 흐르면서 이 플랫폼들은 이용자들에게 중요한 역할을 하는 데 실패했다. 프렌드스터 사이트는 성장함에 따라 느려졌고 제대로 대응하지 못했으며, 마이스페이스는 회원들에게 자기 공간을 디자인할 자유를 너무나 많이 부여한 듯했다. 인터랙티브 마케팅 기업인 페임파운드리(Fame Foundry)는 2009년에 자사 블로그에 이렇게 썼다.

> 당신이 아는 사람들 중에 자기 집을 직접 짓거나, 거실에 걸 만한 아름다운 초상화를 직접 그리거나, 성형수술을 직접 할 수 있는 사람이 얼마나 될까? 그럴 가능성은 거의 없다. … 좋은 웹 디자인은 절묘한 예술이자 과학이다. 하지만 마이스페이스는 이 말에 동의하지 않으며, 이용자가 유용하거나 명료하거나 참아낼 만한 것이 아무것도 남지 않을 때까지 웹페이지의 모든 것을 난도질하도록 허용한다. … 대조적으로 페이스북은 적어도 사이트의 기본 틀을 건드리지 못하게 하는 쪽을 택해왔다. [31]

뉴스코프는 2011년에 겨우 3,500만 달러에 마이스페이스를 온라인 마케팅 기업 바이언트(Viant)에 매각했다. [32]

결제 대행 회사 스트라이프(Stripe)의 성공은 플랫폼 구축자가 사용자 경험의 욕구를 충분히 이해한다면 군이 초기에 진입할 필요가 없음을 보여준다. 2010년 무렵에는 온라인 상인이 고객으로부터 대금을 받는 일을 돕는 대행사들이 분명히 많이 있었다. 페이팔(PayPal)처럼 개인과 소규모 업체를 대상으로 한 곳도 있었고, 체이스페이먼텍(Chase Paymentech)과 오소라이즈닷넷(Authorize.Net)처럼 대규모 판매상을 고객으로 둔 업체들도 있었다.

하지만 당시 21세와 19세였던 패트릭(Patrick)과 존 콜리슨(John Collison) 형제는 그런 기업들이 제공하는 사용자 인터페이스와 사용자 경험이 온라인 상거래의 개발자들에게 빠르지도, 단순하지도, 충분히 좋지도 않다고 느꼈다. 온라인 상거래가 발전하고 있다는 점을 고려하면 더욱 그러했다. 전자상거래는 거대한 흐름이 되어가고 있었다. 소매상의 웹사이트에서 쇼핑 바구니에 물건을 담은 뒤 '계산' 버튼을 클릭하는 차원을 훨씬 넘어섰다. 그리고 점점 더 휴대 기기에서 이루어지고 있었다. 이 추세는 사용자 인터페이스와 사용자 경험에 새로운 도전 과제를 제시했다. 패트릭 콜리슨은 우리에게 이렇게 설명했다. "자기 계정에 로그인하기 위해 페이팔로 연결하는 (앱 내에서의) 방식이 휴대전화에서는 먹힐 리가 없었지요."[33] 그래서 이들 형제는 결제 쪽으로 아마존 웹 서비스와 비슷한 것을 구축하기로 결심했다. 특정한 사용자 집단(즉 온라인과 앱 기반의 상인들)의 요구에 맞출 수 있고, 그들이 원하는 대로 규모를 조정할 수 있는 클라우드 기반의 접근하기 쉬운 서비스였다.

콜리슨 형제는 그 일에 뛰어들자마자, 그런 서비스를 필요로 하는 사람들이 대단히 많으며, 그들 중 상당수가 기존 결제 서비스에 만족하지 못하고 있다는 사실을 금방 알아차렸다. 상인들의 요구는 단순했다. 그저 고객의 지불을 받을 수 있기만을 원했다. 하지만 지불은 다양한 원천(통장, 직불카드, 신용카드 등)에서 서로 다른 네트워크를 통해 서로 다른 통화로 할 수 있었다. 그래서 상인마다 요구하는 것이 달랐고, 또 업체가 성장하면서 새로운 고객들이 유입되고 국제화함에 따라 필요한 것도 달라졌다. 이런 변화가 일어날 때 사기 행위, 법규, 세금 및 회계 감사 등 처리해야 할 온갖 복잡하고 잡다한 일들도 달라졌다.

패트릭 콜리슨은 2015년 여름에 우리에게 이렇게 말했다. "결제에 해결해야 할 문제들이 얼마나 많았는지 외부인에게 제대로 설명하기가 쉽지 않아요. 예를 들어 중국 업체는 중국 바깥의 고객에게 물건을 팔기가 거의 불가능할 만큼 어려워요. 중국 정부든 미국 정부든 간에 당국이 원치 않아서가 아니에요. 그보다는 결제가 너무나 복잡해서 그 미로를 헤치고 나아간 사람이 아무도 없기 때문이에요. 반대로 미국 업체도 중국 고객에게 물건을 판매할 수가 없어요. 중국 소비자의 대다수는 알리페이(Alipay)로 지불해요. … 그런데 미국에는 알리페이를 이용하는 업체를 찾을 수가 없으니까요.◆ … 가능한 해볼 만한 사업 모델들이 있지만 이런 종류의 마찰 때문에 말 그대로 할 수가 없어요." 34)

그래서 스트라이프는 아직 없는 것을 개발하는 일을 시작했다. 무엇보다도 상인이 이 모든 복잡한 문제에 시달리지 않는 사용자 경험을 제공하는 결제 플랫폼과 단순히 코드 몇 줄만 집어넣으면 수정이 가능한 개발자를 위한 사용자 인터페이스가 필요했다.

◆　스트라이프는 2015년 8월에 알리페이 결제를 지원하기 시작했다.

이것은 당시에는 위험성이 높은 목표였다. 해내기가 쉽지 않았을뿐더러 시장이 원하지 않을 수도 있었기 때문이다. 결제업계의 많은 사람들은 상인들이 저렴한 수수료를 가장 중요시한다고 믿었는데,♦ 스트라이프는 거래당 수수료가 그다지 싸지 않았다(직불카드로 구매할 때는 더욱 그랬다). 스트라이프는 많은 상인들이 빠른 처리, 낮은 선취 수수료, 쉬운 기술적 통합, 다른 결제 과정에서 흔히 접하는 지연과 번잡한 절차들로부터의 해방, 규모를 쉽게 수정할 수 있는 능력을 원할 때 기꺼이 더 높은 수수료를 지불할 것이라는 쪽에 모험을 했다. 패트릭 콜리슨은 우리에게 이렇게 말했다. "옳은지 아직 확신이 서지 않은 착상을 떠올린 단독 개발자에서부터 세계 최대 기업에 이르기까지 다 쓸 수 있는 통일된 결제 플랫폼이 있어야 한다고 생각했어요. 그 양쪽뿐만 아니라 그 사이의 모든 사람들이 쓸 플랫폼이지요."[35]

콜리슨 형제의 도박은 성공했다. 첫선을 보인 지 5년 사이에 스트라이프는 미국 인터넷 이용자의 절반이 적어도 한 번은 이용한 결제 서비스가 되었고,[36] 2016년 11월에는 자산가치가 90억 달러로 평가되었다.[37] 패트릭 콜리슨은 이 성장의 근본 이유 중 하나가 고객, 특히 더 규모가 작고 더 갓 시작한 고객이 잘 먹히는 방식을 찾을 때까지 실험할 수 있도록 한 접근법을 쓴 것이라고 말했다. 패트릭은 다음 장에서 더 자세히 살펴볼 포스트메이츠(Postmates)를 사례로 들며 이렇게 말했다. "우리 고객인 포스트메이츠는 물류 회사입니다. 애플과 계약을 맺어서 애플 스토어에서 곧바로 배송을 하지요. 그 기업을 사례로 즐겨 꼽는 이유는 처음

---

♦   결제업계의 많은 사람들은 여전히 그렇다고 믿고 있다.

에는 다른 일을 하는 회사였기 때문이에요. 원래는 미리 예약을 해야 하는 택배업체였어요. 우리 스트라이프는 이렇게 약속했어요. 우리가 복잡한 결제 과정을 눈에 안 보이게 해줄 수 있으니, 특정한 사업에만 매달리기보다 여러 사업을 시도할 수 있을 거라고요." [38]

스트라이프의 접근법은 상인들이 결제에 따르는 온갖 문제들을 걱정할 필요 없이 쉽고 빠르게 새로운 것들을 시도할 수 있도록 한다. 다시 말해 반복과 실험을 더 쉽게 할 수 있도록 한다. 혁신과 변화가 빠르게 일어나는 시기에 이 점은 가장 가치 있는 특성이다. 스트라이프가 성장함에 따라 이 고객들은 환전, 송장 작성, 사기 검출(Fraud detection), 세금, 돈세탁 방지 법규 준수 등 가치 있는 서비스를 점점 더 발견할 가능성이 매우 높았다.

이런 서비스들은 아이폰 앱이 애플에 했던 것과 거의 동일한 경제적 역할을 스트라이프를 위해 했다. 즉 전반적인 수요를 증가시킬 수 있는 보완재였다. 스트라이프의 사기 검출 서비스는 소비자 잉여를 증진시키고, 그 서비스의 수요곡선 전체를 바깥으로 밀어낸다. 그것이 바로 스트라이프가 원하는 바다.

## 네트워크 효과와 양면 시장의 활용

많은 성공한 플랫폼들이 그렇듯이 스트라이프는 네트워크 효과의 혜택을 보고 있다. 스트라이프의 사례에서는 이 효과가 특히 강하다. '양면성'을 띠기 때문이다. 스트라이프의 플랫폼에 참여하는 사람들은 크게 두 집단으로 나뉜다. 한쪽은 지불을 받고 싶어 하는 상인들, 다른 한쪽은 상인에게 지불하는 데 관여하는 은행과 신용카드 회사 같은 금융 기관들이다. 중국의 알리페이 같은 금융 기관들은 분명히 상인들이 많이 있는 곳에 있고 싶어 한다. 많은 거래가 이루어질 것이기 때문이다. 비슷한 이유로 상인들은 금융 서비스 기업이 많이 있는 곳을 원한다.

디지털 산업 전체에 걸쳐서 양면성을 띤 플랫폼들은 강한 네트워크 효과를 드러내며, 다음 장에서 몇 가지 사례를 더 살펴볼 것이다. 여기서는 그런 플랫폼이 강한 힘을 지니고 있으며, 스트라이프가 그중 하나라고 언급하고 넘어가기로 하자. 패트릭 콜리슨은 우리에게 자신의 야심을 멋지게 표현했다. "우리는 인터넷의 GDP를 성장시키는 데 필요한 기반 시설을 구축하고 싶습니다."♦ 39) 스트라이프는 그 목표를 향해 순항하고 있는 듯하다. 탁월한 사용자 경험을 제공하는 쪽으로 플랫폼의 힘을 다스리는 데 적잖이 심혈을 기울인 덕분이다.

♦　다시 말해 인터넷을 통해 이루어지는 세계 경제 활동의 총량을 일컫는다.

- 디지털 플랫폼은 현재 세계에서 가장 성공한 기업들 중 상당수의 원동력이 되고 있다. 공급과 수요 양쪽을 끌어모으는 강력한 통합 관리자(aggregator)다.

- 한쪽의 가격 하락이 다른 쪽의 수요 증가를 가져온다면, 두 상품은 보완재다.

- 플랫폼이 외부의 기여물을 허용하도록 개방될 때, 그 소유자는 한 가지 중요한 혜택을 깨닫게 된다. 남들이 보완재를 기여함에 따라 소유자 자신의 산물에 대한 수요가 증가한다는 것이다. 이 보완재들이 디지털일 때 그중 상당수는 무료, 완전성, 즉시성을 띨 것이다.

- 플랫폼을 개방하고 나면, 플랫폼 소유자는 대개 수준을 유지하기 위해 외부인의 기여물들을 관리해야 한다. 혼란을 일으키거나, 안전하지 않거나, 사기성이 농후한 기여물들은 플랫폼의 가치를 떨어뜨릴 수 있다.

- 플랫폼 소유자들은 기여물들을 끌어들이고 효과적으로 관리하는 능력을 놓고 경쟁한다. 하지만 그런 플랫폼이 적어도 두 가지 있고, 특히 고객들이 멀티홈을 원하지 않을 때에는 활기찬 플랫폼을 새로 구축하기가 훨씬 더 어려워진다.

- 성공한 플랫폼 구축자는 자신의 사용자 인터페이스와 사용자 경험에 상당한 주의를 기울인다.

- 많은 플랫폼들이 양면성을 띤다. 한쪽에는 한 유형의 고객들, 다른 쪽에는 다른 유형의 고객들이 있다.

**1**  당신이 제공하는 상품이나 서비스의 가능한 보완재는 무엇인가? 어떻게 하면 그것을 최대한 활용하여 총수요를 늘릴 수 있겠는가?

**2**  당신의 플랫폼을 구축하려고 시도하는 쪽과 다른 사람의 플랫폼에 참여하는 쪽 중 어느 쪽이 더 좋겠는가?

**3**  당신의 플랫폼을 구축한다면 기여물들을 관리하기 위해 어떤 전략을 쓰겠는가? 어떻게 폭넓은 참여를 도모하면서 높은 품질을 확보할 것인가?

**4**  당신의 분야에 성공한 플랫폼이 이미 존재할 때, 그것을 모방하지 않고 상당한 차이점을 가지게 하려면 어떻게 해야 할 것인가? 둘 이상의 플랫폼이 이미 존재한다면, 누군가가 당신의 플랫폼에 관심을 가질 만한 이유가 있는가?

**5**  압도적인 사용자 경험을 제공해줄 지침은 무엇인가? 당신이 염두에 둔 사용자를 위해 제공할 가치 또는 해결할 문제는 무엇인가?

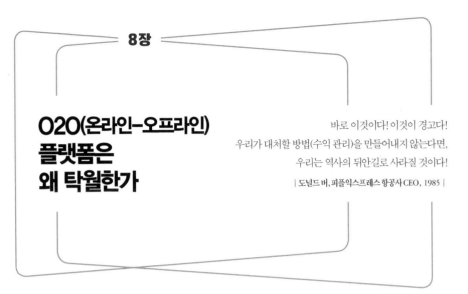

# 8장

# O2O(온라인-오프라인) 플랫폼은 왜 탁월한가

바로 이것이다! 이것이 경고다!
우리가 대처할 방법(수익 관리)을 만들어내지 않는다면,
우리는 역사의 뒤안길로 사라질 것이다!

| 도널드 버, 피플익스프레스 항공사 CEO, 1985 |

단체 운동(Group Exercise)은 디지털 기술에 따른 변화를 가장 덜 겪을 것 같은 인간 활동 중 하나다. 많은 사람들은 모여서 한 몸이 된 양 똑같이 움직이면서 운동하는 것을 좋아한다. 땀을 쏟으면서 열기에 충만한 군중과 하나가 되는 느낌은 현재 수면 위로 떠오르고 있는 강력한 가상 현실(VR) 기술로도 모방하기가 쉽지 않을 것이다.♦ 따라서 헬스장은 디지털에 의해 붕괴되지 않을 사업이라고 생각하기 쉽다. 그러나 클래스패스(ClassPass)의 사례는 그렇지 않음을 시사한다. 비트 기반 산업에서 플랫폼을 강력하게 만들어준 바로 그 속성들에 힘입어서, 현재 플랫폼이 원자 기반의 산업들에도 침투하고 있음을 보여준다. 물질 세계에서 상품과 서비스를 제공하는 산업들로 말이다. 지난 10년 사이에 그런 플랫폼이 많

이 출현해왔다. 그리고 그 플랫폼들은 이제 겨우 출발선에 섰을 뿐이다.

## 무료, 완전성, 즉시성의 경제가 아닌 비즈니스

제임스 조이스는 소설 《율리시스(Ulysses)》에서 다음과 같은 지침을 독일 시인 괴테가 전하고 있다고 말한다. "젊을 때 소원을 비는 것에 신중하라. 중년에 얻게 될 테니 말이다."[1] 클래스패스의 설립자 파얄 카다키아(Payal Kadakia)는 이 조언에 공감할지도 모르겠다. 그녀는 자신의 기업이 젊었을 때 내린 결정을 나중에 뒤집었기 때문이다. 그 일로 클래스패스 회원들은 분개했는데, 그 사건은 비디지털 상품과 서비스를 위한 플랫폼 사업을 운영하는 일에 관해 많은 것을 알려준다.

2016년 11월에 카다키아는 자사 블로그에 인기 있는 클래스패스 무제한 이용(ClassPass Unlimited) 회원제를 중단한다고 발표했다. 무제한 이용 회원은 정액제로 매달 원하는 만큼 많은 운동 수업에 들어갈 수 있었다(하지만 같은 헬스장에서는 3회까지만 가능하다). 그녀는 자사가 2014년 5월에 회원을 더

---

◆   그러나 기술이 관련될 때면 으레 경고하듯이, 결코 안 된다고 말하지 말라. 실내용 자전거 기업인 펠로턴(Peloton)은 자기 집에서 멀리 있는 실제 지도자의 지도를 받으면서 스피닝(spinning) 수업을 받는 현장을 실시간 스트리밍으로 보여주는(적어도 매일 10개 수업의 동영상) 와이파이 접속 기능을 갖춘 56센티미터 화면이 딸린 고정식 자전거를 1,995달러에 판매한다. 물론 녹화된 동영상도 볼 수 있다. 2016년 2월에 펠로턴은 화면을 대체할 수 있는 가상현실 헤드셋을 개발하기 위해 오큘러스리프트(Oculus Rift)와 협력한다고 발표했다. Mark Prigg, "Now You Can Track Your Gym Sessions Too: Peloton Teams Up with Strava App to Monitor Spin Classes-and Says It Is Also Working on Oculus Rift VR Workouts", DailyMail.com, February 18, 2016, http://www.dailymail.co.uk/sciencetech/article-3452996/Now-track-gym-sessions-Peleton-teams-Strava-app-monitor-spin-classes-says-working-Oculus-Rift-VR-workouts.html.

끌어들이고 새 회원들에게 융통성 있는 요금제를 이용하도록 하기 위해 무제한 요금제를 도입했다고 설명하며 "그 방식은 잘 먹혔다"[2]고 말했다.

사실 너무나 잘 먹혔다. 카다키아는 이렇게 밝혔다. "많은 회원들이 격일제로 운동을 시작했다. 심지어 매일 운동을 하는 분들도 생겨났다! 저는 그런 사람들에게 찬사를 보냈다. … 하지만 이 요금제가 우리 사업에 견딜 수 없는 부담을 준다는 것을 깨달았다."[3]

이에 무제한 이용 회원은 곧바로 실망한 반응을 보였다. 많은 사람들은 소셜 미디어에 분노를 쏟아냈다. '@NakesaKou'는 이런 트윗을 올렸다. "클래스패스가 무제한 요금제를 없앤다는 소식을 들으니 가슴이 찢어진다. 왜 없애는 거야?"[4] 부정적인 반응이 너무나 쏟아지는 바람에 〈비즈니스인사이더(Business Insider)〉는 "클래스패스가 무제한 회원권을 없앤다는 소식에 사람들이 흥분하고 있다"[5]는 기사를 썼다.

무제한 회원권은 처음부터 잘못된 듯했다. 카다키아는 이렇게 시인했다. "우리의 약속이 사업에 들어맞지 않기 때문에 그 회원권은 장기적인 것이 될 수 없다. 우리가 비용을 줄이겠다고 회원들이 운동을 덜하기를 바란다면 이 사업이 어떻게 되겠는가?"[6] 하지만 클래스패스의 역사를 더 자세히 살펴보면, 회사가 무제한 이용 회원제가 잘 운영되도록 하기 위해 얼마나 애썼는지를 알 수 있다. 또 비트의 경제학이 원자의 경제학과 만날 때 어떤 일이 일어나는지에 대한 깨달음도 얻을 수 있다.

클래스패스 무제한 회원권 제도는 고객에게 한 가지 단순하면서 혹할 만한 제안을 했다. 월 일정액으로 클래스패스에 가입한 자신의 도시뿐만 아니라 모든 도시의 헬스장에서 원하는 만큼 많은 운동 수업을 들을 수 있다는 것이었다. 헬스장 주인들에게 한 제안도 단순했다. 텅 빈 수업(헬스장 정기 회원들로 채우지 못하는 빈자리)을 클래스패스가 채워주고, 클래스패스 회원이 수업을 들을 때마다 1인당 일정한 액수를 지불하겠다는 것이었다.

이런 제안을 함으로써 클래스패스는 강한 네트워크 효과를 발휘하는 양면성을 띠는 플랫폼을 구축하려고 시도한 셈이었다. 가입하는 사람들이 늘수록 헬스장에게 하는 제안도 더 혹할 만한 것이 되었고, 참여하는 헬스장이 늘수록 개인 회원(현재 회원 및 새로 가입하려는 회원 양쪽 모두)이 받는 제안도 더 좋아 보였다. 그러나 기업이 성장함에 따라 숨겨져 있던 위험이 드러났다. 요가 수업을 받는 공간처럼 물질 세계에서 제공되는 것은 디지털 제품과 다르다는 기본적인 사실에서 비롯되는 위험이었다. 무료, 완전성, 즉시성의 경제학은 비트에 적용되는 식으로는 원자에 적용되지 않는다. 물질적 생산물을 위한 플랫폼의 구축자는 이 차이점을 명확하게 인식하고 그에 따라 현명하게 대처할 필요가 있다.

그렇다면 클래스패스는 성장하면서 어떤 위험에 직면했을까? 기본적으로 클래스패스는 헬스장이 자사를 충분히 활용하지 않는 반면, 개인은 너무 많이 사용할 수 있다는 사실과 대면해야 했다. 먼저 헬스장 쪽의 도전 과제를 살펴보고, 클래스패스가 어떻게 대처했는지를 알아보자.

### 재고 관리 문제: 소멸성 재고

헬스장에게 클래스패스가 가치 있는 이유는 기본적으로 클래스패스가 없다면 텅 빌 수업 공간으로부터 수익을 올릴 수 있게 해준다는 것이었다. 좀 더 딱딱하게 표현하자면, 그냥 사라질(수업 시간에 텅 빌) 재고(수업을 받는 공간)로부터 일정 비율로 배분되는 수익을 올릴 수 있게 해주었다. 이는 아주 좋게 들리지만 수업 시간에 빈자리가 생길지 또 얼마나 생길지 헬스장이 어떻게 미리 알 수 있을까? 어떤 재고가 사라지고, 그래서 돈을 한 푼도 못 벌게 될지를 어떻게 알 수 있을까?

이 질문은 대단히 중요했다. 클래스패스가 본래 사라질 헬스장 재고에 지불할 액수가 할인율이었기 때문이다. 이 플랫폼은 본질적으로 헬스장에 이렇게 말했다. "보세요, 수업에만 매달리니까 수업과 관련된 온갖 고정비용에 시달리잖아요. 임차료, 설비, 지도자 급료 등 말이에요. 수업에 회원 한 명이 더 늘어날 때의 한계비용은 아주 낮아요. 샤워할 온수와 수건 세탁비가 전부죠. 그러니 1인당 한계비용보다 우리가 좀 더 많이 지불하기만 하면, 우리 회원을 수업에 받아들이는 편이 낫지 않나요?"

이러한 제안에 영리한 헬스장 주인은 이런 식으로 답했을 것이다. "꽤 수긍할 만한데 좀 더 신중하게 검토할 필요가 있겠네요. 내 한계비용이 작고 내 재고가 사라질 수 있다는 말은 맞지만, 나는 내 재고가 무한하지 않다는 점도 염두에 두어야 해요. 각 수업을 들을 수 있는 인원은 한정되어 있어요. 당신 회사의 회원을 위해 할인 가격으로 자리를 남겨둔다면, 정상 가격으로 그 자리를 판매할 수 없게 되고 우리 회원도 이용할 수 없게 되겠지요. 내게 매월 요금을 내는 사람들 말입니다. 나는 그들이 클래스패스 회원들이 나타나기 시작한 뒤로 수업을 들을 수 없다고 불평하기 시작하는 것을 보고 싶지 않아요. 그러니 신중하게 판단해야 해요."

이 가상의 대화는 운동 수업에 쓰이는 물리적 공간의 경제적 특성이 디지털 제공물의 무료, 완전성, 즉시성의 속성들과 다르다는 것을 보여준다. 수업 공간은 사라질 수 있으므로 완전성과 거리가 멀고, 수업은 규모가 한정되어 있으므로 무료로 무한정 확장될 수 없는 상품이다. 고객 한 명을 추가할 때의 한계비용은 쓰이지 않는 재고가 있을 때는 아주 낮지만, 일단 수용 용량이 꽉 차면 급격히 치솟는다. 유한한 수용 용량과 사라질 수 있는 재고는 운동 수업, 항공편, 호텔 숙박 등 많은 물질 세계의 제공물들이 공유하는 속성이다. 그리고 거의 모든 제공물들처럼 이 서비스들도 하향 수요곡선을 그린다. 소수는 그것들에 많은 돈을 기꺼이 지불하겠지만, 훨씬 더 많은 사람들은 그보다 상당히 더 낮은 가격만 지불할 의향이 있을 것이다.

### 수학, 데이터, 앱: 수익 관리 플랫폼의 효율적 운영

'수익 관리(revenue management)'는 서비스 기업이 유한한 수용 용량과 사라질 수 있는 재고(소멸성 재고)를 다룸으로써, 그것들로부터 가능한 최고의 이익을 올릴 수 있도록 돕는 여러 해에 걸쳐 개발된 알고리즘과 기술의 집합체를 가리킨다. 수익 관리의 기본 목표는 서비스 기업이 유한하면서 사라질 수 있는 재고를 최고의 가격으로 지불할 의향이 있는 고객들에게 가능한 한 많이 팔고, 나머지를 수요곡선을 따라 더 내려가면서 다른 고객들에게 계속해서 팔 수 있도록 하는 것이다.

수익 관리는 항공사에서 시작되어♦ 호텔로 확산되면서 양쪽을 변모시켰다. 우리가 아는 한 현재 규모가 꽤 큰 성공한 기업들 중에서 수익 관리에 능숙하지 않은 곳은 없다.

자사 플랫폼에 가입한 헬스장들에게 클래스패스는 앱을 통해 수익 관리 소프트웨어도 제공하면서, 수요곡선의 훨씬 더 아래쪽에 있는 많은 사람들이 가용 공간을 채울 수 있도록 해준다. 다시 말해 헬스장이 스스로 채울 수 없는 공간이다.

하지만 이 행복한 조합에는 한 가지 문제가 있다. 그것도 아주 큰 문제다. '헬스장 주인들이 클래스패스가 수익 관리 소프트웨어로 자사의 이익이 아니라 헬스장의 이익을 도모할 것이라고 믿을 이유가 어디 있는가? 클래스패스가 수익 관리를 아주 잘한다면 자사가 혜택을 보리라는 것은 분명하다. 각 헬스장이 혜택을 볼지는 그보다 훨씬 불확실하다. 그 플랫폼은 비록 헬스장에 가장 좋은 결과를 가져오지 않는다고 할지라도,

◆ 미국 민간항공위원회(Civil Aeronautics Board)는 1938년에 항공 산업을 규제하기 위해 설립되었다. 이 위원회는 본질적으로 수십 년 동안 요금을 인위적으로 높게 유지하는 일을 했다. 그러다가 1978년에 항공규제완화법(Airline Deregulation Act)이 제정되어 정부의 통제 권한이 사라지면서 항공사들이 자유롭게 요금을 정할 수 있게 되었다. 피플익스프레스 같은 저비용 항공사도 시장에 진입하게 되었다. 이 새로운 항공사는 처음에는 급속히 성장했다. 5년 안에 매월 100만 명의 고객을 실어 나르면서 미국 5대 항공사로 진입했다(Markus Salge and Peter M. Milling, "The Pace or the Path? Resource Accumulation Strategies in the U.S. Airline Industry", paper presented at the Annual Conference of the Systems Dynamics Society, Oxford, England, 2004, http://www.systemdynamics.org/conferences/2004/SDS_2004/PAPERS/150SALGE.pdf). 피플익스프레스가 성공한 주된 이유는 저렴한 요금이었다. 경쟁사들보다 대개 40~55퍼센트 저렴했다.

그 결과 아메리칸 항공사(AA, American Airlines) 같은 기존 항공사는 심각한 위기에 처했다. 더 효율적으로 경쟁하기 위해 AA는 최초의 수익 관리 기술 중 하나를 개발하기 위해 수백만 달러를 투자한 끝에, '얼티밋 슈퍼 세이버 요금제(Ultimate Super Saver fares)'를 도입했다. 항공권을 최소 체류 기간 같은 조건들을 붙여서 미리 구매하면 싸게 살 수 있는 요금제였다. 이와 동시에 AA는 이륙 시간에 가까워질수록 항공권의 가격을 가능한 한 높게 매겼다. 이 전략을 토대로 AA는 휴가 여행자와 업무 여행자로 시장을 나눌 수 있었고, 두 부문의 지불 의향 차이로부터 수익을 올릴 수 있었다. 1987년 연례 보고서에서 AA는 수익 관리가 "적절한 고객에게 적절한 가격으로 적절한 좌석을 판매하는" 방식이라고 썼다(ThinkWell Consulting, "Yield Management to the Rescue: The American (Airlines) Way", 3, accessed February 5, 2017, http://thinkwellconsulting.com/wp-content/uploads/2015/10/ThinkWell_WhitePaper_w_Graphics1.pdf.).

AA는 판매되는 좌석 수를 최대로 늘렸고 가장 수지가 남는 비즈니스 클래스 부문에서 성장을 계속했다. 전체적으로 수익 관리는 3년 동안 14억 달러라는 상당한 혜택을 안겨주었다(Barry C. Smith, John F. Leimkuhler, and Ross M. Darrow, "Yield Management at American Airlines", *Interfaces* 22, no. 1 [1992]: 22, http://202.120.24.209/DBD/reading/American Airlines.pdf). 전체적으로 볼 때, AA의 지주회사가 같은 기간에 올린 순익은 8억 9,200만 달러에 불과했다. 피플익스프레스는 경쟁할 수 없었고, 시장을 잃기 시작했다. 1987년에 그 항공사는 폐업했다.

자사 회원들로 수업 시간을 채울 강력한 동기를 지니고 있지 않은가?

헬스장들이 누구를 수업에 들여보낼지에 관한 결정을 클래스패스에 넘기지 않으려 하는 것도 이해할 수 있다. 이 난제를 해결하기 위해 플랫폼은 헬스장에 위험도가 낮은 단순한 실험을 하자고 제안했다. 수업 하나를 정해서 짧은 기간 동안 자신들에게 결정을 맡겨보라는 것이었다.

이런 실험을 통해 곧 플랫폼과 일하는 것이 유익하다는 사실이 드러났다. 가격 및 재고 담당 부사장인 재크 앱터(Zach Apter)는 우리에게 이렇게 말했다.[7]

> 우리는 이렇게 말합니다. "2주만 시간을 주세요. 한 수업만 맡겨주면 우리가 무엇을 할 수 있는지 보여주겠습니다." 그러면 헬스장 주인들은 상황을 지켜봅니다. "1시간 반 뒤면 수업이 시작인데, 5명이 비어 있어요. 클래스패스가 채우지 않고 있군요." 그런데 수업 시작 5분 전에 5명이 들어옵니다. 그런 일이 충분할 만큼 되풀이되지요. 그러면 헬스장 주인들은 말해요. "와, 정말 놀랍네요. 여러분이 어떻게 이렇게 하는지 모르겠네요. 직접 보지 않았으면 확신하지 못했을 거예요. 인원수를 정하는 문제를 당장 클래스패스에 넘길게요."[8]

클래스패스는 빅데이터, 넓은 연결망, 많은 회원들 덕분에 수익 관리의 혜택을 개별 헬스장에 제공할 수 있었고, 실험을 통해 사용자 인터페이스와 사용자 경험을 보여줌으로써 많은 헬스장에 클래스패스의 수익 관리 소프트웨어를 채택한다면 상당한 이익이 될 것임을 납득시켰다.

여기서 다시 우리는 보완재의 힘을 본다. 클래스패스 소프트웨어에

딸린 수익 관리 기능은 클래스패스 플랫폼 전체에 대한 헬스장의 수요곡선을 바깥으로 내미는 비용이 0인 보완재다.

수익 관리는 더 많은 헬스장이 클래스패스에 합류하도록 유인하며, 수업에 플랫폼 회원이 이용할 수 있는 공간을 더 내주게 만든다. 가용 공간의 증가는 더 많은 사람들이 가입하도록 만들고, 네트워크 효과가 계속된다. 하지만 클래스패스의 이 선순환에는 한 가지 문제가 있다. 심각하게 운동에 취해 있는 회원들이 플랫폼을 너무 많이 이용함으로써 플랫폼의 수익성을 훼손할 수 있다는 것이다.

### 배달 앱 업체 포스트메이츠의 사례: 정액제 서비스(무제한 요금제)

클래스패스 무제한 이용권을 폐지한다는 카다키아의 글이 명확히 보여주듯이, 실제로 바로 그런 일이 일어났다. 문제는 플랫폼의 수익이 총 회원수에 비례하여 증가하는 데 반해, 비용(헬스장에 지불하는 형태의 비용)은 회원들이 듣는 수업의 총수에 비례하여 증가한다는 데 있었다. 회원들이 플랫폼을 이용하여 매달 더 많은 수업을 들을수록 수익과 비용 사이의 이 불균형은 점점 커져서 대처하기 힘든 지경에 이르렀다. 고도로 정교한 수익 관리 기법으로도 어찌할 수 없는 수준이었다.

온라인 세계와 오프라인 세계를 연결하는 또 다른 플랫폼인 포스트메이츠(Postmates)는 수익과 비용 사이의 균형을 더 잘 유지하는 영리한 방법을 찾아냈다. 그 플랫폼은 무제한 요금제를 내놓은 뒤에도 양면성을 띠는 네트워크에서 급속히 성장을 계속했다.

아마존 같은 대형 소매점들은 규모와 효율성이 강점이지만 아주 짧은 조달 시간에 배송하기란 쉽지 않을 수 있다.◆ 그래서 배스천 리먼(Bastian

Lehman), 숀 플레이스(Sean Plaice), 샘 스트리트(Sam Street)는 2011년에 배달원 네트워크를 통해 지역의 식당과 상점으로부터 1시간 안에 고객에게 물품을 전달하는 플랫폼을 제공한다는 착상을 토대로 포스트메이츠를 출범시켰다. 도시 외곽에 새로운 창고를 짓는 대신에, 포스트메이츠는 이미 있는 상점과 재고를 활용했고, 스마트폰 앱을 통해 배달원을 보냈다. 이 플랫폼은 원래 구매자에게 물품 가격의 9퍼센트를 수수료로 받고, 배송료도 따로 받았다. 배송료는 주문의 복잡성과 주문 시간대의 수요에 따라 5~20달러를 매겼고, 대부분 배달원에게 돌아갔다. 회사는 곧 샌프란시스코 외의 지역으로도 사업 범위를 넓혔고, 3년 사이에 배송 횟수가 150만 건에 달했다. 하지만 플랫폼 소유자들은 더욱 빨리 성장하려면 소비자에게 물리는 비용을 줄여야 한다고 확신했다.

2015년 1월 포스트메이츠는 한 가지 실험을 했다. 샌프란시스코, 뉴욕, 로스앤젤레스의 일부 상인들을 선택해서 4.99달러라는 정액제로 배송을 해보았다. 예상대로 요금을 낮추고 수수료를 없애자, 수요가 급증했다. 10주 사이에 이 시장에서 이루어지는 주문 중 20퍼센트가 새로운 요금제를 이용했다. 게다가 이 주문들은 평균적으로 플랫폼의 다른 주문들보다 구입액이 두 배 더 높았다. 참여한 상인들은 수익이 훨씬 더 많아진다는 것을 알아차렸기에, 그 배송 플랫폼을 통해 주문을 받는 물품 가격의 20퍼센트까지도 플랫폼에 지불하기로 동의했다. 앱 내에서 더 눈에 잘 띄는 위치에 놓이기 위해 30퍼센트까지 내겠다고 한 업체도 소수 있

◆　　적어도 배송 드론이 출현하기 전까지는 그렇다.

었다. 주문을 더 많이 받게 됨에 따라 배달원들도 한 번 갈 때 둘 이상의 물품을 배송할 수 있게 됨으로써 배송 건당 운송비가 줄어들었고 사업 전체의 효율성이 더 높아졌다.

정액제 실험 결과에 고무되어, 2016년 3월에 이 회사는 포스트메이츠 무제한 요금제(Postmates Plus Unlimited)를 내놓았다. 매월 10달러의 정액 요금을 받고 30달러가 넘는 주문은 모두 무료로 배송하는 요금제였다. 클래스패스 무제한 회원권과 달리, 이 요금제는 거래가 이루어질 때마다 플랫폼에 수익을 생성하므로(배송되는 물품마다 그 가격의 일정 비율을 상인에게 수수료로 매김으로써) 기업이 얼마나 빨리 성장하든 간에 존속할 가능성을 지닌다. 게다가 가능한 한 빨리 성장하는 데 도움을 받고자 포스트메이츠는 애플, 스타벅스, 치포틀(Chipotle), 월그린스(Walgreens) 같은 협력사들이 자사의 정보 시스템과 쉽게 연결할 수 있도록 앱에 인터페이스를 구축했다. 2016년 9월 기준으로, 이 플랫폼은 40개 미국 시장에서 월간 130만 건씩 배송을 하고 있었다.

## O2O 플랫폼의 확산

클래스패스와 포스트메이츠는 지난 10년 동안에 점점 위세를 떨쳐온 한 추세를 반영하는 사례들이다. 즉 소프트웨어, 음악, 은행 서비스 같은 완전히 비트(즉 디지털 코드화한 정보)로 나타낼 수 있는 제공물을 위한 플랫폼뿐만 아니라, 물리적 세계에서 일어나고 원자를 수반하는 상품과 서비스를 위한 플랫폼이 출현하고 있다는 것이다. 대규모이고, 영향력 있고, 때로 파괴적이었던 1세대 인터넷 플랫폼들은 정보 산업을 대상으로 했다. 지금 우리는 경제의 나머지 영역 전체로 2세대 플랫폼이 확산되는 것을 보고 있다.

그런 플랫폼에 붙은 이름 중에서 우리는 'O2O'가 마음에 든다. 인공지능 분야의 록스타인 앤드루 응으로부터 처음 들은 말인데, O2O는 "온라인에서 오프라인으로(online to offline)"라는 뜻이다. 우리는 이 축약어가 그 현상의 핵심을 포착하고 있기 때문에 좋아한다. 네트워크 효과, 보완재 묶음, 그리고 적어도 무료, 완전성, 즉시성의 경제학 중 일부가 온라인 세계에서 오프라인 세계로 퍼지는 현상이다.

2016년 말에 O2O 플랫폼은 다양한 산업 분야에 존재했다. 도시 교통 분야의 리프트(Lyft)와 우버, 숙박 분야의 에어비앤비, 식품 배달 분야의 그럽허브(Grubhub)와 캐비어(Caviar), 가정 헬스케어 분야의 아너(Honor)를 비롯하여 많은 플랫폼이 있다. 이 모든 기업들은 비트의 경제학을 원자의 경제학과 생산적으로 (그리고 결국은 수익이 남도록) 결합시키는 일을 하고 있다. 이 플랫폼들에 제공되는 물리적 재고는 헬스장의 공간이나 숙박 공간처럼 시간이 흐르면 사라지는 것일 때가 아주 많지만, 그렇지 않을 때도 있다. 게다가 사라진다고 하더라도 렌트더런웨이(Rent the Runway)의 사례가 보여주듯이 데이터, 수학, 네트워크 효과는 강력한 방식으로 결합될 수 있다.

특별한 행사 때 입는 유명 디자이너의 멋진 드레스를 구입하려면 돈이 많이 든다. 그런 옷은 대중 앞에 나서는 자리(사적인 자리나 소셜 미디어)에 또다시 입고 나가려 하지 않을 것이기 때문에 비용이 더욱 부담이 된다. 평균적으로 미국인의 옷장에 세 번 이내로 입은 옷들이 절반을 차지하고 있다는 추정치가 나온 이유를 이 딜레마가 어느 정도 설명해준다. [9] 온라인 회사 렌트더런웨이를 설립한 제니퍼 플레이스(Jennifer Fleiss)와 제니퍼 하이먼(Jennifer Hyman)은 이 의상 문제를 디지털 플랫폼의 힘으로 해결할 수 있다고 생각했다. 그들의 회사는 여성이 옷과 장신구를 온라인으로 빌리고, 배송 날짜를 고르고, 4~8일 동안 간직했다가, 동봉한 봉투에 넣어서 반송할 수 있게 한다. 회원들은 심지어 주문할 때 추가 요금 없이 치수만 다른 동일한 옷을 여벌로 한 벌 추가할 수도 있다. 대여 비용은 대개 물품 소매가격의 약 10퍼센트이며, 5달러인 모조 보석에서 수백 달러의 이브닝 가운에 이르기까지 다양하다.[10]

렌트더런웨이는 사이트에 실린 모든 의상을 다 소유하고 있다(그래서 세탁을 위해 미국 최대의 드라이클리닝 센터도 갖추었다).[11] 이 자산들은 사라지기보다는 오래가기 때문에 렌트더런웨이는 그것들을 소유함으로써 사업이 성장하여 전국으로 확대될 때 열리는 흥미로운 기회들을 이용할 수 있다. 운동 수업을 받는 공간과 달리 디자이너의 드레스는 사라지지 않지만, 시간이 흐르면서 가치가 떨어진다. 하지만 이 가치 저하는 균일하지 않다. 예를 들어 새 핸드백[12]은 패션을 선도하는 뉴욕에서는 금방 유행에 뒤떨어지는 물품으로 전락할 수 있지만, 미국의 다른 지역에서는 더 늦게 인기를 끈다. 그래서 렌트더런웨이는 클래스패스의 접근법과 다른 유형의 수익 관리 기법을 쓴다. 기업의 알고리즘을 통해 파악한 전국에서 가장 높은 가격을 기꺼이 지불하려는 사람들에게 물품을 보여줌으로써 지속성 있는 재고의 가치를 가능한 한 오래 보존하는 것을 목적으로 한 기법이다.

2016년 봄 기준으로 렌트더런웨이는 수익과 재고 관리 경험을 충분히 쌓았다고 확신하고 나름의 무제한 서비스를 출범시켰다.[13] 넷플릭스가 실물인 DVD를 대여하는 것과 거의 흡사한 방식으로 옷을 대여하는 요금제였다. 즉 월 139달러를 내면 한 달 동안 세 벌을 간직할 수 있었다. 한 벌을 반납하자마자 희망한 옷 중에서 다음 옷이 배송되는 식이다. 이 접근법을 씀으로써 렌트더런웨이는 클래스패스 무제한 회원권을 폐지시킨 형태의 과다 이용을 예방하는 동시에 고객의 지속적인 이용이 확산될 것이라고 기대했다.

## 기업 간 거래(B2B)의 O2O 사례

지금까지의 사례들과 현재 꽤 알려진 O2O 플랫폼의 대부분은 소비자 쪽을 향하고 있다. 이 사실이 온라인에서 오프라인으로의 현상이 경제의 나머지 영역으로 곧바로 확산되지는 않을 것임을 시사한다고 보는 사람들도 있다. 개인 소비자를 상대하는 게 아닌 기업 간에 서로 상품과 서비스를 교환하는 부문으로는 말이다.

우리는 그 견해에 동의하지 않는다. 동일한 경제 원리들은 플랫폼이 소비자를 향하고 있든지, 아니면 주로 기업 대 기업(B2B)을 위한 것인지에 상관없이 대부분 적용된다. 우리는 O2O 플랫폼이 소비자를 포함하든 그렇지 않든 간에 원자의 세계 전역으로 빠르게 확산될 것이라고 믿는다. 사실 우리는 이미 온라인과 오프라인을 연결하는 흥미로운 기업 대 기업 플랫폼의 사례를 보고 있다. 말 그대로 B2B O2O다.

— 미국 트럭 운송업은 연간 매출이 7,000억 달러에 달하지만 여전히 비효율로 가득한 시장이다.[14] 트럭들이 주행하는 총거리 중 무려 15퍼센트는 트레일러가 빈 채로 돌아다니며,[15] 트럭을 화물과 연결해주는 화물

운송 중개인들(연간 수수료가 800억 달러로 추정된다)[16]은 아직도 주로 전화기, 팩스, 이메일을 이용하여 화물 운송을 중개한다. 트랜스픽스(Transfix)[17]는 수요 측과 공급 측을 맺어주는 이 업계의 낡은 과정을 개선하고 온라인으로 옮길 온라인 플랫폼을 구축하고 있다.

— 제품을 만들거나 운송하는 기업들이 보유한 커다란 창고는 공간이 비어 있을 때가 많다(수요가 정점에 달한 시기를 위해 수용 용량을 충분히 확보해야 하기 때문이다). 시애틀에 있는 신생 기업인 플렉스(Flexe)[18]는 부분적으로 또는 일시적으로 빈 창고를 단기간 추가 공간이 필요한 기업과 연결하는 플랫폼을 구축하고 있다.

— 일랜스(Elance)와 오데스크(oDesk)는 프리랜서와 고객을 연결하는 선구적인 온라인 업체였다. 2015년에 두 회사는 합병하여 업워크(Upwork)라는 기업이 되었다. 기업이 그 사이트에 어떤 과제를 올리면 독립된 프리랜서나 대행업체가 입찰을 한다. 웹 디자인과 광고 문구 작성에서부터 회계 업무와 데이터 입력에 이르기까지 다양한 과제가 올라온다. 업워크 플랫폼은 전 세계의 전문가들(디지털로 주고받을 수 있는데 왜 그렇지 않겠는가?)을 그들에게 가장 적합한 일과 연결해주고, 무엇보다도 과제 관리와 지불 등에 필요한 도구들을 제공한다. 2016년 기준으로 업워크는 연간 300만 건이 넘는 과제를 연결하고 있었고, 거래액으로는 10억 달러가 넘었다.[19]

— 기업 행사를 위해 장소를 찾고 예약하는 일은 전통적으로 많은 시간을 잡아먹는 활동이다. 담당자들은 행사장의 시설, 수용 능력, 이용 가능성, 가

격 등을 알아보기 위해 직접 돌아다니면서 며칠 또는 몇 주를 보낸다. 이 일을 돕는 대행업체들도 있으며, 수수료가 아주 많이 들 때도 종종 있다. 시벤트(Cvent)는 1999년에 이 과정을 온라인으로 옮길 플랫폼을 제공하는 일을 시작했다. 세월이 흐르면서 모바일 초청장, 표, 설문조사도 수행하는 방향으로 사업 범위를 확대해왔다. 2015년 기준으로 시벤트는 연간 1만 5,000명의 고객들을 대상으로[20] 92억 달러 규모의 일을 처리하고 있다.[21]

— 사회학자 로버트 K. 머튼(Robert K. Merton, 우리의 MIT 동료로서 1997년에 노벨 경제학상을 받은 로버트 C. 머튼의 부친이다)은 제2차 세계대전 동안 미국인들이 대중 매체에 어떻게 반응하는지 알아보는 일을 수행했다. 그 일을 위해 머튼은 현재 흔히 '포커스 그룹(초점 집단)'이라고 부르는 것을 창안했다. 그 뒤로 무수한 마케팅 담당자들은 포커스 그룹이라는 도구를 현재 및 잠재 고객을 더 잘 이해하고 홍보 효과를 알아내는 데 활용해왔다. 포커스 그룹에 참여하거나 설문지의 문항에 답할 사람들을 찾아내는 일은 오랫동안 대행사나 모집 전문 업체가 맡아 왔다. 그들 중 대부분은 그저 길거리나 쇼핑몰에서 바람직한 특징을 지닌 듯이 보이는 사람들에게 다가가는 방법을 썼다. 지금은 포커스 그룹을 모으고 설문조사를 수행하는 온라인 플랫폼이 많이 나와 있다. 유저테스팅(UserTesting), 서바타(Survata), 디스카우트(dscout), 구글 컨슈머서베이(Google Consumer Surveys)가 대표적이다.

## 전 세계적으로 급성장 중인 O2O 플랫폼

미국에는 기술 분야의 기업가정신을 함양하는 생태계가 조성되어 있고, 그 생태계는 많은 첨단 기술 업체들을 부양하고 성장시키는 데 대단히 효과적이었다. 마치 제2의 기계 시대의 모든 좋은 착상들이 거기서 나오는 듯이 보이기도 한다. 하지만 꼭 그런 것만은 아니다. 흥미로운 O2O 플랫폼들은 세계 각지에서 지역 특유의 환경과 기회를 반영하고 활용하면서 출현하고 있다.

프랑스의 도시 간 철도 시스템은 아주 넓게 퍼져 있지만 값이 비싸며, 오랫동안 민영 버스가 엄격하게 규제되어 왔기에 요금 경쟁을 벌일 일도 없었다.◆ 프레데릭 마젤라(Frédéric Mazzella), 니콜라 브뤼송(Nicolas Brusson), 프랑시스 나페즈(Francis Nappez)는 바로 거기에서 기회를 엿보았고,[22] 2006년에 블라블라카(BlaBlaCar)를 설립했다.[23] 이 플랫폼은 이 도시에서 저 도시로 자동차를 운전하는 사람을 같은 방향으로 가고 싶어 하는 승객과 연결한다. 자동차를 타는 대가로 승객은 운전자의 비용 중 일부를 지불한다. 승객이 지불하는 금액은 블라블라카가 정한다. 운전자마다 달리 받을 수는 있지만, 회사가 정한 최대 금액을 넘길 수는 없다. 블라블라카는 "블라블라카 운전자들이 굳이 돈을 벌려고 하지 않는다는 것"[24]이 그 회사가 많은 사람들에게 사랑을 받아왔고, 요금이 저렴하게 유지되고, 여러 지역의 규제 당국과 쉽게 협상을 이루게 된 이유라고 주

---

◆ 이 규제는 2015년 7월에 프랑스 정부가 전국의 버스 회사들이 새 노선을 만들 수 있도록 사실상 허용함에 따라 허물어졌다(Oxera, "En Route to French Transport Liberalisation: The Coach Market", August 2015, http://www.oxera.com/Latest-Thinking/Agenda/2015/En-route-to-French-transport-liberalisation-the-co.aspx). 여행자들은 곧 이 새로운 대안을 활용했다. 2013년에는 버스로 도시 간 이동을 한 승객이 10만 명에 불과했다. 2016년에는 500만 명을 넘어섰다고 추정된다("Liberalization of Intercity Bus Market in France", Busradar.com [blog], August 13, 2015, https://www.busradar.com/blog/liberalisation-france).

장한다(그 방식은 블라블라카 플랫폼이 택시와 직접 경쟁하지 않도록 돕기도 한다. 블라블라카는 평균 탑승 거리가 320킬로미터다).[25] 2016년 9월 기준으로 이 기업의 차량 공유(ride-sharing) 플랫폼은 21개국에서 운영되고 있으며,[26] 분기별 탑승 횟수가 1,000만 건이 넘었다.[27]

인도네시아의 가장 인기 있는 O2O 교통 플랫폼은 프랑스의 것과는 전혀 다르다. 자카르타의 유명한 교통 정체 때문에 많은 사람들은 오토바이 택시를 탄다. 오토바이는 굼벵이처럼 움직이거나 꼼짝 못하는 자동차들 사이로 요리조리 지나다닐 수 있기 때문이다. 2015년에 승객과 오토바이를 연결하는 모바일 앱 기반의 플랫폼 고젝(Go-Jek)이 출범했다. 고젝은 고정 요금을 제시했다. 그 방식은 인기가 있었다. 요금을 흥정하느라 낭비되는 시간과 갖가지 문제들을 없앴기 때문이다. 2016년 중반을 기준으로 고젝 플랫폼을 이용한 탑승 횟수는 매월 평균 2,000만 건에 달했고, 플랫폼은 음식, 채소, 소포 배송, 차량 유지 관리, 심지어 집 청소에 이르기까지 영역을 확대했다. 2016년 8월에 고젝은 5억 5,000만 달러의 투자를 받아, 인도네시아 최초로 자산가치가 13억 달러를 넘은 이른바 '유니콘' 기업이 되었다.[28]

인구가 거의 14억 명에 달하고, 스마트폰이 널리 쓰이고 있고, 기술 기업이 큰 성공을 거두어 온 중국은 세계에서 모바일 O2O 플랫폼이 가장 활기를 띠는 곳이다. 15달러[29]를 내면 빨랫감을 한가득 수거하여 세탁하고 다림질하여 72시간 안에 돌려줌으로써 생활을 편리하게 하는 디지털 플랫폼을 이용한 서비스인 에다이시(Edaixi)가 대표적인 사례다. 2015년 8월 기준으로 에다이시는 16개 도시에서 운영되며 하루에 10만 건이 넘는 주문을 처리하고 있었다.[30] 1년 뒤에는 28개 도시로 확대되었

고, 그 도시들의 주민 수를 더하면 1억 1,000만 명에 달한다.◆31)

구아구아시처(Guagua Xiche)32)는 5달러 미만의 금액을 내면, 도시의 어디에 주차했든 간에 세차를 하는 전문가를 보내줄 것이다. 이용자는 차량의 위치와 번호판을 알려주고 나면 세차 과정을 지켜볼 필요가 없다. 이 기업은 2015년에 5,800만 달러의 투자를 받았고, 12개 도시로 영업을 확장했다.33)

하오추시(Hao Chushi)34)는 요리사가 집으로 와서 사람들의 취향과 식이 요법 등을 고려하여 요리를 해주는 서비스를 제공한다. 재료비를 제외하고, 4인 가족을 위해 드는 비용은 약 15달러다.35) 이 서비스가 매력적이긴 해도 하오추시는 인기 있는 중국 음식 배달 업체인 어러머(Ele.me)에게는 별 충격을 가하지 못할 듯하다. 어러머는 10억 달러가 넘는 투자금을 모았다.36) 사실 중국에서는 O2O 사업에 대규모 투자가 이루어지는 일이 드물지 않다. 세탁, 육아 도우미, 미용 등을 중개하는 O2O 플랫폼인 58다오지아(58 Daojia)37)는 2015년 10월에 시리즈A(Series A)◆◆를 통해 3억 달러의 투자를 받았다. 중국 검색 거인인 바이두(Baidu)38)는 3년 동안 O2O에 32억 달러를 투자했는데 대부분 누오미(Nuomi)에 투입했다. 누오미는 영화표에서 미용사에 이르기까지 모든 것을 다루는 플랫폼이다.

---

◆　　미국 기업인들은 중국의 몇몇 O2O 성공 사례를 모방하려고 시도해왔지만 결과는 혼란스럽다. 미국에서 비슷한 세탁 O2O 서비스를 시작한 위시오(Washio)는 거의 1,700달러의 투자금을 모았지만 2016년에 폐업했다. 에다이시와 달리 위시오는 전반적으로 비싸다고 평가되었다. 배송비만 5.99달러였다.

◆◆　시리즈A 투자는 대개 신생 기업이 처음 공식적으로 투자를 유치할 때 쓰는 방식이다. 모이는 투자액은 대개 3억 달러보다는 100만 달러에 가깝다.

# O2O 플랫폼의 성장 엔진, 유동성

경영학자인 우리는 O2O 플랫폼에 관심이 많다. 한 가지 이유는 그런 플랫폼이 보완재, 특히 무료인 보완재가 수요곡선을 밖으로 밀어내는 힘을 가지고 있음을 보여주기 때문이다. 예를 들어 에어비앤비가 숙소 주인에게 무료로 제공하는 가격 최적화 도구는 다른 모든 조건이 동일할 때 경쟁 업체의 플랫폼보다 자사 플랫폼을 이용하는 집주인들의 수를 늘린다.

또 한 가지 이유는 O2O 플랫폼이 우리가 지금껏 본 것들 중에서 비트의 경제학과 원자의 경제학의 가장 풍부한 조합을 대변하기 때문이다. 이런 플랫폼들은 규모가 커지면서 엄청난 양의 정보를 다룬다. 회원들과 그들의 선택 및 활동, 상품과 서비스의 가용성과 가격, 결제, 문제점 등에 관한 정보들이다. 이 모든 정보는 무료, 완전성, 즉시성의 이상적인 사례에 근접한다. 저장, 처리, 전송하는 비용이 아주 낮을뿐더러 점점 더 저렴해지고 있다. 이 같은 특성은 관련 있고 유용한 모든 정보들이 플랫폼의 어디에서나 항상 존재할 수 있다는 의미다. 또 수요 측 규모의 경제(다시 말해 네트워크 효과)가 비용보다 훨씬 더 빠르게 증가할 수 있다는 의미이기도 하다. 게다가 보완재가 무료일 때, 각 개인에게 미치는 효과가 미미하다고 할지라도 그것을 이용하는 사람이 금방 수백만 명으로 불어날 수 있다.

이것이 중요한 이유는 정보와 알고리즘(비트로 이루어진)이 원자 기반의 상품과 서비스의 경제가 제기하는 가장 힘겨운 도전 과제들에 대처하는 일을 돕기 때문이다. 헬스장, 배송 서비스, 교통망의 운영이 힘든 까닭은 대체로 수용 능력이 유한하고, 재고를 세심하게 관리해야 하기 때문이다. 이런 문제들은 원자 기반 세계에서 살아가면서 접하는 기본적인 사항들이며, 수요와 공급을 계속 맞추어야 한다는 핵심 과제로 쉽게 요약된다.

수십 년에 걸친 연구와 현실 세계에서의 스트레스 테스팅(위기 상황 분석)을 통해 다듬어져 온 수익 관리의 도구와 기법은 이 과제에 큰 도움을 줄 수 있지만, 이런 사업을 운영하는 데에는 많은 자료가 필요하다. 또 수요와 공급이 많이 적용된다면 그만큼 혜택을 본다. 다시 말해 네트워크가 점점 더 커질수록 점점 더 잘 작동한다. 네트워크 효과는 플랫폼을 규정하는 특징 중 하나다. 그래서 헬스장은 각 수업의 총수익을 최대화하도록 해주는 강력한 수율 관리(yield management) 알고리즘을 접할 권한을 얻는다. 에어비앤비의 집주인은 성수기와 비수기에 수익을 최대화하는 가격으로 방이 대여될 수 있도록 해주는 가격 지원 도구를 얻는다. 우버 운전자는 승객을 빨리 태울 기회를 최대화하는 위치를 보여주는 '혼잡 지도(heat map)'를 얻는다. 이렇게 수학적으로 복잡하며 풍부한 데이터를 갖춘 서비스는 현실 세계의 많은 업체들, 특히 소기업은 예전에는 이용할 수 없었다. 비트의 무료, 완전성, 즉시성의 경제 덕분에, 지금은 O2O 플랫폼이 있는 곳이면 어디에서든 이 같은 서비스를 이용할 수 있게 되었다.

O2O 플랫폼들은 성장함에 따라 모두에게 가장 거부할 수 없는 경제적 속성들 중 하나를 제공한다. 바로 유동성, 즉 거래가 큰 가격 변동 없이 이루어질 것이라는 보장이다. 자카르타의 통근자, 프랑스 보르도에서 리옹까지 저렴하게 갈 방안을 찾는 여행자, 빈 짐칸으로 돌아오는 대신에 무언가를 실어서 푼돈이라도 벌려고 하는 트럭 운전사는 사실상 모두 동일한 것을 원한다. 빨리, 유리하게, 그리고 불쾌하게 놀랄 일이 없이 거

래가 이루어지는 것이다. 이를 확보하는 최선의 방법은 거래의 상대 쪽에 잠재적 참여자들이 많이 있는 것이며, 인기 있는 O2O 플랫폼이 제공하는 것이 바로 그것이다.

## 모든 기술을 결합해 발전 중인 O2O 서비스

경제 이론에서 얻은 깨달음 외에, 다른 몇몇 분야에서 얻은 통찰도 이런 플랫폼에 통합되어 적용된다. 예를 들어 우버 운전자들이 길이 겹치는 승객들을 태우고 내려줄 때 가는 최선의 경로는 운영 연구(operations research)에서 다루는 고전적인 '순회 외판원(traveling salesman)' 문제의 변형된 형태다. 순회 외판원은 모든 도시를 단 한 번씩만, 들를 수 있는 최단 경로를 찾아야 한다.

O2O 업체들이 생성하는 엄청난 양의 데이터는 머신러닝이 성장할 기름진 토양이 된다. 3장에서 살펴보았듯이, 머신러닝은 정보량에 크게 의존하는 인공지능 접근법으로 현재 주류로 부상해 있다. 사용자 인터페이스와 사용자 경험 설계도 전성기를 맞이하고 있다. 대체로 플랫폼의 인기 때문이다. 웹사이트가 유연하면서 강력한 기능을 갖추고 사용자가 직관적으로 사용할 수 있는 시스템을 갖추기란 극도로 어려우며, 동시에 앱에서도 그렇게 하기란 더욱 어렵다(휴대전화의 작은 화면에서 작동해야 하기 때문이다). 우리가 만나 이야기를 나눈 모든 플랫폼 구축자들은 자신들이 사용자 인터페이스를 얼마나 열심히 연구했는지, 얼마나 계속해서 반복하고 실험하면서 다듬어 왔는지를 강조했다. 플랫폼 구축자들은 폭넓은 사용자 경험을 열심히 연구한다. 시스템에서 발생하는 장애 처리, 고객 지원, 문제 해결도 중요한 활동이다. 나쁜 평은 금방 퍼지기 때문이다.

우리가 직업상 O2O 플랫폼에 끌리는 마지막 이유는 10년 전만 해도 그런 플랫폼이 사실상 가능하지 않았기 때문이다. 이 장에서 설명한 사업들 중 상당수는 강력한 모바일 컴퓨팅 기기에 의존하며, 앞서 살펴보았듯이 스마트폰 시대는 2007년에 아이폰이 등장하면서(그리고 1년 뒤 외부 개발자들이 앱을 내놓으면서) 비로소 시작되었다. 스마트폰은 최초의 진정한 모바일 컴퓨터였을 뿐만 아니라, GPS 센서를 장착한 덕분에 최초의 위치 인식 기기이기도 했다. 이 특징들은 거의 모든 성공한 O2O 시스템의 필수 보완재다.

클라우드 컴퓨팅도 많은 플랫폼 업체들의 성공에 대단히 중요한 역할을 했다. 자사가 얼마나 성공을 거둘지를 정확히 예측해야 하는 일로부터 해방시켰기 때문이다. 클라우드 공급자가 등장하면서 본질적으로 무제한으로 많은 추가 컴퓨팅 능력을 아주 빨리 이용할 수 있게 되어, 미리 그런 장치가 얼마나 필요할지 계획하고 구매할 필요가 없어졌다. 마이크로소프트의 전 전략 책임자이자 클래스패스와 플렉스의 초기 투자자였던 찰리 송허스트(Charlie Songhurst)는 우리에게 신생 기업과 기타 온라인 실험들이 빨리 규모를 키우기가 더 쉬워졌다면서 다음과 같이 말했다.

그것들이 자신의 성공을 예측할 필요가 없어졌기 때문이에요. 클라우드는 한 가지 엄청난 변수를 제거했어요. 자신의 장래 수요를 예측해야 하는 일이지요. 그 일을 생각하고, 계획하고, 거기에 돈을 쓸 필요가 그냥 없어진 거예요. … 그냥 무언가를 시도해보고 그것이 먹히면 클라우드가 대처할 겁니다. 나중에 아마존 웹 서비스로부터 상당한 액수의 청구서를 받게 될지도 모르지만, 제품을 출시할 때 갖추어야 할 수권자본은 아니지요. 제품을 출시하기 두 달 전에 미리 서비스를 구매하고, 일이 원활히 진행되도록 하고 문제가 생겼을 때 조치할 직원을 고용하는 등의 일을 할 필요가 없어요. 그것이 바로 그 산업에 생긴 변화입니다.[39]

클라우드는 사실상 기업가들에게 수요가 증가한다면, 그리고 수요가 증가할 때 규모를 키울 수 있는 권한을 제공했다. 의무는 빼고 말이다. 이런 '실물 옵션(real option)'의 가치는 상당할 수 있으며, 한 사업의 가치를 평가하는 기존 모델들은 이 점을 종종 간과하곤 한다.◆

## 노는 자원을 활용하라

우리는 또한 많은 혜택을 안겨준다는 단순한 이유 때문에도 O2O 플랫폼을 좋아한다. O2O 플랫폼은 자산(승용차와 트럭에서부터 빈 방과 헬스장, 자신의 인적자본에 이르기까지)을 소유한 사람들에게 그것을 활용할 더 많은 기회를 준다. 그렇게 함으로써 플랫폼은 자산의 효율성과 활용도를 높인다. 이 말이 회계사, 운영 연구 전문가, 관련 경제학자에게만 혜택을 안겨주는 것인 양 들릴지도 모르지만, 우리 모두는 그런 플랫폼을 환영해야 한다. 지구에 부담을 덜 주는 동시에, 삶의 질을 향상시키기 때문이다.

이 두 가지 좋은 결과 중 첫 번째가 아마도 알아보기가 더 쉬울 것이

---

◆ 　아비나시 딕시트(Avinash Dixit)와 로버트 핀다이크(Robert Pindyck)는 밥 머튼(Bob Merton), 마이런 숄스(Myron Scholes), 피셔 블랙(Fischer Black)을 비롯한 연구자들의 이전 연구를 토대로 실물 옵션 가격 결정의 경제학을 상당히 많이 규명했다. 다음 책 참조. Avinash K. Dixit and Robert S. Pindyck, *Investment under Uncertainty*(Princeton, NJ: Princeton University Press, 1994).

다. 출근 경로를 다양화하고, 도시 안이나 전국을 이동하는 저렴한 교통 수단을 찾아내고, 더 많은 음식점에서 배달을 받고, 큰 행사 때 입을 완벽한 옷을 구하는 것은 모두 좋은 일이다. 하지만 이것들은 모두 소비의 유형이다. 그리고 소비는 자원을 쓰는 것이고, 많은 자원은 유한하다. 그렇다면 어떻게 소비를 부추기는 플랫폼들이 지구에 좋을 수 있다는 것일까?

원자 세계의 많은 자원들의 활용도를 높임으로써 그렇게 할 수 있다. 멋진 드레스와 승용차는 똑같이 이용하는 시간보다 이용하지 않는 시간이 대부분을 차지한다. 렌트더런웨이와 우버는 각각 그 물건들이 더 생산적으로 쓰일 수 있게 해준다. 승용차 좌석은 평균적으로 이용 시간 중 95퍼센트는 비어 있다.[40] 차량 공유는 이 비율을 50퍼센트로 줄인다. 즉 자본의 10분의 1만으로도 동일한 자본 서비스를 받을 수 있다는 뜻이다. 앞으로 플랫폼이 이런 상품을 더 적은 수로 더 많이 쓰일 수 있게 함에 따라, 이런 상품이 새로 만들어지는 양이 줄어들 수 있다고 기대하는 편이 합리적이다. 이런 상품의 미래 총수요가 활용도 증가를 상쇄시킬 만큼 증가한다면, 생산량 감소는 일어나지 않겠지만, 이브닝가운이 필요한 행사가 미래에 과연 얼마나 더 자주 열리겠는가? 이미 미국의 젊은 도시 거주자들 사이에서 자동차 소유가 줄어들고 있다는 징후가 보인다. 2013년 기준으로 1980~1990년대에 태어난 사람들은 그 이전 세대가 같은 나이에 있었을 때보다 자동차를 13퍼센트 덜 소유했다.[41] 그들은 우리가 우버를 비롯한 O2O 자동차 플랫폼을 이용할 것이라고 예상하는 바로 그 스마트폰 세대를 대변한다.

자원이 반드시 덜 이용되어 완전히 놀고 있어야 할 필요는 없다. 이동하는 승용차의 빈 좌석과 돌아오는 트럭의 빈 짐칸은 낭비의 사례이기도 하며, 현재 블라블라카와 트랜스픽스 같은 플랫폼을 통해 그런 낭비가 줄어들고 있다. 이 낭비 감소는 O2O 플랫폼이 확산됨에 따라 계속 이루어질 것이다. 사실 우리는 강력한 모바일 컴퓨터가 전 세계로 확산됨에 따라, 클라우드를 비롯하여 자원을 활용하는 일을 가능하게 하는 기술들이 발전함에 따라, 혁신가들과 기업가들이 비트의 경제와 그 이점을 원자의 세계로 계속 도입함에 따라 자원의 낭비 감소는 가속화될 것이라고 믿는다.

SUMMARY 요점

☐ 디지털 플랫폼은 물리적 상품과 서비스를 다루는 운동, 교통, 숙박 같은 업종으로 빠르게 확산되고 있다. 이런 플랫폼은 'O2O', 즉 온라인-오프라인 플랫폼이라고 불린다.

☐ 이런 산업들에서 사라질 수 있는 재고는 이용하는 한계비용이 작을 수도 있지만, 수용 능력에도 한계가 있다. 그래서 O2O는 순수한 정보재의 무료, 완전성, 즉시성의 경제와 다르다. 그 결과 플랫폼 소유자는 대개 수요와 공급의 균형을 개선하기 위해 수익 관리 기법을 통합한다.

☐ 순수한 디지털 플랫폼처럼 온라인-오프라인 플랫폼도 전반적인 수요를 증가시키는 많은 보완재를 포함할 수 있다.

☐ O2O 플랫폼은 전 세계에서 출현하고 있으며, 소비자와 접하지 않는 산업 분야에서도 나타나고 있다. 중국은 특히 O2O 혁신의 온상이 되어왔다.

□ 새로운 회원을 빠르게 추가하고, 고객 경험을 통제하고, 기존 자본과 노동 자원을 차입하고, 데이터와 알고리즘을 사용해서 수요와 공급의 균형을 개선할 수 있기 때문에, O2O 플랫폼은 빠르게 규모가 커지고 공격적으로 경쟁에 나설 수 있다. 투자자들은 O2O의 잠재력을 알아차리고 공격적인 확장 계획에 기꺼이 투자해왔다.

**QUESTIONS** 질문

1   당신의 산업에 네트워크 효과와 수익 관리 능력을 도입하는 플랫폼과 협력하거나 경쟁할 전략을 세워 놓았는가?

2   고객은 무제한으로 제공한다는 제안을 높이 산다. 경제적으로 그렇게 무제한으로 제공할 방법을 찾아낼 수 있는가?

3   당신 산업의 주요 플랫폼과 당신 자신이 온라인으로 제공하는 사용자 인터페이스와 사용자 경험을 비교해보라. 얼마나 견줄 만한가?

4   당신의 재고는 얼마나 많이 사라지는가? 당신의 수용 능력 중에서 놀고 있는 부분이 얼마나 되는가? 그런 비율을 줄이는 데 도움을 줄 플랫폼이 아직 생기지 않았는가?

5   당신 산업의 주요 자산의 활용도가 급격히 극적으로 증가한다면 당신의 수익, 이윤, 성장에는 어떤 일이 일어날까?

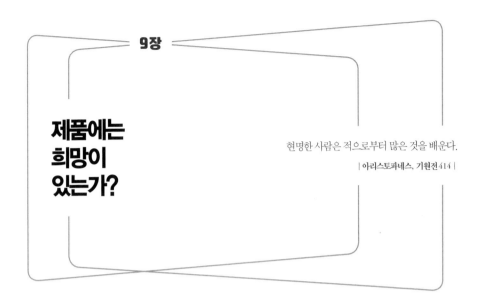

## 9장

# 제품에는
# 희망이
# 있는가?

현명한 사람은 적으로부터 많은 것을 배운다.

| 아리스토파네스, 기원전 414 |

우버의 도시 교통 플랫폼은 트래비스 칼라닉(Travis Kalanick)과 가렛 캠프(Garrett Camp)가 2008년에 파리에서 택시를 잡는 데 어려움을 겪던 그때 탄생했다. 우버의 웹사이트에는 이렇게 설명되어 있다.[1]

"그래서 그들은 단순한 아이디어를 떠올렸다. 단추를 톡 누르면, 택시가 오는 것이었다."

그들의 원래 구상(처음에는 우버캡(UberCab)이라고 불렸다)[2]은 리무진에만 초점이 맞추어져 있었다. 초기의 성장은 꾸준했지만 느렸다. 캠프가 처음 칼라닉에게 우버에 전력을 쏟아야 한다고 주장했을 때, 칼라닉은 기회가 "미친 짓으로 여겨질 정도로 작다"[3]고 느꼈기에 거부했다.

## 기존 사업자들이 타격을 받다

2010년 말에 칼라닉은 더 큰 기회가 왔음을 깨닫기 시작했다.[4] 그는 단순히 웹 기반의 리무진 서비스를 구축한다는 생각을 거부하고, 대신에 당시 직원 네 명뿐인 회사에 더 큰 목표를 제시했다. 자사가 창조해온 양면 네트워크 효과의 힘을 활용함으로써 교통 산업을 바꾸자는 것이었다. 그 효과는 우버 플랫폼에 자동차가 더 늘어날수록 승객도 더 늘어나고, 승객이 더 늘어날수록 자동차도 더 늘어남을 뜻했다. 18개월 뒤, 그들은 일반 차량과 그 운전자가 플랫폼에 가입할 수 있도록 한 우버엑스(UberX)를 출범시켰다.[5] 2014년 8월에는 네트워크의 능력을 더 저렴한 요금으로 탑승하는 일과 결합하여 더 확대한 우버풀(UberPool)을 내놓았다.[6]

그 플랫폼 모델과 네트워크 효과는 역사상 가장 빨리 성장하는 기업 중 하나를 탄생시켰다. 2016년에 우버는 연간 총탑승 예약을 통해 매출이 200억 달러에 달했다고 발표했다.[7] 2016년 6월에 우버의 자산가치는 680억 달러에 달했고,[8] 투자자들로부터 150억 달러를 모았다. 우버는 그 돈을 전 세계로 더 빠르게 공격적으로 사업을 확장시키는 데 썼다.

여러 도시에서 택시 회사를 비롯한 기존 대중교통 사업자들은 우버가 성장할수록 자신의 사업이 크게 위축되는 것을 목격했다. 우버와 리프트가 들어오기 전 해인 2012년에 로스앤젤레스의 기존 택시업계는 840만 회 승객을 태웠다.[9] 그런데 그 뒤로 3년 사이에 택시 탑승 횟수가 거의 30퍼센트 감소했고, 예약 건수는 42퍼센트가 줄었다. 더 북쪽의 샌프란시스코에서는 가장 큰 택시 회사인 옐로캡 협동조합이 2016년 1월에 파산신청을 했다.[10]

택시 면허(합법적으로 택시를 몰면서 거리에서 사람을 태울 수 있는 면허로 이전 가능하다)
는 오래전부터 좋은 투자 대상으로 여겨져 왔다. 예를 들면 뉴욕에서는
면허증의 가격이 21세기 초에 급격히 치솟아서 2013년에는 130만 달러
를 넘어섰다. 그로부터 3년이 채 지나기 전에 면허증의 가격은 그 절반
수준으로 떨어졌다.[11]

면허를 보유한 기존 사업자들은 손실을 만회하기 어렵다는 것을 알
았다. 양면 네트워크 효과, 매끄러운 사용자 인터페이스와 사용자 경험,
풍족한 자본을 갖춘 우버가 훨씬 더 유리했기 때문이다. 미국의 리프트
와 유럽의 헤일로(Hailo)처럼 경쟁하는 플랫폼들이 계속 출현해도, 그 신
생 기업의 성장 속도는 느려지지 않았다. 그래서 종종 규제만이 유일한
수단인 것처럼 보였다.

## 비플랫폼 참여자들에게 직면한 현실

우버 플랫폼의 합법성은 전 세계에서 도전을 받아왔으며, 교통 서비
스에 관한 새로운 법규가 제안 및 제정되어왔다. 우버와 그 동종 플랫폼
들을 염두에 두고, 그것들을 불리하게 만들려는 의도를 갖고 제정되었다
는 인상을 피하기가 어려운 것들도 많다. 예를 들어 프랑스 입법기관은
2014년에 우버엑스의 거의 판박이라 할 만한 우버팝(UberPop)을 불법화하
고, 우버와 그 경영진에 벌금을 부과했다.[12] 2017년 초에는 캐나다 밴쿠
버 시가 우버를 전면 금지했다.

도시 교통 분야처럼 금융 분야에서도 때로 디지털 신생 기업에 맞서
기존 사업자를 최대한 보호하기 위해 규제가 이루어지곤 했다. 2015년
6월 〈이코노미스트〉에는 "핀테크가 은행을 죽이지 못하는 이유"라는 기

사가 실렸다.[13] 기사에 다루어진 금융 기법 혁신들 중 상당수는 사실 플랫폼이었다. 결제, 외환 거래, 개인 간 대출(11장에서 논의할 것이다) 플랫폼 등이 그러했다. 기사는 기존 은행들이 이 새내기들보다 훨씬 더 규모가 크고 "어느 정도 즉시 신용을 창출할 수 있고" 그것이 중요한 이점이라고 지적했다. 하지만 기사는 은행이 가장 강력하게 제공하는 것들이 가장 보호 받는 것들이라는 점을 지적하며 이렇게 밝혔다. "안전하고 항구적으로 접근할 수 있는 방식으로 돈을 저장할 수 있도록 해주는 예금계좌가 특히 그렇다. 실리콘밸리나 실리콘 라운드어바웃(Silicon Roundabout)에서 그 심한 규제를 받는 금융 수단을 취하려는 사람은 거의 없다."

그 〈이코노미스트〉 기사는 은행이 직면한 가장 큰 우려를 잘 보여준다. 설령 법적으로 잘 보호를 받는다고 할지라도 '일종의 금융 유틸리티로서의 미래'[14]가 닥치지 않을까 하는 걱정이다. 은행은 '어디에나 있지만 심하게 규제를 받고, 매력적이지 않고 이윤이 미미한' 공익 설비 같은 것이 되지나 않을까? 우리는 금융뿐만 아니라 많은 업종들의 미래가 그럴 수 있다고, 심지어 가능성이 높다고까지 생각한다. 많은 부문들에서 비플랫폼 참여자들은 생산물이 얼마나 뛰어나고 정교하든 간에, 이윤이 줄어들고 입지가 점점 더 불확실해지는 상황을 보게 될 것이다.

## 더 이상 이익을 내지 못하는 제조업체들

이런 역학은 세계 무선통신 산업에서 뚜렷이 나타난다. 앞장에서 설명했듯이 무선통신 업종에서 대단히 인기 있는 플랫폼이 2007년에 출범했다. 먼저 애플의 아이폰과 iOS 운영체제가 등장했고, 이어서 구글의 안드로이드가 나왔다. 그 뒤로 다른 플랫폼이 번성하기는 어려워졌다. 노키아와 블랙베리는 iOS와 안드로이드에 맞서 소프트웨어 분야에서 경쟁하려고 애쓰다가 실패하는 바람에 몰락했다. 제품만을 만드는 업체들에게도 상황이 그보다 낫지 않은 사례가 많았다.

안드로이드가 출현한 이래로 해가 갈수록 휴대전화를 만드는 아시아 기업들은 힘겨운 경쟁에 직면해왔다. 잘나가는 업체도 있긴 했지만 대부분은 무너졌다. 2015년 1월 중국 스마트폰 제조업체 샤오미의 CEO 레이쥔(雷軍)은 직원들에게 보낸 공개서한에서, 회사의 자산가치가 450억 달러로서 세계에서 가장 가치 있는 기술 신생 기업이 되었다고 썼다.[15] 그보다 앞서 1년 동안 샤오미는 스마트폰을 6,100만 대 팔았고, 중국 시장에서 선두 주자가 되었다.◆[16] 샤오미 스마트폰은 중국에서 가장 저렴한 축에 속하고, 통상적으로 2015년에 149달러에 판매되었다.[17] 시장 평균의 절반에도 못 미치는 가격이었다. 이 가격으로는 이윤을 남길 여지가 거의 없었지만, 샤오미 투자자들은 일단 그 스마트폰(그리고 샤오미가 만드는 다른 하드웨어들)이 널리 퍼지면 인터넷 서비스를 통해 수익을 얻는다는 계획에 기대를 걸고 있었다.

샤오미 투자자들은 이 도전 과제의 규모를 과소평가했을지 모른다. 자산가치가 기록적인 수준에 도달한 지 12개월 사이에 샤오미는 스마트폰 판매량 목표를 두 차례나 달성하지 못했고, 인터넷 서비스로 얻은 수익은 5퍼센트에도 미치지 못했다.[18] 2016년 2분기에 샤오미의 판매량은

---

◆  샤오미는 2015년 4월에 24시간 동안 휴대전화를 가장 많이 판매함으로써 이 부문의 기네스 세계 기록을 세웠다. Kevin Lynch, "Mi.com Sells 2 Million Smartphones in a Day to Set Sales World Record", Guinness World Records, April 9, 2015, http://www.guinnessworldrecords.com/news/2015/4/mi-com-sells-2-million-smartphones-in-a-day-to-set-sales-world-record-376583.

전해의 같은 기간보다 거의 40퍼센트 감소했고,[19] 탁월한 분석가 리처드 윈저(Richard Windsor)는 샤오미의 자산가치가 36억 달러에 더 가깝다고 평가했다.[20]

한국의 삼성은 스마트폰 시대 초창기에 내놓은 스마트폰과 태블릿이 잇달아 인기를 끌면서 시장을 주름잡았지만, 마찬가지로 결국 판매량과 이윤이 점점 줄어들었다. 4년 동안 연속하여 판매량이 줄어들면서 2016년의 총 판매량은 2011년 이래로 최저가 되었다.[21]

현재의 스마트폰은 잘 설계되고 신뢰할 만하게 만들어진 놀라울 정도로 복잡한 기계다. 이런 일을 하는 데 필요한 전문 기술과 세계적인 공급망을 갖추기란 너무나 어려우므로 지금까지 세계에서 소수의 기업만이 시도했다. 하지만 스마트폰은 기대와 사양이 끊임없이 변하기 때문에, 출현한 지 10년밖에 안 된 이 엄청난 세계 시장에 기여하고 있다고 하더라도 이 부문에서 꽤 긴 시간 동안 많은 돈을 버는 기업은 거의 없다.

대신에 이윤은 플랫폼 제공자에게 돌아갔다. 2015년에 세계 스마트폰 이윤의 91퍼센트를 애플이 차지했다는 추정치가 나와 있다.[22] 그렇다면 주요한 플랫폼에 돌아가는 이윤이 얼마나 높을 수 있을까? 다음 해에는 더욱 편향된 결과가 나왔다. BMO 캐피털마켓(BMO Capital Markets)의 분석가인 팀 롱(Tim Long)은 2016년 3분기에 모든 휴대 기기 제조업체들 중에서 애플의 영업이익률이 103.9퍼센트에 달했다고 발표했다. 삼성은 0.9퍼센트였고, 다른 모든 기업들은 손실을 보았다.[23]

스마트폰 시대에 성공한 플랫폼 구축자로서 애플의 유일한 경쟁자인 구글은 안드로이드와 그것을 이용하는 무수한 모바일 서비스로부터 수익과 이윤을 얼마나 얻는지 발표하지 않는다. 하지만 상당히 큰 듯하다.

2016년 1월, 구글과 배상액 문제로 소송을 벌이고 있는 소프트웨어 기업 오라클의 변호사는 법원에서 안드로이드가 모기업에 수익 310억 달러, 이윤 220억 달러를 안겨주었다는 추정치를 제시했다. ◆24)

## 플랫폼의 많은 이점

샤오미와 삼성의 사례들이 플랫폼이 계속 확장됨에 따라 더욱 뚜렷해지게 될 양상을 보여주는 것일까? 플랫폼이 궁극적으로 모든 산업을 점령하여 기존 사업자들의 이윤을 빼앗을까? 첫 번째 질문의 답은 "예"이고, 두 번째 질문의 답은 "아니오"다.

플랫폼 혁명은 끝나려면 멀었고 그 영향은 심오할 것이다. 스트라이프, 클래스패스, 포스트메이츠, 트랜픽스 같은 최근 사례들은 대규모 추세(특히 급속히 개선되고 있는 디지털 기반 시설을 이용하는 플랫폼의 확산)의 선봉에 해당한

---

◆　2016년 1월, 오라클 변호인단은 오라클의 자바 기술 저작권 침해에 관한 기나긴 소송의 일부로서 구글이 안드로이드에 관해 맺은 수익 공유 협약들의 내용을 상세히 밝히라고 연방법원 판사의 명령을 이끌어낸 바 있었다. 법정에서 구두로 그 추정치를 밝힌 변호사는 어떻게 그런 추정치에 도달했는지, 그 값이 어느 기간에 해당하는 것인지는 말하지 않았다. 그러자 구글 측은 판사에게 "비영리 금융 자료가 대단히 민감한 내용이며, 공개되면 구글의 사업에 상당한 부정적인 영향이 미칠 수 있으므로" 그 말을 속기록에서 삭제하고 봉인해 달라고 요청했다(Joel Rosenblatt and Jack Clark, "Google's Android Generates $31 Billion Revenue, Oracle Says", Bloomberg, January 21, 2016, https://www.bloomberg.com/news/articles/2016-01-21/google-s-android-generates-31-billion-revenue-oracle-says-ijor8hvt). 안드로이드의 이윤 추정은 어렵고 주관적이다. 아마도 플레이스토어로부터 얻는 모든 수익(구글이 30퍼센트, 개발자가 70퍼센트를 가져간다)과 모바일 검색 광고 및 모바일 디스플레이 광고에서 얻는 수익 중 일부도 포함시키는 것이 공정할 것이다. Nicholas Iovino, "Oracle Wins Chance to See Google Contracts", Courthouse News Service, January 14, 2016, http://www.courthousenews.com/?s=Oracle+Wins+Chance+to+See+Google+Contracts.

다. 플랫폼은 경쟁자들에 비해 상당한 이점이 있고, 또 참여자들에게도 많은 이점을 안겨주기 때문에 다른 산업들로의 확산은 계속될 것이다.

하지만 미래에 모든 영업 활동이 플랫폼에서 일어나지는 않을 것이다. 플랫폼의 점령이 완전히 이루어지지는 않을 것이다. 일부 업종에서는 생산물 기업과 플랫폼 기업이 평화롭게 공존할 것이다. 대체로 변화가 없는 업종도 있을 것이다. 플랫폼 소유자뿐만 아니라 플랫폼 생태계의 나머지도 수익을 얻는 전략들이 존재한다.

하지만 단면이든 양면이든 간에 플랫폼은 폭넓게 빨리 확산될 것이다. 플랫폼이 활용하는 네트워크 효과는 강력하다. 또 플랫폼은 자기 강화적이다. 가시적인 사용자 인터페이스와 그 배후에서 돌아가는 알고리즘 양쪽으로 꾸준히 개선이 이루어진다면 더욱 그렇다. 그리고 그런 개선 자체는 플랫폼이 성장함에 따라 더욱 쉽게 이루어진다. 성장이 반복과 실험을 위한 더욱 큰 시험장을 제공하기 때문이다.

앞서 살펴보았듯이 네트워크가 더 클수록 유동성도 더 커진다. 유동성은 어떤 시장에서든 참여자들이 가장 높이 평가하는 시장의 특징일 것이다. 또 더 큰 네트워크는 더욱 많은 데이터를 생성하며, 영리한 플랫폼 운영자는 그 데이터를 활용하여 큰 이점을 얻는다. 그들은 그 데이터를 사용하여 회원들을 더 잘 이해하고, 회원들의 행동을 예측하고 이끌며, 회원들에게 수익 관리와 가격 결정 같은 중요한 활동에 필요한 정교한 도구를 제공한다.

크기에 상관없이 플랫폼은 회원들의 사용자 경험과 사용자 인터페이스를 통제한다. 그들은 사용자에게 어떤 정보를 보여줄지, 절차와 거래가 어떻게 이루어질지를 결정한다. 플랫폼 소유자가 통제를 아주 잘할 때 다음과 같은 두 가지 중요한 일이 발생한다. 첫째, 사람들이 서로 거래하는 것을 막아왔던 오랫동안 유지되어 온 장벽들을 줄이거나 없앨 수 있다. 둘째, 플랫폼 소유자에게 더 많은 혜택이 돌아가도록 거래 흐름에 영향을 미칠 수 있다.

## 레몬에서 레모네이드로: 정보 비대칭 줄이기

한쪽이 다른 쪽보다 제안된 거래에 관해 훨씬 더 많이 알면 사업에 좋지 않다. 정보가 부족한 쪽이 자신이 정보 면에서 불리한 입장에 있고, 따라서 제안을 제대로 평가할 수 없다는 점을 종종 알게 되므로 양쪽 당사자에게 모두 안 좋다. 그럴 경우 사람들은 바가지를 쓸 위험을 무릅쓰기보다는 아예 거래를 하지 않을 것이다. 그렇게 포기한 거래들 중 적어도 일부는 사실상 양쪽 당사자에게 이익이 되었을 것이므로 안타까운 상황이라고 하지 않을 수 없다. 불행히도 지식 격차는 이런 거래가 일어나지 못하게 막는다.

그런 '정보 비대칭'이 정보를 덜 가진 쪽뿐만 아니라 시장 전체에도 해롭다는 점을 규명한 사람은 경제학자 조지 애컬로프(George Akerlof)다. 그는 1970년에 발표한 그의 고전적 논문 〈레몬 시장(The Market for 'Lemons')〉 25)에서 중고차 시장이 '레몬' 때문에 큰 곤란을 겪을 수 있음을 보여주었다.◆ 여기서 레몬은 겉으로는 멀쩡해 보이지만 부품에 문제가 있는 자동차를 가리킨다. 판매자는 어느 자동차가 레몬인지 알지만 구매자들은 대부분

---

◆　다양한 이유로 1970년 이래로 자동차의 품질은 개선되어 왔으며, 따라서 지금은 '레몬'이라는 용어를 이 같은 의미로 쓰는 사례는 흔하지 않다.

알지 못하며, 이 정보 비대칭 때문에 중고차 시장은 계속 소규모에 비효율적인 상태로 남아 있을 것이다. 속았음을 알아차린 고객에게 환불을 보장하는 식으로 조치가 이루어지지 않는 한 말이다.

애컬로프는 극단적인 사례에서는 정보 비대칭이 시장의 완전한 붕괴와 교역의 종말을 불러올 수 있음을 보여주었다. 이런 깨달음이 당시에는 너무나 반직관적이고 급진적이어서, 그의 논문은 권위 있는 경제학 학술지들로부터 계속 거부당했다. 어떤 학술지의 심사자는 "이런 하찮은 주제를 다룬 논문은 싣지 않는다"[26]고 설명한 반면에, "이 논문이 옳다면 경제학은 달라지게 될 것이다"[27]라고 정반대 입장을 취한 심사자도 있었다. 그러니까 옳을 수가 없다는 것이었다. 하지만 애컬로프는 정보 비대칭이 대단히 중요하다는 것을 말한 점에서 옳았고(그래서 경제학은 달라졌다), 결국 그 업적으로 노벨상을 받았다.

시내에서 자동차로 이동하고 싶은 사람과 자신의 자동차로 태워주겠다고 제안하는 낯선 사람 사이보다 정보 비대칭이 더 깊거나 더 중요한 사례는 찾아보기 어렵다. 비록 대다수의 운전자가 지극히 정직하고 안전하다고 해도, 나쁜 운전자를 맞닥뜨렸을 때의 경제적 및 일신상의 위험은 받아들일 수 없을 만큼 높다. 이 본질적인 정보 비대칭을 극복하지 않는다면 개인 간 차량 공유 시장은 결코 형성되지 못할 것이다.

그러나 2016년 3월 기준으로 우버는 미국에서 월간 5,000만 건이 넘는 탑승을 처리하고 있었다.[28] 우버 차량 제공자의 대다수는 직업 운전사가 아니었다. 그저 자신의 노동력과 차량으로 돈을 좀 벌고 싶은 사람들이었다.

그렇다면 이 엄청난 시장은 어떻게 심각한 정보 비대칭을 극복하고

자 했을까? 2013년에 캘리포니아 주는 우버와 리프트 같은 운송 네트워크 기업(TNC, Transportation Network Company)에게 운전자의 범죄 전력 조회를 의무화하는 법규를 제정했다.[29] 이런 조회가 얼마간 안심하게 해준다는 것은 분명하지만 그것만으로는 아니다. 어쨌거나 우버엑스와 그 경쟁자인 리프트는 둘 다 신원 조회가 의무화되기 이전에 급성장했고, 2016년 8월까지도 블라블라카에는 운전자의 신원 조회가 아직 의무 사항이 아니다.[30]

대신에 이 기업들은 자사 플랫폼의 사용자 인터페이스를 이용하여 시장에 문제를 일으키는 정보 비대칭을 극복하고자 했다. 특히 이 기업들은 각 거래를 마친 뒤 서로를 평가해 달라고 모든 당사자에게 요청하며, 누적된 평가 결과를 눈에 잘 띄게 보여준다.♦ 게다가 TNC는 대개 휴대전화의 GPS 센서로부터 나오는 데이터를 활용하여 각 이동 양상을 상세히 기록한다.

이 단순한 절차가 무지를 지식으로 바꾼다. 비록 이 지식은 불완전하더라도 개인과 플랫폼 자체에 대단히 가치가 있다. 매우 필요로 하는 대칭성을 제공하기 때문이다. 그리고 TNC는 실험과 혁신을 계속하고 있다. 예를 들면 우버는 2017년 초에 운전자들에게 정기적으로 '셀피' 사진

---

♦ 프랑스의 장거리 차량 공유 기업인 블라블라카는 아주 정확한 평가 방식을 사용한다. 이 기업명은 운전자와 승객이 프로필에 대화를 좋아하는 정도를 나타내는 방식에서 유래했다. 자동차에서 다른 사람과 대화를 하고 싶지 않은 사람은 '블라', 조금은 대화를 해도 괜찮다는 사람은 '블라블라', 수다를 떨고 싶은 사람은 '블라블라블라'다. Rawn Shah, "Driving Ridesharing Success at BlaBlaCar with Online Community", *Forbes*, February 21, 2016, http://www.forbes.com/sites/rawnshah/2016/02/21/driving-ridesharing-success-at-blablacar-with-online-community/#73ea3e4679a6.

을 찍어 달라고 요청함으로써 즉석 조회를 실시했다. 회사는 그 사진을 보관된 사진과 비교함으로써 승인된 사람이 실제로 운전하고 있는지를 확인했다.

경제학자 타일러 코웬(Tyler Cowen)과 알렉스 태버럭(Alex Tabarrok)은 플랫폼과 그 밖의 제품들의 온라인 사용자 평가가 정보 비대칭을 전반적으로 감소시키는 사례라고 강조한다. 이 감소는 스마트폰 센서와 네트워크 같은 강력한 기술들의 확산과 점점 늘어나는 엄청난 양의 데이터 덕분에 이루어져 왔다. 코웬과 태버럭은 이렇게 썼다. "공유 경제에서 이루어지는 교환 중 상당수는 … 쌍방향 평판 시스템을 이용한다. 즉 승객은 우버 운전자를 평가하고, 우버 운전자는 승객을 평가한다. 이러한 이중 평판 시스템은 법이나 규제가 없는 상태에서도 놀라운 양의 교환을 뒷받침할 수 있다."31)

우버 같은 기업들의 사례에서 이 "놀라운 양의 교환" 중 상당수는 임시로 또는 부업으로 일하는 운전자에게서 나온다. 이들 중 상당수는 값비싼 택시 면허를 구하는 데 투자하기는커녕, 부담스러우면서 시간을 잡아먹는 전통적인 신원 조회나 정부의 승인 절차를 거치는 것을 굳이 해야 하냐고 생각할 것이다. 하지만 비교적 빨리 그리고 순조롭게 운전자로서 인정받게 된다면 기꺼이 참여할 것이다. 우버 같은 플랫폼들은 그렇게 하는 방법을 찾아내왔다.

에어비앤비 CEO이자 공동 설립자인 조 게비아(Joe Gebbia)는 이 동료 심사 및 평가 시스템을 "신뢰를 위한 설계"32)라고 말하면서, 그 방식의 또 한 가지 혜택을 강조한다. 우리의 개인적인 편향을 극복하는 데에도 도움을 줄 수 있다는 것이다. 우리는 에어비앤비 집주인들이 대부분 스스로를 인종차별주의자가 아니라고 생각한다고 확신하지만, 그 회사의 데이터는 평균적으로 집주인들이 백인보다 소수 인종의 손님에게 집을 빌려주기를 약간 꺼린다는 것을 보여준다.♦ 하지만 이 효과는 소수 인종 손님이 전반적으로 좋은 평가를 받고 평가 횟수가 10회를 넘을 때에는 역전된다. 집주인들은 평가가 많지 않은 백인보다 그런 손님에게 사실상 집을 더 빌려주는 경향을 보인다. 게비아는 "높은 평판이 높은 유사성을 이긴다"[33]라고 표현한다. 에어비앤비는 자사 플랫폼의 사용자 인터페이스와 사용자 경험이 실제로 우리의 가장 깊이 뿌리박힌 편견 중 하나를 극복하는 데 도움을 줄 수 있다는 것을 알았다. 바로 '낯선 사람'은 위험하다는 편견이다.[34]

물론 플랫폼의 평가 시스템을 비롯한 정보 비대칭을 줄이는 장치들은 완벽하지 않다. 운전자, 승객, 집주인, 손님이 범죄를 저지르는 사례들이 있어 왔고 차별도 계속된다. 그러나 이런 플랫폼들의 폭발적인 성장은 이 같은 문제가 애컬로프가 파악한 식으로 사업에 지장을 줄 만큼 심각하거나 자주 일어나지는 않음을 강하게 시사한다. 어느 정도는 영리한 설계와 관리 덕분에 이런 시장이 사람들을 내쫓을 만큼 레몬으로 가득한 곳으로 전락하지 않고 있기 때문이다.

♦ 벤저민 에델만(Benjamin Edelman), 마이클 루카(Michael Luca), 댄 스버스키(Dan Svirsky)는 에어비앤비 집주인이 평균적으로 프로필에 아프리카계 미국인임이 확연히 드러나는 이름을 쓴 손님에게 집을 빌려줄 확률이 16퍼센트 더 낮다는 것을 실험을 통해 밝혀냈다. Benjamin Edelman, Michael Luca, and Dan Svirsky, "Racial Discrimination in the Sharing Economy: Evidence from a Field Experiment", Ben Edelman.org, September 16, 2016, http://www.benedelman.org/publications/airbnb-guest- discrimination-2016-09-16.pdf.

## 비전통적인 방식의 새로운 브랜드

플랫폼은 회원들에게 상호작용과 경험을 제공하는 능력 덕분에 여러 이점을 지닌다. 예를 들어 소비자는 양면 네트워크의 상대편에 있는 기업보다 그 플랫폼과 더 강한 관계를 맺곤 한다. 이 사실은 브랜드를 구축하는 데 큰 도움을 준다. 클래스패스의 회원 중 상당수는 클래스패스를 모든 시설들(요가, 필라테스, 킥복싱, 스피닝 등)을 갖춘 일종의 헬스장이자, 다른 많은 도시에 지점을 갖고 있는 곳으로 여겨왔다. 이 기업이 자체 헬스장을 전혀 짓지 않은 채 이런 평판을 구축해왔다는 사실은 인상적이다. 그리고 그 점은 전통적인 방식으로 피트니스 브랜드를 구축하려고 시도하는 모든 사람들에게 위협으로 다가온다. 물리적으로 시설을 구축하고 개인이 직접적인 경험을 쌓도록 하는 데 시간과 에너지를 투자해온 체육관과 헬스장들이 이제 클래스패스라는 브랜드 밑에서 다소 상호 교체 가능한 구성 요소로 비쳐지게 된다면, 그들은 문제를 안게 된다.

기존 기업들이 겪는 이 같은 문제가 시간이 흐르면서 그들이 플랫폼에서 가격을 결정할 힘을 앗아간다면 더욱 힘겨워진다. 프리미엄 브랜드의 소유자는 자신이 제공하는 것에 더 높은 요금을 매길 수 있지만, 양면 네트워크의 소유자는 판매자가 구매자로부터 가능한 한 돈을 적게 받기를 원한다. 그 결과 확연히 긴장이 조성된다. 많은 플랫폼, 특히 새로 출범하여 회원을 늘려서 네트워크 효과를 구축하려고 시도하는 플랫폼은 유명한 브랜드를 적어도 하나라도 끌어들이고 싶어 한다. 하지만 플랫폼이 성장할수록 플랫폼 소유자는 소비자의 마음과 지갑 양쪽으로 자신이 가져가는 몫을 더 늘리고 싶어 한다.

이 목적을 위해 플랫폼이 쓸 수 있는 최고의 무기는 사용자 인터페이스와 디지털 사용자 경험을 통제하는 능력이다. 이런 능력은 개별 피트니스 회사의 전문 영역을 넘어선다. 그래서 클래스패스 같은 플랫폼 구축자는 유리한 위치에 있다. 또 플랫폼은 수익 관리 기법이라는 확장 도구모음을 이용하여 각 구매자를 어느 공급자와 만나게 할지, 얼마나 눈에 잘 띄게 할지를 조정할 수 있다. 플랫폼이 이 힘을 유명한 공급자보다 덜 알려진 공급자를 노출시키는 데 사용함으로써 모든 공급자를 평준화하는 데 쓴다고 예상해도 그리 냉소적이라고 할 수는 없다.

이 능력들은 결합되면 회원, 규모, 브랜드 인지도가 구축됨에 따라 플랫폼에 가공할 이점을 추가한다. 이 이점과 맞닥뜨린 많은 유명 브랜드들은 지금까지 플랫폼과 아예 거리를 두는 쪽을 택하고 있다. 예를 들어 뉴욕 시에 본사를 둔 스피닝 헬스 체인점인 소울사이클(SoulCycle)[35]은 11개 주에서 영업 중이며, 헌신적이며 출석률이 좋은 회원들을 확보하고 있다. 2017년 초 기준으로 이 기업은 아직 클래스패스에 어떤 수업도 제공하지 않은 상태다. 플랫폼이 더 확산될 때, 다른 많은 브랜드 중에서 비슷한 결정을 내리는 업체들이 얼마나 많을지 지켜보는 것도 흥미로울 것이다.

## 양면 시장 플랫폼의 가격 전략

이런 결정은 다른 한 가지 중요한 점을 고려하여 이루어질 것이다. 양면 네트워크를 갖춘 플랫폼은 대개 판매자가 원하는 것보다 더 낮은 가격을 선호한다. 왜 그러한지는 금방 와 닿지 않는다. 어쨌거나 판매자와 플랫폼 소유자는 이해관계가 잘 들어맞지 않을까? 그들은 양쪽 다 플랫폼을 통해 흐르는 수익의 총량을 최대화하고 싶지 않을까? 하지만 비트의 경제와 원자의 경제가 지닌 차이점, 수요곡선의 특성, 네트워크 효과의 힘 때문에 그렇지 않을 때도 종종 있다.

## 플랫폼의 수익 모델

일부 제품은 가격 변화에 거의 영향을 받지 않는다. 응급실 의사가 목숨을 구할 약을 권할 때 그 약의 가격을 놓고 흥정하려는 사람은 거의 없다. 반면에 가격이 조금만 달라져도 큰 차이가 생길 수 있는 시장도 있다. 이를테면 석유 현물 가격보다 조금이라도 더 높은 가격을 받으려는 판매자는 구매자를 전혀 찾지 못하겠지만, 한 푼이라도 싸게 매기는 판매자는 구매자를 찾는 데 전혀 어려움이 없을 것이다. 이 두 사례의 차이를 경제 전문 용어로는 '가격 탄력성(price elasticity)'이라고 한다. 가격이 1퍼센트 변할 때 수요량이 몇 퍼센트 변하는지를 가리키는 용어다. 물론 가격 탄력성은 대개 음의 값을 갖는다. 가격이 높을수록 판매량은 줄어든다.

많은 제품은 가격에 따라 탄력성이 달라진다. 우유 가격이 20달러에서 10달러로 떨어질 때의 수요 증가는 2달러에서 1달러로 떨어질 때의 수요 증가에 비하면 작다. 그런 제품의 수요곡선은 특정한 모양을 나타낸다. '그림 8'처럼 오른쪽으로 갈수록 낮아지면서 납작해진다.

이제 당신이 이 시장에 단 하나의 제품을 내놓을 수 있는 공급자이고, 이 제품의 판매량이 하나 더 늘어날 때의 비용이 0이라고 해보자. 이 제품의 가격은 어떠해야 할까? 답은 으레 그렇듯이 수익을 최대화하는 쪽으로 제품의 가격을 매겨야 한다는 것이다. 그 말은 그림에서 직사각형 'p×q'의 면적이 가장 넓도록 한다는 뜻이다.＊ 아무튼 수익은 '가격 곱하기 판매량'이다. 그리고 '그림 8'과 비슷한 수요곡선을 지닌 제품에서는 길고

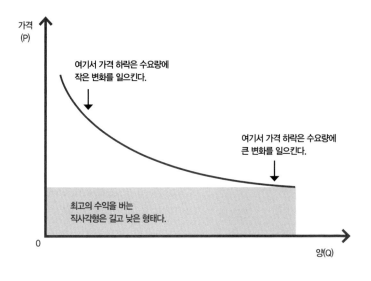

그림 8 | 수요곡선은 대개 직선이 아니다

납작한 직사각형을 취할 때 면적이 가장 넓다는 것이 드러난다. 다시 말해 수익을 최대화하는 가격은 놀라울 정도로 낮다.

도시 내에서 자동차를 운전하는 사례도 여기에 해당할 수 있다. 우버가 처음에 우버엑스, 이어서 우버풀(그리고 아마도 궁극적으로는 자율주행차)의 요금을 계속 낮춤에 따라 수요는 크게 증가해왔다.◆◆ 우버는 극도로 낮은

---

◆　　p×q(가격 곱하기 양, 즉 수익) 직사각형은 7장의 '그림 5'에서 설명했다.

◆◆　2016년에 우버, 옥스퍼드대학교, 시카고대학교의 경제학자들은 미국 네 개 도시에서 우버엑스 탑승 건수 약 5,000만 건을 분석하여 이 서비스의 실제 수요곡선을 추정했다. 그 결과는 수요곡선이 실제로 가격이 낮아짐에 따라 편평해진다는 것을 보여준다. Peter Cohen et al., "Using Big Data to Estimate Consumer Surplus: The Case of Uber," August 30, 2016, https://cbpp.georgetown.edu/sites/cbpp.georgetown.edu/files/ConsumersurplusatUber_PR.PDF.

요금을 매김으로써 이 수요를 충족시키기를 원한다. 그래야 수익을 최대화할 수 있기 때문이다.

그러나 양면 시장에서는 단순히 수요곡선을 따라 아래로 내리는 것은 전체 이야기의 일부에 불과하다.

우버의 가격 결정을 더 자세히 이해하기 위해 6장에서 왓츠앱을 논의할 때 처음 소개했던 네트워크의 경제학 중 일부를 다시 떠올려보자. 왓츠앱처럼 우버도 네트워크 효과로부터 혜택을 본다. 하지만 왓츠앱, 유선 전화, 팩스, 다른 여러 네트워크와 달리 우버는 양면 네트워크다. 양면성은 많은 현대 플랫폼의 핵심을 이룬다. 그리고 그것은 몇 가지 직관에 반하는 경제적 측면을 지닌다.

### 양면 시장에서 당신은 누구의 편인가?

우버는 실제로 두 가지 앱을 제공하는데, 서로 다른 두 사용자 집합별로 다르다. '승객을 위한 앱', 즉 운전자를 부르는 앱이 따로 있고, '운전자를 위한 앱', 즉 승객을 찾게 해주는 앱이 따로 있다. 우버로 차량을 부르기 위해 가입한 사람들은 다른 사람들이 같은 앱을 채택한다고 해서 직접적인 혜택을 보지 못한다. 친구들이 왓츠앱을 택할 때와는 상황이 다르다.

대신에 차량을 부르는 사람들이 관심을 갖는 것은 '다른' 쪽 앱, 즉 승객을 찾을 수 있도록 해주는 앱에 가입한 '운전자'의 숫자다. 승객을 찾는 앱에 운전자가 더 많아질수록 이용할 차량이 근처에 있을 가능성은 더 높아지며, 따라서 차량 호출 앱을 쓰는 사람들에게 그 서비스는 더 매력적인 게 된다. 그 결과 앱의 수요곡선은 밖으로 밀린다. 이런 이동이 없다면 사실상 수요는 그다지 늘어나지 않을 것이다. 어찌하여 사용자 수백 만 명을 확보하기 했지만 실제로 연결된 운전자는 0명인 차량 호출 앱은 그 차량 호출자들에게 별 매력이 없을 것이다. 마찬가지로 운전자는 다른 운전자들이 승객을 찾는 앱에 가입할 때 혜택을 못 보지만, 차량 호출 앱을 이용하는 사람들이 늘어나면 혜택을 본다.

이렇듯 우버의 승객과 운전자에게서 볼 수 있는 양면 네트워크는 독특한 것이 아니다. 신용카드 이용자와 상인도 양면 네트워크를 이룬다. 비자 카드는 어떤 곳에서도 쓸 수 있는 반면에, 디스커버 카드는 상인들이 잘 받지 않으려 한다면, 소비자들은 디스커버 카드가 연회비가 없다고 해도 비자 카드를 갖고 다니는 쪽을 선호할 것이다. 그리고 비자 카드를 지닌 소비자가 많아질수록 상인들에게는 비자 카드를 받는 것이 더 매력적으로 다가온다.

에어비앤비도 양면 네트워크다. 남녀가 춤을 추고 사귈 상대를 찾기를 바라는 나이트클럽도 그렇다. 안드로이드 앱과 그 기기, 컴퓨터 운영체제와 그 위에서 작동하는 응용 프로그램, 비디오게임과 그 게임 콘솔도 양면 네트워크의 사례. 각 사례에서 시장의 한쪽 면에 속한 이용자는 시장의 반대 면에 가입한 이용자가 더 많아질 때 혜택을 본다. 현명한 중개인, 즉 플랫폼 소유자는 이 상관관계를 이해하고 그에 따라 양면을 관리한다. 이것이 네트워크의 한쪽 면에서 가입자를 늘리는 데 집중하는 것이 다른 쪽 면에도 더 매력적으로 다가간다는 의미일 때도 종종 있다.

양면 네트워크의 가격 결정 전략은 그 특유의 경제학을 이해하지 못하면 공격적이면서 부조리하게 보일 수 있다. 특히 양면 네트워크에서 한쪽의 수요량 변화가 다른 쪽 네트워크의 수요에 영향을 미칠 수 있다는 점이 그렇다. 우버가 이용자의 요금을 낮추는 사례로 돌아가 보자. 앞서 논의했듯이 가격 하락은 네트워크에서 승객 수를 늘린다. 우버가 수요곡선을 따라 내려가기 때문이다. 하지만 가격 하락의 두 번째 중요한 효과는 그 결과 플랫폼이 우버 운전자들에게도 더 매력적으로 보이게 된다는 것이다. 우버 운전자들은 새로운 승객이 늘어나는 것을 보고 우버 플랫폼에 모여들 것이다. 네트워크 한쪽의 가격 하락은 하락할 때마다 추가 혜택을 생성함으로써 네트워크 양쪽의 수요를 늘린다.

양면 네트워크의 경제학을 이해하는 기업은 번창해왔다. 예를 들어 신용카드는 소비자와 상인 양쪽에 가치 있는 서비스를 제공한다. 이론상 신용카드 회사는 이 양면 시장의 양쪽에 절반씩 수수료를 물릴 수도 있다. 실제로 때로는 그렇게 하기도 한다. 소비자에게는 연회비를 받고 상인에게는 2퍼센트 이상의 수수료를 받는 식이다. 사실 초창기에 거의 모든 카드 회사는 카드를 쓰는 특권을 제공한다는 이유로 이용자에게 회비를 받았다. 하지만 시간이 흐르면서 카드 회사는 점점 더 이용자에게 회비를 받는 대신에, 수요를 최대화하기 위해 무료로 카드를 제공하고 있다. 그럼으로써 카드 회사는 양면 시장의 다른 쪽 절반에 있는 상인들로부터 더 많은 수수료를 번다. 연회비를 비롯하여 사용자가 내는 돈을 줄임으로써 카드 회사는 자사 카드의 시장점유율을 늘릴 뿐만 아니라, 상인들과 연결된 네트워크의 매력도 높인다. 그에 따른 수수료 수입도 늘어나고 말이다.

카드를 무료로 발급함으로써 수요가 늘어난다면, 그보다 더 나아가지 않을 이유가 있을까? 소비자에게 무료보다 더 낮게 카드를 발급하면 더 수지가 맞지 않을까? 많은 신용카드 회사들은 그 답이 '그렇다'라는 결론을 내려 왔다. 그런 신용카드 회사는 이용자에게 1퍼센트 이상의 캐시백을 제공하거나, 구매할 때 할인권을 제공한다. 신용카드를 쓰는 고객에게 직접 현금을 상금으로 주는 카드 회사도 있다. 어떤 상품이나 서비스에 음의 가격을 매기는 것이 보통 상품에는 말도 안 되게 보이지만, 양면 시장에는 지속 가능하면서 꾸준히 이익을 보는 전략일 수 있다.

## 플랫폼 록인 효과

많은 중요한 전술적, 전략적 결정이 남아 있다. 예를 들어 신용카드 시장에서는 왜 소비자에게 대개 보조금을 주고 상인에게는 수수료를 매길까? 왜 그 반대로 하지 않을까? 여기서 한 가지 주요한 고려 사항은 앞서 소개한 수요의 탄력성이라는 개념이다. 가격을 아주 조금 낮출 때 이용자가 얼마나 더 늘어나고, 가격을 아주 조금 올릴 때 이용자가 얼마나 줄어들까? 영리한 전략은 시장에서 탄력성이 더 큰 쪽은 가격을 낮추고, 가격 탄력성이 덜한 쪽은 올리는 것이다. 고려할 두 번째 요인은 '교차 탄력성'이 어떻게 될 것인가다. 즉 시장 한쪽의 가격을 낮출 때 '반대쪽'에 어떤 일이 일어나는가 하는 것이다. 교차 탄력성이 더 클수록 시장의 반대편에 더 큰 영향을 미칠 수 있다.

신용카드 사례에서는 이 요인들이 소비자 쪽의 가격을 낮추고 상인 쪽의 가격을 올리는 방향으로 작용한다. 그래서 많은 소비자들이 연회비가 낮거나 없는, 심지어 음이 되는 카드를 쓰고 있다. 많은 소비자들이 그 카드를 사용하므로, 시장의 반대편에 있는 상인들은 설령 자신들이 선호하는 카드보다 수수료가 좀 더 비싸다고 해도 그 카드를 받게 된다. 그럼으로써 플랫폼 소유자의 시장점유율이 높아지고 이윤도 늘어나는 순 효과가 나타날 수 있다.

양면 네트워크와 그보다 단순한 단면 네트워크의 가격 결정에 큰 차이를 낳을 수 있는 요인이 하나 더 있다. 바로 전환 비용이다. 한 네트워크에서 다른 네트워크로 옮겨가기가 쉽다면, 사용자를 더 깊이 몰두하게 하는 유인책의 효과가 훨씬 떨어진다. 사용자는 당신이 유인책으로 내놓은 것을 챙긴 뒤, 다음 날 다른 네트워크로 옮겨갈 수도 있다. 하지만 전환하는 데 비용이 많이 든다면, 사용자가 일단 당신의 네트워크에 가입하면 밴드왜건 효과(bandwagon effect : 사람들이 시류를 따르는 현상—옮긴이)가 일어날 가능성이 훨씬 더 높아진다.[36] 즉 다른 사용자들도 가입할 것이고, 초기의 유인책이 나중에 사라진다고 해도 사용자들은 여전히 다른 곳으로 옮겨가는 것이 그다지 매력적이지 않다고 여길 것이다. 전환 비용 때문이기도 하고, 그 네트워크에 있는 다른 모든 사용자들 때문이기도 하다. 경제학자는 이런 사용자가 '고정되었다(locked in)'고 말한다[록인 효과(lock-in effect), 즉 잠금 효과를 말한다—옮긴이].

정의상 네트워크 효과가 중요할 때 큰 네트워크가 작은 네트워크보다 새로운 사용자에게 더 매력적이므로, 어느 쪽이든 간에 가장 큰 네트워크가 더욱 많은 사용자를 끌어들이기가 가장 쉬울 것이고 그럼으로써 더욱 유리한 위치에 놓일 것이다. 다시 말해 네트워크 효과가 강할 때 승자 독식 시장이 형성되는 경향이 있다. 이 현상은 네트워크 사업을 시작할 때 적어도 처음에 가격을 낮출 또 한 가지 동기가 된다.

이 모든 효과는 상호작용을 할 수 있으므로 시장의 양편에 적절한 유인책을 제공하는 섬세하고 균형 잡힌 조치가 될 수 있다. 어떤 플랫폼 소유자가 시장의 한쪽 편에서 너무 많은 가치를 얻으려고 시도한다면, 그

쪽의 참여자들은 네트워크를 떠나기 시작할지 모르며, 그러면 당연히 반대쪽도 네트워크에 매력을 덜 느끼게 될 것이다. 그러면 양면 네트워크의 경이로운 선순환이 시장점유율의 하향 나선을 낳는 악순환으로 바뀐다. 게다가 플랫폼 소유자는 가격 결정에만 초점을 맞출 수가 없다. 사용자 인터페이스와 사용자 경험, 평판 시스템, 마케팅 예산, 코어 네트워크 기술 등 관리할 다른 다양한 수단도 갖고 있다. 가장 성공한 플랫폼 소유자는 시장 양편의 참여를 유도하는 한편, 너무 탐욕스럽게 되지 않도록 세심하게 가치를 관리한다.

일단 양면 시장의 논리를 이해하고 나면, 다음 단계는 그것을 다면(multisided) 시장에 적용하는 것이다. 양면 시장은 종종 그 플랫폼을 통해 상호작용을 하는 수십 개, 심지어 수천 개 하위 집단들로 이루어지는 다면 시장이 되곤 한다. 예를 들어 아이튠스는 아이폰에 음악을 넣는 좋은 방법이다. 아이튠스에 음악을 올리는 음악가들이 더 늘어날수록 아이폰의 구매 매력도 더 커진다. 그것은 좋은 양면 네트워크다. 그러나 아이폰의 판매량 증가는 아이튠스만을 음악가들에게 더 매력적으로 만드는 것이 아니다. 판도라, 웨이즈, 우버, 리프트, 에버노트, 클래시오브클랜(Clash of Clans) 등 모든 모바일 앱 개발자들에게도 그 플랫폼이 더 가치 있게 해준다. 그리고 플랫폼에 앱이 더 늘어날수록 그 플랫폼은 더 많은 사용자들에게 더 매력적으로 보이게 된다. 다면 네트워크의 참여자 각각은 참여자가 새로 증가할 때마다 혜택을 볼 수 있다. 새 참여자가 다른 소비자 집단에 다른 상품을 팔고 있다고 해도 그렇다.

플랫폼이 그토록 강력해지는 이유 중 하나는 이런 상호작용 때문이다. 한 제품과 다른 제품 사이의 교차 탄력성은 개별 사용자의 입장에서는 아주 작을 수 있지만 무료, 완전성, 즉시성의 디지털 상품과 서비스의 세계에서는 한 사용자에게 조금 이익이 되는 것도 수백만 명에게 채택됨으로써 증폭되어 플랫폼과 그 참여자들을 거의 확고하게 유리한 위치에 놓이게 할 수 있다. 그것이 바로 플랫폼의 전체 생태계를 효과적으로 관리할 때 플랫폼 소유자만이 아니라 참여자 각각에게도 이득이 되는 이유다.

## 플랫폼 경제의 작동 원리

우버의 사례로 돌아가서 이 요인들이 어떻게 상호작용을 하며, 어떻게 서로를 강화하는지 알아보자. 첫째, 우버가 가격을 낮출 때 탑승 횟수는 늘어난다. 기업이 가격을 낮출 때 일반 상품의 수요가 늘어나는 것과 똑같다. 우버 탑승은 수요가 비교적 탄력적이므로 수익 직사각형이 길고 낮고 커지는 지점에서 가격이 설정된다. 둘째, 우버가 양면 네트워크이므로 수요 증가는 차량 호출 앱을 쓰는 소비자에게만 영향을 미치는 것이 아니다. 승객 찾기 앱을 쓰는 운전자들의 수요도 증가한다. 사실 승객 수와 밀도가 증가할 때, 각 운전자는 빈둥거리는 시간이 줄어들어서 시간당 더 많은 돈을 벌게 될 것이다. 셋째, 전환 비용 때문에 채택 초기 단계에 네트워크를 성장시키는 데 집중적인 투자를 하는 편이 더 많은 사용자와 탑승자를 끌어들이는 데 더 좋다.

우버 투자자들은 승객과 운전자 양쪽이 그 플랫폼을 채택하는 데 자극받을 정도로 우버의 (양면) 네트워크 효과와 전환 비용이 크다고 본다. 수십억 달러의 투자 가치가 있다고 보고 투자하고 있다. 그들의 전략은 지리적으로 구분되는 각각의 시장이 나름의 국지적 네트워크 효과를 가진다는 사실 때문에 복잡하다. 당신이 베이징에서 차량을 호출한다면,

우버가 뉴욕이나 뉴델리에서 많은 운전자를 확보하고 있는지 여부는 별 관계가 없다. 문제는 하나의 커다란 승자 독식 경쟁이 아니라 수백 개의 각각 다른 경쟁이 있으며, 각각이 서로 다른 지역에 일으키는 네트워크 효과는 아주 약하다. 어떤 지역에서는 이기고, 어떤 지역에서는 진다.

자체 플랫폼을 구축하는 문제에서 우버는 두 가지 커다란 이점을 지닌다. 첫째는, 부유하면서 인내심이 많은 투자자들이다. 그들은 우버가 규모를 확대할 때 기꺼이 비용을 댄다. 이 초기 비용(기술 개발, 마케팅, 운전자 충원, 직원 채용 등에 드는 비용)은 상당하며, 우버는 세계적인 규모로 성장하는 데 필요한 자금을 대기 위해 2016년 7월 기준으로 150억 달러가 넘는 투자와 대출을 받았다.[37]

투자자들은 두 번째 이점을 보기 때문에 그 돈을 기꺼이 내왔다. 우버가 네트워크 효과를 활성화하고 규모의 경제를 달성한다면, 세계 어디에서든 간에 탑승을 중개하는 한계비용이 극도로 낮아질 것이다. 비트의 무료, 완전성, 즉시성의 경제가 주류가 될 것이고, 이 특징들은 아주 낮은 요금을 매길 수 있도록 뒷받침한다. 따라서 그 이론에 따르면 우버는 결국 총수익을 최대화하는 아주 낮은 요금을 매겨도 이윤을 남길 수 있게 된다는 것이다. 주류 플랫폼 덕분에 우버는 초기 성장기에 지원한 투자자들에게 충분한 보상을 할 만큼 기업가치가 높아질 것이다.

이 이론은 많은 플랫폼 기업들에게 들어맞아 왔다. 디지털 플랫폼과 비트의 경제가 수요의 탄력성이 높은, 즉 수요곡선을 따라 훨씬 더 아래로 내려갈 잠재력이 많은 시장에 완벽하게 적합하다는 것을 잘 보여주는 사례들이다. 물론 플랫폼 경제라고 해도 새로운 경쟁, 관리 실수, 기술 변화에 면역이 되어 있는 것은 아니다. 지금의 플랫폼 승자들도 결코 안주

할 수가 없다.

## 제품 생산자들은 플랫폼의 가격 전략을 견뎌낼 수 있을까?

플랫폼의 성공은 소비자들에게는 희소식이다. '그림 8'의 수익 직사각형의 꼭대기에서 소비자 잉여가 얼마나 많이 생기는지 보라. 하지만 원자의 경제를 지배했던 기존 사업자들에게는 심각한 도전 과제를 안겨준다. 누군가가 택시나 다른 자동차를 타고 시내를 이동하는 한계비용은 분명히 0이 아니며, 0에 가깝지도 않다. 연료비와 운전자의 노동비용을 둘 다 지불해야 하기 때문이다. 이 때문에 대부분의 기업은 수요곡선의 더 위쪽에서 운영하는 쪽을 선호한다. 즉 총수요가 좀 더 낮아지긴 해도 요금을 좀 더 비싸게 매긴다.

가격을 낮추도록 미는 힘은 두 가지다. 첫 번째는 소비자다. 소비자는 분명히 가능한 한 적게 지불하고 싶어 하므로, 자신의 네트워크를 빠르게 성장시키고자 하는 플랫폼 구축자와 같은 편이다. 두 번째는 대부분의 시장에서 수많은 공급자들이 서로 경쟁하고 있으며 대기하는 잠재적 공급자들도 많이 있다는 것이다. 플랫폼은 대개 진입 장벽을 낮춤으로써 이 경쟁을 부추기며 종종 공급자들을 범용화함으로써 소비자에게 더 쉽게 상호 교체 가능한 존재로 만든다. 물론 경쟁과 범용화는 가격을 더 낮추고, 기꺼이 제품을 가장 값싸게 공급하고자 하는(그러면서 받아들일 수 있는 수준으로 품질을 유지하는) 회사들에 사업을 개방하려는 경향이 있다. 즉 플랫폼 구축자와 소비자는 둘 다 낮은 가격을 원하며, 공급자들 사이의 경쟁은 가격 하락을 낳는 경향이 있다. 그리고 플랫폼은 이용도와 효율을 높임으로써 가격을 더욱 하락시킬 잠재력을 지니고 있다.

## 플랫폼의 파괴력에 기존 기업이 견딜 수 있는 영역

이 장과 앞의 세 개 장은 온라인 플랫폼의 놀라운 파괴력을 기술해왔다. 이 산업 저 산업에서 온라인 플랫폼들은 잇달아 기존 사업자들을 내쫓고, 이윤과 가격을 변동시키고, 중요한 신생 기업의 출현을 지원해왔다. 네트워크 효과와 비트의 경제를 이용하는 능력, 사용자 인터페이스와 사용자 경험의 통제, 시시때때로 기존 공급자들에게 고통을 주는 가격을 선호하는 양상은 서로 결합되어 플랫폼 기업에 가공할 이점을 안겨준다.

이런 이점이 극복할 수 없는 것이고 보편적인 것일까? 다시 말해 플랫폼이 모든 영역으로 확산되면서 기존 기업들을 파괴하거나, 그들을 예전에 비하면 아주 낮은 이윤을 올릴 뿐인 잔존 기업으로 전락시키면서 모든 것을 차지할까? 앞에서 살펴보았듯이 지난 20년 동안 그런 일들이 되풀이하여 일어난 것은 분명하다. 그리고 우리가 희망 섞인 태도로 명확히 했듯이, 앞으로 더욱 그럴 것이다. 플랫폼이 일으키는 변화는 아직 끝난 것이 아니다.

하지만 플랫폼은 기존에 존재하는 모든 것을 파괴하지는 않을 것이다. 플랫폼의 파괴적인 잠재력은 현실적이고 크지만 무한정하지는 않다. 예를 들어 많은 호텔들은 에어비앤비가 빨리 그리고 널리 확산되어 왔음에도 계속 아주 잘나가고 있다. 숙박업계 벤치마킹 회사인 STR은 2015년과 2016년에 전체 숙박률이 미국 호텔업 역사상 가장 높았다고 밝혔다.[38] 그리고 이 높은 점유율이 언제나 할인을 통해 이루어지는 것도 아니다. 로스앤젤레스의 하루 호텔 숙박률은 2015년에 8퍼센트가 늘었다. 에어

비앤비 숙박이 모든 숙박 건수의 12퍼센트를 차지했음에도 그랬다.[39)]

## 에어비앤비는 왜 호텔을 비우지 않는가

플랫폼이 도시를 여행하는 사업은 크게 붕괴시켰지만, 도시 내에 머무르는 사업은 붕괴시키지 않는 이유는 무엇일까? 이유는 도시에서 자동차를 타는 것은 대체로 차별성이 없는, 즉 미분화한(undifferentiated) 경험이지만, 숙박 경험은 결코 그렇지 않다는 것이다. 그리고 플랫폼은 수요자가 공급되는 상품과 서비스가 모두 고만고만하다고 느낄 때 기존 사업자들을 교체하는 일을 유달리 잘 해낸다.

주민, 여행자, 출장자는 모두 도시의 어딘가로 가고 싶을 때 기본적으로 동일한 목표를 지닌다. 빨리, 안전하게, 저렴하게 그곳에 가겠다는 것이다. 차량의 고급스러움과 편의 시설이 중요할 때도 이따금 있지만 (기업이 고객을 대단히 중요하게 여긴다는 것을 보여주고 싶을 때처럼), 대개는 그렇지 않으며 충분히 깨끗하기만 하면 괜찮다고 생각한다. 그런 상황에서는 우버로 차량을 호출하는 것만으로도 자신의 목표를 달성할 수 있다. 어느 누구든 달성하려는 목표에 별 차이가 없기 때문이다. 우리도 실제로 많은 경험을 하면서 그렇다는 것을 실감했다. 우리는 살고 있는 보스턴에서, 그리고 업무나 휴가로 여행한 세계 각지의 도시에서 우버를 무수히 이용했다. 도요타 프리우스(Prius) 대신에 메르세데스 S-클래스가 나타나면 횡재한 기분이겠지만, A지점에서 B지점까지 효율적으로 이동한다는 기본 전제는 근본적으로 바뀌지 않는다.

반면에 여행자의 숙박 양상은 크게 다르며 이 차이는 중요하다. 여행자는 한정된 예산으로 염두에 둔 지역에서 머무를 저렴한 곳을 찾고자 하며, 때로 그렇게 하기 위해 그 지역 사람들의 조언을 받고 싶어 하기도 한다. 도심에서 열리는 회의에 업무상 출장을 가는 전문가는 으레 세탁 서비스, 체육관, 틈틈이 모임을 가질 장소, 아침에 방으로 배달되는 커피를 원한다. 에어비앤비는 관광객이 숙박 시설을 찾도록 도움을 주는 이상적인 플랫폼이지만, 업무 출장자에게는 그다지 유용하지 않다. 그들이 실제로 원하는 것은 호텔과 그 부대 서비스이기 때문이다. 그리고 한 기업이 자체 총회를 열고자 하고, 연회장, 회의실, 출장 뷔페, 이 모든 일들을 계획하는 데 도움을 줄 누군가를 필요로 한다면 어떨까? 그럴 때 에어비앤비는 거의 무용지물이다. 이 대조적인 양상은 시내 탑승이 각 도시 내의 단일 제품 시장에 가까울 수 있는 반면, 도시 숙박은 분명히 그렇지 않다는 사실을 잘 보여준다. 숙박 플랫폼을 갖춤으로써 에어비앤비는 본질적으로 그 시장에 두 번째 상품을 도입했다. 호텔이 전통적으로 제공했던 것과 다른 그보다 더 싼 숙소를 원하는 사람들을 겨냥한 것이다. 이 상품(때로 집주인과 상호작용을 하는 것을 포함하여, 다양한 주거지에서의 단기 숙박)은 큰 인기를 얻어왔으며, 기존 시장을 잠식하기보다는 더 많은 숙박 수요를 창출함으로써 시장을 확대했다.

이 플랫폼이 호텔 산업에 가져온 붕괴는 우리가 예상했을 법한 바로 그 지점에서 이루어져 왔다. 두 산물 사이의 경계에서다. 경제학자 게오르기오스 제르바스(Georgios Zervas)와 다비데 프로세르피오(Davide Proserpio)는 에어비앤비가 5년 동안 텍사스 주 오스틴의 호텔 총수익을 10퍼센트 감소시켰지만, 모든 업체가 그 "충격을 균일하게 나누어 받은 것은 아니다"라고 말한다. "저가 호텔과 출장자에게 부대 서비스를 제공하지 않는 호텔이 가장 크게 영향을 받았다"고 한다.[40]

## 기존 기업의 지속 가능한 경영 전략: 상품과 서비스의 분화

호텔이 차별성 없는 단일 산물 시장이 되는 것, 따라서 플랫폼의 파괴에 취약해지는 것을 막는 요인들이 몇 가지 있다. 출장자들은 종종 특정한 위치나 자신이 좋아하는 보상 프로그램을 제공하는 체인에 머물고 싶어 한다. 호텔은 방마다 가구와 편의 시설에 크고 의미 있는 차이가 있다. 가족이 묵거나, 오래 머물 때 더 많은 서비스를 제공하는 호텔도 있다. 전자상거래의 첫 번째 물결이 휩쓸 때 프라이스라인은 이 차이들 중 상당수를 무시한 플랫폼을 구축하려 시도했고, 오로지 숙박 시설의 수준에 맞게 지불하려는 의향만을 기준으로 여행자와 방을 맺어주었다. 많은 호텔 기업들은 이 시도에 꾸준히 저항했고, 이 접근법은 결국 인기를 잃었다. 프라이스라인은 현재 더 전통적인 여행 사이트로 운영되고 있다(2장에서 살펴보았듯이 검증과 실험을 통해 사이트를 개선하는 엄격한 접근법을 취하면서다). 더 최근에는 호텔투나잇(Hotel Tonight)처럼 여행하는 사람들에게 그날 밤에 묵을 수 있는 빈방이 있는 호텔들을 연결하는 플랫폼도 출현해왔다. 이 서비스는 숙박률을 높여 왔지만 호텔업계 자체는 아직까지 별 동요가 없는 듯하다.

공급되는 상품과 서비스가 차별화되어 있고 고객들이 특정 기업이나 상표에 고정될 수 있을 때, 플랫폼의 파괴적인 잠재력은 아마 더 제한될 것이다. 그 잠재력을 제한하는 것이 또 있을까? 미국 국방부가 군대의 다음 전투기나 잠수함을 구매하기 위해 디지털 플랫폼으로 전환할 가능성은 적어 보인다. 시장에 참여할 수 있는 이들이 극히 적기 때문이다(구매자 한 명과 극소수의 판매자로 이루어진다). 게다가 그 거래는 놀라울 만큼 복잡하며 엄청난 양의 의사소통이 요구된다. 참가자들이 거의 없고 제공물이 복잡한 시장은 아마 플랫폼을 받아들이기가 가장 어려운 분야에 속할 것이다. 따라서 발전소를 설계하고 짓거나, 대규모 기업합병에 세금 문제를 조언하거나, 주요 미술관 전시회를 위해 전 세계의 미술 작품을 모으는 세세한 일들을 모두 조정하는 것 같은 활동들은 디지털 플랫폼에 빼앗기지 않고 지금까지 하던 대로 앞으로도 계속 수행될 가능성이 높다.

SUMMARY 요점

□  플랫폼은 한 산업 전체로 퍼지면서 가치의 상당 부분이나 대부분 또는 전체를 빼앗을 수 있다.

□  플랫폼은 이전까지 유익한 거래가 일어나는 것을 막았던 정보 비대칭을 줄임으로써 가치를 빼앗고 창조하는 데 어느 정도 성공했다.

□  많은 플랫폼의 핵심은 양면 네트워크의 힘이다. 한쪽 소비자와 산물의 집합에 대해 내린 결정이 다른 산물의 집합에 대한 다른 소비자 집합의 수요에 중대한 영향을 미치는 것을 말한다.

□  양면 네트워크를 보유한 플랫폼은 교차 탄력성의 역할을 증폭시키면서 다면 네트워크가 될 수 있다.

□  전환 비용은 소비자를 일시적으로 고정시킬 수 있으므로, 네트워크를 통해 나중에 혜택을 거두어들일 수 있도록 일찌감치 시장점유율을 높이는 쪽으로 투자하도록 더욱 유인한다.

□ 플랫폼이 성장함에 따라 기존 사업자들은 자신이 점점 공공 설비처럼 보이게 된다는 것을 알 수 있다. 이윤과 성장의 기회가 점점 줄어들면서다.

□ 인기 있는 플랫폼은 금방 강력한 브랜드를 구축할 수 있다. 그로 인해 플랫폼은 때로 기존 브랜드의 가치를 떨어뜨리려는 시도도 할 수 있다.

□ 물질적 상품과 서비스가 차별화되어 있고 소비자가 고정될 수 있을 때, O2O 플랫폼의 파괴적인 잠재력은 더 제한된다.

**QUESTIONS** 질문

1 생산물과 플랫폼이 앞으로 3~5년 안에 당신의 산업에서 어떻게 결합될지 몇 가지 시나리오를 갖고 있는가?

2 당신의 산업에서 정보 비대칭이 줄어든다면 어떤 새로운 기회와 사업이 열릴 것인가?

3 플랫폼이 기존 제조업체에 가져올 수 있는 범용화와 가격 하락을 피할 당신의 주된 전략은 무엇인가?

4 둘 이상의 면을 지닌 네트워크를 구축한다면, 어느 쪽 사람들을 무료로 또는 지원까지 하면서 참여시키도록 유도하겠는가? 수요 탄력성이 가장 큰 쪽은 어느 면인가?

5 플랫폼이 확장될 때 당신이 공급하는 것이 계속 차별화된 상태를 유지할 수 있다고 확신하는가? 그렇게 생각한다면 이유는 무엇인가? 당신의 지속 가능한 차별화 원천은 무엇인가?

3부 | 핵심 역량과 군중

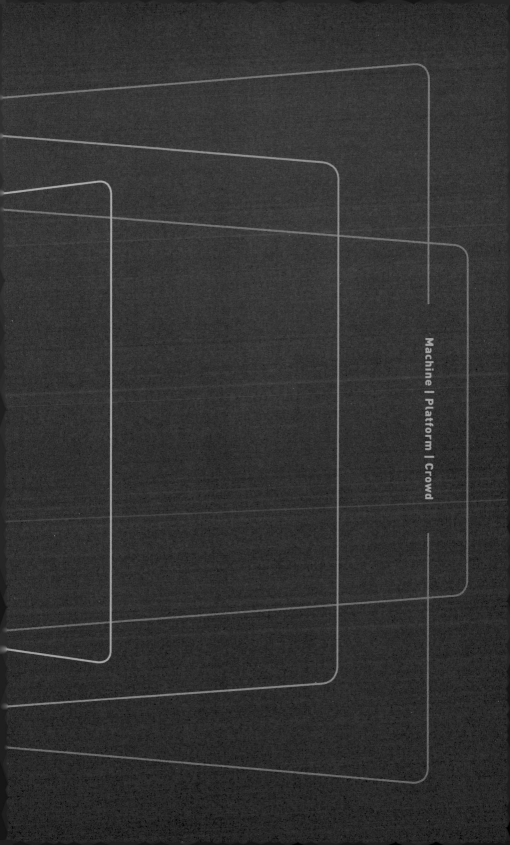

Machine | Platform | Crowd

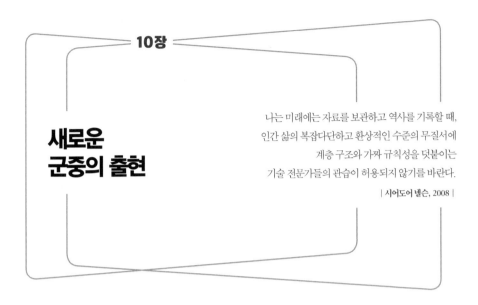

## 10장

# 새로운 군중의 출현

나는 미래에는 자료를 보관하고 역사를 기록할 때,
인간 삶의 복잡다단하고 환상적인 수준의 무질서에
계층 구조와 가짜 규칙성을 덧붙이는
기술 전문가들의 관습이 허용되지 않기를 바란다.

| 시어도어 넬슨, 2008 |

웹이 주류로 부상하기 직전에, 저술가인 로버트 라이트(Robert Wright)
는 웹의 가장 중요한 결과 중 하나를 예측한 바 있다.[1] 1993년 9월 13일
〈뉴리퍼블릭〉에 실린 "미국의 목소리"라는 글에서 그는 유즈넷(Usenet)을
방문한 경험을 기술했다. 유즈넷은 주제별로 조직된 온라인 토론 집단의
집합이었다. 1990년대 초에 유즈넷 소프트웨어는 그다지 사용자 친화적
이지 않았고, 온라인에 접속하는 것 자체도 어려웠다. 계속 연결되어 있
는 광대역 통신은 한참 뒤에야 등장했다. 이런 어려운 상황에서도 라이
트는 유즈넷이 대단히 활기차게 운영되고 있음을 알게 되었다. 이 글에
서 라이트는 이렇게 밝혔다.

"뉴스그룹 트래픽은 대부분 자신이 필요로 하는, 아니 적어도 정말로

원하는 의사소통의 마당을 찾는 진지한 사람들로부터 나온다. 그리고 토론 수준이 고르지는 않지만 아주 높을 때도 많다."[2]

라이트는 공통의 관심사를 쉽게 찾아내는 것부터 이모티콘에 이르기까지, 머지않아 꽃피우게 될 온라인 담론과 문화의 여러 측면들을 예리하게 비평했다. 망(net)이 경제 분야에 미칠 영향에 관심이 있는 사람들이 볼 때는 질문의 답을 얼마나 쉽게 얻을 수 있는가에 관한 내용이 가장 중요한 깨달음이었을 것이다. 라이트는 온라인에 이렇게 질문해보았다. "표준 골프채 세트에 왜 2번 아이언은 빠져 있을까요?" 48시간 사이에 수십 건의 대답이 올라왔다.

라이트는 자기 질문의 '납득할 만한 대답'◆과 더불어 한 가지 깨달음을 얻었다. 질문의 답을 얻는 능력보다도 더욱 중요한 것은 사람들이 답하고 있다는 현상 자체라는 것이었다. "망이 바꾸는 것은 상호작용에 관한 임의의 제약들이다. 거리는 장애가 되지 않는다. 인종도 중요하지 않다. 크고 건장한 남성이라거나 혼인할 나이가 된 여성이라는 점이 당신이 표할 존경심의 정도에 영향을 미치지 않을 것이다. … 이것은 마음들이 더 자유롭고 진정으로 해체되어 뒤섞이도록 해준다."[3]

라이트는 대다수 사람들에게 겨우 어렴풋이 보일 듯 말 듯하던 1993년이라는 초창기에, 온라인 세계에 관한 아주 중요한 점을 깨달은 것이다. 온라인이 모두로부터, 즉 전 세계로부터 그리고 천차만별인 모든 사람들로부터 나오는 온갖 지식을 하나로 모으는 유례없는 수단이라는 것이다.

---

◆ 웬일인지 라이트는 기사에 그 답을 쓰지 않았다. 그래서 우리가 적는다. 골프채 세트에 2번 아이언이 빠진 것은 사실 너무 단단해서 쓰기가 어렵다는 것이 주된 이유다.

그리고 엄청난 양의 지식 집합은 사람들이 쉽게 자문할 수 있고, 그리하여 더 똑똑해질 수 있기 때문에 가치가 있다는 것이다.

## 여기에 모두가 있다

이것은 가장 오래된 문명이자 가장 항구적인 공공시설 중 하나인 도서관의 배경이 되는 개념이기도 했다. 도서관은 군주, 종교 기관, 민주 선거로 선출된 정부, 자선 사업가가 설립하고 기금을 대며, 대개 훈련된 전문가들이 소장품을 선정하고 배치하고 유지하는 일을 맡고 있다. 그들은 우리가 '핵심 역량(core)'이라고 부르는 것의 좋은 사례다. 우리는 핵심 역량을 인터넷 이전 시대의 주된 조직, 제도, 집단, 절차라고 정의한다. 명확히 밝혀두는데, 우리는 조직의 핵심 역량이 나쁘다거나 낡았다고 보지 않는다. 우리는 삶의 모든 영역에서 도서관을 이용해왔고 그로부터 혜택을 봐왔으며, 그리고 MIT의 우수한 도서관 시스템을 매우 높이 평가한다.

라이트는 비록 규모와 속도는 예견하지 못했어도, 핵심 역량의 대안이 출현하리라는 것은 내다보았다. 바로 우리가 '군중(crowd)'이라고 부르는 것이다. 군중은 망과 그에 따르는 기술을 통해 가능해진 새로운 참여자들과 행위라고 정의된다. 오늘날의 웹은 군중이 만들어내는 도서관이다. 거대하면서, 사방으로 뻗고, 계속 성장하고, 변하는 도서관이다. 군중의 모든 측면이 그렇듯이 군중 자체도 무료, 완전성, 즉시성이라는 비트의 경제를 통해 가능해졌고, 사실상 그 경제에 깊이 의존한다. 우리가 웹에 접속하거나 무언가를 추가할 때마다 비용을 지불해야 했다면 오늘날의 웹은 존재할 수 없었을 것이다.

웹과 세계 도서관들의 차이점은 군중이 핵심 역량과 얼마나 다른지를 잘 보여준다. 한 가지는 웹이 훨씬 크다는 것이다. 인류 역사 전체에 걸쳐 나온 책은 1억 3,000만 권[4]으로 추정된다. 그중 세계 최대의 (물리적) 도서관인 미국의 수도 워싱턴의 의회도서관에 약 3,000만 권[5]이 소장되어 있다. 대조적으로 2015년 기준으로 현대 검색엔진이 찾을 수 있는 웹페이지 수는 약 450억 쪽[6]에 달했으며, 검색되지 않는 웹페이지는 훨씬 더 많다. 또 구글 같은 기업들의 스캐닝 노력 덕분에 웹에는 현재 적어도 2,500만 권의 책[7]이 디지털 사본으로 존재한다.

온라인 세계는 여러 다양한 형태의 정보도 생성한다. 도서관은 대개 어느 정도 특화해 있는데(책, 지도, 기록물 등) 웹은 모든 것을 갖고 있다. 문서, 음악, 사진, 팟캐스트, 동영상, 가상현실 환경 등을 모두 갖추고 있다. 그리고 이 모든 것들은 계속 끊임없이 늘어나고 있다. 예를 들어 유튜브에만 8,000만 편이 넘는 동영상(2018년 기준으로 시간당 약 400시간 분량의 동영상이 올라오고 있다—옮긴이)[8]이 있으며, 페이스북을 비롯한 다른 사이트들까지 포함하면 훨씬 더 많다. 이 콘텐츠의 대양을 '담당하는' 사람은 없다. 사진 공유 유틸리티가 하나 필요하다거나, 무수한 블로그, 트윗, 뉴스피드의 매체를 허가할지를 결정하는 개인이나 위원회 같은 것은 없다. 핵심 역량은 안 된다고 말할 공식적인 권한을 지닌 사람들과 단체, 정부 기관, 승인 절차를 지닌다는 것이 특징이다. 군중에게는 이 모든 것이 훨씬 적다(비록 몇몇 매우 영향력을 발휘하는 정보 중개인들이 있는 것은 분명하지만 말이다).

## 통제되지 않는 군중의 특성

이러한 위계질서 부재의 불가피한 한 가지 결과는 군중이 핵심 역량보다 훨씬 무질서하다는 것이다. 군중은 본질적으로 그리고 의도적으로 분산되고 통제되지 않은 상태에 있다. 이 구조 덕분에 표현의 자유와 혁신이 가능해지며, 그 점은 엄청난 결과를 낳는다.

물론 그렇지 않을 때도 있다. 군중의 통제되지 않은 특성은 두 가지 어려운 문제를 낳는다. 첫째는 자유롭게 흐르는 무수한 강들을 통해 정보가 공급되지만 통제되지 않은 정보의 대양에서 자신이 찾고자 하는 정보를 찾아내기가 어려울 수 있다는 것이다.

핵심 역량은 콘텐츠를 관리함으로써 이 검색 문제를 해결한다. 무엇을 집어넣을지를 통제하고 콘텐츠를 체계화하는 일에 인간의 지능을 적용하는 것이다. 그래서 도서관은 구매부서와 카드 색인 목록을 갖추고 있고, 잡지는 편집자와 차례를 갖추고 있다. 웹의 초창기에 이 접근법 중 일부를 군중이 생성하는 콘텐츠에 적용하려는 시도가 많이 이루어졌다. 야후(Yahoo)는 원래 "계층 구조화를 맡은 또 다른 신탁자(Yet Another Hierarchically Organized Oracle)"를 뜻했고, 망을 위한 일종의 카드 색인 목록을 제공함으로써 두각을 나타냈다. 사람들이 만들고 유지하는 범주와 하위 범주에 웹사이트들을 분류하는 식이었다. ◆

하지만 야후와 동료 기업들은 계속 기하급수적으로 증가하는 온라인 콘텐츠를 따라가기가 벅찼고, 많은 평론가들은 웹이 곧 무질서한 상태가

---

◆ 야후의 웹 관리자 역할은 시간이 흐를수록 빛이 바랬고, 야후의 존재 이유도 마찬가지였다. 2016년 버라이즌은 야후를 인수하기로 합의했다. 이는 "기술 역사상 가장 서글픈 50억 달러 거래"라고 불렸다. Brian Solomon, "Yahoo Sells to Verizon in Saddest $5 Billion Deal in Tech History", *Forbes*, July 25, 2016, http://www.forbes.com/sites/briansolomon/2016/07/25/yahoo-sells-to-verizon-for-5-billion-marissa-mayer/#7084344771b4.

만성화한 잡동사니 덩어리가 될 (또는 이미 그런 상태에 도달한) 것이라고 느꼈다. 수학자이자 저술가인 존 앨런 파울로스(John Allen Paulos)는 웹의 초창기에 이렇게 파악했다. "인터넷은 세계 최대의 도서관9)이다. 다만 모든 책들이 바닥에 쌓여 있을 뿐이다."

이 문제의 해결책은 놀랍게도 콘텐츠 자체로부터 나왔다. 스탠퍼드대학교 컴퓨터과학과의 학생인 래리 페이지(Larry Page)와 세르게이 브린(Sergey Brin)은 웹 콘텐츠의 대부분은 아니라고 해도 상당수가 링크를 통해 다른 콘텐츠와 연결된다는 것을 발견했다. 아무튼 그것이 바로 팀 버너스 리가 '웹'이라고 이름을 붙인 이유였다. 그들은 이런 링크를 이용하여 다른 모든 콘텐츠의 색인을 구축할 수 있을 것이라고 추정했다. 해당 주제에 관한 '최고'의 웹페이지는 다른 대부분의 웹페이지가 링크를 건 페이지일 것이다. 어떤 의미에서 이는 학계에서 평판이 구축되는 방식이기도 하다. 다른 논문들에 가장 많이 인용된 논문이 '최고'의 논문이 되는 것과 비슷하다. 페이지와 브린은 어떤 웹페이지에 링크를 건 웹페이지를 찾고, 이어서 후자에 링크를 건 웹페이지를 따라가는 식으로, 링크를 건 웹페이지들을 차례로 훑어서 링크로 연결된 웹페이지 수에 따라 각 링크의 중요도를 평가한다는 탁월한 착상을 떠올렸다.

페이지와 브린이 개발한 알고리즘은 모든 웹페이지에 등급을 매겼고, 그래서 '페이지랭크(PageRank)'라고 불렀다. 그들은 이 접근법을 기술한 논문10) 〈대규모 하이퍼텍스트 웹 검색엔진의 구조(The Anatomy of a Large-Scale Hypertextual Web Search Engine)〉를 1998년 4월에 오스트레일리아 브리즈번에서 열린 제7차 국제 월드와이드웹 총회에서 발표했다. 둘은 이 접근법을 구현할 회사를 1998년 9월 실리콘밸리에 세웠다. 회사명은 처음에

백럽(BackRub)이었는데, 나중에 '구글'로 바꾸었다.

구글은 군중의 온라인 콘텐츠가 비록 통제가 안 된다고 해도 무질서하지는 않다는 깨달음을 토대로 세상을 바꾸었다. 사실 그 콘텐츠는 극도로 정교하면서 세밀한 구조를 가지고 있었지만, 그 구조는 사람들의 어느 한 핵심 집단이 의식적으로 결정한 것이 아니었다. 오히려 콘텐츠 자체로부터 나오는 구조였다. 그리고 그 구조는 구글의 페이지랭크 알고리즘을 비롯한 유사한 모든 알고리즘들이 분석하는 순간 드러났다. 이 창발적 구조는 콘텐츠 자체가 변하고 성장함에 따라 함께 변하고 성장하며, 군중이 내놓는 모든 콘텐츠 사이를 매끄럽고 쉽게 돌아다닐 수 있게 해준다.

통제되지 않은 군중으로부터 불가피하게 나오는 두 번째 문제는 구성원 중 일부가 해를 끼치는 나쁜 행동을 한다는 것이다. 핵심 역량은 나쁜 행위자들을 축출할 수 있지만(기업, 도서관, 직원 명단 등에서) 웹은 사실 그럴 수가 없다. 사용자 이름이나 IP 주소♦를 바꾸거나, 아예 익명을 써서 아주 쉽게 다시 들어올 수 있다. 그래서 8장에서 논의했듯이 우리는 온갖 악성 댓글, 악행, 범죄 행위를 접하게 된다.

이러한 행동은 우리를 심란하게 만들지만 군중이라는 개념 자체에 치명적인 해를 입힐 수준은 아니다. 무엇보다도 참여하는 대다수 사람들은 나쁜 행위자가 아니다. 대다수는 선의를 창조하고 선의에 기여하므로 좋은 콘텐츠가 나쁜 콘텐츠보다 훨씬 더 많아진다. 게다가 구글의 검색 엔진 같은 강력한 검색 도구들은 나쁜 콘텐츠를 보이지 않게 멀리 치워

♦   IP 주소는 인터넷에 접근하는 모든 장치에 붙는 숫자다.

놓는 데 도움을 준다. 그리고 웹에서 가장 인기 있는 플랫폼의 구축자들은 대개 깨어 있는 접근법을 채택해왔다. 그들은 위키피디아의 원칙 중 하나를 요약한 다음과 같은 조언을 따른다. "선의를 갖고 행동하고,[11] 다른 사람들도 선의를 갖고 행동한다고 가정하라."

그 구축자들은 잠재적 구성원들이 나쁜 행동을 할 성향을 가지고 있는지 평가하려고 하는 대신에, 사람들이 시간이 흐르면서 어떤 행동을 하고 있는지 지켜보다가 필요할 때 행동을 취한다. 이 접근법은 대체로 잘 먹히며 군중이 최악의 구성원들에게 방해를 받지 않은 채 엄청나게 성장할 수 있도록 해왔다.

군중의 모든 형태들이 이 부드러운 정책하에서 똑같이 성공을 거두는 것은 아니다. 2016년에 이 접근법은 페이스북을 비롯한 소셜 미디어에서 '가짜 뉴스'라는 형태로, 또 트위터에서 엄청난 양의 인종차별주의, 성차별주의, 반유대주의, 그 밖의 경멸하고 비꼬는 말이라는 형태로 도전을 받았다. 지미 웨일스(Jimmy Wales)는 공동 설립한 크라우드소스 백과사전인 위키피디아가 어느 정도는 협치적 운영 방식에 힘입어서 가짜 뉴스로부터 상대적으로 안전하다고 주장했다. 올바른 원칙, 규범, 제도, 기술을 채택함으로써 군중은 질적 수준을 유지하는 데 많은 기여를 할 수 있다. 비록 참여자들이 얼마나 쉽게 또는 빨리 새로운 콘텐츠를 올릴 수 있는지, 얼마나 빨리 공유하는지, 그것을 누가 볼 수 있도록 하는지, 그 콘텐츠로부터 얼마나 많은 수익을 올릴 수 있는지 등에 따라서 대신 희생되는 것도 있겠지만 말이다. 이 원칙들 중 일부는 이 장의 뒷부분에서 더 다룰 것이다.

이 글을 쓰고 있는 2017년 초 현재 군중에게 목소리를 내게 하는 가장 큰 플랫폼들이 이런 도전 과제에 어떻게 반응할지는 아직 모호한 상태다. 우리는 효과적인 해결책이 마음과 기계를 결합함으로써 가능할 것이라고 확신한다. 여기서 한 가지 유망한 접근법은 머신러닝 시스템을 훈련시킬 때 자동적으로 걸러낼 수 있도록 사람들이 가짜나 해로운 콘텐츠에 꼬리표를 붙일 수 있게 하는 것이다.

## 가장 순수한 군중이 만들어내는 시장의 마법

도서관과 웹 같은 가장 큰 정보 집합체는 우리가 그것들을 참조하여 배울 수 있기 때문에 분명히 가치가 있다. 군중이 생성한 많은 정보 집합은 또 다른 혜택도 지닌다. 많은 사람들의 기여가 축적됨에 따라 새로운 종류의 지식을 저절로 생성한다는 것이다. 이는 사실상 줄곧 일어나고 있는 유형의 마법이다.

이 혜택을 최초로 명확히 지적함으로써 군중의 수호성인처럼 된 인물은 오스트리아 경제학자 프리드리히 하이에크였다. 1945년에 그가 쓴 〈사회에서의 지식 활용(The Use of Knowledge in Society)〉이라는 논문에서였다. 당시 소련의 경제 같은 중앙 계획경제(다시 말해 상품과 서비스를 생산하고 분배하는 일을 하는 핵심 역량이 있는 경제)가 방향성 없고 분산된 군중을 통해서 계획과 생산이 이루어지는 자유 시장경제보다 더 잘 작동하는 이유를 놓고 격렬한 논쟁이 벌어지고 있었다. 많은 사람들은 중앙 계획이 우월하다고, 아니 적어도 우월할 수 있다고 여겼다. 하이에크는 한 논문에서 그런 생각이 얼마나 잘못된 것인지를 보여주었다.

## 하이에크와 폴라니에게 묻다: 중앙 계획의 문제

하이에크는 중앙 계획이 결코 작동할 수 없는 이유가 "경제적 계산의 출발점이 되는 '자료'[12]를 전체 사회가 그 함축된 의미를 밝혀낼 수 있는 한 사람에게 '줄' 수 없기 때문이다"라고 했다. 하지만 왜 안 되는가, 특히 지금은 지켜보고 분석할 강력한 기술을 가지고 있는데 왜 안 되는가? 모든 장치에 센서를 붙이고, 설문조사를 수행하고, 소셜 미디어를 살펴서 모두의 선호 양상을 파악하고, 이 모든 자료를 '하나의 마음', 즉 끊임없이 작동하면서 "함축된 의미를 밝혀낼" 거대한 경제적 최적화 알고리즘에 입력하지 못할 이유가 어디 있는가? 하이에크의 설명에 따르면, 알고리즘이 실제로 필요한 자료를 모두 다 얻을 수 없을 것이기 때문이다. "사회의 구성원들에게 알려진 자원들을 잘 활용할 수 없다.[13] 각 자원의 상대적 중요도는 오직 당사자만이 알고 있기 때문이다."

하이에크는 폴라니의 역설 같은 것이 경제 전체에 적용된다고 주장했다. 즉 우리는 자신이 아는 것, 자신이 가진 것, 자신이 원하는 것, 자신이 가치를 두는 것을 모두 다 말할 수가 없다는 것이다. 그 결과, 그 어떤 중앙 계획 핵심 역량의 거대한 최적화 알고리즘은 진정으로 필요한 자료를 결코 얻을 수 없을 것이며, 따라서 기괴하면서 반생산적인 일을 하게 된다는 것이다. 당신이 작년에 원했지만 이제는 관심도 없는 크리스마스 선물을 찾겠다고 시내 전체를 돌아다니는 선의의, 하지만 혼란에 빠진 친척을 사회 전체로 확대한 것이라고 볼 수 있다. 비록 중앙 계획자가 다른 모두의 최고의 이익을 위해서만 행동하려고 언제나 애쓴다고 해도 (그 가정은 실현 불가능하다는 것을 두드러지게 할 뿐이다), 지나친 중앙집권은 조지 오웰[14]과 프란츠 카프카[15]가 그린 세계를 동시에 실현시키는 경제를 만들어낼 것이다.

그렇다면 자유 시장경제는 어떻게 더 잘 작동하는 것일까? 사람들이 중앙의 통제를 별로 받지 않으며 서로 자유롭게 거래하도록 함으로써, 그리고 수요와 공급의 균형을 잡는 한편으로 놀라울 만큼 경제적인 방식으로 경제 전체에 중요한 정보를 전달하는 용도로 대상의 가격을 사용함으로써 성장한다. 하이에크는 이렇게 기술하고 있다.

> 가격의 경이로움은 한 원료가 희소해지는 일이 일어날 때, 명령이 내려지지도 않고, 원인을 아는 사람이 소수에 불과함에도, 몇 달 동안 조사해도 신원을 확인할 수 없는 수만 명의 사람들이 가격에 따라 반응함으로써 그 원료나 그것으로 만든 제품을 더 아껴서 사용하게 된다는 것이다. 즉 그들은 올바른 방향으로 나아간다. … 나는 가격 체계가 인간의 신중한 설계의 산물이라면, 그리고 가격 변동에 이끌리는 사람들이 자신의 결정이 당면한 목표를 훨씬 초월하는 의미를 가지고 있다는 점을 이해한다면, 이 메커니즘이 인류 정신의 가장 위대한 업적 중 하나라고 찬사를 받았을 것이라고 확신한다.[16]

20세기에 복잡성 이론으로 융합될 핵심 개념 중 상당수를 예견한 하이에크의 논문은 개별 구성원의 행동이 전체 군중에게 대단히 가치 있는 정보를 만들어낼 수 있음을 강조했다. 게다가 이 정보는 소수의 구성원을 관찰함으로써 추출할 수 없을 때도 종종 있다. 즉 광부나 금속 세공사 두 명을 관찰하는 것만으로는 주석의 가격을 결코 알 수 없을 것이다. 따라서 시장은 '창발적(emergent)' 시스템이다. 가격은 모든 구성원의 상호작용에서 나오며 소수를 관찰하는 것만으로는 알 수 없다.

## 시장에 기반한 해결책

집단은 종종 창발적인 방식으로 행동하며 그럼으로써 지식을 창출한다. 집단이 온라인으로 향하여 군중이 될 때, 혁신가들은 이 지식을 검출하고 수확하는 다른 방식들을 발견했다. 예측 시장은 그중 최초의 것에 속하며, 하이에크의 통찰로부터 가장 직접적으로 구축된 것이기도 하다. 예측 시장은 상품과 서비스의 시장이 아니라, 2020년 미국 대통령 선거에 누가 당선될 것인지, 앞으로 나올 영화의 개봉 첫 주 매출이 5,000만 달러에서 1억 달러 사이가 될지, 다음 분기에 미국 평균 인플레이션율이 3퍼센트를 넘을지와 같은 미래의 사건을 위한 시장이다.

그렇다면 예측 시장이 어떻게 작동하는지 알아보자. 먼저 그 시장 조성자는 뉴욕 주식시장이나 나스닥에서 기업 주식을 거래하는 것과 똑같이 시장 참여자들이 사고팔 수 있는 유가증권을 발행한다. 한 분기의 평균 인플레이션이 3퍼센트를 넘어서면 (예를 들어) 1달러를 지급하고, 그렇지 않으면 한 푼도 지불하지 않는 유가증권을 발행하는 것이 한 가지 방법이 될 수 있다. 그런 뒤 참여자들(많을수록 낫다)을 시장에 초대하여 서로 그 유가증권을 거래하도록 부추긴다. 인플레이션이 3퍼센트를 넘어설 것이라고 생각하는 사람들은 그럴 가능성이 더 적다고 생각하는 사람보다 그 유가증권을 좀 더 높은 가격을 주고서라도 기꺼이 사려 할 것이다. 가격이 0.70달러에서 안정된다면, 시장 전체가 인플레이션이 분기에 평균 3퍼센트를 넘을 확률(또는 영화 매출액이 5,000만 달러에서 1억 달러 사이가 될 확률, 2020년에 누군가가 대통령이 될 확률)이 70퍼센트라고 믿는다는 것이 합리적인 해석이다. 마지막으로, 사건이 실제로 일어날 때(이 사례에서는 분기가 끝나고 평균 인플레이션율을 계산할 수 있을 때) 시장 조성자는 유가증권을 소유한 모든 사람들에게 지급을 한다. 실제로 인플레이션이 3퍼센트를 넘는다면, '3퍼센트 초과' 유가증권을 소유한 사람들은 모두 1주당 1달러를 받을 것이다.

예측 시장에서 나오는 결과들은 시장 내에서 가격이 지식을 모으는 힘이 있다는 하이에크의 통찰이 옳았음을 확인해준다. 방금 말한 것과 같은 시장에서 약 0.70달러라는 최종 주가를 지닌 사건들은 실제로 약 70퍼센트의 확률로 일어나는 경향이 있다. 즉 가격이 확률 추정치를 정확히 예측하는 경향을 보인다.

예측 시장이 다른 방법들(적절히 가중평균을 한 여론조사 결과나 2장에서 논의한 필립 테틀록이 파악한 슈퍼 예측가에 의존하는 것과 같은 방법들)에 비해 더 정확한 예측을 내놓는지를 놓고 열띤 논란이 벌어지고 있지만,[17] 예측 시장이 적절한 조건하에서는 매우 효과가 있을 수 있다는 점을 의심하는 사람은 이제 거의 없다. 예측 시장의 이론과 실제 양쪽을 발전시키는 데 가장 큰 기여를 해온 경제학자 로빈 핸슨(Robin Hanson)은 이렇게 설명한다. "예측 시장은 시장을 기반으로 한 가격 결정의 토대를 이루는 한 가지 근본 원리를 반영한다. 정보가 경제 행위자들 사이에 폭넓게 분산될 때가 많기 때문에, 그 정보를 모으고 종합하는 메커니즘을 찾는 것이 대단히 바람직해진다. 자유시장은 거의 모든 사람들이 참여할 수 있기 때문에 대개 이 과정을 잘 관리하며, 수익(그리고 손실)의 가능성이 있다는 점이 더 나은 정보를 찾으려는 강한 유인을 일으킨다."

# 군중을 어떻게 조직할 수 있을까?

하이에크가 강조하고 찬미했으며 핸슨을 비롯한 사람들이 혁신적인 용도를 찾아내 온 가격 체계는 시장 참여자들의 행동과 상호작용의 경이로운 부산물이다. 다시 말해 대부분의 가격은 시스템 규모의 지식을 생성하고, 교환하려는 어떤 의도적인 노력의 산물이 아니다. 그렇다면 바로 그런 노력, 즉 온라인 군중에 개입하여 군중이 협력하여 무언가를 만들도록 이끄는 시도가 이루어질 때 어떤 일이 일어날 수 있을까?

그것은 아주 순진한 생각 같고 그런 시도가 결코 먹히지 않을 이유들을 쉽게 열거할 수도 있다. 그런 계획에 참여할 사람이 과연 누가 있겠는가? 특히 아무런 보상도 제공되지 않는다면? 그리고 참가하겠다고 나선 사람이 적절한 사람이라고 누가 과연 확신할 수 있겠는가? 작업을 어떻게 나누어야 하며, 과연 누가 나누는 일을 해야 할 것인가? 좋은 그리고 충분히 좋은 기여란 무엇이고, 그런 기준을 누가 설정하고 집행할 것인가? 수천 년에 걸친 인류 역사 내내 우리는 이런 문제를 해결하기 위해 다양한 유형의 핵심 역량을 개발해왔다. 그런데 어떻게 군중이 이 같은 일을 할 수 있다는 것인가?

## 운영체제 개발을 위해 군중이 모이다

1991년 8월 25일 리누스 토발즈(Linus Torvalds)가 이와 같은 문제로 고민하고 있었다고 해도, 그는 '미닉스(Minix)'라는 컴퓨터 운영체제를 논의하는 유즈넷 그룹에 다음과 같은 글을 올리기를 주저하지 않았다.

안녕하세요, 미닉스 사용자 여러분

나는 386(486) AT 컴퓨터용 (프리) 운영체제를 개발하고 있습니다[그냥 취미로요. 그누(GNU)♦처럼 크고 전문적인 것은 아닙니다]. 4월부터 구상해왔는데, 곧 내놓으려고 해요. … 나는 사람들 다수가 집어넣었으면 하는 특징들이 어떤 것이 있는지 알고 싶습니다. 어떤 제안이든 환영해요. 꼭 집어넣겠다고는 약속하지 못하지만요. :)[18]


토발즈는 자신이 개발하기 시작한 컴퓨터 운영체제에 도움을 달라고 요청하고 있었다. 아직 개발 초기 단계였지만, 그는 '커널(kernel)' 쪽으로는 꽤 진척을 이루고 있었다. 커널은 운영체제의 핵심이며 가장 복잡한 부분에 속한다. 토발즈는 마이크로소프트 윈도우 같은 완성된 상업용 운영체제를 구입하는 대신에, 프리(free) 운영체제를 만들고 싶었다. 여기서 프리는 '무료'라는 의미보다는 "보고, 수정하고, 확장할 자유"를 뜻했다(개발자들이 즐겨 드는 설명에 따르면 "공짜 맥주"가 아니라 "언론 자유"의 프리다).

대조적으로 마이크로소프트는 윈도우 소스코드(운영체제를 짤 때 쓴 코드 원본)를 공개하지 않으므로, 외부인은 그 프로그램이 어떻게 작동하는지 정확히 알지 못하고 수정할 수도 없다. '자유로운 오픈소스' 소프트웨어 공동체에 속한 사람들은 여러 가지 이유를 들어 이 불투명성이 잘못된 것이라고 믿었으며, 토발즈도 마찬가지였다.

토발즈가 1991년 4월에 처음 언급한 그 운영체제는 나중에 '리눅스

---

♦ 　그누(GNU) 역시 오픈소스 운영체제다. 이 약어는 "그누는 유닉스가 아니다(GNU's Not Unix)"라는 뜻이다. 컴퓨터광들은 동어반복을 좋아한다.

(Linux)'라고 불리게 된다. 그리고 "크고 전문적인 것은 아니다"라는 그의 첫 주장은 컴퓨팅 역사상 가장 부정확한 진술 중 하나로 여겨질 것이 확실하다. 그 모든 형태와 파생 형태들을 합치면 리눅스가 세계에서 가장 크고 가장 전문적인 운영체제라는 데 논란의 여지가 없다. 오늘날 리눅스는 축구장보다 큰 데이터센터의 서버에서부터 15억 대를 넘는 안드로이드 스마트폰과 태블릿에 이르기까지 어디에서나 발견된다.[19]

## 리눅스를 탄생시킨 집단 지성의 원리

리눅스의 역사를 살펴보면 군중을 하나로 모아서 중요한 무언가를 이루려 할 때 중대한, 즉 본질적이라고 할 수 있는 몇 가지 원리가 드러난다. 개방성, 비학력주의, 검증 가능하면서 되돌릴 수 있는 기여, 명확한 결과, 자기 조직화, 괴짜 리더십 같은 것들이다.

**개방성**(Openness): 토발즈가 처음 기여를 요청했을 때 그는 가능한 한 범위를 넓혔다. 기업이나, 운영체제 프로그래밍 경험이 있는 사람들이나, 특정 집단에 속한 사람들에게만 한정하지 않았다. 이 접근법은 많은 사람들에게는 기이하면서 잘못된 것처럼 보이지만(예컨대 당신이 집을 짓고 있다면, 아무에게나 그냥 와서 닥치는 대로 집을 지어달라고 요청할 가능성은 적을 것이다) 분명히 작동했다. 2015년까지 10년 동안에만 개인 개발자 1만 1,800명이 그 커널에 기여했고[20] 삼성, IBM, 구글, 인텔을 비롯한 주요 기술 기업들도 자금과 재능을 기부했다.[21] 7장에서 우리는 스마트폰 앱을 개발할 동기들이 많이 있다고 말했다. 오픈소스 운영체제 계획에 기여하려는 동기도 사람과 기관에 따라 제각각이다. 개방성 덕분에 리눅스는 이 모든 동기를 자극할 수 있었다.

**비학력주의**(Noncredentialism): 개방성의 한 측면은 아주 중요하지만 너무 직관에 반하기 때문에 특별히 언급할 가치가 있다. 바로 비학력주의, 즉 적절한 자격을 갖춘 사람만이 노력에 기여할 수 있도록 해야 한다는 견해를 버리는 것이다. 학위, 직위, 추천서, 축적된 경험, 좋은 성적 등 토발즈는 이 어떤 것도 필요 없었으며 심지어 요구하지도 않았다. 그는 그저 리눅스 소스코드를 이용할 수 있게 만들었고, 개선할 수 있도록 도와달라고 했다. 이는 작가이자 출판업자이자 기술 분야의 대가인 팀 오라일리(Tim O'Reilly)가 2005년에 웹 2.0(당시 도래하려고 하던 2세대 웹)의 핵심 원리라고 요약한 것의 초기 사례였다.[22] 사용자를 공동 개발자로 신뢰하는 것이다. 물론 당시 토발즈는 그렇다는 것을 몰랐다. 2016년에 그는 솔직히 인정한 바 있다. "우리가 현재 생각하는 형태의 오픈소스 방법론을 써서 개선하자는 의도 같은 것은 전혀 없었다.[23] 오히려 이런 것에 더 가까웠다. '이봐, 나는 반년 동안 이걸 붙들고 있었어. 평가를 해주면 좋겠어.'" 하지만 기여자들에게 자격을 요구하지 않은 부분의 탁월한 점은 그 어떤 자격증도 없는 사람들(코딩을 좋아하지만 '진짜' 프로그래머가 보유한 자격증이나 학력 같은 것을 전혀 보유하지 않은 고등학생을 생각해보라)이나, 그에게 미흡하거나 부적당하다고 여겨졌을지도 모를 자격증을 지닌 사람들을 외면하지 않았다는 것이다.

**검증 가능하면서 되돌릴 수 있는 기여**(Verifiable and reversible contributions): 개방성과 비학력주의가 소프트웨어 개발에서 효과적인 이유는 제안된 새로운 소프트웨어가 잘 돌아가는지 알아보기가 비교적 쉽고(집을 짓는 계획보다 훨씬 더), 또 잘 돌아가지 않으면 빼버리기가 비교적 쉽기 때문이다. 예를 들어 프린터 드라이버는 프린터가 제대로 확실하게 인쇄하도록 해야한다. 그렇지 못하면 운영체제에 포함되어서는 안 된다. 소프트웨어의품질을 검증하는 방법은 코드를 눈으로 살펴보는 것부터 일단 설치한 뒤에 검사하는 것까지 다양하다. 이는 운영체제를 짜는 것이 소설이나 교향곡 같은 창작물을 작성하는 것과 전혀 다른 활동임을 뜻한다. 어떤 소설에 누군가가 새로운 장이나 인물을 기여하겠다고 제안했을 때, 그것이 작품을 개선할지 여부는 결코 명확하지 않으며 외부에서 검증할 수도 없다.

품질의 객관적이고 검증 가능한 척도는 군중이 참여한 리눅스가 세계에서 가장 인기 있는 운영체제인 이유를 설명하는 데 도움을 주지만, 우리가 아는 한 대규모 집단이 쓴 소설이 성공을 거둔 사례는 전혀 없다. 그리고 모든 소프트웨어는 이전 버전들을 다 보관하는 것이 일반적인 관습이므로(정보의 무료, 완전성, 즉시성의 경제 덕분에 그렇게 하기가 쉽고 비용도 적게 든다), 어떤 코드가 성능을 저하시킨다면 그 코드가 포함되지 않은 더 이전 버전으로 소프트웨어를 아주 쉽게 되돌릴 수 있다. 나타나는 기여자들이 악의나 서툰 실력으로 소프트웨어를 돌이킬 수 없이 망치거나 악화시킬 수 없을 때, 리눅스가 개방성과 비학력주의를 유지하기가 훨씬 더 쉬워진다.

**명확한 결과**(Clear outcomes): 리눅스에 기여하겠다고 나선 사람들은 자신들이 한 노력의 최종 결과물이 어떤 모습일지를 두 가지 방식으로 잘 알았다. 첫째, 그들은 자신이 컴퓨터 운영체제를 다루고 있다는 것을 명백히 알고 있었다. 둘째, 마찬가지로 중요한 점인데, 그들은 자신이 한 일이 나중에 어떻게 쓰일 수 있고 없는지를 알고 있었다. 누가 소유하고, 수정하고, 그것으로부터 이익을 얻을 수 있는지 등을 말이다.

리눅스 역사 초기에 토발즈는 리눅스에 그누 일반 공중 사용 허가(GNU GPL, GNU General Public License) 방식을 적용하기로 결심했다. 이는 프리 소프트웨어의 선구자인 리처드 스톨먼(Richard Stallman)이 1989년에 내놓은 소프트웨어 사용 허가 기준이었다. 이 기준은 두 가지 중요한 사항을 규정하고 있다. 첫째는, 소프트웨어를 최종 사용자(개인이든 기관이든 기업이든 간에)가 자유롭게 실행하고 연구하고 복사하고 수정할 수 있도록 놔두라는 것이다. 둘째는, 리눅스의 모든 수정판, 확장판, 후속판들도 마찬가지로 자유로운 상태로 놔두라는 것이다. GPL은 리눅스에 관련된 모든 사람들에게 그 운영체제가 결코 폐쇄적으로 쓰이거나 독점적으로 쓰일 수 없으며, 그 규정하에서는 자신들이 기여하는 것들이 시간이 흘러도 남아 있을 것이라고 보장한다. 프리 소프트웨어 운동의 원칙을 믿은 사람들에게 이 보장은 대단히 중요했다. 이 점은 일반적으로 참이다. 군중은 기여가 어떻게 평가될 것인지 뿐만 아니라 어떻게 쓰일 것인가, 그리고 누가 이득을 볼 수 있을 것인가라는 측면에서도 명확성을 요구한다.

**자기 조직화**(Self-organization): 개인과 기관은 리눅스의 어느 측면에 기여할지를 스스로 결정했다. 토발즈나 다른 어떤 중앙 기관이 그들에게 과제를 할당한 것이 아니었다. 그렇다면 어떻게 전체의 노력을 모아서 정말로 중요한 일이 이루어지도록 할 수 있을까? 여기서 '중요한'이라는 단어가 최종 사용자 집단과 가장 관련 있는 작업을 의미한다는 것을 깨닫게 하고, 그 사용자들이 기여할 수 있도록 하며, 그들에게 자신이 기여할 수 있다는 확신을 심어준다면 가능하다. 삼성이나 인텔 같은 큰 기술 기업이 리눅스에 합류할 때, 물론 그 기업들은 직원들에게 특정한 영역을 연구하라고 지시했겠지만 전반적인 노력은 매우 분산되어 있었고 즉흥적인 상태로 남아 있었다. 사실 리눅스에는 한 버전을 고수하려는 시도조차 없었다. 대신에 그 운영체제는 '갈라질' 수 있었다. 그래서 가격이 40달러도 안 되는 신용카드 크기의 프로그래밍 가능한 컴퓨터인 라즈베리파이(Raspberry Pi)[24]에 최적화한 라즈비안(Raspbian)[25]이라는 버전도 나왔고, 대형 서버에 최적화한 리눅스 버전들도 나왔다. 갈라짐은 통제 상실이 아니라 리눅스 성공의 증거로 여겨졌고, 기여자들이 스스로 모여서 어떤 일을 맡을지 결정하도록 허용하는 것이 어떤 혜택을 낳는지 보여주었다.

**괴짜 리더십**(Geeky leadership): 토발즈는 리눅스가 성장하는 내내 대단히 영향력 있는 인물로 남아 있었다. 그리고 그는 우리가 '괴짜'라고 부르는 리더십 유형을 대변해왔다. 우리는 그 말을 모욕이 아니라 오히려 기술 개발에 힘쓰는 공동체 내에서 발견되는, 특히 그 일 외에는 서로 무관한 많은 사람들과 조직들이 함께 노력하는 과정에서 찾아볼 수 있는 행동과 관습을 지칭하는 의미로 쓴다. 괴짜 리더십은 기술적 측면에서의 노련한 지도력을 의미할 때가 많다. 토발즈는 평생을 프로그래머로 살고 있으며, 게다가 아주 뛰어나다. 리눅스 공동체 내에서 그의 견해는 대단히 신뢰가 높다. 또한 괴짜 기술광다운 지도자는 자신이 하는 일의 방향을 명확히 밝히기도 한다. 이 전망이 반드시 장엄할 필요는 없다. 토발즈가 이렇게 밝혔듯이 말이다. "나는 멀리 내다보는 사람이 아니다.[26] 5개년 계획도 갖고 있지 않다. 나는 공학자다. … 바닥을 쳐다보고 다니다가 발견한 바로 앞의 꺼진 땅을 빠지기 전에 메우고 싶을 뿐이다." 하지만 전망은 명확해야 할 필요는 있으며, 사람들에게 그것을 이루기 위해 시간과 노력을 투자하도록 동기를 부여할 필요가 있다.

아주 다양한 컴퓨팅 장치에 쓰일 항구적으로 자유로운 오픈소스 운영체제를 구축하는 일은 분명히 많은 사람들에게 동기 부여를 해왔다. 우리가 살펴본 괴짜 기술광다운 지도자들은 주관이 강할 때가 많았다. 토발즈는 자신이 멋진 코드라고 부르는 것에 관해 열정을 드러내며(일을 제대로 하는 방식이 무엇인지 본능적으로 아는 듯하고 큰 패턴을 실제로 보는 듯한 것)[27] 아주 강한 어조로 정기적으로 견해를 표명하는 것으로 유명하다.♦ 이런 강경한 어조가 일부 기여자들을 소외시켰겠지만, 그런 견해는 창설자가 여전히 상황을 잘 알고 관여하고 있다고 공동체 전체에 알려준다. 이것이 바로 괴짜 리더십의 두 가지 징표다.

이런 원리들은 리눅스의 놀라운 성공, 즉 리눅스가 어떻게 군중을 하나로 모아 가장 복잡한 소프트웨어에 속하는 세계적인 수준의 운영체제를 구축하고 유지하고 개선해 올 수 있었는지를 설명하는 데 도움을 준다. 개방성과 비학력주의는 가능한 한 많은 사람들이 함께 일할 수 있도록 했다. 자기 조직화는 자신이 원하는 일을 한다는 의미였으며, 그런 일은 대개 리눅스에 가장 필요한 것임이 드러났다. 검증 가능성은 도움이 되는 기여만이 소프트웨어에서 살아남도록 했고, 명확한 결과는 사람들이 자신이 속았다거나 자신의 노력을 강탈당했다고 느끼지 않게 해주었다. 그리고 토발즈를 비롯한 헌신적인 괴짜 리더십은 리눅스의 이상, 문화, 추진력을 유지했다.

## 누피디아에서 위키피디아로 진화하기까지

온라인 협업 작업이 이런 원칙들 중 일부만 따르면 어떻게 될까? 그 것은 얼마나 성공할까? 물론 이 질문에 명확히 답하려면 많은 연구가 필 요하겠지만, 웹의 초창기에 여러 가지를 시사하는 흥미로운 실험이 이루 어졌다. 지미 웨일스(Jimmy Wales)와 래리 생어(Larry Sanger)가 자유롭고 개방 적이며, 보편적으로 접근할 수 있는 온라인 백과사전을 만들려는 노력을 시작했을 때다.

백과사전은 역사가 깊으며[서기 1세기에 출판된 대(大) 플리니우스의 《자연사 (Naturalis Historia)》도 그중 하나다] 고상한 목표를 지닌다. 이프레임 체임버스 (Ephraim Chambers)는 1728년에 펴낸 《백과사전: 또는 기술과 과학의 보편 사전(Cyclopaedia: or, An Universal Dictionary of Arts and Sciences)》에 "인류의 모든 지 식의 총합"을 담았다.◆◆ 28) 하지만 백과사전은 값이 아주 비쌌고, 그래서 사회 지도층의 전유물이 되곤 했다.

---

◆　예를 들면 2016년 7월에 토발즈는 프로그래머가 코드에 주석을 붙이는 '올바른' 방법에 관해 견해 를 밝혔다. 그는 리눅스 커널 메일링 리스트에 이렇게 썼다. "네트워킹 쪽 사람들이여, 기존의 여러 줄로 이루어진 C의 균형 잡히고 대칭적인 주석 달기 방식이 주는 지독한 황망함을 감당할 수 없다 면, 여러분이 지금 쓰는 꼴사나운 쓰레기를 계속 쓰는 대신에, 그냥 죽 C++ 모드로 나가도록 합시 다. … 주석을 '박스에 넣는' 쪽을 선호하는 사람들과 양 끝에 줄을 치고 전체를 멋진 별표로 죽 둘러 서 박스를 만드는 사람들 이야기는 아예 꺼내지도 않겠습니다. 여러분이 LSD에 취한 정신 상태에 서 빠져나오면 정말 멋져 보일 것이라고 확신합니다." Linus Torvalds, Linux Kernel Mailing List post, July 8, 2016, 10:19:26, https://lkml.org/lkml/2016/7/8/625.

◆◆　더 구체적으로 체임버스는 《백과사전》이 "교양적 및 기계적 양쪽으로, 몇몇 기술과 인문적 및 신학 적 양쪽으로, 몇몇 과학 분야에서 용어의 정의와 그 용어가 의미하는 대상의 설명을 담은 것: 자연 물과 인공물의 형상, 종류, 특성, 생산, 준비, 이용: 교회용품, 민간용품, 군용품, 상업용품의 생성, 발 전, 현황: 몇몇 체계, 부문, 견해 등: 철학자, 신학자, 수학자, 의사, 골동품 전문가, 비평가 등: 고대 와 현대의 학습 과정을 염두에 둔 전체"라고 기술했다. ARTFL Project, "Chambers' Cyclopaedia", accessed February 7, 2017, https://artfl-project.uchicago.edu/content/chambers-cyclopaedia.

웹이 출현하자, 웨일스는 사람들의 자원봉사 정신에 호소함으로써 모두에게 백과사전을 제공한다는 원대한 전망을 실현시킬 기회를 엿보았다. 그래서 1999년에 그는 생어를 고용했다. 당시 생어는 철학 박사 과정을 밟고 있는 대학원생이었다. 이후 그들은 누피디아(Nupedia)를 출범시켰고, 누피디아를 웹 최초의 자유 온라인 백과사전으로 만들 계획이었다. 웨일스와 생어는 이 목표를 이루기 위해 자원봉사할 편집자들을 모으기 시작했다. 높은 수준을 유지하기 위해 누피디아는 이런 정책을 내걸었다. "자기 분야에 진정한 전문가이자 박사 학위 소지자(일부 예외도 있음)인 편집진을 모십니다."[29] 또 누피디아는 각 항목을 쓰고 편집하는 과정을 다음과 같이 7단계로 정했다.

1. 할당
2. 책임 검토자 정하기
3. 책임 검토
4. 공개 검토
5. 책임 원고 정리
6. 개방 원고 정리
7. 최종 승인과 마크업(markup : 하이퍼텍스트 링크 연결 등 문서에 필요한 형식을 갖추는 작업 ― 옮긴이)

이 방식이 작동했을까? 18개월 동안 25만 달러를 들인 끝에, 누피디아가 완성한 항목은 12개에 불과했고, 초안 단계에 있는 항목은 150개였다.[30]

진척이 너무 느리다는 데 좌절한 웨일스와 생어는 백과사전 항목을 작성하고 다듬을 다른 방법을 찾아보기 시작했다. 2001년 초에 그들은 사용자 누구나 글을 올리고, 남의 글을 편집하고, 이전에 편집한 내용을 되돌릴 수 있도록 한 워드 커닝엄(Ward Cunningham)이 만든 지극히 평등주의적인 디지털 게시판인 위키스(wikis)라는 것이 있다는 소식을 접했다. 누피디아 측은 이 소프트웨어를 토대로 한 웹사이트를 만들었고, 2001년 1월 15일에 생어는 이렇게 글을 올렸다. "나를 재미있게 해줘. 가서 글을 한 토막 올려. 기껏해야 5~10분밖에 안 걸릴 거야."[31]

그 사이트는 '위키피디아(Wikipedia)'라고 불렸다. 그해 1월 말에 항목 수는 617개였다. 2001년 말에는 1만 9,000개였다. 2016년에는 291개 언어로 3,600만 개로 늘었고,[32] 위키피디아는 세계에서 여섯 번째로 인기 있는 웹사이트가 되었다.[33]

누피디아에서 위키피디아로의 전환은 분명히 엄청난 양의 에너지를 터뜨린 것이었고, 웨일스와 생어는 전 세계 사람들이 이용할 수 있는 자유롭고 열린 백과사전을 만든다는 꿈을 훨씬 초월하는 성공을 거두었다. 리눅스의 사례는 위키스로의 이동이 왜 그렇게 중요했는지를 잘 보여준다. 누피디아와 달리 위키피디아는 개방성, 비학력주의, 자기 조직화라는 원리를 채택했기 때문에 군중을 활성화할 수 있었다. 위키피디아는 표준화된 다단계 작업 흐름이라는 개념과 편집자가 전문가이거나 박사학위 소지자이어야 한다는 조건을 폐기했다. 대신에 백과사전을 구축하는 작업을 모든 사람들에게 개방하여 누구나 자신이 적합하다고 여기는 방식으로 모이고 협력했다.

이 협업이 혼돈에 빠지지 않도록 하기 위해 위키피디아는 곧 검증 가능성이라는 원리를 채택했다. 이는 "백과사전을 이용하는 다른 사람들이 그 정보가 신뢰할 만한 원천에서 나오는지 검토할 수 있다"[34])는 뜻이었다. 위키피디아는 출처인 논문 자체는 싣지 않는다. ♦ 또 위키피디아는 기여자들에게 소프트웨어보다는 문서에 적용되는 GPL의 일종인 GFDL을 채택함으로써 그들의 작업물이 사유화될 수 없을 것이라고 보장했다. 그리고 웨일스를 비롯한 선임 '위키피디안(Wikipedian)'들은 괴짜 기술광다운 리더십을 발휘함으로써, 그 백과사전에 깊이 공헌하면서 여전히 그 발전을 이끄는 일에 적극적으로 관여하고 있다. ♦♦ 그리고 이런 기준을 지키도록 하면서, 유용한 기여를 하는 사람들에게 보상하고, 놀라울 만큼 많은 수의 자발적인 기고를 장려하는 공동체도 출현했다. ♦♦♦

더 오래되고 더 전통적으로 운영되는 조직 내에서도 일을 처리하는 데 괴짜 기술광다운 접근법이 받아들여지고 추진력을 얻고 있다는 고무적인 징후들이 있다. 앤드루는 2009년에 그의 저서 《엔터프라이즈

---

♦ '검증 가능한 정확성'은 위키피디아 공동체의 방향을 인도하는 '5대 기둥'의 일부가 되었다. Wikipedia, "Wikipedia: Five Pillars," last modified February 6, 2017, at 10:52, https://en.wikipedia.org/wiki/Wikipedia:Five_pillars.

♦♦ 래리 생어는 운영 방식을 놓고 견해 차이를 보이다가 21세기 초에 위키피디아 공동체를 떠났다. 그는 위키피디아 공동체의 반권위주의가 해롭다고 여기게 되었다. Larry Sanger [가명, timothy], "The Early History of Nupedia and Wikipedia, Part II", Slashdot, April 19, 2005, https://slashdot.org/story/05/04/19/1746205/the-early-history-of-nupedia- and-wikipedia-part-ii.

♦♦♦ 위키피디안은 기여자에게 보상하지 않으며, 기여도 주로 익명으로 이루어지므로 명성은 유인책으로서는 한계가 있다. 하지만 야나 갈루스(Jana Gallus)가 탁월한 현장 실험을 통해 보여주었듯이, 그들도 인정받을 때 잘 반응하는 것처럼 보인다. 비록 그 인정이 동료 위키피디안들로부터 나온 것이라고 해도 말이다. Jana Gallus, *Fostering Voluntary Contributions to a Public Good: A Large-Scale Natural Field Experiment at Wikipedia*, Natural Field Experiments 00552(2016), https://ideas.repec.org/p/feb/natura/00552.html.

2.0(Enterprise 2.0)》에서 그런 접근법을 옹호한 바 있지만, 당시에는 조직 내에서 개방적이고 비학력주의적이고 자기 조직적인 업무를 허용하는 데 필요한 도구도 관리자의 마음 자세도 찾아보기가 힘들었다. 이제는 그런 것들을 쓸 수 있을 것이다.

조직 내에서 그리고 조직들 사이에서의 메시지 전달과 협업을 촉진하는 집단 수준의 도구인 슬랙(Slack)[35]은 2013년 8월에 출범했다. 대화방, 단체 문서 편집, 투표(poll) 등의 여러 형태로 비계층적인 의사소통이 자유롭게 이루어지도록 하는 도구였다. 2016년 10월 기준으로 슬랙은 하루 실제 사용자가 400만 명을 넘었고, 유료 고객이 125만 명을 넘었다 (무료 사용자는 기능이 더 적은 버전을 썼다). 리눅스와 위키피디아로 이어진 작업 방식은 마침내 주류 경제계에도 받아들여지기 시작했다.

□   군중은 여러 면에서 조직적 핵심 역량의 정반대다. 거대하며, 다양하고, 대체로 통제 불
가능하며, 때로 혼란스럽다.

□   핵심 역량은 여전히 적절하면서 유용하지만, 전 세계 네트워크와 탄탄한 플랫폼 시대
에는 군중이 점점 더 강한 힘을 발휘해왔다.

□   하지만 군중이 구조가 없는 것은 아니다. 그 구조는 구성원들의 상호작용의 결과로서
시간이 흐르면서 출현하는 창발적인 것이다. 주식시장, 예측 시장, 현대 검색엔진은 이
창발적 구조로부터 가치 있는 정보를 추출한다.

□   지나친 중앙 집중은 하이에크의 통찰과 폴라니의 역설로 인해 실패한다. 사람들은 자
신이 가진 것, 자신이 아는 것, 자신이 원하는 것, 자신이 할 수 있는 것을 언제나 명확
히 말할 수는 없다.

□   군중은 리눅스 같은 매우 유용한 생산물을 구축하는 쪽으로 협력시킬 수 있다. 그런 노
력이 성공하려면 개방성, 비학력주의, 자기 선택, 검증 가능성, 목표와 결과에 관한 명
확성의 원칙들을 따르는 '괴짜 리더십'이 필요하다.

□   이 원칙들 중 일부만 따르는 것은 그다지 잘 작동하지 않는 듯하다. 위키피디아의 전신
인 누피디아의 사례가 이를 잘 보여준다. 올바른 균형을 잡는 것은 때로 시행착오, 오
류, 행운을 필요로 하는 예측 불가능한 일이다.

1  당신은 군중을 어떻게, 얼마나 많이 이용하고 있는가?

2  만일 군중을 이용하고 있다면, 개방적이고 비학력주의적이면서 검증 가능하며 자기 조
   직화하고 괴짜 리더가 이끌도록 허용하고 장려할 업무가 무엇인가?

3  많은 조직의 내부 의사결정과 자원 할당 과정은 여전히 중앙 계획경제의 방식과 매우
   비슷해 보인다. 어떻게 하면 보다 시장에 가까운 메커니즘을 조직에 통합할 수 있는
   가?

4  당신의 산업 중 반드시 시장이 관여한다고 할 수 없는 영역에서 분권화를 위한 기술을
   쓸 새로운 방법이 있는가?

5  당신 조직의 핵심 역량이 소유한 권력과 권위 중 일부를 포기할 준비가 되어 있는가?

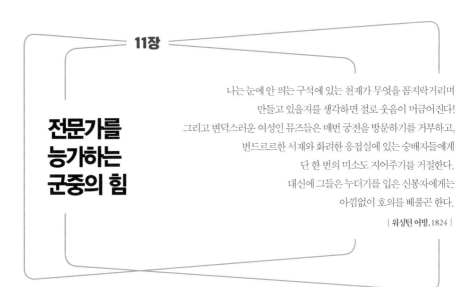

## 11장

# 전문가를
# 능가하는
# 군중의 힘

나는 눈에 안 띄는 구석에 있는 천재가 무엇을 꼼지락거리며
만들고 있을지를 생각하면 절로 웃음이 머금어진다!
그리고 변덕스러운 여성인 뮤즈들은 매번 궁전을 방문하기를 거부하고,
번드르르한 서재와 화려한 응접실에 있는 숭배자들에게
단 한 번의 미소도 지어주기를 거절한다.
대신에 그들은 누더기를 입은 신봉자에게는
아낌없이 호의를 베풀곤 한다.

| 워싱턴 어빙, 1824 |

정말로 복잡한 일이 생길 때는 전문가를 찾지 말라. 대신에 외부인을
불러라.

그것이 바로 혁신 연구자 카림 라카니(Karim Lakhani)와 케빈 부드로
(Kevin Boudreau) 연구진이 수행한 흥미로운 연구의 결론[1]이다. 그들은 엄
청나게 많은 수의 인간 백혈구의 유전체(genome) 서열을 분석할 더 빠른
방법을 찾고자 했다. 백혈구는 세균, 바이러스, 그리고 다른 항원들에 맞
서는 신체의 중요한 방어 수단이다.

# 초보자들의 협업이 생물학 알고리즘을 뛰어넘다

위 연구가 매우 중요하다는 점은 분명하다. 우리는 면역계가 어떻게 기능하는지 더 잘 이해하고 싶기 때문이다. 하지만 이 연구는 대단히 어렵기도 하다. 백혈구는 인체에 들어오는 온갖 항원들과 싸울 엄청나게 다양한 무기를 만들어낼 수 있어야 하기 때문이다. 게다가 그 항원들은 끊임없이 진화하고 있다. 몸은 각 백혈구 내의 유전자들이 항체를 비롯한 다양한 무기를 만들어내도록 하는 영리한 해결책을 고안했다. 하지만 이 유전자들은 길고 짧은 여러 조각들로 나뉜 형태로 존재한다. 때로 돌연변이도 일어난다. 활성을 띠는 조각들의 정확한 서열은 백혈구마다 다르고, 그럼으로써 백혈구마다 서로 다른 다양한 무기를 만들어낼 수 있다. 그것도 아주 많이 말이다. 한 추정치에 따르면, 사람의 백혈구 하나에 들어 있는 서로 관계가 있는 100여 개의 유전자 조각들을 이리저리 조합하고 그리고 재조합함으로써 무려 $10^{30}$가지의 분자 무기를 만들어낼 수 있다고 한다. 이는 지구에 있는 모래알 수보다 약 1조 배 더 많은 수다.

연구자들이 흔히 수행하는 중요한 과제 중 하나는 백혈구의 유전자에 주석을 다는 일이다. 즉 구성 조각 하나하나를 순서대로 올바로 식별하는 것이다. 짐작하겠지만 그 일은 컴퓨터가 수행한다. 하지만 컴퓨터가 그 일을 하는 방법은 많이 있으며, 그중에 어느 방법이 가장 좋은(가장 빠르면서 가장 정확한) 결과를 내놓을지 미리 알기는 어렵다. 미국 국립보건원이 개발하여 널리 쓰이는 메가블래스트(MegaBLAST) 알고리즘[2]은 약 4.5시간에 72퍼센트의 정확도로 서열 100만 개를 분석할 수 있다.[3] 베스 이스라엘 디커니스 의료센터(Beth Israel Deaconess Medical Center)의 래미 아노트(Ramy

Arnaout)[4]가 개발한 idAb 알고리즘은 같은 길이의 서열을 48분 이내에 77퍼센트의 정확도로 분석함으로써 성능을 크게 개선했다.

개선이 얼마나 더 이루어질 수 있는지 알아보기 위해 라카니와 부드로 연구진은 2단계 절차를 고안한 뒤, 군중의 도움을 요청했다. 첫째, 그들은 면역유전학의 유전자 조각 주석 달기 문제를 일반 알고리즘으로 전환했다. 그럼으로써 유전학, 생물학 등 해당 분야의 전문 지식을 갖출 필요성을 없앴고, 더 많은 사람들이 도전할 수 있도록 개방했다.

둘째, 연구진은 이 일반화한 도전 과제를 컴퓨터 활용 문제를 다루는 온라인 플랫폼인 톱코더(Topcoder)에 올렸다. 2013년 당시에 톱코더는 전세계에서 약 40만 명의 소프트웨어 개발자가 모인 공동체였다. 적어도 어느 정도는 어려운 과제에 도전하는 일을 즐기기 때문에 그 플랫폼에 가입한 사람들이었다. 연구진은 그 잠재적 해결자들에게 제출물을 어떻게 평가할지 알려주고 (속도와 정확도를 조합한 점수를 통해) 처리할 데이터를 제공했다. 데이터는 두 묶음으로 나누었다. 하나는 모든 해결자들이 이용할 수 있도록 공개했고, 다른 하나는 톱코더 사이트에 '접속'한 상태에서만 처리할 수 있었다. 문제 해결자들은 후자를 볼 수도 다운로드할 수도 없었지만 자신의 알고리즘을 적용하여 처리하고 점수를 볼 수는 있었다 (경쟁자들의 최종 점수를 내는 데 사용된 숨겨진 세 번째 데이터 집합도 있었다).

톱코더 경연은 14일 동안 진행되었다. 그 기간에 알고리즘을 제출하여 적어도 한 번 이상 점수를 받은 개인이나 단체는 122명이었고, 여러 번 점수를 받은 사람들도 많았다. 총 654건이 제출되었다. 참가자들은 아주 다양했다. 그들의 국가를 보면 69개국에 달했고, 연령은 18~44세에 걸쳐 있었다. 그리고 대체로 이런 과제에 경험이 없는 사람들이었다.

적어도 기존 척도로 보면 그러했다. 그리고 학생이 약 절반을 차지했다. 연구진은 이렇게 평했다. "학교나 기업에 속한 계산생물학자는 한 명도 없었고, 그들 자신이 연구개발 부서에서 일했거나 생명과학을 전공했다고 소개한 사람은 5명에 불과했다."[5]

이 참가자들이 제출한 답들은 괜찮았을까? 물론 전부 다는 아니었다. 대부분은 메가블래스트나 idAb보다 정확도가 떨어졌다(거의 모두가 그것들보다는 더 빨랐지만 말이다). 하지만 30건은 메가블래스트보다 더 정확했고, 16건은 idAb보다도 더 정확했다. 군중이 제출한 답들 중 8건은 실제로 정확도가 80퍼센트에 달했다. 연구진이 이 데이터 집합에 대한 이론상의 최댓값이라고 추정한 수준이었다.[◆] 그리고 idAb에 맞먹는 수준의 정확도를 보인 제출물들은 가동 시간이 평균 89초로, 기준으로 삼은 알고리즘보다 30배 이상 빨랐다. 가장 빠른 알고리즘은 겨우 16초가 걸렸다. 즉 경연이 이루어지기 전의 기준점보다 거의 180배나 빨랐다.

한 가지 덧붙이자면, 이 경연에 걸린 상금은 총 6,000달러였다.

## 전문가들에게 어떤 문제가 있는 것일까?

이 결과가 예외 사례일까, 전형적인 사례일까? 우리는 카림 라카니에게 이 질문을 했다. 그는 군중이 참여하는 경연 분야를 개척한 연구자이

---

[◆] 그 연구진은 이렇게 설명한다. "남은 오차는 제대로 주석을 달 수 없는 서열에 해당한다." Karim Lakhani et al., "Prize-Based Contests Can Provide Solutions to Computational Biology Problems", *Nature Biotechnology* 31, no. 2(2013): 108~11, http://www.nature.com/nbt/journal/v31/n2/full/nbt.2495.html.

며, 방금 말한 사례를 포함하여 많은 연구들을 이끌어 왔기 때문이다. 그는 우리에게 이렇게 말했다.

> 우리는 지난 5년 동안 NASA, 의과대학, 기업들(이름만 대면 알 수 있는 곳들)을 위해 700건 이상의 군중 참여 경연을 주관했는데,[6] 군중이 모이지 않거나 문제에 달려들지 않은 사례는 단 한 건에 불과했습니다.♦ 다른 모든 상황에서는 기존 해결책에 맞먹거나, 훨씬 나은 결과들이 나왔습니다.

이 결과는 도저히 믿어지지가 않는다. 그렇지 않은가? 어쨌거나 미국 국립보건원과 베스 이스라엘 디커니스 의료센터 같은 기관이나 기업은 혁신과 문제 해결을 맡을 자체 자원을 구축하기 위해 엄청난 시간, 돈, 노력을 쏟는다. 연구개발실, 과학기술 담당 임원, 공학부서 등에 대해서 말이다. 이런 자원은 실제로 핵심 중의 핵심 역량이다. 그렇다면 이런 자원이 도맡아 처리하는 바로 그런 종류의 문제들에서 군중이 왜 그렇게 쉽게 그들보다 더 나은 결과를 내놓는 것일까?

핵심 역량의 전문가들이 실제로는 그렇게 뛰어나지 않다는 것일까? 어쨌든 우리는 2장에서 누구나 그렇듯이 개별 분야의 전문가들도 자기 업무의 질을 떨어뜨리는 다양한 편견에 사로잡힌다는 많은 증거를 제시한 바 있다. 자기 분야에서 더 유명해지고 지위가 올라갈수록 이런 맹점들(과신과 확인을 향한 잘 규명된 편향 같은 것, 즉 자신이 이미 생각하고 있는 것을 뒷받침하는 정

---

♦ 라카니는 이 실패 사례가 도전 과제를 제시하는 측이 문제를 충분히 명확하게 다듬지 않았거나, 충분한 보상을 제시하지 않았기 때문에 생긴 것이라고 믿는다.

보만을 사실상 고려하는 것)은 더 강해지고, 따라서 결과는 더 나빠진다.

한편 많은 '전문가'들이 사실상 전혀 전문적이지 않을 수도 있다. 자신의 능력과 업무 수준에 관해 자기 자신과 다른 사람들을 속여 왔을 수도 있다. 지금의 복잡하고 빨리 변하고 기술적으로 정교한 세계에서는 자신이 말하고 있는 것을 과연 실제로 알고 있는지를 파악하기가 무척 어렵다.

기존 전문가들 중에는 실제로는 명성이나 지위에 비해 전문성이 떨어지는 사람들도 분명히 있을 것이다. 하지만 우리는 그것이 군중이 핵심 역량보다 훨씬 더 좋은 결과를 내놓곤 하는 주된 이유는 아니라고 본다. 우리는 과학자, 공학자, 기술자 등 현재 각 조직 내에서 일하는 전문가들의 대다수가 실제로 그 일에 적합한 자격을 갖추고 있으며, 맡은 일을 잘하기 위해 애쓰고 있다고 확신한다. 그렇다면 왜 거의 모든 사례에서 군중이 그들을 이기는 것일까?

## 정체된 조직에 비해 빠르게 발전하는 군중

조직은 많은 장점을 가지고 있지만 종종 자기 자신에게 방해가 되기도 한다. 즉 혁신, 연구개발, 그 밖의 거의 모든 영역에서 역효과를 일으키고, 업무 능률을 떨어뜨리기도 한다. 조직의 기능 장애는 실질적으로 상당히 문제가 되며(〈딜버트(Dilbert)〉 같은 시사만화의 소재로 자주 등장할 정도로 말이다) 핵심 역량이 제 능력 또는 잠재적 능력을 발휘하지 못하게 방해한다.

하지만 더 큰 이유는 단순한 기능 장애보다 더 미묘한 것이다. 핵심 역량은 자신이 직면한 도전 과제와 기회에 적합하지 않을 때가 많은 반면에, 군중의 규모는 아주 크기 때문에 그런 불일치가 일어나는 사례가 거의 없다. 그러면 핵심 역량이 그처럼 어긋나고 부적합한 사례가 왜 그렇게 자주 일어날까? 연구개발실이나 공학부서를 설치하는 이유가 당면한 과제 또는 앞으로 닥칠 과제를 해결하는 데 필요한 바로 그 자원들을 하나로 모으기 위해서가 아니었던가? 실수로 금속공학자들을 한 무더기 고용하고는 그들이 DNA의 수수께끼를 풀지 못한다는 사실에 놀라고 있는 유전학 연구소의 사례와는 또 다르다. 즉 왜 그렇게 자주 어긋나는 문제가 발생할까?

여기에는 몇 가지 과정이 관여하는 듯하다. 하나는 거의 모든 분야에서 중요한 새로운 지식이 끊임없이 생성되는데, 그 지식이 조직의 핵심 역량에 도달하는 속도가 느릴 수 있다는 것이다. 예를 들면 사람의 유전체 서열은 2003년에 완전히 분석되었다. 이는 의학, 생명공학, 약학 등의 분야에 엄청난 파급 효과를 미칠 성취였다. 그 후로 서열 분석 기술이 널리 확산됨에 따라 분석 비용은 기하급수적으로 떨어졌고,♦ 농업, 축산업 같은 분야들도 영향을 받게 되었다. 이 모든 분야에서 각 조직의 핵심 부서에서 일하는 혁신가, 연구자, 문제 해결자가 최신 기술을 따라잡기 위해 열심히 노력하지 않는다면, 군중(특히 더 젊고 더 최근에 교육을 받은 사람들)은 그들을 쉽게 이길 수 있을 것이다. 예를 들어 첨단 유전자 편집 도구는 겨우 5년 전만 해도 전혀 달랐다. 2012년에 개발된 크리스퍼(CRISPR) 때문이다. 크리스퍼는 '연쇄상구균(Streptococcus)' 같은 세균에서 유래한 도구로,

---

♦    2000년에는 인간 유전체 서열을 최초로 분석하는 데 5,000억 달러 이상 들 것이라고 추정했다. 2015년 중반에는 인간 유전체 서열 전체의 질 좋은 '초안(draft)'을 얻는 데 드는 비용이 약 4,000달러를 조금 넘는 수준이었고, 2015년 말에는 1,500달러 밑으로 떨어졌다(2018년 기준으로 1,000달러 수준이다—옮긴이). National Human Genome Research Institute, "The Cost of Sequencing a Human Genome", last modified July 6, 2016, https://www.genome.gov/sequencingcosts.

아주 긴 DNA 이중나선 분자에서 원하는 부위를 유례없는 수준으로 정확히 찾아내 자르고 교체할 수 있다.

또 인공지능과 머신러닝(3장에서 논의했다), 에너지 생산(암석 파쇄를 통해 석유와 천연가스를 추출하는 기술과 태양력 발전 비용♦의 급격한 하락 덕분에), 그 밖의 다른 많은 분야에서도 최근에 급속히 변화가 이루어져 왔다. 그런 급속한 발전이 이루어질 때 관련 산업 내 조직의 핵심 역량이 보유한 지식은 금방 낡은 것이 되기 쉽다. 반면에 군중 속에는 어딘가에 그 최신 발전을 가져오는 데 기여한 사람들이나, 그 학생들 중 적어도 일부가 있어서 최신 발전에 매우 친숙할 가능성이 높다. 한마디로 핵심 역량은 정체될 수 있지만, 군중은 사실상 그럴 수가 없다.

## 다양성과 독립성을 갖춘 군중의 힘

군중이 종종 핵심 역량을 이기는 또 다른 이유가 있는데, 아마도 그점이 더 중요할 것이다. 대부분은 아니더라도 많은 문제, 기회, 계획은 다양한 관점에 노출될 때 혜택을 본다는 것이다.[7] 다시 말해 배경, 교육, 문제 해결 접근법, 지적 및 기술적 도구 집합, 성별 등이 서로 다른 개인이나 단체 말이다. 그것이 바로 군중의 진정한 정의이며, 핵심 역량 내에 그것을 재현하기란 아주 어렵고 아마도 불가능할 것이다. 예를 들면 제약회사 내의 연구개발실이 혹시라도 어려운 문제를 해결하는 데 필요한 지

---

♦ 라메즈 남(Ramez Naam)은 설치되는 태양력 발전 용량이 두 배로 늘 때마다 비용이 약 16퍼센트 낮아져 왔음을 보여주었다. Ramez Naam, "How Cheap Can Solar Get? Very Cheap Indeed", Ramez Naam (blog), August 10, 2015, http://rameznaam.com/2015/08/10/how-cheap-can-solar-get-very-cheap-indeed.

식을 제공할 가능성을 염두에 두고 천체물리학자나 암호학자를 두 명 고용하고 있을 가능성은 적다. 그들을 고용하지 않는 것은 사업상의 결정으로서는 지극히 합리적이지만, 그 업무가 이 기업의 핵심 역량 내에서만 처리되고 있다면 그 어떤 천체물리학자나 암호학자도 해결을 도울 수 없을 것이다.

전혀 어울릴 것 같지 않은 원천으로부터 생길 유용할지도 모를 입력을 차단하는 것은 안타까운 일이다. 명백히 먼 분야의 지식과 전문성이 필요할 때가 꽤 자주 있기 때문이다. 오픈소스 소프트웨어 운동의 옹호자인 에릭 레이먼드(Eric Raymond)는 이렇게 말했다. "눈동자가 충분히 많아지면 모든 오류는 드러나게 되어 있다."[8] 다시 말해 잠재 해결자의 수와 다양성이 증가할 때, 모든 문제는 해결하기가 더 쉬워진다. 유전체 서열 분석 경쟁은 이 점을 잘 보여주었다. 벤치마크보다 더 빠르고 더 정확한 모든 해법 중에서 계산생물학자가 제출한 것은 전혀 없었다. 외부인이 더 우수한 해법을 내놓았다는 사실이 이제는 그다지 특이해 보이지 않는다. 라카니 그리고 라르스 보 에페센(Lars Bo Jeppesen)은 또 다른 온라인 정보 교환소인 이노센티브(InnoCentive)에 올라온 과학 과제 166건을 조사했다.[9] 그들은 '주변에 있는(marginal)' 눈동자들의 시선을 끄는 과제가 해결에 성공할 가능성이 가장 높다는 것을 알았다. 즉 전문적으로나 사회적으로 그 과제를 올린 조직과 '거리가 먼' 사람들을 말한다.♦

군중은 대체로 매우 가치가 있다. 대규모로 주변적이기 때문이다. 그 어떤 조직의 핵심 집단으로부터 아주 멀리 떨어져 있으면서♦♦(지리적으로, 지적으로, 사회적으로) 영리함, 좋은 교육, 경험, 끈기, 동기 부여를 어떤 식으로든 겸비한 사람들이 엄청나게 많다. 상호 연결된 컴퓨터들이 전 세계로 퍼져왔고, 그 위에서 유용한 플랫폼들이 구축되어 오면서 군중은 점점 더 유용하고 가치 있는 자원이 되어왔다.

## 조직의 핵심 역량과 군중의 협력

영리한 조직들은 자신의 문제를 해결하는 등 여러 목적으로 군중을 어떻게 활용해야 할지를 알아내는 중이다. 이 분야는 아직 초기 단계이지만 이미 우리는 핵심 역량과 군중을 협력시키는 많은 흥미로운 방법들을 보아왔다.

**과제 해결하기**: 위키피디아와 리눅스에서 살펴보았듯이, 군중은 매우 가치 있는 것을 구축하도록 힘을 하나로 모을 수 있으며, 개방성과 비학력주의 같은 원칙들의 집합이 적용될 때면 더욱 그렇다. 일부 조직들은 기업에 서비스로서의 군중 구축(crowd construction as a service)이라고 불릴 만한 것을 제공하기 위해 이 원칙들을 실무에 적용하고 있다. 아마존의 메커니컬 터크(Mechanical Turk)[10]는 그 초기 사례 중 하나다. 메커니컬 터크는 중복된 웹페이지를 찾아서 제거하려는 자체 노력의 일환으로 시작되었

---

◆　　우리는 이전 저서에서 그 연구를 인용한 바 있는데, 그 점이 근본적으로 중요하기 때문에 다시 인용한다.

◆◆　거리, 즉 '약한' 연결의 중요성은 널리 인용되는 고전인 마크 그래노베터(Mark S. Granovetter)의 논문을 비롯한 몇몇 사회학 논문에서 강조되어왔다. Mark S. Granovetter, "The Strength of Weak Ties", *American Journal* of Sociology 78, no. 6(1973): 1360~80; Sinan Aral and Marshall Van Alstyne, "The Diversity-Bandwidth Trade-off 1", *American Journal* of Sociology 117, no. 1(2011): 90~171.

고, 2005년 11월에 외부인이 사용할 수 있도록 배포되었다. 현재 이 사이트를 이용하는 일꾼인 '터커(Turker)'라는 군중은 명함에 적힌 내용을 스프레드시트에 옮겨 적는 것, 심리 조사에 답하는 것, AI 프로그램에 입력할 이미지에 꼬리표를 붙이는 것 등 아주 다양한 일을 한다.[11] 기본 메커니컬 터크 플랫폼에는 현재 터커가 어떤 업무를 할지 또는 어떤 오류를 찾아내 바로잡을지를 스스로 선택하는 데 도움을 줄 수 있도록 MIT의 마이클 번스타인(Michael Bernstein) 연구진이 개발한 찾아서 고치고 검증하는 '프로그래밍 설계 패턴'[12] 등이 포함되어 있다.

이 장의 첫머리에서 말한 백혈구 유전체 서열 분석 경연이 이루어진 플랫폼인 톱코더도 비슷한 접근법을 취한다. 전 세계에서 프로그래밍 재능이 있는 사람들을 찾기 위해 경연을 벌인 뒤, 이 재능 있는 사람들을 대규모 응용 프로그램 개발이나 시스템 통합 계획을 외주하고 싶은 기업과 연결하는 중개인이자 통합자 역할을 한다. 톱코더의 세계 커뮤니티에는 프로그래머뿐만 아니라 자신을 디자이너, 학생, 데이터과학자, 물리학자라고 소개하는 사람들도 속해 있다.[13] 톱코더는 이 군중에게 일련의 공동 과제를 제공하고, 그들이 스스로 팀을 꾸리고 각자 역할을 나누어 맡도록 하고, 그들이 해낸 모든 것들을 종합한 다음 품질을 검사한다. 감독을 조금 하면서 상금을 걸고 금전적 보상을 함으로써, 고객들을 위해 리눅스 형태의 노력이 이루어지도록 한다. 캐글(Kaggle)[14]은 동일한 방식을 써서 데이터과학 경연을 주관하고 있다.

**적합한 자원 찾기**: 때로는 군중 전체를 하나로 모으기를 원하는 것이 아닐 때도 있다. 무언가를 하는 데 도움이 될 적합한 사람이나 단체를 가

능한 빨리 효율적으로 찾고 싶을 때가 그렇다. 딱 맞는 사람을 찾을 기회는 그 구인 광고를 보는 사람들의 수에 따라 증가하며, 그것이 바로 과제와 사람을 연결하는 플랫폼이 그토록 인기를 끌게 된 이유를 설명한다. 그래픽 디자인 같은 창작 활동을 위한 99디자인스(99designs)와 비핸스(Behance), 정보 기술과 고객 서비스를 위한 업워크, 개인 서비스를 중개하는 케어닷컴(Care.com), 결혼식 사회를 보거나[15] 누군가의 할아버지에게 아이스크림 케이크를 배달하거나[16] 새 아이폰이 출시될 때 애플 스토어 앞에서 대신 줄을 서주는[17] 온갖 별난 일들을 위한 태스크래빗(TaskRabbit)이 그렇다. 이런 사업에 담긴 공통된 통찰은 이 책에서 생산물과 플랫폼을 하나로 결합하는 내용을 다룬 부분(2부)에서 조명했듯이, 웹과 스마트폰이 사업 서비스를 위해 수요와 공급을 더 잘 일치시킬 유례없는 기회를 제공한다는 것과 가능한 한 많은 눈동자 앞에 요청 글을 올리는 것이 그 일을 하는 한 가지 방법이라는 것이다.

**시장조사 수행하기**: 1장에서 다루었듯이, 세계에서 가장 크고 가장 오래되었고 가장 성공한 산업체 중 하나인 제너럴일렉트릭(GE)은 너깃 제빙기의 고객 수요를 조사하기 위해 군중으로 눈을 돌렸다. 그렇긴 해도 몇몇 유형의 산물, 특히 특정한 분야의 대중에게 호소력이 있을 가능성이 높은 산물에 실제로 대중이 얼마나 관심과 열정을 보일지에 대해 군중 플랫폼이 가치 있는 지표를 제공할 수 있음을 깨달은 대기업이 GE가 처음은 아니었다.

예를 들면 크리스틴 벨(Kristen Bell)이 10대 탐정 역할을 맡은 TV 드라마 〈베로니카 마스(Veronica Mars)〉[18]는 2004~2007년에 방영되었는데, 비교적 규모가 작긴 하지만 열렬한 애청자들을 끌어들였다. 그리고 드라마는 끝났지만 애청자들은 떠나지 않았다. 그들은 온라인과 모임에서 그 드라마 이야기를 계속했다.

이렇게 관심이 지속되자 영화사인 워너브라더스, 벨, 그리고 그 드라마의 제작자였던 롭 토머스(Rob Thomas)[19]는 흥미를 갖게 되었다. 그들은 〈베로니카 마스〉 영화를 제작해도 수요가 충분하지 않을까 생각했다.[20] 드라마가 끝난 지 몇 년이 지나긴 했어도 말이다. 그들은 이를 알아보고자 인기 있는 크라우드펀딩 사이트인 킥스타터(Kickstarter)에 모금 계획을 올렸다.[21] 계획한 영화의 짧은 예고편과 벨과 토머스의 동영상도 올리고, 지원액에 따른 보상 계획도 제시했다.♦ 모금 목표액은 200만 달러였다. 그런데 12시간이 지나기 전에 목표액이 채워졌고, 최종 모금액은 570만 달러에 달했다. 영화는 2014년 3월 14일에 극장에서 개봉되는 동시에, 주문형 비디오(VOD) 서비스로도 제공되었다.[22] 영화는 전반적으로 호평을 받았고, 경제적으로도 성공을 거두었다고 평가되었다.

가장 성공한 초창기 웹브라우저의 주요 프로그래머로서 경력을 쌓기 시작했고, 그 뒤에 벤처투자가로 변신하여 명성을 얻은 마크 앤드리슨은 크라우드펀딩이 새로운 산물이 개발되는 주된 방식 중 하나가 될 수 있다고 생각한다. 그는 우리에게 이렇게 말했다. "지난 2000년 동안 상품과 서비스(연예 매체, 신발과 식품을 비롯한 모든 것을 다 포함한다)가 시장에 나오는 방식은 낙후되어 왔다고 주장할 수 있어요. 공급 주도 방식이었지요. 그런 방

---

♦ 350달러를 낸 사람에게는 음성메시지로 쓸 수 있도록 출연자가 녹음한 파일을 보내주고, 1,000달러를 낸 사람은 시사회 때 레드카펫 입장권을 두 장 보내주고, 6,500달러를 낸 사람은 영화 속 등장인물에 그 이름을 붙여주고, 1만 달러를 낸 사람은 단역으로 출연시켜 준다는 것이었다.

식에서는 시장이 좋아하는지 또는 싫어하는지를 알아차릴 즈음에는 이미 많은 돈을 투자한 뒤입니다. 크라우드펀딩은 이 모형을 뒤집습니다. 사람들이 미리 주문을 한 뒤에 그것을 시장에 내놓는 식이에요. 그것을 만들기 위해 미리 모금도 합니다. … 크라우드펀딩은 사회 자본을 가진 무언가를 상대로 금융 자본을 미리 모으는 방법이에요. 무언가를 중심으로 움직임을 일으키려 시도하고, 사람들에게 무언가를 미리 사도록 시도합니다."[23]

2016년 초 인디고고는 사이트에 '기업 크라우드펀딩' 페이지를 따로 만들고 전용 도구도 갖추었다.[24] 대기업들에게 "제조에 투자하기 전에 실시간으로 고객 피드백"[25]을 받고, "시장조사를 비용에서 사전 판매 및 소비자 인식 향상의 기회로 전환시킬 것"[26]이라고 밝히기도 했다.

**새로운 고객 모으기**: 크라우드펀딩 플랫폼뿐만 아니라 '크라우드렌딩(crowdlending)' 플랫폼도 출현하여 최근에 인기를 끌고 있다. 이 플랫폼 중 대부분은 그렇지 않더라도 상당수는 원래 개인적으로 또는 사업상 대출을 받고 싶지만 기존 대출업자로부터 대출을 받을 수 없거나 받기를 꺼리는 사람들을 투자하려는 사람들과 연결하는 개인 간(P2P) 서비스로 시작했다. 하지만 시간이 흐르면서 많은 기관투자가들(세계 최대의 헤지펀드 회사 중 일부도 포함)은 대출을 원하는 이 대규모 군중 속에 기회가 있음을 알아차렸다. 연체율이 적어도 얼마간 예측 가능하고 이자율이 경쟁에 따라 정해진다는 것은 위험·보상 수준이 매력적일 때가 많다는 것을 의미했다. 그리고 플랫폼이 성장할수록 이런 좋은 기회가 더 많이 생겨났기에 대규모 투자자가 보기에 충분히 매력적이었다. 2014년에 미국에서 가장 큰

플랫폼 중 두 개인 프로스퍼(Prosper)와 렌딩클럽(Lending Club)에서 대출된 총액의 절반 이상은 기관투자가가 댔다. 기관투자가들은 종종 전용 소프트웨어를 써서 가용 기회를 살펴보았다. 실질적으로 개인 간 대출은 훨씬 덜 새로운 것임이 드러나곤 했다. 기존의 대형 대출업자들이 새로운 방식으로 파악한 개인과 영세 사업자에게 대출하는 셈이었기 때문이다.

그러나 군중 중심의 새로운 사업체 덕분에 새 고객들을 찾아내고 있는 것은 대형 헤지펀드뿐만이 아니다. 군중 자체로부터 나오는 인기 있는 목소리에 귀를 기울이는 사람들도 있다. 마크 앤드리슨은 우리에게 신생 기업 티스프링(Teespring) 이야기를 해주었다.[27] 티스프링은 2011년에 월터 윌리엄스(Walter Williams)와 에번 스타이츠클레이턴(Evan Stites-Clayton)이 설립했다. 앤드리슨은 이렇게 말했다.

> 티스프링은 사회적 자본을 금융 자본으로 전환하는 현대적인 방법입니다.[28] 처음에는 불합리하다고 생각되겠지만, 빨간 알약을 삼키고 나면 어떤 일이 일어나는지 깨닫게 되는 것이라고 할 수 있을 것 같아요.◆ 한 페이스북 그룹이나 유튜브 스타나 인스타그램 스타가 티셔츠를 팔 수 있는 방법이에요. 처음에는 그저 상인이겠거니 생각되지요.[29] 별것 아니라고 생각하면서 말이에요. 하지만 실제로 어떤 일이 일어나는가 하면, 이런 페이스북 그룹이나 유튜브 스타는 추종자가 100만 명이 넘는다는 것이죠. … 그리고 이 사회적 자본은 현실이 되는 것이죠. 당신의 폴로어나

---

◆ 앤드리슨은 인기 있는 1999년 SF 영화 〈매트릭스〉의 내용을 예로 들어 언급한 것이다. 이 영화에서 주인공은 지금까지 살던 편안한 환상 속으로 돌아갈 파란 알약과 진정한 현실을 볼 수 있게 해줄 빨간 알약 중에서 고르라는 제안을 받는다.

팬은 당신이 하는 일에 가치를 부여하는 사람인데, 당신에게 대가를 지불할 방법이 없어요. 당신을 사랑하고 지원하고 싶은데 말이에요. … 여기서 우리가 주장하는 바는 티셔츠가 단지 시작일 뿐이라는 겁니다. 무엇이든 가능해요. 무언가가 있기만 하면 됩니다. 기억할 만한 물건 말입니다. 애지중지하고 열정을 품고 자신에 관한 무언가를 보여주는 물품이지요. … 즉 토템과 같아요. 당신의 관심 대상을 향한 심리적 애착물이지요.

**혁신 습득하기**: 오랫동안 가장 큰 혁신가는 탄탄한 대기업일 것이라고 여겨져 왔다. 어쨌거나 그런 기업은 대규모 연구소와 연구개발 부서를 갖출 만한 자원을 지니고 있지 않은가? 오스트리아의 위대한 경제학자 조지프 슘페터는 이 견해에 반기를 들었다. 슘페터는 더 작고 더 젊고 더 진취적인 기업들(현상 유지에 전혀 관심이 없는 기업들)이 진정으로 새로운 상품과 서비스를 내놓을 가능성이 더 높다고 주장했다. 그가 말한 것처럼 "대체로 철도를 건설한 것은 역마차 소유자가 아니다." 그리고 파괴를 일으키는 혁신에 관한 클레이튼 크리스텐슨의 기념비적인 연구는, 파괴적 혁신이 성공한 기존 산업체에서 나오는 일이 거의 없으며, 사실상 기존 산업체들이 그런 산업을 접하고서 혼란에 빠진다는 것을 보여주었다.

혁신에 관한 또 다른 강력한 연구 흐름은 우리의 MIT 동료 에릭 폰 히펠(Eric von Hippel)의 연구로 시작되었다. 그는 여러 분야에서 '선도 사용자(lead user)'가 혁신을 일으키는 데 중요한 역할을 한다는 것을 보여주었다.[30] 선도 사용자는 기존 상품과 서비스를 이용하다가 미흡한 점이 있음을 발견하고 개선점을 떠올릴 뿐만 아니라, 아예 개량한 것을 만들어서 쓰는 사용자를 말한다. 폰 히펠은 수술 도구에서 카이트서핑 장비에 이르기까지 다양한 분야에서 사용자 혁신의 사례들을 폭넓게 규명해왔으며, 우리는 현대 첨단 기술 산업에서 그런 사례들이 폭발적으로 증가하는 것을 목격하고 있다. 그 분야의 유명한 기업 중 상당수는 현상 유지에 좌절하여 "더 나은 방법이 틀림없이 있어"라고 스스로 말하고 직접 해결하기 위해 나선 사람들이 설립했다.

예를 들면 심부름 서비스업체인 태스크래빗은 매사추세츠 주에 살던 당시 28세의 IBM 공학자 레아 버스크(Leah Busque)가 구상했다. 2008년 어느 겨울 밤, 그녀는 개(코브라는 이름의 황색 래브라도)에게 먹일 사료가 다 떨어졌을 때 이렇게 생각했다고 한다. '온라인 사이트가 있다면 좋지 않을까? … 어떤 일에 지불할 의향이 있는 가격을 부를 수 있는 사이트 말이야. 내가 내겠다는 돈으로 내 대신 기꺼이 개 사료를 사러 갈 사람이 우리 동네에 틀림없이 있을 거야.'[31]

지금의 기술 대기업 중 상당수는 슘페터, 크리스텐슨, 폰 히펠의 교훈을 충실히 따르고 있으며, 자신을 파괴할 수 있는 혁신이 일어날지 군중을 계속 살피고 있다. 그리고 혁신 사례를 발견하면 짓밟거나 업계에서 내쫓는 대신에 매입하여 혁신을 내면화한다. 2011년부터 2016년 사이에 애플은 70개[32], 페이스북은 50여 개[33], 구글은 거의 200개[34] 기업을 인수했다.

이미 자체적으로 경쟁 관계에 있는 사업을 하고 있는 사례도 있었다. 예를 들면 페이스북은 왓츠앱과 인스타그램을 인수했을 때, 이미 메시지 전송과 사진 공유 서비스를 하고 있었다. 이 양쪽 사례에서 기존 사업자가 신생 기업이 아무런 위협도 안 된다고 스스로 확신하는 것도 아주 쉬웠을 것이다. 하지만 그러는 대신에 군중으로부터 나오는 어떤 신호(그 혁신이 어떻게 다르며, 얼마나 빨리 채택되고 있는지에 관한 신호)를 보고 더 크고 더 오래된 기업의 경영자는 선도 사용자나 다른 혁신가가 내놓은 것을 인수하는 편이 낫다고 확신했다. 이런 인수에 많은 비용이 들 때도 있다. 페이스북은 인스타그램을 10억 달러[35], 왓츠앱을 200억 달러 이상[36]을 주고 인수했다. 하지만 파괴당하는 것보다는 훨씬 저렴하다.

## 군중의 의사결정을 계량화한 데이터 기반 주식거래

우리는 몇 년 안에 기존 기업들 중 상당수, 그리고 대단히 성공한 기업들 중 상당수가 군중에 토대를 둔 경쟁 업체들의 도전을 받을 것이라고 예측한다. 그런 도전의 초기 사례는 자동화된 투자라는 난해하면서도 고도로 괴짜 기술광다운 영역에서 나타나고 있다.

자산(기업의 주식, 국채, 귀금속, 기타 물품, 부동산 등) 투자의 기나긴 역사 내내 무엇을 살지에 관한 결정은 거의 모두 사람이 해왔다. 일단 결정이 내려진 뒤 실제로 자산을 매수하고, 그런 다음 시간이 흐르면서 가치가 어떻게 변하는지 추적하는 일을 자동화하기 위해서 엄청나게 많은 기술이 개발되어 왔지만, 그 결정 자체는 거의 언제나 기계가 아니라 마음이 해왔다.

이런 상황은 1980년대에 짐 사이먼스(Jim Simons, 당대의 가장 뛰어난 수학자에 속했다)와 데이비드 쇼(David Shaw, 컴퓨터과학자) 등의 선구자들이 각각 투자 결정에 기계를 이용하는 기업인 르네상스 테크놀로지스(Renaissance Technologies)와 D. E. 쇼(D. E. Shaw)를 설립하면서 바뀌기 시작했다. 이 기업들은 엄청난 양의 데이터를 거르고, 다양한 조건에서 자산 가격이 어떻게 달라지는지를 예측하는 계량 모델을 구축하고 시험하며, 언제 무엇을 살지에 관한 개인의 판단을 코드와 수학으로 대체하는 일을 했다.

이 같은 이른바 '퀀트(quant)' 기업 중 최고의 업체는 경이로운 투자 성과를 냈다. D. E. 쇼는 2016년 10월 기준으로 400억 달러가 넘는 자산을 관리하고 있었고,[37] 운영하는 컴퍼짓 펀드(Composite Fund)는 2011년까지 10년 동안 해마다 12퍼센트 수익을 올렸다.[38] 수학 올림픽에서 우승한 바 있는 전 인공지능 학자가 운영하는 기업인 투시그마(Two Sigma)는 60억 달러 규모의 컴퍼스 펀드(Compass Fund)를 운영하고 있는데, 이 펀드는 10년 동안 연 15퍼센트의 수익을 올렸다.[39] 하지만 메달리언 펀드(Medallion Fund)에 비하면 다른 거의 모든 펀드의 수익률은 초라하다. 이 펀드는 르네상스 테크놀로시스가 운영하는데 거의 오로지 직원만 가입할 수 있다. 1990년대 중반부터 20여 년 동안 연평균 수익률이 무려 70퍼센트를 넘었다(수수료를 떼기 전)[40]. 블룸버그 마켓 웹사이트는 전 기간에 걸쳐 550억 달러가 넘는 순익을 올린 이 펀드가 "아마도 세계에서 가장 뛰어난 돈 버는 기계"[41]일 것이라고 평하기도 했다.

금융 서비스업계에서 일한 프로그래머이자 기업가인 존 포셋(John Fawcett)은 퀀트의 성과에 깊은 인상을 받았지만, 퀀트가 투자업계의 핵심 내에서 일하는 것만으로는 충분하지 않다고 느꼈다. 포셋은 2010년 기준으로 전 세계에 3,000~5,000명의 계량적 투자자가 있다고 추정했다. 포셋은 우리에게 이렇게 말했다. "내게는 너무 적어 보였어요.[42] 내가 첨단 투자 기법이라고 여긴 것을 더 많은 투자자들이 접하지 못하고 있다는 사실이 마음에 걸렸어요. 나는 '사람과 기계가 힘을 합쳐서 운영하는 것과 사람만이 운영하는 것 중에 후자에 돈을 거는 분야가 대체 어디 있어?'라고 생각했어요. 사람들은 점점 더 자동화한 쪽을 원할 겁니다."

포셋은 계량적(또는 계량적) 투자를 군중에 개방한다는 생각에 집착하게 되었다. 그래서 그 일을 실현시키기 위해 2011년 진 브리더시(Jean Bredeche)와 함께 퀀토피언(Quantopian)을 설립했다. 이 회사는 업계 최고 기업에 속한 퀀트에 상응하는[43], 퀀트를 위한 기술 플랫폼을 구축하는 엄청난 과제에 직면했다.[44] 그런 플랫폼은 투자자들이 자신의 알고리즘을 올리고 다양한 시장 조건에서 빨리 검증할 수 있도록 해야 했다. 호황과 불황, 이자율이 높을 때와 낮을 때 등의 조건처럼 말이다. 그렇게 하는 한 가지 방법은 알고리즘을 기존 역사 자료로 '사후 검증(backtest)'을 하는 것이다. 포셋과 동료들은 대규모 기관투자가들이 이용할 수 있는 것에 맞먹을 정도로 탄탄한 사후 검증법을 구축하기 시작했다.

또한 이 회사는 투자자들이 자신의 거래가 시장에 미칠 충격을 정확히 평가할 수 있게끔 해야 했다. 어떤 자산을 대량으로 사거나 판다면 그 행위로 자산 가격 자체가 변할 것이기 때문이다. 시장에 미칠 충격을 평가한다는 것은 온갖 추정을 해야 하는 까다로운 일이며, 퀀토피언은 그 일에 많은 시간을 투자했다. 물론 그 플랫폼은 알고리즘으로 생성되는 거래를 자동적으로 실행하고, 부기를 하고, 관련 법규도 준수해야 하는 일들을 해야 했다.

포셋은 퀀토피언이 탄탄한 플랫폼을 구축하고, '알고 거래자(algo trader)'를 끌어들이는 데 성공한다면 한 가지 중요한 이점을 지니게 되리라는 것을 알았다. 단지 최고의 아이디어뿐만 아니라 군중이 만들어내는 수많은 좋은 아이디어를 활용할 수 있다는 것이다. 많은 크라우드소싱은 하나의 해결책을 찾으려는 시도다. 너깃 제빙기를 위한 최고의 디자인, 백혈구 유전체 서열을 분석하는 최고의 알고리즘이 그렇다. 이런 경연에서는 2위나 3위도 우승자에 거의 맞먹을 정도로 좋을 수 있지만, 경연을 주최한 측에게는 그 점이 별로 중요하지 않을 때가 많다.

그러나 투자 알고리즘은 성격이 전혀 다르다. 최고의 알고리즘들이 서로 다르기만 하다면(다시 말해 본질적으로 최고의 성과를 낸 알고리즘의 복사판에 불과한 것이 아닌 한) 그것들이 아무리 좋든 간에 어느 한 알고리즘만을 쓰는 것보다 그것들을 생산적으로 조합한 쪽이 전체적으로 투자자들에게 더 높은 수익을 안겨줄 수 있다는 것이다. 이 통찰(투자의 최적 포트폴리오를 구성하는 것이 중요하다는 점)은 탁월한 것이었으며, 해리 마코위츠(Harry Markowitz)는 그 개념을 제시한 공로로 노벨 경제학상을 수상했다. 그 개념은 좋은 성과를 내면서도 서로 다른 계량적 투자 개념을 많이 생성할 수 있는 군중 기반의 환경에 이상적으로 들어맞기도 했다. 포셋은 우리에게 이렇게 말했다. "내가 그 문제를 퀀토피언에 적용한 방식은 이렇습니다. '상관관계가 낮으면서 좋은 구조를 가진 전략들을 많이 발견할 확률을 어떻게 하면 최대화할까?'"◆

그렇게 하는 한 가지 방법은 많은 사람들을 모아서 계량적 투자 전략을 제시하는 것이다. 2016년 중반 기준으로 퀀토피언의 플랫폼에는 180개국에서 10만 명이 넘는 장래의 알고 거래자들이 모였고, 알고리즘은 40만 개가 넘었다. 그들은 어떤 사람들일까? 포셋은 이렇게 말했다. "그들의 공통점 중 하나는 학사나 석사 및 박사 학위를 갖고 있거나,[45] 모델을 구축하는 법을 아는 분야에서 다년간 일한 경험이 있다는 것입니다. 천체물리학자도 있고, 계산유체역학자도 있어요. 하지만 대체로 금융 쪽

---

◆  퀀토피언은 어떤 투자 알고리즘이 한 종류의 자산에 너무 심하게 의지하지 않고, 차입 거래를 지나치게 하지 않으며(다시 말해 빚에 너무 의존하지 않으며), 다양한 시장 조건에서 양호한 수익률을 올릴 수 있는 것이 "좋은 구조"를 지닌다고 본다.

은 처음 접하는 사람들입니다. 첨단 광고, 원유나 천연가스 분야에서 일한 사람도 있고요. 학생도 있고 전문직에 종사하는 사람도 있어요. 연령 분포를 보면 대학생부터 있고요.… 과학자로서 꽤 잘나갔다가 은퇴한 뒤 자신들이 지닌 지식을 활용해보려는 형제도 있고요."

그들 대부분은 남성이다. 퀀토피언은 더 많은 여성들을 참여시키는 것을 우선 과제 중 하나로 삼고 있다. 포셋은 그 이유를 이렇게 말했다. "우리는 사람들이 다양한 전략을 내놓도록 하려고 애쓰고 있어요.[46] 그런데 남녀가 위험을 다르게 인식한다는 연구 결과가 많아요. 남녀는 투자를 대하는 관점이 서로 너무나 달라요. 그러니 여성이 더 많이 가입하면 놀라운 결과가 나올 것입니다. … 시장은 다른 모든 보상 흐름과 달라 보이는 보상 흐름에 지불할 것이기 때문에 더 나은 성과를 올릴 것입니다."

퀀토피언의 군중은 전문 투자자들이라는 핵심 역량에 어떻게 맞서고 있을까? 2016년 말까지 퀀토피언은 19번 투자대회를 주최했다. 이 대회에서 4번은 퀀트가 우승했고, 1번은 알고리즘 투자자가 아닌 투자 전문가가 우승했다. 나머지 14번은 금융 쪽이 아닌 외부인이 우승했다. 내부자 대 외부인, 그리고 크라우드소스 알고리즘 투자라는 개념의 진정한 테스트는 곧 이루어질 것이다. 이 회사는 자격을 갖춘 투자자들에게 자사의 계량 투자 펀드를 제공할 계획을 세우고 있다. 그 성과를 다른 헤지펀드, 특히 퀀트펀드들의 성과와 비교하면 이 분야에서 진정한 전문가들이 어디에 있는지, 그리고 군중이 얼마나 강한 힘을 발휘할 수 있는지를 이해하는 데 도움이 될 것이다.

투자업계의 핵심 인물 중 적어도 한 명은 자기 돈을 맡길 만큼 퀀토피언을 신뢰하고 있다. 2016년 7월 역대 최고의 헤지펀드 운영자 중 한 명으로 꼽히는 스티븐 코언(Steven Cohen)은 벤처투자자로 퀸토피언에 투자를 하고 있으며, 자신의 개인 자산관리 운용사가 2억 5,000만 달러를 크라우드소스 퀸트 알고리즘 포트폴리오에 맡겼다고 발표했다. 코언의 벤처투자 책임자인 매튜 그러네이드(Matthew Granade)는 "계량적 투자 분야에서 희소 자원은 재능인데,[47] 퀸토피언은 그 재능을 찾아내는 혁신적인 접근법을 보여준다"라고 말했다.

우리는 퀸토피언이 흥미롭다고 본다. 경제계를 재편하는 3대 기술 추세를 다 보여주기 때문이다. 투자 결정이 어떻게 이루어지는지를 재고하도록 마음과 기계를 새로운 방식으로 결합하며, 인간의 경험, 판단, 직관을 데이터와 코드로 대체하고 있다. 또 특정한 산물(사후 검증 모델)을 도입하기보다는 계량적 투자를 위한 플랫폼을 구축하고 있다. 이 플랫폼은 개방적이고 비학력주의적이며, 네트워크 효과를 활용하고(좋은 투자 알고리즘을 더 많이 가질수록 더 많은 자본을 끌어들일 것이다. 자본이 더 많아질수록 알고 거래자들을 더 많이 끌어들일 것이다), 거래자에게 매끄러운 인터페이스와 경험을 제공하고자 한다. 그리고 온라인 군중을 모아서 규모가 크고 대단히 중요한 산업에 속한 핵심 역량과 전문가들에게 도전하게끔 유도한다.

이 모든 노력이 어떤 결과를 낳을까? 우리도 그 결과가 너무 알고 싶다.

## 군중의 시대

이 장에서 우리가 제시한 사례들을 보면서 현재의 군중이 대체로 핵심 역량의 요구에 봉사하거나, 그들과 맞서 싸우기 위해 존재한다는 인상을 받을지도 모르겠다. 하지만 그렇지 않다. 군중이 하는 일은 단지 구성원을 돕는 것인 사례가 아주 많다. 로버트 라이트가 1993년에 쓴 "미국의 목소리"에서 간파하고 찬양한 개인 간, 분산형, 대체로 비영리적인 공동체들은 지금도 번성하고 있다.

웹 이전 유즈넷 체제의 뉴스그룹들은 사용자 그룹, 커뮤니티 포럼, 게시판 등 사람들이 서로 정보를 구하고 제공하고 질문하고 답하는 수백만 가지의 공간으로 진화해왔다. 얼굴 화장법에서부터 자동차 수리, 인기 있는 TV 드라마의 지난 회에 나온 내용의 분석에 이르기까지 상상할 수 있는 모든 주제들이 논의된다.

혁신 애호가인 우리는 '메이커 운동(maker movement)'에 몹시 열광하고 있다. 스스로 고치고 개량하는 사람, 자기가 쓸 물건을 직접 만드는 사람, 취미로 뭔가를 만드는 창작자, 기술자, 과학자 등이 온라인에서 서로를 돕는 현상을 가리키는 포괄적인 용어다. 메이커들은 단계적인 교육법, 요리법, 청사진, 전자 회로도, 3D로 인쇄할 부품 설계도, 자율주행 카트에서부터 직접 만드는 가이거 계수기(Geiger counter)에 이르기까지 온갖 경이로운 물건들의 문제 해결 요령을 공유한다.

메이커 운동은 계속 확산되고 있다. 지금은 합성생물학용 도구와 재료를 저렴하게 구할 수도 있다. 합성생물학 계획이 표방한 바에 따르면, "기존 경로나 생물, 장치를 재설계하거나 또는 아예 그런 것들을 새롭게 설계하고 만드는 일"[48]에 쓸 도구들이다. 전 세계에 있는 'DIY 바이오(DIY bio)' 운동의 구성원들은 생명의 암호를 구성하는 DNA 염기인 G, C, T, A를 새로 이어 붙여서 유용한 가닥을 만들며 그 결과를 인터넷에 공유한다. 이 바이오해킹(biohacking) 운동은 2012년에 크리스퍼-캐스9(CRISPR-Cas9) 유전자 편집 도구가 발견되면서 엄청나게 활기를 띠기 시작했다. 이 도구를 사용하여 연구자들은 유례없는 수준으로 정확히 DNA 분자를 수정할 수 있다.

전직 NASA 과학자인 조사이어 제이너(Josiah Zayner)는 이 기술이 가능한 한 널리 활용되기를 원했다. 그는 2015년에 인디고고에 'DIY 세균 유전자 가공 크리스퍼 키트'를 개발하겠다고 투자 요청 글을 올렸다. 당시 7만 달러 이상이 모였고(목표액의 333퍼센트),[49] 그 키트는 바이오해킹 도구들을 파는 디오딘(The ODIN)에서 140달러에 구입할 수 있게 되었다. 이 키트가 제대로 작동할까? 2016년 6월 소비자용 전자제품과 첨단 기기 전문 블로그인 '엔가젯(Engadget)'은 이렇게 썼다. "나는 디오딘의 DIY 크리스퍼 키트를 갖고 신 놀음을 했다.[50] 그야말로 대단했다."

농경이라는 오래된 인류 활동도 메이커들을 통해 재편되고 있다. MIT 미디어랩의 캘럽 하퍼(Caleb Harper)는 '식량 컴퓨터(food computer)'를 개발해왔다. 컴퓨터를 활용하여 다양한 크기의 폐쇄된 공간에서 작물을 키우는 방식이다. 컴퓨터는 에너지, 물, 무기물의 이용 양상을 지켜보면서 정확히 조절할 수 있고 습도, 온도, 이산화탄소 농도, 용존 산소량 같은 요인들도 마찬가지다. 재배자는 다양한 '기후 요리법'을 실험하여 원하는 형태로 작물을 생산할 수 있고, 그 방법을 공유하고 남의 요리법을 개선할 수도 있다. 하퍼의 '열린 농업 선도 사업(Open Agriculture Initiative)'[51]의 목표는 기후 요리법 실험과 혁신을 데스크톱 컴퓨터만 한 개인용 식량 컴퓨터에서 창고 크기의 공간으로 확대한다는 것이다.

## 혁신적인 군중의 창작물: 인공손 '로보핸드'

의료 기기는 군중에게 맡기고 싶지 않은 유형의 생산물에 속한 것처럼 여겨질 수도 있다. 안전성과 품질을 신뢰할 수 있으려면 보건 체계의 핵심 집단에서 내놓거나, 적어도 그들이 검사하여 승인할 필요가 있지 않을까? 하지만 반드시 그렇지는 않다. 인공 손은 제작자들의 군중이 어떻게 모일 수 있는지를 잘 보여주는 사례다. 그들의 작업은 자기 조직화하는 군중이 한 문제에 깊이 몰두하여 기술 연구자 애덤 시어러(Adam Thierer)가 "허가 없는 혁신(permissionless innovation)"[52]이라고 부르는 것에 참여할 때 어떤 혜택이 나오는지를 잘 보여준다.

2011년 4월, 남아프리카공화국의 목수 리처드 반 애스(Richard Van As)는 전기톱을 쓰다가 실수로 그만 오른손 손가락 두 개를 잃었다. 그런데 손가락 보철 기구는 가격이 수천 달러였다. 그래서 반 애스는 더 값싼 대용품이 있는지 알아보기 시작했다. 그러던 중 그해에 이반 오언(Ivan Owen)이 유튜브에 올린 동영상을 보았다. '기계 특수 효과 전문가'인 그는 '스팀펑크(steampunk)' 대회에 쓸 의상의 일부로 팔을 길게 늘인 형태의 금속 팔을 제작했다.◆

비록 서로 1만 7,000킬로미터 넘게 떨어져 있었지만, 반 애스와 오언은 이메일과 스카이프를 통해 협력하면서 제 기능을 하는 인공 손가락을 만들었다. 3D 프린터 회사인 메이커봇(MakerBot)이 탁상용 3D 프린터인 레플리케이터 2(Replicator 2) 두 대를 기증한 덕분에 작업 속도가 크게 향상

---

◆    스팀펑크는 빅토리아 시대의 증기로 움직이는 기계 장치가 발전한 시대를 상상한 과학 소설 장르다. 많은 팬들은 그런 복장을 하고 모이곤 한다.

되었다. 덕분에 그들은 이런저런 시제품을 훨씬 더 빨리 만들어서 시험 해볼 수 있었고, 마침내 반 애스에 맞는 작동하는 기계 손가락을 만들어 냈다.

그들은 창작 과정을 담은 동영상을 유튜브에 올렸다. 남아프리카공 화국에 사는 욜란디 디페나르(Yolandi Dippenaar)는 그 동영상을 보았다.[53] 그녀의 아들인 리암은 당시 5세였는데, 오른손에 손가락이 없는 채로 태 어났다. 디페나르 가족은 도움을 청했고, 오언과 반 애스는 기꺼이 돕기 로 했다. 그들은 해결책을 찾아 온라인 검색을 하다가[54] '콜스 병장 손 (Corporal Coles hand)'을 보았다. 19세기 중반에 오스트레일리아 애들레이드 에 사는 치과의사 로버트 노먼(Robert Norman)이 만든 놀라운 보철 기구였다.

존 콜스 병장은 연병장에서 대포를 다루다가 사고로 오른손의 손가 락 네 개를 잃었다. 노먼은 고래 뼈와 장선(동물의 창자로 만든 줄―옮긴이)을 사 용하여 인공손을 만들어주었다. 진짜 손과 거의 비슷한 모양이었을 뿐만 아니라 몇몇 측면에서 진짜 손처럼 작동했다. 구부릴 수도 있었고, 당시 에 묘사한 바에 따르면 "콜스 병장은 흡족할 정도로 능숙하게 단추나 6펜 스 동전을 집을 수 있었다"[55]고 한다. 노먼은 고래 뼈를 깎아서 손가락뼈 마디와 똑같이 만들어 서로 끼울 수 있게 다듬은 뒤, 안쪽에 도르래와 장 선을 이용하여 연결하고, 콜스의 엄지에 낀 고리를 써서 조종하도록 함 으로써 이 인상적인 성취를 이루었다.

오스트레일리아 국립 도서관에 이 장치를 정확히 묘사한 문헌이 있 었고, 그 도서관이 문헌을 디지털화하여 웹에서 볼 수 있도록 한 덕분에 노먼의 연구는 후대 혁신가들에게 영감을 줄 수 있었다. 오언과 반 애스 는 온라인 검색을 하다가 콜스 병장 손을 발견했고, 그것이 아주 탁월한 장치임을 깨달았다. 그들은 곧 리암을 위해 그 손을 개량한 손을 제작했고, '로보핸드(Robohand)'라는 이름을 붙였다. 또 두 제작자는 3D 프린터와 강력한 설계 소프트웨어 덕분에 그 손을 무한히 변형하여 설계할 수 있고, 빠르고 저렴하게 제작할 수 있다는 것도 깨달았다. 그들은 그 손에 특허를 신청하는 대신에, 로보핸드의 부품 설계도를 싱기버스(Thingiverse)에 올렸다. 3D 프린팅용 파일을 군중이 공유하는 사이트였다.

그 후로 약 45개국에서 1,800개가 넘는 의수가 3D 프린터를 통해 플라스틱으로 제작되고 조립되어 사람들에게 보내졌다.♦ 이 일은 고도로 분산되어 있다. 관심이 있는 사람은 누구나 웹사이트와 구글 문서를 통해 참여하여 편집하면서 협력할 수 있다. 경제학자 로버트 그래보이스(Robert Graboyes)는 이런 군중의 창작물이 값싸면서 혁신적이라고 지적하며 이렇게 밝혔다.

작동하는 보철 기구의 비용[56]이 하룻밤 사이에 99퍼센트 이상 줄어들었다. 3D로 인쇄된 모델은 5,000달러짜리 모델과 똑같지는 않지만, 제 기능을 하며 아주 저렴해서 제작자들은 만들어서 무료로 사용자에게 나누어줄 수 있었다.

함께 일하면서 사용자와 제작자는 설계를 수정했다. 상자 모양이었던 원

---

♦  이는 이네이블(e-NABLE) 온라인 커뮤니티를 통해 만들어지고 배송된 보철 기구만 포함시킨 보수적인 추정치다. 이네이블의 제니퍼 오언(Jennifer Owen)은 이렇게 말한다. "들려오는 말들로 판단할 때, 우리 커뮤니티의 정식 절차를 거치지 않고 외부에서 생산된 숫자도 거의 비슷한 듯하다." Enabling the Future, "Media FAQ", accessed February 8, 2017, http://enablingthefuture.org/faqs/media-faq.

래의 손은 더 날씬해졌다. 시간을 잡아먹는 너트와 볼트는 딸깍 끼워지는 관절로 대체되었고, 설계에 따라 35달러도 안 되는 재료비가 총비용의 전부인 사례도 나타났다. … 사용자와 제작자는 보철 기구가 굳이 사람의 손을 똑같이 복제할 필요가 없음을 깨달았다. 아들이 움켜쥐는 일을 더 잘하기를 바라는 한 아빠는 양쪽 끝에 엄지만 하나씩 달린 손을 만들었다. 공교롭게도 그의 아들은 이름이 루크여서 '쿨 핸드 루크(Cool Hand Luke : 1960년대에 나온 영화 제목이기도 하다─옮긴이)'라고 불렸다. 자전거 타기, 암벽 등반, 트럼펫 연주 등 특정한 목적에 맞는 손을 맞춤 제작하는 사람들도 있었다.

이 모든 사례들은 온라인 군중이 성장하고 번성하고 있음을 보여준다. 온라인 군중은 여러 방식으로 핵심 역량과 상호작용을 하고, 핵심 역량에 자극을 받아서 발달한다. 우리는 이 추세가 건강하고 생산적이며, 인터넷의 원래 기본 정신에 결코 어긋나지 않는다고 생각한다. 더 나은 장치와 네트워크가 전 세계에서 점점 더 많은 사람들을 네트워크에 계속 끌어들일수록 군중은 점점 더 커지고 더 영리해지고 더 다양한 목소리를 낸다.

우리는 인공지능이 발전하는 양상을 흥분된 마음으로 지켜보고 있다. 마음과 기계의 경계를 바꾸고 있기 때문이다. 하지만 아마 수십억에 달하는 인간 지능이 세계적으로 연결된 커뮤니티에 유입될 것이라는 전망에 더욱 흥분해야 할지 모른다. 그들은 서로에게 손길을 내밀 수 있다.

- 핵심 역량을 인정받은 전문가가 자격증도 없고 기존의 기준으로 보면 경험도 없는 군중의 구성원에게 뒤처지는 사례가 반복하여 일어나고 있다.

- 군중이 성공하는 한 가지 이유는 핵심 역량이 가장 관심사인 문제들에 들어맞지 않을 경우가 종종 있다는 것이다.

- 핵심 역량과 문제 해결의 불일치는 문제를 가장 효과적으로 해결하는 데 필요한 지식이 종종 문제 자체로부터 '멀리 떨어진' 영역에서 나올 때가 있기 때문에 벌어진다. 문제 해결과 관련 있는 지식이 실제로 어디에 있는지를 예측하기란 무척 어렵다.

- 핵심 역량이 군중의 축적된 지식과 전문성에 접근하는 방법은 많다. 핵심 역량과 군중은 분리되어 있을 필요가 없다.

- 이제 군중은 핵심 역량을 그다지 필요로 하지 않으면서 많은 것을 성취할 수 있다. 사람들이 지식을 찾고, 생산적으로 상호작용을 하고, 최소한의 중앙 집중화만으로 함께 무언가를 만들 수 있도록 돕는 기술들이 있다.

- 기존 기업들은 군중과 일하는 새로운 방법을 찾고 있다. 이와 동시에 군중 기반의 신생 기업들은 현재 성공한 많은 기존 기업들의 핵심 활동에 도전하고 있다.

1　도전 과제나 기회와 맞닥뜨렸을 때 도움을 받기 위해 기존에 선정한 내부 또는 외부 전문가 집단이 아닌 바깥으로 눈을 돌리는 일이 어떻게, 얼마나 자주 있는가?

2　군중을 당신의 조직을 위해 일하도록 이끌 수 있는지 알아보기 위해 어떤 실험을 할 수 있는가? 그런 실험의 결과를 어떻게 판단하겠는가?

3　지난 5~10년 사이에 새로운 고객을 끌어들이고, 당신이 고려하고 있는 신제품의 수요와 구매 가격대를 평가하는 방법을 당신은 얼마나 바꾸었는가?

4　지난 5~10년 사이에 당신이나 당신의 조직이 정기적으로 상호작용을 하는 사람들의 수가 얼마나 늘었는가?

5　군중이 더 나은 아이디어를 내놓는다면, 어떻게 군중을 당신 조직의 핵심 역량으로 끌어들일 것인가?

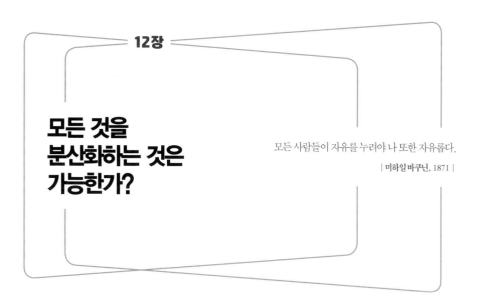

# 12장

# 모든 것을
# 분산화하는 것은
# 가능한가?

모든 사람들이 자유를 누려야 나 또한 자유롭다.

| 미하일 바쿠닌, 1871 |

우리는 이미 세상을 떠난 경제학자들이 세계에 엄청난 영향을 미칠 수 있다는 것을 오래전부터 잘 알고 있었다. 최근에 우리는 익명의 해커들도 그럴 수 있다는 것을 깨달았다.

그 자신이 엄청난 영향력을 가진 경제학자였던 존 메이너드 케인스(John Maynard Keynes)는 1936년에 그의 걸작 《고용, 이자, 화폐의 일반 이론(The General Theory of Employment, Interest, and Money)》에서 이렇게 간파한 바 있다. "어떤 지적인 영향으로부터 완전히 벗어나 있다고 믿는 실용주의적인 사람들[1]도 대개는 어느 죽은 경제학자의 노예다. 허공에서 목소리가 들린다고 하는 미치광이 권력자들은 몇 년 앞서 산 어떤 학자로부터 자신의 광기를 끌어내고 있는 것이다. 서서히 잠식하는 사상에 비해 기득

권의 힘이 엄청나게 과장되어 있다고 나는 확신한다."

그리고 케인스는 이렇게 썼다. "실제로 세계는 그 외의 다른 것에 의해서는 거의 지배되지 않는다."[2]

케인스는 애덤 스미스, 카를 마르크스, 데이비드 리카도, 프리드리히 하이에크, 조지프 슘페터 같은 유명한 "세속 철학자(worldly philosopher)"◆의 사상들이 경제학 분야 바깥으로 멀리까지 뻗어가는 것을 보았다. 그 사상들은 사람들이 공정성과 정의를 생각하는 방식, 기업이 스스로를 조직하고 혁신하는 방식, 정부가 과세와 교역에 접근하는 방식 등을 바꾼다. 경제학자들은 교환을 연구하는데, 교환은 근본적이면서 보편적인 인간 활동의 하나이므로, 그 주제에 관한 가장 원대한 사상들은 엄청난 영향을 끼쳐왔다.

## 비트코인: 가상으로 일으킨 혁명

사토시 나카모토(Satoshi Nakamoto)의 개념도 엄청난 영향을 미쳐왔다. 비록 그가 누구인지 아무도 모르지만 말이다.◆◆ 2008년 10월 31일,[3] 개

---

◆   로버트 하일브로너(Robert Heilbroner)는 1953년에 출간한 그의 저서 《세속의 철학자들(The Worldly Philosophers: The Lives, Times and Ideas of the Great Economic Thinkers)》에서 경제학자들에게 그런 명칭을 붙였다.

◆◆  2008년부터 나카모토라는 가명을 쓰는 자는 비트코인 시스템을 구축하는 데 필요한 소스코드의 구성 요소들, 이메일, 블로그 글을 통해 자신의 구상을 퍼뜨려 왔다. 나카모토가 마지막으로 공개적으로 소통한 것은 2010년 말이었다. 그 뒤로 나카모토의 정체를 밝히려는 시도가 무수히 이루어져 왔지만 실패했다. 그 비트코인 창안자에 관해 한 가지 알려진 것은, 그 또는 그녀가 2016년 8월 기준으로 6억 달러가 넘는 거의 100만 개의 BTC(비트코인의 약어)를 가지고 있다는 것이다. 통용되는 비트코인의 거의 7퍼센트에 달하는 양이었다.

인인지 단체인지 모르겠지만 그 이름을 쓰는 누군가가 〈비트코인: 개인 간 전자화폐 시스템(Bitcoin: A Peer-to-Peer Electronic Cash System)〉[4]이라는 짧은 논문을 온라인에 올렸다. 이는 다음과 같은 직설적인 문제를 다룬 논문 이었다. 왜 온라인 결제에 은행, 신용카드 회사, 기타 금융 기관들이 중개 를 해야 하는 것인가? 물질 세계에서 그냥 현금으로 지불하는 것처럼 결 제하면 왜 안 되는 것인가?

현금 거래는 두 가지 매력적인 특성을 지닌다. 주고받는 데 수수료가 전혀 들지 않으며, 익명성도 보장된다. 즉 현금을 낼 때는 대개 신분증을 보여 달라는 요구를 받지 않는다. 또 물질인 현금은 내구성이 있고 재사 용할 수도 있다. 온갖 물건을 구입하는 데 계속 쓰이면서 우리 경제 전체 를 계속 돌고 돈다.

각국 정부는 아직 디지털 달러, 유로, 원, 위안 등을 발행하려는 의지 를 그다지 비치지 않고 있다.◆ 그래서 나카모토는 비트코인이라는 전혀 새로우면서 완전히 독립적인 디지털 화폐를 만들자는 매우 야심 찬 제안 을 했다. 비트코인은 암호학(암호를 만들고 푸는 학문과 기술)의 알고리즘과 수학 에 대단히 깊이 의존하기 때문에 '암호화폐(cryptocurrency)'라고 불리게 되 었다. 반면에 미국의 달러, 일본의 엔, 터키의 리라, 나이지리아의 나이라 등 전 세계의 각국 정부가 발행하는 화폐들은 모두 '명목화폐(fiat currency)' 다. 그것들은 정부의 인가나 명령을 통해 존재하기 때문이다. 즉 정부가

◆ 몇몇 국가는 디지털 화폐를 고려하기 시작했다. 예를 들면 잉글랜드은행은 "중앙은행에서 발행하 는 디지털 화폐가 경제, 기술, 규제에 어떤 영향을 미칠지를 조사하는 다년간에 걸친 연구 사업을 진행 중"이라고 발표한 바 있다. Bank of England, "Digital Currencies", accessed February 8, 2017, http://www.bankofengland.co.uk/banknotes/Pages/digitalcurrencies/default.aspx.

단순히 법정 통화라고 선언함으로써 존재하는 것이다.◆

기존의 '암호' 코드와 수학을 조합함으로써 나카모토는 웹 전체에서 비트코인이 지불되고 사용될 때 누가 비트코인을 소유하고 있는지를 파악하는 어려운 문제를 해결했다. 당사자들은 거래할 때 디지털 서명을 써서 구매자로부터 판매자에게로 알맞은 양의 비트코인을 넘긴다. 디지털 서명은 예전부터 쓰여 왔으며, 잘 작동한다고 알려져 있다. 누구든 쉽게 생성하고 검증할 수 있고, 위조하기 무척 어렵다. 게다가 '익명성'을 띤다. 즉 자신의 진정한 신원을 밝히지 않은 채 디지털 서명을 생성할 수 있다. 나카모토는 비트코인 거래가 이루어질 때, 원장(ledger)에 모든 것이 다 기록될 것이라고 했다. 정확히 어느 비트코인이 쓰였고 익명의 구매자와 판매자의 신원이 정확히 기록된다는 것이었다. 디지털 서명을 통해 검증되기 때문이다.

## 비트코인은 탈중심화해 분산화할 수 있을까?

'이중 결제(double spend) 문제'에 대처하려면 보편적이고 쉽게 찾아볼 수 있는 원장이 비트코인 시스템에 필수적이었다. 이 문제는 비트코인이 순수한 정보이지만 6장에서 논의한 정보재의 무료, 완전성, 즉시성의 경제를 본질적으로 전혀 따르지 않기 때문에 생긴다. 비트코인이 무료로 완전하게 즉시 복제될 수 있다면 위조가 판칠 것이다. 나쁜 행위자는 익명을 통해 보호받으면서 붙잡힐 때까지 같은 코인을 반복하여 계속 쓸

---

◆  1873년부터 1971년까지 미국 달러는 정해진 양의 금과 교환할 수 있었다. 이 '금본위제'는 리처드 닉슨 대통령이 달러를 명목화폐로 전환하는 일련의 경제적 조치를 취하면서 끝이 났다.

것이고, 상인들은 사기를 당할 것이고, 신뢰는 사라져버릴 것이고, 시스템은 금방 붕괴할 것이다.

신뢰할 수 있고 보편적으로 접근할 수 있는 온라인 원장은 상인(또는 누구든 간에)이 장래 구매하려는 사람이 지불하겠다고 말하는 비트코인을 실제로 보유하고 있고, 다른 곳에서 이미 쓰지 않았음을 검증할 수 있게 함으로써 이중 결제 문제를 해결할 것이다.

하지만 이 원장의 무결성을 생성하고 유지하고 확보하는 일을 누가 책임져야 할까? 은행이나 신용카드 회사, 또는 그 둘의 조합도 불가능하다. 나카모토가 제시한 시스템의 전반적인 요지는 기존 금융 기관들에게 전혀 의존하지 않는다는 것이기 때문이다. 정부에도 그렇다. 비트코인 시스템은 각국 정부로부터 완전히 독립되어 운영될 필요가 있었다. 사실 완전히 분산된 방식으로 운영되어야 했다. 그 어떤 조직이나 기관의 핵심 집단에도 의존하지 않고, 참여자들이 시간이 흐르면서 어떻게 변하든 간에 생존하고 번성할 수 있어야 했다. 하지만 이 급진적이면서 영구적인 분산화라는 철학을 단일하고, 영구적이고, 보편적으로 신뢰할 수 있는 원장이 절대적으로 필요하다는 것과 대체 어떻게 조화시킬 수 있을까?

이는 수학과 프로그래밍을 건강한 유형의 자기 이익 추구와 독창적으로 결합한 또 다른 방식을 통해서 가능할 수 있다. 나카모토는 다음과 같이 작동할 온라인 시스템을 제안했다.

1. 구매자와 판매자 사이에 거래가 이루어질 때마다 시스템 전체에 그 사실을 알린다.
2. '노드(node)'라는 특수한 컴퓨터들이 모든 거래를 주기적으로 취합

하여, 거래된 비트코인이 전에 다른 곳에서 쓰이지 않았는지 검사함으로써 정당하다는 것을 검증한다. 어떤 기간에 걸친 타당한 거래들의 집합을 '블록(block)'이라고 한다.

3. 노드는 거래를 취합하고 검증하는 한편, 현재 블록을 요약한 짧은 숫자 열을 찾기 위해 서로 경쟁한다. 이 숫자 열을 '해시(hash)'라고 한다. 올바른 형식의 해시를 가장 먼저 찾는 노드는 경쟁에서 이긴다. 올바른 해시를 찾아내는 일은 시행착오 과정이다. 많은 계산 작업이 필요한 일이며, 그래서 '작업 증명(proof of work)'이라고 한다. 노드의 연산 능력이 더 클수록 이 작업을 가장 먼저 끝낼 가능성이 더 높아진다. 작업 증명은 블록에 포함되며, 블록의 내용을 바꾸려면 다른 노드가 그 작업 전체를 다시 해야 한다.

4. 이긴 노드(가장 먼저 작업 증명을 끝내는 데 성공하는 것)는 방금 끝낸 블록을 시스템 전체로 알린다. 그 보상으로 노드는 미리 정해진 수의 비트코인을 생성하여 간직할 수 있다.<sup>♦</sup> 이 비트코인 생성 자체도 블록에 기록된다.

5. 다른 노드들은 그 자체가 작업 증명인 이 블록에 담긴 모든 거래가

---

♦ 처음에는 보상이 비트코인 50개로 설정되어 있었다. 2012년 11월에는 25개로 줄었고, 2016년 6월에는 12.5개로 줄었다. '반감(halving)'이라는 이 과정은 블록 21만 개가 생길 때마다 일어나며, 비트코인 소프트웨어에 내재되어 있다. 반감은 최대 64번 일어나면서 총 2,100만 개의 비트코인이 생성되도록 되어 있다. 그 뒤에는 새 비트코인이 전혀 생기지 않을 것이다(Jacob Donnelly, "What Is the 'Halving'? A Primer to Bitcoin's Big Mining Change", Coin-Desk, June 12, 2016, http://www.coindesk.com/making-sense-bitcoins-halving). 따라서 비트코인 참여자들은 모두 시간이 흐르면서 그 화폐가 어떻게, 얼마나 발행될지를 안다. 각국 정부가 발행한 달러, 유로, 원 같은 통화는 그렇지 않다. 정부는 적당하다고 판단할 때 돈을 그저 더 많이 찍어낼 권리를 지닌다. 현명하지 못하게 돈을 너무 많이, 너무 빨리 찍어내는 결정을 내리면 초인플레이션이 일어난다.

정당한지를 검증함으로써 이 블록을 재확인한다. 재확인할 동기는 충분하다. 정당하지 않은 거래나 부정확하게 이루어진 작업 증명을 발견하면, 그와 관련된 비트코인을 수중에 넣을 수 있다는 의미이기 때문이다.

6. 노드들은 어떤 블록이 올바르고 완결된 것이라고 확인하면, 다음 블록을 이어 붙여서 작업 증명을 수행하기 시작한다. 그럼으로써 블록 생성 과정이 다시 시작된다. 나카모토는 약 10분마다 새로운 블록이 생성되고 비트코인이 보상으로 생성되도록 시스템을 설계했다. 나카모토는 "일정한 양의 새 코인이 꾸준히 늘어나는 것은 광부들이 자원을 써서 통용되는 금을 새로 추가하는 것에 해당한다"[5]고 적었다. 그 비유가 쏙 와 닿았기에 전 세계에서 노드를 관리하는 사람과 기관은 비트코인 '광부(miner)'라고 알려지게 되었다.

## 비트코인의 진정한 가치는 실현될 수 있을까?

나카모토의 논문을 읽은 많은 독자들은 그가 기술한 시스템이 실제로 구축될 수 있고 가치가 있을 것임을 믿게 되었다. 그 수학과 프로그래밍은 작동할 듯했다. 더 인상적인 점은 유인책도 작동할 듯하다는 것이었다.

광부들은 협력하지 않고 이타심이나 공동체 정신이 전혀 없이 오로지 비트코인을 얻겠다는 지극히 이기적인 욕심을 따라 행동할 수 있을 것이고, 시스템은 시간이 흐르면서 여전히 자신의 목표를 달성하면서 성장할 것이었다. 비트코인 참여자들은 서로 조정할 필요가 없다. 거래를 취합하고 블록을 완성하여 시스템에 알리기만 하면 되었다. 사실 시스템의 입장에서는 광부들이 서로 조정하지 않는 편이 더 나을 것이다. 조정은 금세 쉽게 담합으로 치달을 수 있기 때문이다. 예를 들어 한 무리의 광부들이 힘을 모아서 지금까지의 거래 기록을 바꿔버리면, 모든 비트코인을 자신들의 것으로 만들 수 있었다.

나카모토의 탁월한 설계는 그런 공격에 맞설 두 가지 주요한 방어 수단을 제공했다. 첫째는 작업 증명이다. 각 블록의 정확한 해시를 구하는 계산 집약적인 과제다. 새 블록이 생길 때마다 이 일은 기하급수적으로 어려워지며, 블록들은 수학적으로 서로 연결되어 있어서 공격자는 관심을 가진 블록의 작업 증명을 다시 하고자 할 때, 그 블록만을 해야 하는 것이 아니다. 사슬에 연결된 모든 블록에 대해 작업 증명을 해야 한다. 다시 말해 지금까지 생성된 모든 블록에 대해 해야 한다. 이처럼 블록들이 서로 뗄 수 없게 연결되어 있기 때문에 모든 거래의 완전한 역사 기록을 '블록체인(blockchain)'이라고 한다.

작업 증명이 계속 점점 어려워진다는 사실은 또 다른 중요한 효과를 낳는다. 블록체인 시스템 전체◆를 '장악하는' 데 필요한 계산 용량이 계속 기하급수적으로 증가하면서 금방 비경제적이 된다. 많은 광부들은 비트코인을 생성하기 위한 블록별 경쟁에서 이기기 위해 특수한 채굴 하드웨어에 투자하는 편이 가치가 있다는 것을 알아차렸다. 시스템 전체를 장악하려면 공격자는 다른 모든 노드들을 다 합친 것보다 더 뛰어난 하드웨어를 지녀야 할 것이다.

◆  시스템의 총 처리 능력의 50퍼센트 이상을 확보하면 비트코인 시스템을 장악하여, 거의 언제나 작업 증명을 먼저 완수함으로써 어느 거래가 타당한지를 결정할 수 있을 것이다.

시스템에 가해질 공격에 맞설 두 번째 주된 방어 수단은 시스템 자체가 본질적으로 자기방어적이라는 점이다. 비트코인에 관심을 가진 사람들과 단체들은 시스템이 나쁜 행위자에게 장악되었다고 믿게 된다면, 금방 그 시스템에 흥미를 잃고 다른 계획이나 결제 방식으로 옮겨갈 것이다. 그러면 비트코인은 금방 가치가 떨어질 것이다. 그러니 공격자들이 블록체인 전체를 장악하기 위해 소요될 그 엄청난 돈을 쓸 이유가 어디 있겠는가? 그렇게 획득한 자산(엄청난 양의 비트코인)이 휴지 조각이나 다름없는 꼴이 될 텐데 말이다. 그것은 경제적으로 아무런 의미가 없을 것이므로, 극도로 부자인 허무주의자나 적어도 블록체인을 통제할 어떤 더 미묘하면서 복잡한 동기를 지닌 사람들만이 공격하려 들지 않을까? ◆ 나카모토는 그런 사람들이 그리 많지 않을 것이라고, 아니 적어도 자신의 자산이 가치를 인정받기를 원하는 비트코인 참여자들이 훨씬 더 많을 것이라고 추론했다.

요컨대 나카모토의 짧은 논문에 담긴 청사진은 작동할 듯이 보였다. 기술적으로 실현 가능할 뿐만 아니라 경제적으로도 건전했다. 게다가 논문은 2008년에 나왔다. 전 세계의 많은 사람들이 주택담보대출에서 중앙은행 자체에 이르기까지 기존 금융 체제에 실망하고 있던 시기였다. 대침체기의 파산, 구제금융, 혼란을 겪으면서 많은 사람들은 세계가 불공정하거나 지속 불가능하다고, 또는 양쪽 다인 상태에 있다고 확신하게 되었다. 모든 정부들로부터 독립된 새로운 화폐라는 개념은 많은 사람들에

---

◆　시스템이 나쁜 행위자에게 장악당한 뒤에도 비트코인의 가치가 붕괴하지 않을지도 모른다. 어쨌든 명목통화는 원할 때면 더 찍어낼 수 있는 발행자가 다소 신뢰를 받는 한 가치를 가지고 있으니까 말이다.

게 매력적으로 보였다. 기존 화폐와 신종 화폐 양쪽으로부터 돈을 벌 가능성도 엿보였으니 더욱 그러했다. 흥미로운 일들이 일어날 조건이 성숙했다. 그리고 많은 일들이 벌어졌다.

— 2010년 5월, 플로리다 주 잭슨빌에 사는 프로그래머 라스즐로 핸예츠(Laszlo Hanyecz)[6]는 한 비트코인 온라인 포럼에 비트코인 1만 개와 '피자 두 판'을 교환하자는 글을 올렸다. 나흘 뒤, 18세의 제러미 스터디번트(Jeremy Sturdivant)가 그 제안을 받아들여서 파파존스 웹사이트를 통해 피자를 사서 보냈다. 이것이 비트코인이 물리적 상품의 거래에 쓰인 최초의 사례라고 알려져 있으며, 갓 생겨난 그 화폐의 가치는 비트코인 1개에 약 0.003달러였다. 스터디번트가 피자를 사는 데 30달러를 썼기 때문이다. 그가 피자 대신에 받은 비트코인을 계속 갖고 있었다면, 2017년 1월 중순 기준으로 가치가 무려 830만 달러에 달했을 것이다.

— 비트코인이 인기를 끌자, 비트코인 거래를 부추기는 많은 시장들이 생겨났다. 이런 시장 덕분에 사람들은 특정한 가격으로 비트코인을 사거나 팔겠다는 주문을 낼 수 있었다. 대개 미국 달러나 영국 파운드 같은 명목화폐를 통해서였다. 구매자와 판매자의 조건이 들어맞으면 거래가 성사되었다. 이런 거래소 중 가장 크고 유명한 곳은 마운트곡스(Mt. Gox)[7]였다. 도쿄에 있는 이 거래소는 전성기에 모든 비트코인 거래의 80퍼센트를 차지했다. 마운트곡스는 설립 당시부터 온갖 난제에 처했고, 2011년에는 해킹으로 적어도 875만 달러의 손실을 입었다. 이 사이버 절도 이후에도 계속 거래소가 운영되면서 거래량이 늘어났지만, 2014년 2월에 보안 결

함이 있었음에도 몇 년째 그대로 방치했다는 사실이 드러났다. 이에 마운트곡스는 거래를 중단하고 웹사이트를 폐쇄한 뒤 파산신청을 했다. 그 후 거래소의 시스템에 "결함이 있었고 비트코인이 사라졌다"[8]는 사실이 드러났다. 파산 당시 총손실액은 비트코인이 약 4,700만 달러,[9] 현금이 270만 달러였다.[10]

— 비트코인이 처음 등장했을 때, 채굴 작업은 비록 계산 집약적이었지만 오픈소스 소프트웨어와 개인용 컴퓨터를 사용하여 할 수 있었다. 하지만 채굴 성공에 필요한 작업 증명은 새 블록이 생길 때마다 기하급수적으로 어려워졌다. 그 결과 필요한 자원의 규모가 급격히 증가해왔다. 2015년 1월에 비트코인의 처리 용량은 전 세계의 가장 강력한 슈퍼컴퓨터 500대를 더한 것보다 1만 3,000배 더 많았다.[11] 채굴에 맛을 들인 광부들은 전기요금이 더 싼 곳을 찾아 아이슬란드, 워싱턴 주, 내몽골 같은 곳에 채굴 장비를 설치했다.[12] 곧 비트코인 채굴에 최적화한 전용 컴퓨터칩인 ASIC(Application-Specific Integrated Circuit)를 개발하는 시장이 형성되었다.

— 지금까지 나온 비트코인 시대의 가장 서글픈 이야기는 제임스 하월스(James Howells)[13]의 사례일 것이다. 웨일스의 기술자인 그는 2009년에 비트코인 채굴을 시작했다. 거의 돈 한 푼 안 들이고 생성할 수 있었지만, 비트코인이 거의 아무런 가치도 없던 시절이었다. 그러다가 음료수를 쏟는 바람에 채굴에 쓰던 컴퓨터를 해체했다. 다행히도 채굴한 비트코인이 담긴 하드드라이브는 서랍 속에 보관했다. 안 좋은 소식은 2013년에 그가 집안 청소를 하다가 하드드라이브를 버렸다는 것이다. 그해 늦게 비

트코인의 가격이 급등했다는 소식을 들었을 때, 그는 전에 채굴했던 일이 떠올랐다. 자신이 무슨 짓을 했는지를 깨달은 그는 자기 집에서 나오는 쓰레기를 받는 매립장으로 달려갔다. 매립장 관리자는 그 하드드라이브가 축구장만 한 면적의 어딘가에 수 미터 깊이에 묻혀 있을 것이라고 말해주었다. 당시 그 하드드라이브에 담긴 7,500개의 비트코인의 가치가 750만 달러에 달했지만, 하월스는 눈물을 삼키며 포기해야 했다.

채굴자를 비롯하여 비트코인 네트워크를 구축한 사람들은 케인스가 예측했던 것처럼 행동하고 있었지만 몇 가지 측면에서 흥미롭게 변형되어 있었다. 그들은 광인이 아니었고 대부분은 권위자도 아니었지만, 어떤 학자에게서가 아니라 가명을 쓴 누군가에게서 "광기를 끌어내고" 있었다. 바로 사토시 나카모토에게서다.

## 중요한 것은 화폐가 아니라 분산 원장: 블록체인의 잠재력을 깨닫다

지금껏 내내 대다수 주류 경제학자들은 비트코인이 세계의 기존 통화들과 경쟁할 가능성에 회의적이었고, 심지어 경멸적인 태도까지 취했다. 그들은 어느 화폐든 간에 화폐의 주된 기능 중 두 가지는 교환 수단(내가 당신에게 달러나 유로나 원을 주면, 당신은 집이나 자동차나 통닭을 내게 준다)과 가치 저장(내 순자산은 X달러나 유로, 원이고, 그 자산으로 집, 자동차, 통닭을 살 수 있다)이라고 지적했다. 이 두 기능 모두 통화의 안정성이 대단히 중요하다. 자기 행동의 방향을 정하고 장래 계획을 세우려면, 자기 돈의 구매력이 비교적 안정적으로 유지되리라는 것, 적어도 예측 가능한 비율로 변하리라는 것을 알 필요가 있다.

그러나 비트코인의 가치는 달러 같은 화폐와의 교환 비율로 나타낼 때 크게 요동쳤다. 2013년 11월에는 1,100달러를 넘어섰다가[14] 2015년 1월에는 250달러로 77퍼센트나 떨어졌다가 2년 뒤에는 830달러 넘게 회복되었다. 이 변동성에 힘입어 디지털 화폐는 위험을 무릅쓰는 투자자들의 관심을 끌었지만,♦ 교환 수단이나 가치 저장이라는 주된 기능에는 부적합했다.

비트코인이 진정한 화폐가 될 수 있을지에 관한 논쟁이 펼쳐지고 있는 와중에, 소수의 사람들은 다른 관점에서 보기 시작했다. 진정으로 가치 있는 혁신이 새로운 디지털 화폐가 아니라 그 화폐의 토대인 분산 원장이라는 것이었다. 즉 정말로 중요한 것은 비트코인이 아니라 '블록체인'이라는 것이었다.

비트코인의 요란스러운 역사는 블록체인이 실제로 작동할 수 있다는 증거였다. 다년간 블록체인은 설계된 대로 작동했다. 완전히 분산되어 있고, 지시도 받지 않으며, 불변처럼 보이는 거래 기록을 지녔다.♦♦ 원래 기록하고자 했던 거래는 비트코인의 채굴과 교환에만 한정되어 있었지만 거기서 멈출 이유가 어디 있다는 말인가? 블록체인은 온갖 것들을 기록하는 데 쓰일 수 있다고 얼마든지 상상할 수 있었다. 토지의 소유권

---

♦　　사실, 그들은 부유한 투기꾼을 의미했다.

♦♦　　마운트곡스 거래소를 비롯한 비트코인 거래소를 공격하는 데 성공한 해커들은 블록체인 자체를 훼손한 것은 아니었다. 대신에 비트코인은 교환소의 '핫 월릿(hot wallet)'에서 훔친 듯하다. 핫 월릿은 블록체인의 일부가 아니라 비트코인이 든 인터넷에 연결된 은행계좌를 가리킨다.

이전, 주식 발행, 한 건물의 구매자와 판매자가 모든 판매 조건이 충족되었다고 동의한다는 사실, 하와이에서 태어난 아기의 이름과 출생 장소와 부모의 이름 등도 그러했다. 이 모든 항목들은 보편적으로 볼 수 있게 될 것이고(진정한 공공 기록이 될 것이다), 누가 역사를 고쳐 쓰고 싶어 하든 간에 수정할 수 없고 부인할 수 없는 것이 될 터였다.

이는 하늘 아래 진정 새로우면서, 실로 가치 있는 무언가가 될 수 있을 것이다. 블록체인은 집중적인 조사와 스트레스 검사 하에서 가입비, 참가비, 거래비용이 전혀 없이 웹의 모든 사람들이 접할 수 있는 세계적이고 투명하며 수정 불가능한 원장으로서 다년간 작동해왔다.♦ 그러면서 많은 가능성을 열었고, 혁신가들과 기업가들이 곧 그 가능성을 탐사하는 일에 나섰다.

— 키프로스의 니코시아대학교[15]와 샌프란시스코의 홀버튼 소프트웨어 공학학교[16]는 블록체인을 활용하여 학생 성적증명서를 공유한 초기 사례들이다.

— 킴벌리 프로세스(Kimberley Process)[17]는 분쟁 지역에서 시장으로 들어오는 다이아몬드의 수를 줄이기 위해 증명서를 관리하는 국제연합(UN)의 지원을 받는 기관이다. 기존에는 종이 서류를 토대로 출처 증명서를 발급했지만, 2016년에 킴벌리 프로세스 의장은 수정 불가능한 원장이

---

♦ 블록체인 거래 당사자들은 거래 수수료를 포함할지를 결정할 수 있다. 거래 수수료는 그 블록을 생성한 광부에게 주어질 것이다. 이 자발적인 수수료는 광부에게 추가적으로 유인을 제공하려는 의도다.

기존 체계를 어떻게 개선할 수 있을지 알아보기 위해 블록체인 시범 사업을 운영 중이라고 발표했다.[18] 런던에 있는 스타트업 기업 에버레저(Everledger)[19]는 비슷한 기술을 써서 소비자 보험 목적으로 보석의 감정을 하고 있다.

— 2014년에 미국 세관은 수입되는 5,000만 달러어치의 위조 신발을 압수했다.[20] 이 액수는 한 해에 전 세계에서 거래되는 위조품 4,610억 달러 중 일부에 불과하다.[21] 이런 유형의 사기를 예방하기 위해 신발 디자인 업체 그레이츠(Greats)는 2016년에 내놓은 비스트모드 2.0 로열 처카(Beastmode 2.0 Royale Chukkah)[22] 신발에 블록체인을 쓸 수 있는 스마트 태그를 달았다. 그래서 이 신발의 애호가들은 스마트폰으로 자기 신발이 진품인지 확인할 수 있다.

— 온라인 소매업체 오버스톡닷컴(Overstock.com)의 CEO 패트릭 번(Patrick Byrne)은 비트코인 초창기부터 블록체인을 옹호해왔다. 오버스톡은 2014년 9월에 주요 전자상거래 기업 중 최초로 디지털 화폐를 받아들였다.[23] 번은 더 나아가 블록체인을 써서 금융 자산의 교환을 추적하는 티제로닷컴(TØ.com)을 설립했다. 플랫폼에서 이루어지는 거래의 정산이 월스트리트의 표준 정산 기간인 사흘 뒤(T+3)가 아니라, 당일에 이루어진다는 점을 강조한 명칭이다. 오버스톡은 티제로닷컴을 통해 2015년 6월[24]에 2,500만 달러의 회사채를 발행했다.[25] 2016년 3월에는 블록체인을 써서 우선주를 공모한다고 발표했다.[26] 이 두 가지 모두 세계 최초였다.

— 2015년 10월, 나스닥은 민간 기업이 블록체인 기술을 써서 소유 관련 사항을 디지털로 기록하여 공유할 수 있도록 하는 링크(Linq)를 내놓았다. 링크는 처음에는 민간 기업에 초점을 맞추었지만, 나스닥은 비슷한 체계가 공공 시장에도 쓰여서 '자본 비용을 대폭 낮추는' 동시에 결제 위험 노출◆을 90퍼센트 이상 줄일 수 있을 것이라고 믿는다.[27]

— 아일랜드의 식품 회사 오누아(Ornua)[28]가 2016년 9월 세이셸 무역 회사(Seychelles Trading Company)에 10만 달러의 치즈를 발송한 것이 블록체인을 이용하여 무역 금융의 모든 세부 사항을 기록한 세계 최초의 국제 무역이었다. 국제 무역은 대개 두 가지 조건이 충족될 때까지 일어나지 않는다. 첫째, 당사자들이 무역 금융의 모든 세부 사항을 다 조정해야 한다. 운송되는 동안 상품에 보험을 들고, 소유권이 넘어가는 시점이 정확히 언제인지를 정하는 일 등이다. 둘째, 모든 당사자들이 이 금융에 관한 올바른 서명이 된 법적 서류들의 동일한 사본을 받았음이 확인되어야 한다. 그런데 오누아-세이셸 무역 사이의 거래에 필요한 모든 서류를 블록체인으로 올리자, 7일이 걸리는 과정이 4시간으로 줄었다.

— 2016년 6월, 조지아공화국은 경제학자 에르난도 데 소토(Hernando de Soto)와 공동으로 전국 토지등록대장의 블록체인 기반 시스템을 구축하고 시험 운영하는 사업을 한다고 발표했다. 토지 등록 사항들을 블록체인

---

◆ 결제 위험(Settlement risk)은 거래의 한쪽이 지불을 했는데, 상대방이 약속한 것을 전달하지 않을 확률이다.

에 옮기면 지주와 이용자의 비용이 줄어들 수 있고, 불법 행위가 일어날 가능성도 줄어들 것으로 예상된다(블록체인에 기록된 모든 것들이 그렇듯이 토지 기록도 수정 불가능해질 것이므로 말이다).

## 가상화폐를 넘어 스마트 계약으로

블록체인이 단지 비트코인 거래뿐만이 아니라 모든 종류의 거래를 기록하는 데 쓰일 수 있다는 점이 명확해지면서, 분산형 원장이 디지털 '스마트 계약(smart contract)'에도 이상적임을 알아차리는 사람들이 생겨났다. 스마트 계약은 1990년대 중반에 컴퓨터과학자이자 법학자인 닉 스자보(Nick Szabo)가 만든 용어다.◆ 스자보는 현대 자본주의 경제의 토대 중 하나인 사업 계약이 여러 면에서 컴퓨터 프로그램과 비슷하다는 점을 간파했다. 둘 다 명확히 정의되며(프로그램에서는 변수, 계약에서는 당사자들과 그 역할), 각기 다른 조건에서 일어날 일을 명확히 열거한다. 예를 들면 책 저자와 출판사 사이의 계약은 저자가 원고를 출판사에 넘길 때 얼마를 지불받을지, 양장본 판매 부수가 특정 수준을 넘어서면 인세를 얼마나 올릴지를 정할 수도 있다. 그리고 어지간한 프로그래머는 컴퓨터 코드 몇 줄로 이 조건들에 해당하는 내용을 적을 수 있다.

그래서 어떻다는 것일까? 비록 우리 두 사람이 노턴(Norton, 이 책의 원 출판사)과 프로그램 형태로 계약서를 쓴다고 해도, 그것이 표준 종이 계약서에 단어로 쓴 계약보다 어떻게 더 낫다는 것인지가 불분명하다. 어쨌든 우리의 담당 편집자는 자기 회사의 회계 부서에게 원고를 받았으며, 따

---

◆　많은 사람들은 스자보가 사토시 나카모토일 것이라고 믿는다. 그는 아니라고 계속 말해왔다.

라서 우리에게 지불을 하라고 알릴 필요가 있지 않을까? 그리고 우리는 판매 부수를 지켜보면서 우리에게 인세 발생 상황을 알려줄 회계 직원이 여전히 필요하지 않을까? 또 우리 스스로 해결할 수 없는 분쟁을 해결하는, 즉 (오로지 실수로 잘못 적었거나 부당하게 고치거나 해서) 우리는 우리가 가지고 있는 계약서가 옳다고 하고, 출판사는 자사가 가지고 있는 계약서가 정본이라고 할 때 어느 쪽이 '옳은지' 판단하는 법원도 필요하지 않을까? 가장 기본적으로 볼 때 우리와 출판사는 실질적으로 꽤 높은 수준의 신뢰를 지녀야 하지 않을까? 상대방이 정직하고, 계약 조항을 준수하고, 나쁜 행동을 하지 않을 것이라는 믿음을 말이다.

우리는 노턴을 아주 신뢰하지만, 그것은 대체로 우리가 이미 그 출판사에서 책을 한 권 냈고, 함께 일하면서 많은 경험이 쌓였기 때문이다. 그리고 우리가 첫 책을 노턴에서 내기로 한 이유는 대체로 노턴이 역사가 깊고, 평판이 아주 좋고, 우리가 매우 존경하는 저자들이 그곳에서 책을 냈고, 우리의 저작권 대리인◆이 그 출판사를 적극 추천했기 때문이다. 한마디로 노턴이 우리가 신뢰할 만한 상대라는 징후는 많았다.◆◆

스마트 계약의 옹호자들은 이 상황을 전혀 다르게 볼 것이다. 그들은 노턴이 우리에게 판매 부수를 정확히 보고할 것이라고 신뢰하는 대신에, 닐슨북스캔(Nielsen BookScan : 미국의 출판물 판매량을 집계, 조사하는 업체 ─ 옮긴이) 같은 제3자를 신뢰할 수도 있다고 알려줄 것이다. 그러면 우리는 웹, 북스캔,

---

◆　　우리의 저작권 대리인은 믿음직하다고 잘 알려진 라파엘 사갈린(Raphael Sagalyn)이다.

◆◆　한편 노턴에게는 우리 두 사람이 함께 일하기에 좋은 작가가 될 것이라는 징후가 더 적었다. 그러니 우리에게 기회를 준 출판사에 무척 감사한다.

노턴의 은행계좌, 우리의 은행계좌에 접근하는 프로그램을 짤 수 있고, 다음과 같은 논리를 따를 것이다.

—　저자와 편집자에게 웹페이지를 알려주고, 원고가 제출되었음을 확인하는 버튼을 각자 클릭하도록 한다. 양쪽 다 버튼을 클릭했다면, 노턴의 은행계좌에서 저자의 계좌로 이체가 된다.

—　북스캔을 활용하여 양장본 판매량을 지켜보기 시작한다. 양장본 판매량이 특정 부수를 넘어서면, 그 뒤로는 더 오른 인세에 따라 저자에게 이체가 된다.

우리 사이의 실제 스마트 계약은 분명히 그보다 더 형식적이고 더 복잡하겠지만, 그 어떤 난해한 데이터나 코드가 전혀 필요 없을 것이다. 작성하기도 쉬울 것이다.

그러나 여러 버전의 계약서를 보유하고 있거나, 또는 계약서를 함부로 부당 변경하는 문제에는 어떻게 대처할까? 바로 여기가 블록체인이 개입하여 이상적으로 보이는 해결책을 제시하는 지점이다. 우리와 노턴은 계약을 맺기로 합의하고 나면, 그냥 디지털 서명을 한 다음 그 계약서를 블록체인에 덧붙인다. 그러면 그 계약은 그 원장에 기록된 모든 거래들과 동일한 특성을 지니게 된다. 잘 보이면서 검증 가능한 형태로 영구히 존속한다. 가장 중요한 점은 불변이라는 것이다. 우리도 노턴도 다른 어느 누구도 일단 디지털 서명이 작성된 뒤에는 함부로 수정할 수 없다. 우리는 디지털 서명을 사용하여 이 스마트 계약서를 열어서 어떤 조항을 더 넣거나 빼는 재협상 능력은 포함시키되, 그 외에는 블록체인의 검증된 무결성이 우리 계약의 무결성을 보증하도록 원할지도 모른다.

이러한 유형의 계약이 지닌 한 가지 주된 이점은 많은 유형의 신뢰를 확보하기 위한 수단의 필요성 자체를 제거한다는 것이다. 우리는 노턴이 판매 부수를 정확히 집계할 것이라고 믿을 필요가 없을 것이다. 계약이 북스캔 자료에 의존하기 때문이다. 또 출판사는 양장본 판매량 목표를 달성하면 실제 인세율을 올릴 것이다. 증가율이 불변인 코드의 일부이기 때문이다.◆ 우리 지역의 법원이 유능하고, 공정하고, 유리할 것이라는 믿음을 가질 필요도 없다. 스마트 계약은 조항을 강요하거나 합법성을 검증하기 위해 법원에 의존하지 않기 때문이다. 이 계약은 단지 블록체인 상에서 존재하고 운영되며 그 개방성, 검증 가능성, 불변성을 이용한다.

1996년에 스마트 계약의 선구자인 닉 스자보는 이렇게 밝혔다.

> 스마트 계약의 핵심 개념[29]을 개략적으로 말하자면, 계약이 '세계에 내장되어야' 한다는 것이다. 그 세계는 계약이 다음의 조건을 충족시킬 수 있도록 체계적인 메커니즘을 갖추어야 한다.
>
> (a) 어리석은 파괴 행위에 견딜 수 있어야 한다.
>
> (b) 복잡하고, 경제적 동기를 지닌(합리적인) 침해를 견딜 수 있어야 한다.

거의 20년 뒤, 블록체인 세계가 출현하면서 스자보가 묘사한 바로 그 구조와 세계를 제공하는 듯이 보였다. 기업가, 프로그래머, 미래주의자

---

◆ 출판사가 우리에게 인세를 제대로 지불하지 않을 수도 있다는 걱정이 든다면, 스마트 계약 안에 대금 예치 계좌나 다른 예비 조치를 포함시킬 수도 있다.

등이 그 점에 주목하면서 분산형 원장과 스마트 계약을 결합하려는 시도가 활기를 띠었다.

2016년 말 기준으로 그런 노력 중 아마도 가장 잘 알려진 것은 이더리움(Ethereum)일 것이다. 이더리움은 스스로를 "스마트 계약을 운영하는 분산형 플랫폼"[30]이라고 소개한다. "고장, 검열, 사기, 제3자의 간섭 가능성이 없이 프로그램이 설계된 대로 정확히 운영되는 응용 프로그램"이다. 이더리움 플랫폼을 토대로 많은 야심적인 노력이 이루어졌다. 다음 장에서는 그중 하나를 만나볼 것이다.

## 스택 무너뜨리기

적어도 암호화폐, 분산형 원장, 스마트 계약에 따르는 노력 가운데 일부는 지금까지 중앙에 집중되어 왔고, 군중보다 핵심 역량을 노골적으로 선호해온 활동 및 정보를 분산시키려는 욕망이 동기가 된 듯하다. 그럴 만한 이유는 많이 존재하고, 핵심 역량이 너무 강력해지고 믿을 수가 없다는 느낌이 적잖은 기여를 했기 때문일 것이다.

2012년 WELL 총회[31] 토의 시간에 과학소설 작가 브루스 스털링(Bruce Sterling)은 첨단 기술 산업 내에 '스택(stack)'이라는 소집단이 존재한다는 개념을 제시했다. 그는 이렇게 말했다. "인터넷, PC 산업, 전화기, 실리콘밸리, 미디어를 이야기하는 것이 점점 더 의미가 없어지고, 그저 구글, 애플, 페이스북, 아마존, 마이크로소프트를 연구하는 것이 훨씬 더 의미가 있게 된다." 스털링은 "미국의 수직 조직화된 5대 사일로(silo : 조직 내에 담을 쌓고 외부와 소통하지 않는 부서 간 현상을 가리킬 때 쓰인다―옮긴이)가 그들이 그리는 대로 세상을 재편하고 있다"고 말했다.

총회가 끝난 뒤, 알렉시스 매드리걸(Alexis Madrigal)은 〈애틀랜틱〉에 스택의 영향을 이렇게 썼다.

> 그들이 창조하는 세계는 어떤 모습일까?[32] 내 짐작에는 이렇다. 당신의 기술은 그 사일로 내에서 그리고 개별 스택의 (일시적인) 협력자들 내에서는 완벽하게 작동할 것이다. 그러나 그 스택과 경쟁자 사이의 경계에서는 완벽하게 깨질 것이다. 작동하지 않을 이유가 없는데 작동하지 않는다. 사일로 내에서는 깔끔하게 들어맞는 당신의 소프트웨어 중에 일부를 바꾸지 않고는 작동하게 만들 방법이 전혀 없는 무언가를 작동시키려 애쓰는 상황이다. 그런 일이 많이 벌어질 것이다.

이는 기술 산업의 가장 핵심을 이루는 기업들이 자사의 이익에 치중하기 때문에 고객에게 관심을 쏟을 것이라고 믿지 못하는 상황이 벌어질 것이라는 주장이었다. 그리고 그 스택의 힘은 계속 증가해왔고, 스털링은 선견지명을 지닌 것처럼 보였다. 예를 들면 2016년 7월 말 기준으로, 약 3년 전에 스털링이 열거한 5대 기업은 세계에서 가장 주식 평가액이 높은 5대 상장기업이 되었다.[33]

불신은 첨단 기술에만 국한된 것이 아니었다. 대침체기 이후 몇 년 동안 여론조사 기업 에덜먼(Edelman)이 수행한 조사 결과[34]에 따르면, 금융 서비스가 세계에서 가장 불신을 받는 산업임이 드러났다. 그러나 이 금융 산업에서 가장 크고 강력한 기업들이 어떻게 파괴적인 상황에 놓이게 될 수 있다는 것일까? 특히 그 기회를 틈타서 동일한 약점과 결함을 가진 다른 크고 강력한 기업들이 자동적으로 출현하는 일이 일어나지 않으면서 말이다.

## 블록체인은 경제구조를 재편할 획기적인 기술이 될 수 있을까?

2015년 1월, 웹사이트 '테크크런치(TechCrunch)'에 존 에번스(Jon Evans)가 "모든 것을 분산시켜라"[35]라는 제목의 글에서 놀라울 만큼 단순한 방안을 제시했다. 그는 비트코인, 블록체인, 스마트 계약의 토대가 되는 철학, 프로세스, 기술을 더 폭넓게 적용하지 못할 이유가 없다고 주장했다. 나카모토가 촉발한 암호화폐 실험은 놀라운 결과를 보여주고 있다. 독립적이고 이기적인 행위자들로 이루어진 군중이 약간의 의사소통과 많은 수학 및 코드를 통해 결집될 때, 집단 전체에 엄청나게 가치 있는 무언가를 만들어낸다. 중요한 거래들의 정확한 원장을 유지함으로써 핵심 역량을 이기는 이 같은 사례가 그렇다. 이러한 교훈이 얼마나 폭넓게 적용될 수 있을까? 그 경계는 어디일까?

에번스의 기사는 이 전망을 가로막는 장애물이 있다는 것을 인정하는 한편, 극복할 수 있다는 확신을 드러냈다. 이는 '해결지상주의(solutionism)'를 보여주는 좋은 예라고 할 수 있다. 해결지상주의는 어떤 난제든 간에 기업가의 활력과 기술 혁신을 올바로 조합하면 해결할 수 있다는 믿음이다. '해결지상주의'라는 용어는 원래 이런 믿음을 경멸하려는 의도로 창안된 것이었다. 작가인 예브게니 모로조프(Evgeny Morozov)가 '일종의 지적 병리' 현상[36]을 일컫기 위해 창안한 용어였다. 하지만 해결지상주의자라는 말에 기분이 상하기는커녕 많은 기술 전문가들은 그 용어를 받아들였다. 2014년에 마크 앤드리슨은 트위터 프로파일에 자신을 "1994년부터 죽 자랑스러운 해결지상주의자"[37]라고 적었다.

비트코인과 블록체인은 해결지상주의에 경이로운 수단을 제공했다. 스마트 계약 및 그와 관련된 혁신은 블록체인이 가장 바람직한 특성을 유지하면서, 단지 원장만이 아니라 훨씬 더 폭넓은 것이 될 수 있다는 전망을 보여주었다. 해결지상주의자는 블록체인이 단지 비트코인 거래만이 아니라, 모든 유형의 정보재를 위한 개방적이고, 투명하며, 세계적이고, 무료이며(또는 적어도 아주 저렴하며), 보편적으로 이용할 수 있고, 불변의 저장소가 될 수 있다는 전망을 품고 있다.

## 분산화 기술은 거대 조직의 권력을 무너뜨릴 수 있을까?

정보재에는 계약서와 소프트웨어를 포함할 수 있다. 군중 암호화폐 해결주의자가 다음과 같이 말한다고 상상해보자. 만약 프로그램이 은행 계좌, 보험증권, 결제 대금 예치 계좌, 투자 포트폴리오 같은 정보 자산에 접근할 수 있도록 개인과 단체가 허용한다면 어떨까. 또 이런 프로그램이 블록체인에 접근하고, 거래 내역을 입력하고, 그런 활동들 자체도 블록체인에 기록될 수 있도록 한다면 어떨까. 그런 시스템은 블록체인의 불변성 덕분에 프로그램의 코드가 수정되거나 해킹된 적이 없으며, 따라서 프로그램이 원래 의도한 대로 작동하고 있다고 보증할 것이다. 그러면 앞으로 기이한 새로운 일들이 가능해질 것이다. 현실 세계와 관련된 계약 및 복잡한 거래들이 자동적으로, 비용 없이, 그 어떤 중앙 당국의 감시나 승인 없이 실행된다는 것이다.

블록체인이 스택에 직접 도전할 정도로 강력하다고 여기는 사람들도 있다. 브루스 스털링을 비롯한 사람들이 웹의 상당수를 통제하고 있다고 여기는 기술 대기업들에 대해서 말이다. 부자 관계인 돈(Don)과 알렉스 탭스콧(Alex Tapscott)은 2016년에 그들의 저서 《블록체인 혁명(Blockchain Revolution)》에 이렇게 썼다.

> 기업들은 많은 … 놀라운 개인 간, 민주적인, 개방적 기술을 받아들여 왔고, 그것들을 이용하여 엄청난 가치를 뽑아내고 있다. … 아마존, 구글, 애플, 페이스북 같은 강력한 '디지털 복합기업'들은 시민과 기관이 생성하는 데이터라는 보물을 줍고 있다. … 현재 블록체인 기술을 통해 이 모든 추세를 뒤엎을 새로운 가능성의 세계가 열리고 있다. 현재 우리는 부를 분배하는 방식을 바꾸기 시작할 수 있는 … 진정한 개인 간 플랫폼을 갖고 있다. 애초에 그런 식으로 창안되었기 때문이다. 농부에서 음악가에 이르기까지 모든 곳에서 사람들이 자신이 창조하는 부를 더 온전히, 선험적으로 공유할 수 있도록 창안된 것이다. 여기에는 한계가 없어 보인다.[38]

선진국의 많은 사람들은 대기업, 특히 금융과 첨단 기술 분야에 속한 대기업들이 너무 강력해지고 있다고 느꼈다. 한편 많은 개발도상국에서는 법원이 상대적으로 약하고, 낯선 사람들 간의 신뢰도 낮고, 정부가 화폐 가치를 훼손하는 정책을 펼친다고 느낀다. 암호화폐 옹호자들은 이 양쪽 상황에서 동일한 결과가 나온다고 주장했다. 그런 상황에 처하지 않았을 때보다 교환이 억제되고, 기회가 낭비되고, 사람들의 상황이 나빠진다는 것이다.

많은 사람들은 본질적으로 시장 기반 경제의 중요한 측면들을 조직의 핵심 역량에서 군중으로 옮김으로써 이 상황을 개선하고 싶어서 비트코인, 블록체인, 스마트 계약을 연구했다. 중앙은행, 기업, 법 체제로부터 만물을 분산시키려 시도하는 코드를 실행하면서 전 세계에서 윙윙거리며 돌아가는 엄청나게 많은 컴퓨터에게로 말이다.

이 일을 어떻게 하면 잘 해낼까?

SUMMARY 요점

☐ 비트코인은 완전히 분산된 커뮤니티의 잠재력을 보여준다. 수학(암호학), 경제학, 코드, 네트워크를 결합함으로써 화폐처럼 근본적이면서 중요한 것을 창안할 수 있다는 것이다.

☐ 블록체인은 비트코인보다 더 중요할 수도 있다. 그 개방적이고 투명하고 세계적이고 융통성 있고 불변인 원장은 분명히 가치가 있다. 스마트 계약을 비롯한 디지털 혁신들과 결합된다면 더욱 그렇다.

☐ 비트코인과 블록체인의 가장 놀라운 점은 각각 자신의 이익을 위해 행동하는 개인과 단체로 이루어진 전 세계의 군중이 드넓게 공유되는 가치를 지닌 무언가를 창조하도록 만들 수 있다는 것이다.

☐ 비트코인과 블록체인은 혁신과 기업가정신의 물결을 일으켜 왔으며, 그것들이 나중에 경제와 사회에 어떤 역할을 할지는 아직 전혀 알 수가 없다.

☐ 은행에서 기술 기업에 이르기까지 거대 조직들이 너무나 강력해져 왔으며, 극단적인 분산화를 일으키는 새로운 기술들 덕분에 이제는 그 조직들을 대신할 존속 가능한 대안이 나왔다고 믿는 사람들이 있다.

☐ 초기 혁신 사례들은 새로운 원장 기술의 수요가 많다는 점을 시사한다. 그 원장은 많은 기존 업무 절차를 더 저렴하게, 더 빨리 수행할 수 있게 해줄지 모르며, 아마도 더 중요한 점은 그것을 토대로 새로운 업무 과정을 창안할 수 있다는 점일 것이다.

1    개방적이고, 투명하고, 세계적이고, 융통성 있고, 불변인 원장이 당신에게 어떤 가치가 있을까? 어떤 문서, 기록, 거래를 원장에 집어넣을 것인가? 어떤 상대방(고객, 공급자, 제3자, 정부 기관 등)을 참여시킬 것인가? 그런 원장이 얼마나 많은 돈과 시간을 절약해줄 수 있을 것인가?

2    이 원장이 당신에게 가치가 있으려면 근본적으로 분산화도 할 필요가 있는가, 또는 그것을 하나 이상의 조직이 소유하고 통제할 수 있는가?

3    비트코인을 비롯한 암호화폐는 당신에게 얼마나 중요해질 것인가? 그것을 결제 수단으로 받아들일 계획이 있는가?

4    당신이 작성하려고 시도할 최초의 '스마트 계약(100퍼센트 자동적으로 이행되는 계약)'은 무엇이 될 것인가?

5    앞으로 5~10년 사이에 어느 분야에서 대규모 분산화가 일어나 조직의 핵심 역량을 뒤엎고, 그것을 (전부 또는 대부분) 군중으로 대체할 것이라고 생각하는가?

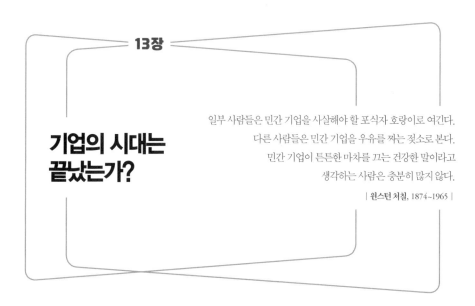

## 13장

# 기업의 시대는
# 끝났는가?

일부 사람들은 민간 기업을 사살해야 할 포식자 호랑이로 여긴다.
다른 사람들은 민간 기업을 우유를 짜는 젖소로 본다.
민간 기업이 튼튼한 마차를 끄는 건강한 말이라고
생각하는 사람은 충분히 많지 않다.

| 윈스턴 처칠, 1874~1965 |

 

이 강력한 신기술의 시대에도 우리에게 여전히 기업이 필요할까? 많은 사람들은 이제 기업의 진정한 대체물을 이용할 수 있게 되었다고 주장한다. 그 대체물은 이 책에서 기술된 많은 디지털 혁신을 사용한다. 특히 앞 장에서 설명한 암호화폐, 분산형 원장, 스마트 계약이라는 근본적으로 분산된 군중 기반 기술들이 그렇다. 기업은 명백히 현대 자본주의의 핵심에 놓여 있지만, 3부에서 계속 설명해왔듯이 핵심 역량은 기술을 통해 능력을 얻은 군중에게 종종 패할 수 있다. 그렇다면 기업에는 어떤 일이 일어날까?

이 중요한 질문을 다루기 위해 먼저 기업을 군중으로 대체하려는 최근의 시도 두 가지를 살펴보기로 하자. 그것은 '분산형 자율 조직(decentralized autonomous organization)', 즉 DAO와 비트코인 · 블록체인이다. 이 두 가지 시도의 최근 역사를 관련된 경제 이론의 관점에서 이해하면, 기업 전반의 미래에 대해 꽤 많은 것이 드러난다.

## DAO의 길: 새로운 형태의 벤처 펀드 등장

2016년 5월 28일 오전 9시 정각[1], 자본주의 경제 세계에서 지금까지 본 적이 없던 군중의 가장 순수한 형태가 역사상 가장 큰 규모의 크라우드펀딩을 마감했다. 주관한 조직은 최초의 진정한 분산형 자율 조직인 'DAO'[2]였다. DAO의 선언문에 따르면, "아무 데도 없는 동시에 어디에나 있으면서 오로지 불변인 코드의 철석같은 의지로 작동되는 조직"이다.[◆] 벤처투자 펀드와 비슷했지만 만물의 분산화라는 원리를 따르는 조직이었다. DAO는 오로지 스마트 계약을 이행할 오픈소스 분산 소프트웨어로서만 존재했다. (앞 장에서 설명한) 이더리움 계획 내에 구축되었고, 이더(ether)라는 암호화폐를 쓰도록 되어 있었다. 벤처투자 펀드처럼 DAO도 사업 계획을 승인하고 투자하기 위해 존재했다.

하지만 DAO는 두 가지 면에서 일반 벤처투자 펀드와 달랐다. 첫째, 모든 사업 계획이 경제적 보상을 약속해야 하는 것은 아니었다. 그 조직은 비영리 사업도 지원할 수 있었다. 둘째, 지원할 사업을 선정하는 일을

---

◆ 기원전 6세기 중국에서 《도덕경》이 출판되면서 시작된 전통적인 가르침도 'Dao(또는 'Tao')라고 한다. 도(Dao)는 흔히 '길(the way)'이라고 번역되며, 우리 존재와 자연의 본질이 역동적이고 분산되어 있다고 본다. 〈스타워즈〉 영화에 나오는 '포스(Force)'도 도에서 영감을 얻었다고 흔히 말한다. 분산형 자율 조직을 창안한 기술 전문가들은 그 약어가 이런 연상 관념을 불러일으킬 것을 알고 있음이 거의 확실하다.

협력자들이나 평가자들로 이루어지는 핵심 집단이 아니라, DAO 창립에 자금을 댄 군중 전체가 맡을 예정이었다. 이 군중의 구성원들은 초기 투자 지분에 비례하여 투표권을 얻기로 되어 있었다.

DAO의 소프트웨어를 에워싸고 있는 개인이나 단체는 전혀 없었다. 최고경영자도, 이사회도, 직원도, 심지어 리누스 토발즈가 리눅스를 운영할 때 조직했던 것 같은 운영위원회조차도 없었다. DAO는 소프트웨어, 즉 오로지 소프트웨어였고, 그것의 기능은 참가자들의 대다수가 자신의 컴퓨터에 새 버전을 설치하기로 결정할 때에만 변할 것이었다. 그런 일이 일어나기 전까지 DAO는 어떤 간섭도 인간의 그 어떤 개입도 불가능한 채로, 원래 프로그래밍된 대로 계속 작동하도록 되어 있었다. DAO를 바꿀 공식 권한을 지닌 사람은 아무도 없었고, 수정하기 위해 협의하거나 호소할 대상자도 전혀 없었고, 불법 행위가 일어났을 때 법원에 고소하거나 법정에 나갈 사람도 전혀 없었다.

많은 사람들은 이런 유형의 소프트웨어가 핵심 역량의 편견과 결함을 극복하는 데 필요한 바로 그것이라고 느꼈다. 평론가들은 그것을 "사업을 민주화할 새로운 기회를 제공할" 수 있는 "패러다임 전환"[3)]이라고 했다. 〈포브스〉는 "미래의 기업가가 … 세상을 바꾸겠다는 자신의 목표, 전망, 전략의 최적화된 요구 조건에 맞추어 자신의 조직을 '설계할' 수 있도록 해줄 것"[4)]이라고 보도했다. 이 가상의 조직을 지원하기 위해 실제 돈이 쏟아져 들어왔다.[5)] 2016년 5월에 28일 동안 1억 6,200만 달러[6)]가 모였다.

## DAO 펀드의 취약성이 드러나다

하지만 DAO 펀딩을 마감하기 직전[7]에, 그 코드를 분석했던 한 컴퓨터과학자 집단이 소프트웨어에 삽입된 공동체 투표 절차에 심각한 결함이 있다고 지적하는 논문을 발표했다.◆ 그들은 막 출범하려 하는 DAO를 파괴하려는 것이 아니라 강화하기 위해 이런 문제들을 공개적으로 논의하는 것이라고 밝히며 다음과 같이 썼다. "우리는 이런 공격을 논의하며 공격을 완화하거나 몇몇 상황에서는 아예 불가능하게 만들 확고하면서 단순한 방안들을 제시한다." [8]

하지만 DAO가 출범한 직후에 익명의 해커[9]가 DAO 돈의 약 3분의 1을 훔치리라고는 공동체는 아마 생각지도 못했을 것이다. 이 개인 또는 단체는 그 코드를 조사한 뒤, DAO를 본질적으로 잔고가 0인 계좌에서조차 인출 요청이 오면 계속 현금을 내뱉는 돈이 꽉 들어찬 현금인출기처럼 만들 수 있다는 것을 깨달았다.

해킹은 공개적으로(아무튼 DAO는 기본적으로 투명했다) 그리고 지극히 합법적으로 이루어졌다. 소프트웨어의 사용 허가 조항들은 분산형 자율 조직 내에서 일어나는 모든 일을 이용자가 냉철하게 받아들여야 함을 명확히 하고 있었으니까 말이다.

해커가 왜 이 약탈을 시도했는지를 두고 의문들이 제기되었다. 훔친

---

◆   논문은 디노 마크(Dino Mark), 블래드 잼퍼(Vlad Zamfir), 에민 건 시러(Emin Gün Sirer)가 썼다. 그 약점들 중 상당수는 단지 소프트웨어에 있는 결함이 아니라, 공동체에 가장 이익이 되는 방향과 어긋나는 방식으로 행동하도록 투자자들을 유인하는 경제적 결함이었다. Cade Metz, "The Biggest Crowdfunding Project Ever-The DAO-Is Kind of a Mess", *Wired*, June 6, 2016, https://www.wired.com/2016/06/biggest-crowdfunding-project ever-dao-mess.

이더를 즉시 달러나 다른 어떤 명목화폐로 바꿀 수가 없었을 테니까 말이다. 사토시 나카모토 연구소의 대니얼 크라위츠(Daniel Krawisz)[10]는 해커가 온라인에서 운영되는 암호화폐 거래소 중 한 곳에서 이더의 공매도를 통해 약 300만 달러를 벌었을 수 있다는 해석을 내놓았다. 해킹 사실이 알려지면 이더의 가치가 급감할 것이므로 가격 하락 쪽에 돈을 걸었다는 뜻이다.

하지만 중요한 질문들은 해커의 동기에 관한 것이 아니었다. 대신에 약탈을 통해 드러난 암호화폐와 스마트 계약의 취약성에 관한 것이었다. 나카모토 연구소는 이더리움의 "운명이 다했다"는 비관적인 평가를 내렸다.[11] 취약한 프로그래밍과 그 엉성한 프로그래밍을 본질적으로 법적으로 제약하는 사용 조건의 결합이 재앙을 불러온 것이다.

하지만 만물의 분산화라는 꿈을 믿는 사람들은 아직 포기할 준비가 되어 있지 않았다. 2016년 7월, 이더리움의 공동 창시자이자 많은 영향을 끼친 2013년의 〈이더리움 백서(Ethereum White Paper)〉의 저자(당시 19세)인 비탈릭 부테린(Vitalik Buterin)은 그 암호화폐와 블록체인의 '하드 포크(hard fork : 기능 개선, 문제점 수정 등을 목적으로 기존 블록체인을 호환이 되지 않는 새로운 방식의 블록체인으로 분할하는 것—옮긴이)'[12]를 선언했다. DAO 참여자들의 대다수가 이 쪼개기(이더리움 소프트웨어의 새 버전에 담겼다)를 받아들인다면, 그 분산형 자율 조직 내에서 전에 일어났던 모든 거래는 본질적으로 잊힐 것이고, 관련된 모든 이더도 원 소유자에게로 반환될 것이었다.

실제로 DAO 구성원들 대다수는 하드 포크를 채택했다. 하지만 반발하는 사람들도 상당히 많았다. 저술가(아마 가명이겠지만) E. J. 스포드(E. J. Spode)는 온라인 잡지 〈이언(Aeon)〉에 그 이유를 이렇게 설명했다. "소수파가 볼 때, 하드 포크는 이더리움의 핵심 원리를 훼손한 것이었다. 인간의 모든 간섭을 회피한다는 것 말이다. 부패한 관료와 정치가, 이사회 임원, CEO, 변호사의 간섭으로부터다. 그들은 코드가 곧 법이라고 보았다. 그 소프트웨어에 있는 약점을 보지 못했다면 그것은 당신의 탓이었다. 그 소프트웨어는 공개적으로 이용할 수 있었으니까 말이다."[13]

스포드가 작성한 간섭하는 인간들의 목록에는 아마 중앙은행장도 포함되어야 했을 것이다. 명목화폐의 가치를 조작한다는 비난을 받곤 하는 이들 말이다. 많은 사람들은 그 하드 포크가 그들보다 훨씬 더 나쁜 것이라고 느꼈다. 이더의 가치를 임의로 바꾸었다는 점 때문이 아니었다. 사실상 이더의 소유권을 바꾸었다는 점이 문제였다. 원래의 DAO 참여자들 중 일부는 하드 포크에 참여하기를 거부하고, 그 분산형 소프트웨어의 원본을 계속 사용했고, 자신들의 시스템을 '이더리움 클래식'[14]이라고 했다. 이 글을 쓰고 있는 2017년 초 현재, 이더리움과 이더리움 클래식은 계속 나란히 존재하고 있다.

## 비트코인의 결말은?

비트코인과 블록체인은 전 세계적으로 충분할 만큼 열광적인 관심의 대상이 되어 왔지만, 골치 아픈 문제에도 시달려 왔다. 2016년 1월, 블록체인 프로그래밍에 많은 기여를 해온 존경받는 인물이자 블록체인의 전망을 굳게 믿어서 직장인 구글을 뛰쳐나와 그 일에 매진했던 마이크 헌(Mike Hearn)이 모든 비트코인을 다 팔고 완전히 손을 뗐다. 그는 블로그에 올린 "비트코인 실험의 해법"[15]이라는 제목의 글에서 자신의 결정을 설명했다. 그는 이 해법이 실패했다고 보았다. 그리고 이 실패는 채굴 과정에 해결할 수 없는 문제가 있다거나, 암호화폐 자체의 취약성이 새로 발견되었기 때문이 아니었다. 조직 측면의 이유 때문이었다. 헌은 다음과 같이 썼다.

공동체가 실패해왔기 때문에 실패하고 있는 것이다.[16] "전체적으로 중요한 역할을 맡고 있고, 너무나 커서 무너질 일이 없는 기관들"이 없는 새로운 분산형 화폐가 되기로 한 것이 더욱 나쁜 것이 되어왔다. 소수의 사람들이 철저히 통제하는 체계가 되고 말았다. 설상가상으로, 그 네트워크는 기술적으로 붕괴 직전에 놓여 있다. 이 결과를 예방했어야 할 메커니즘들은 고장 났으며, 그 결과 비트코인이 실제로 기존 금융 체제보다 더 나을 수 있다고 생각할 이유가 이제는 없다.

이런 문제들은 시스템의 지속된 성장을 어떻게 다룰 것인지에 관한 의견 차이 때문에 생겼다. 두 진영이 출현했고, 각각 경험 많은 프로그래머들이 이끌었다. 그들은 의견 차이를 해소하기는커녕 시간이 흐르면서 각자의 입지를 단단히 굳혀 갔다. 양쪽 진영 모두 자신의 쪽이 비트코인과 블록체인의 설립 원리에 들어맞는다고 느꼈다(그리고 각 진영의 일부 구성원들은 벤처투자 회사의 지원을 받는 암호화폐 신생 기업이나 다른 상업적인 이해관계와 얽혀 있었다). 사토시 나카모토는 앞서 여러 해에 걸친 모든 논의에서 그러했듯이 이 문제에도 침묵을 지켰다. 이 난국이 계속되자 비트코인 시스템의 수행 능력에 지장이 생겼고,[17] 일부 블록체인 거래가 지연되거나 아예 무시될 위험이 커졌다.

비트코인 시스템의 구조와 미래를 둘러싼 논쟁은 또 다른 우려되는 추세와 동시에 일어났다. 바로 세계의 비트코인 채굴 능력의 대부분이 중국에 집중되어 있다는 점이었다. 2016년 중반을 기준으로 중국의 거래소들은 모든 비트코인 거래량의 42퍼센트[18]를 차지했고 세계 비트코인 채굴 장비의 70퍼센트가 중국에 있는 것으로 추정[19]되었다. 비트코인 커뮤니티 내의 많은 사람들에게는 그 어떤 대규모 집중도 바람직하지 않았다. 시스템의 진화에 부당하게 영향을 미칠 수 있었고, 분산화를 유지함으로써 그런 영향을 피한다는 것이 비트코인 시스템 전체의 지향점이었기 때문이다. 특히 총채굴량의 50퍼센트 이상을 통제하는 어떤 존재나 협력하는 집단은 어느 거래가 타당한지를 일방적으로 결정하여 다른 모든 사람들의 비트코인을 빼앗을 수 있었다.

그런 집중이 중국 내에서 일어나고 있다는 사실은 유달리 신경이 쓰이는 부분이었다. 중국 정부는 오래전부터 자국 내 금융 기관들을 철저히 감시하면서 때로 직접 개입해왔는데, 그런 활동은 정부 간섭으로부터의 완전한 자유라는 암호화폐의 꿈에 근본적으로 들어맞지 않는 것이었다. 많은 사람들은 중국이 거대한 방벽 뒤에서 비트코인과 블록체인을 통제한다면 그 꿈이 악몽으로 변할 것이라고 느꼈다.

## 파괴적 기술이 가리키는 것

DAO와 비트코인 채굴망이 겪은 문제들은 암호화폐, 스마트 계약, 강력한 플랫폼, 그 밖의 최근 디지털 발전들의 출현에 관한 한 가지 근본적인 의문을 부각시킨다. 그 의문은 단순하고, 이 장의 첫머리에서 우리가 제기한 것이기도 하다. 기업은 사라져 가고 있을까? 우리가 스마트 계약을 작성하고, 이기심과 집단의 혜택을 현명하게 조합하는 네트워크를 구축하고, 생산과 혁신을 위한 강력한 도구들을 더욱 민주화하는 일을 더 능숙하게 해내게 될 때에도 산업 시대의 기업들에 여전히 일 처리를 많이 의지하고 있을까?

우리는 이 책을 통해 밀려오고 있는 디지털 발전 덕분에 마음과 기계와, 생산물과 플랫폼을 강력한 방식으로 조합하고 재조합하는 사례들을 제시해왔다. 이런 일이 일어남에 따라 군중이 조직의 핵심 역량보다 우위에 서거나 심지어 압도하는 일이 일어나지 않을까?

많은 사람들은 그럴 것이라고 믿고 기대한다. 물론 기존 체제를 옹호하는 논리만큼 반체제 철학도 계속 있어왔지만, 대침체기의 혼란과 불공정하다는 인식, 그리고 그 뒤의 느리며 불균등한 회복은 반체제 철학에 새로운 양분이 되어주었다. 많은 사람들은 기업, 특히 대기업이 결코 신뢰할 수 없다는 증거를 충분히 보았고, 그런 기업들이 번영이 아니라 착취와 박탈의 엔진이라고 생각했다.◆

대기업이 문제라면 해결책은 명확하다. 모든 것을 분산화하는 것이다. 기술 발전은 분명히 이 전망을 실현 가능하게 만드는 듯하다. 3D 프린터(4장에서 논의했다)는 특수 장치들이 가득 달려 있는 대규모 설비를 갖출 필요가 없게 함으로써 개인이 무엇이든 만들 수 있게 할 것이다. 이는 우

---

◆　우리는 그 견해에 동의하지는 않는다. 자본주의는 선을 위한 거대한 힘이 될 수 있다. 하지만 '정실 자본주의(crony capitalism)', 즉 권력자의 친구들이 그들 자신을 부유하게 만들 수 있도록 시장을 왜곡하는 행위는 반드시 뿌리 뽑아야 한다.

리의 MIT 동료인 닐 거센펠드(Neil Gershenfeld) 연구진이 지향하는 새로운 생산 비전이다. ◆ 많은 작물은 대규모 농장 대신에 생장 과정을 정확히 지켜보고 통제할 수 있는 작은 용기로 대체할 수 있다(11장). 암호화폐와 스마트 계약은 금융 서비스와 다른 정보재를 다룰 수 있다(12장). 웹은 이미 정보와 교육 자원 전반을 대폭 민주화해왔다(10장). 미래학자 레이 커즈와일(Ray Kurzweil)은 2012년에 이렇게 말했다. "스마트폰을 지닌 아프리카의 아이[20]는 15년 전의 미국 대통령보다 더 많은 정보를 접하고 있다." 그리고 이 지식의 확산은 계속될 것이 분명하다. 그리고 무어의 법칙은 계속 작동하면서 온갖 디지털 상품의 가격을 떨어뜨리고 성능을 높일 것이다. 컴퓨터 시대 이전의 역사에서는 듣도 보도 못한 속도로 말이다.

이와 같이 기술은 모든 것의 분산화를 지원하는 것처럼 보인다. 그렇다면 경제학은 어떨까? 경제 이론과 증거들은 기술 발전이 기업을 비롯하여 우리가 일을 해내기 위해 조직하는 여러 방식들이 어떻게 변할 것인지에 대해 무엇을 말해주고 있는가? 사실, 꽤 많이 말해주고 있다.

## '기업의 경제학'을 말한다

1937년 11월, 경제학자 로널드 코스(Ronald Coase)는 그의 나이 불과 26세였을 때 이정표가 될 논문인 〈기업의 본질(The Nature of the Firm)〉[21]을 발표했다. 논문에서 그는 아주 기본적인 질문을 제기했다. 시장이 그토

---

◆ 　다음 문헌 참조. Neil A. Gershenfeld, *Fab: The Coming Revolution on Your Desktop-From Personal Computers to Personal Fabrication*(New York: Basic Books, 2005).

록 위대하다면, 왜 그렇게 많은 일이 기업 내에서 일어나는 것일까? 다시 말해 우리는 왜 그저 독립된 자유 계약자들이 필요할 때면 모여서 특정한 과제를 완수하는 데 필요한 기간만큼만 협력했다가 그 뒤에는 각자 갈 길을 가는 식으로 일하는 대신에, 기업이라는 안정적이고 계층적이고 때로 거대하면서 관료주의적인 구조 내에서 그토록 많은 경제 활동을 수행하는 쪽을 택하는 것일까? 현실적으로 관리자라는 '보이는 손'은 하루하루의 사업에서 아주 많은 일을 수행하고 있다. 어쨌거나 기업은 어디에나 있다.♦ 시장점유율이 어떤 아이디어의 성공 여부를 말해주는 궁극적인 시험이라면, 시장 자체가 시장의 시험을 통과하지 못했다고 주장할 수도 있을 것이다.

순수한 원자론적 시장은 상법이 덜 발달해 있고, 법원의 권한이 약하고, 따라서 계약을 신뢰할 수 없는 환경에서는 제대로 돌아가지 않으리라는 것은 쉽게 알 수 있다. 하지만 1930년대의 미국을 비롯한 선진국 경제는 그렇지 않았다. 그렇다면 왜 그토록 많은 기업들이 있을까? 이 질문에 대한 코스의 분석은 죽은 경제학자가 지속적으로 영향을 미치고 있다는 케인스의 말이 대단히 옳다는 것을 다시금 입증한다. 〈기업의 본질〉은 괴짜 기술광과 기술 전문가들이 자주 인용하는 논문이다. 사실 우리가 그들로부터 듣곤 하는 거의 유일한 경제학 논문이다.

우리는 디지털 기업가, 혁신가, 미래학자로부터 코스의 이름을 너무 자주 들어서 놀라울 정도다. 하지만 놀라지 말아야 했다. 코스는 그들에

---

♦ 앨프리드 챈들러(Alfred Chandler)는 고전이 된 그의 저서 《보이는 손(The Visible Hand)》에서 관리층, 특히 중간 관리층이 20세기 중반 미국 경제에서 가장 강력한 기관이 되었다고 주장했다. Alfred Chandler, *The Visible Hand* (Cambridge, MA: Belknap Press, 1977).

게 그들의 일이 얼마나 중요해질 수 있는지, 그리고 그들의 일이 어떻게 경제 전체를 재편할 수 있는지를 암시했기 때문이다.♦

## 코스의 선택: 조직인가 시장인가?

코스는 기업과 시장 사이의 선택이 본질적으로 비용 최소화 행위라고 주장했다. 사실, 거의 그래야만 했다. 고비용 참가자는 경쟁에서 밀려나는 경향이 있기 때문이다. 기업의 경계는 놀라울 정도로 유연하다. 수천 명의 직원과 수십억 달러의 자산을 보유하도록 설정할 수도 있고, 훨씬 더 좁게 설정하여 대다수가 필요한 장비를 소유하거나 빌리고 다른 사람들로부터 상품과 서비스를 사고파는 독립된 계약자로 일할 수도 있다. 따라서 기업은 아주 크고 강력한 것이 분명하다. 순수한 시장이 할 수 있는 것보다 더 적은 총비용으로 상품과 서비스를 생산할 수 있을 때가 많기 때문이다.

하지만 왜 그럴까? 시장이 훨씬 더 효율적이라고 여겨지는 것이 아니던가? 코스는 어떤 면에서는 그렇긴 하지만, 몇몇 영역에서는 시장이 더 비용이 많이 드는 경향이 있다고 주장했다. 즉 다음과 같은 비용들이다.

---

♦　구글 스콜라에서 인용 횟수가 3만 5,000건이 넘는다고 나와 있는 기업의 본질을 다룬 코스의 논문은 오랫동안 경제학에서 가장 많이 인용된 논문 중 하나였다. 1972년에 코스는 그 논문이 "많이 인용되었지만 거의 쓸모가 없는 것"이라고 했지만, 다음 세대의 경제학자들과 경영자들은 그것을 사업 조직을 이해하는 토대로 삼아왔다. R. H. Coase, "Industrial Organization: A Proposal for Research", in *Economic Research: Retrospect and Prospect*, vol. 3, *Policy Issues and Research Opportunities in Industrial Organization*, ed. Victor R. Fuchs(New York: National Bureau of Economic Research, 1972), 62, http://www.nber.org/chapters/c7618.pdf.

- 적절한 가격을 검색하고 찾아내는 비용
- 협상하고 결정을 내리는 비용
- 개별 계약을 맺는 비용
- 계약 이행을 지켜보고 집행하는 비용

이제 코스가 괴짜 기술광들에게 왜 그토록 영향을 미치고 사랑을 받는지를 알 수 있을 것이다. 디지털 기술은 기업이 시장보다 우월하게 해주는 비용 중 여러 가지를 분명히 낮춘다. 즉 이 우위를 뒤집어서 시장이 번창하도록 해줄 수 있을지도 모른다. 이 논리는 톰 말론(Tom Malone), 조앤 예이츠(Joanne Yates), 로버트 벤저민(Robert Benjamin)이 1987년에 발표한 논문 〈전자 시장과 전자 계층 구조〉[22]에 가장 명확히 표현되어 있다.♦

그런데 어떻게 된 것일까? PC 시대로 들어선 지 약 35년, 웹 시대로 들어선 지 20년, 스마트폰 시대로 들어선 지 10년이 되었는데 말이다. 이것들은 코스가 파악한 '비용을 낮추는 새롭고도 강력한 도구들'이다. 조합하면 더욱 그렇다. 그리고 여러 면에서 그 도구들은 시장 쪽으로 그리고 대기업에서 멀어지는 쪽으로 균형추를 크게 옮기고 있다. 사실 말론, 예이츠, 벤저민은 전자상거래의 등장뿐만 아니라, 심지어 업워크와 O2O 플랫폼 같은 몇몇 시장 기반 조직의 등장까지도 예측했다.

---

♦    이 논문의 제목은 코스의 통찰에 깊이 감명을 받은 올리버 윌리엄슨(Oliver Williamson)의 널리 인용되는 책 《시장과 계층 구조》를 떠올리게끔 의도한 것이다. Oliver E. Williamson, *Markets and Hierarchies, Analysis and Antitrust Implications: A Study in the Economics of Internal Organization*(New York: Free Press, 1975).

## 기업은 뭔가 제대로 하고 있는 것이 틀림없다

대기업에서 멀어지는 추세가 이렇게 뚜렷함에도 불구하고, 대기업이 몰락하고 있지 않다는 것은 명백하다. 대신에 우리는 정반대 상황을 보고 있다. 대기업의 지배력이 점점 커지고 있는 것을 말이다. 미국 경제는 대부분의 디지털 기술을 창안하고 그것들을 가장 많이 사용하므로, 코스에 대한 괴짜 기술광의 해석이 옳다면 대기업들이 스러지는 모습을 보게 될 가능성이 가장 높은 곳이 미국일 것이다. 그런데 실제로는 집중이 오히려 심해지는 현상이 나타났다. 대부분의 산업에서 점점 더 소수의 대기업에게 총매출과 이윤이 집중되어 왔다. 예를 들면 〈이코노미스트〉가 미국의 893개 업종[23]을 조사했더니, 가중평균한 시장점유율로 따져보았을 때 상위 4대 기업의 이익이 1997~2012년에 26퍼센트에서 32퍼센트로 증가한 것으로 나타났다. 2008년에 우리는 IT가 경쟁을 더 "슘페터적(Schumpeterian)"으로 만들고 있다고 썼다.[24] 기업들이 빠르게 규모를 키우고 시장 지배력을 획득할 수 있게 하면서, 새로운 진입자들이 그들을 대체하고 더 큰 혼란을 일으키기도 더 쉽게 만든다는 의미였다.

왜 그럴까? 경제가 더 디지털화할수록 대기업은 위축되기는커녕 왜 성장하고 있는 것일까? 시장을 선호하는 디지털 도구들이 아직 충분히 확산되지 않았거나, 덜 성숙한 상태일 수도 있다. 정말로 그렇다면 암호화폐, 블록체인, 스마트 계약을 비롯한 혁신적인 신기술들은 코스가 주장하는 괴짜 기술광의 이상을 실현시키는 데 필요한 바로 그것들일 수도 있다. 우리가 DAO와 비트코인·블록체인 기반 구조를 이야기할 때 언급했던 문제들은 단순히 젊은 거인의 성장통일 수도 있다. 종종 그렇듯이 우리는 단기적으로는 신기술의 잠재력을 과대평가하는 반면, 장기적으로는 과소평가하는 경향이 있다. 또 우리는 새로운 분산형 원장과 관련 기술들을 과소평가하기가 아주 쉽다고 생각한다. 그가 누구이든 간에 사토시 나카모토는 정말로 세상에 새롭고도 강력한 무언가를 들여왔다.

하지만 기업을 사라지게 하거나, 세계 경제에서 기업의 중요성을 크게 줄일 정도까지 강력하지는 않다. 그 이유를 알아보려면 코스의 연구로 돌아갈 필요가 있다. 하지만 거기에서 멈추어서는 안 된다. 대신에 코스가 창안에 기여한 분야인 거래 비용 경제학(TCE, Transaction Cost Economics)에서 그 뒤에 나온 통찰들도 살펴볼 필요가 있다.

## 기업이 여전히 건재하는 이유에 관한 최근 생각

거래 비용 경제학은 경제 활동이 왜 지금처럼 조직되어 있는가라는 아주 기본적인 의문을 다룬다. 예를 들면 지금처럼 시장과 기업이 뒤섞여 있는 이유에 대해 다룬다. 종종 기업의 이론이라고도 하는 거래 비용 경제학은 노벨상 수상자를 세 명이나 배출할 만큼 중요한 경제학 분야다. 코스가 1991년에 처음으로 노벨 경제학상을 받았고, 두 번째는 2009년에 그의 제자인 올리버 윌리엄슨이 엘리너 오스트롬(Elinor Ostrom)과 공동으로 수상했다.◆ 가장 최근인 세 번째는 2016년에 올리버 하트(Oliver Hart)와 벵트 홀름스트룀(Bengt Holmström)이 받았다. 이 이름들로부터 명확히 추론할 수 있듯이, 거래 비용은 대단히 중요하다는 것이 드러난다. 시장의 총거래 비용이 더 낮다면 시장은 계층 조직을 이길 것이고, 더 높다면 계

<hr>

◆    대니얼 카너먼처럼 오스트롬도 경제학자가 아니면서 노벨 경제학상을 받았다.

층 조직이 이길 것이다.

이 책에서 거래 비용 경제학의 모든 깨달음을 전달할 수는 없다. 이와 관련하고 풍성하면서 탁월한 연구가 너무 많다. 대신에 우리는 군중의 강력하고 새로운 디지털 기술이 미칠 충격을 이해하는 데 특히 도움이 될 거래 비용 경제학의 한 가지 측면에 집중하고자 한다. 시장이 때로 생산비(상품과 서비스를 만드는 데 드는 모든 비용)가 더 적게 드는 반면에, 계층 조직은 대개 조정비(coordination cost, 생산 설비를 설치하고 매끄럽게 가동하는 데 드는 모든 비용)가 더 적게 든다는 기본적인 경험 법칙에서 시작하기로 하겠다. 이 책에서 논의한 기술들은 비용을 크게 줄여주며, 특히 조정비를 줄이는 데 뛰어나다. 검색엔진, 저렴한 세계 통신망, 정보재 전반의 무료, 완전성, 즉시성의 경제가 어떤 식으로 조정비를 낮출지는 쉽게 알 수 있다.

논리적으로 볼 때 여기서 조정비가 낮아지면 시장의 매력이 점점 더 커지는데 비교 열위가 줄어들기 때문이다. 이는 톰 말론과 그의 동료 연구진이 예측한 것처럼, 시장이 더 많이 쓰이고 계층 조직이 점점 덜 쓰이는 것을 보게 된다는 의미다. 그리고 몇 가지 중요한 방식으로 이는 우리가 지금 보고 있는 것이기도 하다. 즉 외주, 해외 위탁(offshoring), 자유 계약자 활용 등 '기업 쪼개기(unbundling)'의 여러 측면들은 최근 들어 디지털 기술이 발전하고 확산됨에 따라 상당히 증가해왔다. 한 기업의 위계 조직 내에서 이루어져 왔던 일들의 상당수가 시장으로 옮겨가는 대규모 움직임이 진행되고 있다는 것은 매우 분명하다.

하지만 기업은 여전히 점점 더 강해지고 있으며, 여러 면에서 그 경제적 영향이 줄어드는 것이 아니라 더 증가하고 있다는 점도 분명하다. 그렇다면 거래 비용 경제학의 기본 경험 법칙이 틀린 것일까? 아니, 그렇지는 않다. 하지만 현대화할 필요가 있다. 〈기업의 본질〉이 발표된 뒤로 80년 동안 많은 연구들이 코스의 통찰을 뒷받침하고 확장시켜 왔다. 그 논문에만 계속 의존하는 것은 19세기 중반에 이루어진 그레고어 멘델의 연구를 유전학의 최종 결과라고 간주하고, 그 뒤에 일어난 왓슨과 크릭의 DNA 발견을 비롯한 모든 연구 결과를 무시하는 것과 비슷하다.

## 불완전한 계약 문제

거래 비용 경제학의 후속 연구들 중에서 이 책의 내용과 가장 관련이 깊은 것은 불완전 계약과 잔여 통제권이라는 개념이다. 샌디 그로스먼(Sandy Grossman)과 올리버 하트(Oliver Hart)는 이런 질문을 함으로써 새로운 길을 열었다.[25] "기업 소유자는 소유자가 아닌 사람들이 보유하지 않은 어떤 권리를 갖고 있을까?" 그들은 소유권이 계약이 불완전한 범위 내에서만 가치가 있다고 추론했다. 건물, 기계, 특허의 이용에 관한 가능한 모든 상황이 계약서에 적혀 있다면, 그 자산의 한쪽 당사자를 '소유자'라고 이름 붙여도 아무런 추가 권리가 제공되지 않을 것이다.

하지만 계약이 불완전하다면 소유자는 잔여 통제권(residual rights of control)을 지닌다. 계약에 적힌 것 외에는 자산을 가지고 원하는 대로 무엇이든 할 수 있다는 뜻이다.* 계약서에 당신의 자동차를 어떤 색깔로 칠할지, 언제 엔진오일을 교환할지, 오디오를 교체할지, 동네의 어느 나이 든 부인에게 1달러에 팔아도 될지 등이 전혀 적혀 있지 않다면, 당신은 소유자로서 그런 결정을 내릴 권리를 지닌 것이 분명하다. 하트는 이런 질문들을 깊이 파고들었고, 존 무어(John Moore)** 및 벵트 홀름스트룀과 함께 매우 큰 영향을 끼친 논문들을 썼다.***

하지만 모든 것의 분산화를 적극 지지하는 사람이라면 이렇게 질문할 수도 있다. 계약이 언제나 틀림없이 불완전하다고 가정하는 이유가 무엇일까? 더 열심히 노력하면 완전한 계약을 작성하는 데 성공할 수도 있지 않을까? 사실상 둘 이상의 당사자들이 시간이 흐르면서 자신들에게 어떤 일이 일어나든 간에 그 자동차(또는 다른 자산)의 역할, 권리, 책임, 보상에 관련된 모든 사항들을 다 계약서에 적을 수 있지 않을까? 그런 완전한 계약이 정말로 가능하다면 잔여 통제권도, 자동차를 실제로 누가 소유하는지에 관한 문제도 아예 걱정할 필요가 없을 것이다. 본질적으로 이는 DAO가 가정한 것이 이루어질 수 있다는 뜻이다. 미래의 모든 결정을 포괄적인 계약에 담을 수 있다는 것이다.

그러나 이 문제를 연구한 거의 모든 경제학자들은 현실적으로 완전한 계약이 가능하지 않다고 주장한다. 세상은 복잡한 곳이고, 미래는 대체로 알 수 없으며, 우리 인간의 지능은 한정되어 있다. 이런 요인들이 결합됨으로써 어떤 현실의 사업 상황에서 완전한 계약(소유권의 필요성을 진정으

---

◆　　법과 도덕의 한계 내에서 할 수 있다는 뜻이다.

◆◆　Oliver Hart and John Moore, "Property Rights and the Nature of the Firm", *Journal of Political Economy* 98, no. 6(1990): 1119~58.

◆◆◆　Oliver Hart and Bengt Holmström, *The Theory of Contracts*, MIT Department of Economics Working Paper 418(March 1986), https://dspace.mit.edu/bitstream/handle/1721.1/64265/theoryofcontract00hart.pdf%3Bjsessionid%3DD2F89D14123801EBB5A616B328AB8CFC?sequence%3D1. 홀름스트룀이 더 앞서 썼던 "주인-대리인 문제(principal-agent problem)"에 관한 선구적인 논문(Bengt Holmström, "Moral Hazard and Observability", Bell Journal of Economics 10, no. 1[1979]: 74~91, http://www.jstor.org/ stable/3003320)은 불완전 계약 이론을 포함하여 유인 계약의 경제학에 관한 많은 후속 문헌들의 토대가 되었다. 홀름스트룀과 폴 밀그롬(Paul Milgrom)은 모든 규칙과 규범을 포함하여 기업 자체를 유인 체계로 생각하는 것이 유용할 수 있다고 했다. Bengt Holmström and Paul Milgrom, "The Firm as an Incentive System", *American Economic Review* 84, no. 4 (1994): 972~91, http://www.jstor.org/stable/2118041.

로 없앨 계약)을 작성하기가 엄청나게 어려워진다. 사실상 불가능할 가능성
이 높다.

사실상 이는 두 사람이 한 과제를 위해 협력하는 데 한쪽이 결과물을
내놓는 데 필요한 기계나 공장 같은 핵심 자산을 소유하고 있을 때, 소유
자가 잔여 통제권을 지닌다는 의미다. 둘 중 한쪽이 기계의 생산량을 늘
릴 아주 참신한 아이디어를 떠올린다면, 소유자는 더 이상 의논하지 않
고 그 아이디어를 실행할 수 있다. 반면에 소유자가 아닌 쪽은 소유자의
허가를 받아야 한다. 이 요구 조건은 소유자에게 이를테면 추가 생산물
의 이익을 나누자고 주장할 협상력을 제공한다. 거래 비용 경제학은 이
를 '홀드업 문제(hold-up problem)'라고 한다. 그 결과 소유권은 크든(신제품에
관한 아이디어처럼) 작든(재고 물품을 분류하는 더 나은 방법처럼) 간에 혁신을 위한 유인
에 영향을 미친다.

기본적으로 소유권을 바꾸면 유인이 바뀌며, 따라서 결과도 바뀐다.
다른 누군가의 자산을 갖고 일하는 직원들은 자신의 자산을 소유한 독립
된 계약자와 유인이 다르다. 그것이 바로 기업의 경계가 중요한 한 가지
이유다. 한 기업, 한 공급망, 한 경제 전체의 효율적 설계에서 한 가지 중
요한 문제는 자산, 따라서 유인이 어떻게 배치되는가다.

따라서 기업이 존재하는 근본적인 이유 중 하나는 그저 시장 참여자
들을 불러 모아서 완전한 계약서를 작성하기가 불가능하기 때문이다. 가
능한 모든 상황에서 누가 무엇을 하고, 누가 무엇을 얻는지를 다 열거한
계약서, 현실 세계가 앞으로 펼쳐질 수 있는 가능한 모든 방식을 전부 나
열한 계약서 말이다. 기업은 사실상 이 문제의 해결책이다. 잔여 통제권
을 누가 행사하고(기업의 소유자를 대신하는 관리자의 일이다), 누가 보상을 수확하는

지(소유자를 포함하는 기업의 주주들이지만, 모든 계약 조건들이 충족된 뒤에 발생하는 가치를 나누어 가질 협상력을 지닌 다른 사람들도◆ 포함될 것이다)를 결정하는 미리 정한 방식이다.

물론 이 같은 배치가 잘 작동할 것이라는 보장은 결코 없다. 관리자는 우유부단하거나 무능하거나 부패하거나 그저 잘못할 수도 있고, 주주는 돈을 잃을 수 있다. 하지만 기업은 작동하기 때문에 존재하고 견디며, 어느 정도는 시장을 괴롭히는 불완전 계약과 잔여 통제권이라는 문제를 해결하기 때문에 작동한다.

## 분산화 기술의 문제

이런 통찰들은 이 장에서 논의한 비트코인, 블록체인, 이더리움, DAO의 최근 문제들을 이해하는 데 도움을 준다. 블록체인은 처음부터 가능한 한 분산되고 통제 불가능하도록 설계되었다. 궁극적인 반위계 조직이 되고자 했다. 그렇다면 블록체인이 자신이 좋아하지 않는 방향으로 진화한다면 그 열광자들은 무엇에 호소할 수 있을까? 예를 들면 중국의 거대한 장벽 뒤에서 점점 더 집중되어 운용되기 시작한다면 어떻게 해야 할까? 이는 여러 면에서 암호화폐와 분산형 원장의 원래 비전과 정반대의 모습이 된다. 하지만 원래의 비트코인 열광자들이 그런 추세를 바꾸거나 되돌리는 것도 거의 불가능하다. 소규모 거래자 집단이 주식시장 전체의 추세를 바꾸는 것만큼이나 어려울 것이다.

비트코인과 블록체인 프로그래머들이 최종 결정을 내릴 어느 한 권위자(공식적이든 비공식적이든 간에)가 없이도 두 적대적인 진영으로 나뉠 만큼

◆   노동조합, 지역 공동체, 중앙 정부, 영향력 있는 고객, 주요 공급자도 포함될 수 있다.

충분히 안 좋다. 게다가 그들의 창안물이 기술과 시장 양쪽으로 줄곧 심하게 간섭해온 권위적인 정부의 통제하에 점점 들어가고 있다면 더욱 안 좋다. 블록체인을 하나로 엮고 있으면서 오로지 코드에 담겨 있고 수학을 통해 지탱되는 계약은 채굴 네트워크가 지리적으로 너무 집중된다면 무엇을 할지 또는 무엇을 해야 할지를 규정하지 않았다. 그리고 일단 이 계약의 불완전성이 눈에 띄는 쟁점이 되었을 때 기댈 만한 그 어떤 소유자도 없었다.

DAO의 문제는 더욱 심각했다. 위계 조직에서 100퍼센트 자유로운 동시에 100퍼센트 완전 계약을 실현시키려는 노골적인 의도를 갖고 있었기 때문이다. 그 구성원들은 감사나 검토, 의존 없이, 다시 말해 그 어떤 위계 조직, 관리자, 중앙 집중된 소유권 없이, 모든 결정이 군중을 통해 이루어지는 온라인 환경 내에서 참여하겠다고 서명을 하고 자본을 투자했다. 돈을 받고, 제안을 받아들이고, 제안들을 놓고 표결을 하고, 그 결과에 따라 돈을 배분하는 코드와 분산형 블록체인만 있었다. DAO는 결정과 그에 따른 결과를 재고하는 일이 전혀 없을 것임을 명확히 했다. 따라서 이더의 3분의 1이 익명의 해커에게 전송되었을 때, 그 완전 계약하에서 그 결과는 정당했다. 2016년 7월에 선언된 이더리움 소프트웨어의 하드 포크는 해커의 작업을 되돌렸다. 하지만 그 암호화폐 공동체의 많은 구성원들은 그 쪼개기에 분개했다. 그 구성원들은 그런 쪼개기가 바로 소유자가 할 법한 종류의 일이라고 보았다. 그런데 이더리움의 기본 목적은 소유자가 전혀 없을뿐더러, 더 기본적으로는 소유할 수가 없다는 것이었다. 그 결과 이더리움 공동체는 둘로 쪼개졌다. 거래 비용 경제학과 불완전한 계약의 실상에 정통한 사람들은 아마 이런 결과를 예측했을지도 모른다.

우리 두 저자는 DAO 같은 완전히 분산되어 있고 철저히 군중 기반의 조직이 기술적으로 아무리 확고한 토대를 지니고 있던 간에, 경제적으로 주류가 될 것이라는 생각에는 비관적이다. 그런 조직은 불완전 계약과 잔여 통제권의 문제를 해결할 수가 없다. 기업은 계약 상대방에게 명시적으로 넘기지 않은 모든 결정을 관리자가 하도록 허용함으로써 해결하는 데 말이다. 스마트 계약은 흥미로우면서 강력한 새로운 도구이며 쓰일 곳이 분명 있겠지만, 이를테면 기업으로 하여금 사업을 계속 영위하도록 하는 근본적인 문제를 해결하지 못한다. 기업은 제대로 기능을 하는 완전 계약이 작성하기가 불가능하기 때문에 존재한다. 너무 어렵다거나 집행하는 데 비용이 많이 들어서가 아니다.

하지만 미래의 기술이 궁극적으로 완전 계약을 작성하는 것을 가능하게 만들지 않을까? 몇몇 기술은 도움이 될 수 있다. 예를 들어 사물인터넷(IoT)에서 보듯이, 점점 더 만연해지는 센서들을 통해 우리의 행동과 그 결과를 훨씬 더 많이 지켜보는 것은 가능할 수 있다. 점점 향상되는 컴퓨터 성능은 미래의 많은 결과들을 낳을 결정을 모사하고 선택하고 저장하는 것을 가능하게 만들 수 있으며, 네트워크는 이 모든 데이터와 정보를 최종 판결과 결론을 내릴 중앙 센터로 보내는 것을 가능하게 만들 수 있다. 하지만 컴퓨터는 한쪽 당사자에게 결과를 예견할 수 있게 하는 것만큼 빠르게, 상대방에게도 더 복잡한 가능성을 살펴볼 수 있도록 한다. 《이상한 나라의 앨리스》에 나오는 붉은 여왕처럼, 기계는 생성되는 모든 상황을 계속 고려하기 위해 더욱 빨리 가동되어야 할 것이다. 결국 계약은 여전히 불완전한 상태에 있을 것이다.

## 기업의 존속과 특성

기업은 또한 함께 일하기 위해서 끊임없이 계약서를 쓰는 자유 계약 자들로만 이루어지는 세계에서는 따라 하기가 어려울 다른 몇 가지 경제적 및 법적 기능도 수행하기 때문에 존재한다. 예를 들면 기업은 무한정 존속할 것이라고 여겨지며, 그래서 장기 계획과 투자에 적합해진다. 또 기업은 예측 가능성과 확신을 제공하는 잘 발달한 많은 법규 집합(개인에게 적용되는 것과 다른 법규)의 통제를 받는다. 그 결과 기업은 많은 유형의 사업을 수행할 때 선호되는 매개체로 남아 있다.

사실 디지털 기술이 가장 큰 충격을 미치고 있는 경제 분야(기계, 플랫폼, 군중이 가장 멀리까지 뻗어나간 분야)에서도 우리는 여전히 어디에서나 기존 방식의 기업들을 본다. 그 기업들 중 상당수가 50년 또는 100년 전의 기준으로 보면 다르게 일하고 있다는 것은 사실이다. 에어비앤비, 우버, 클래스패스 같은 플랫폼 기업들은 소수의 안정적인 집단 대신에 크고 유동적인 개인과 단체의 네트워크와 일하고 있다. 이 기업들은 일부 유형의 협력자들이 가능한 한 쉽게 자신들과의 사업 관계에 들어오거나 떠날 수 있도록 노력함으로써 '주문형 경제'라는 개념을 만들어내고 있다. 또 다른 기업들은 블록체인, 스마트 계약, 그 밖의 극도로 분산화된 기술들이 지닌 가치를 어떻게 전달할지를 탐구하고 있다. 하지만 그들은 거의 다 4세기 넘게 존속해온 조직 형태인 주식회사라는 지극히 전통적인 구조 내에서 이 급진적인 목표를 추구하고 있다.✦

이 기업들을 방문할 때면 우리는 그들이 대단히 평범하다는 인상을 받는다. 모두 직원, 직함, 중간 관리자, 경영진이 있다. 기업들은 모두 최고경영자와 이사회가 있다. 오로지 가상으로만 이루어진 기업은 거의 없다. 정반대로 물리적 사무 공간, 책상, 회의실을 갖추고 있다. 우리가 업무상 들렀던 많은 기업들보다 컴퓨터 화면이 좀 더 크고, 탁구대와 운동 기구가 더 많고, 무료 간식과 식사 같은 처우가 더 나을 수도 있지만, 그런 것들이 주된 차이라고 할 수 있을까?

## 경영이 왜 중요한가

기업의 중간 관리자는 표준적인 조직 구조 내에서 가장 해로운 집단 중 하나가 되어왔다. 영화 〈뛰는 백수 나는 건달(Office Space)〉에서부터 영국과 미국의 TV 드라마 〈오피스(The Office)〉에 이르기까지 대중문화에서 그들은 거의 언제나 부정적으로 그려진다. 즉 직원의 열의를 짓밟고, 시간을 낭비하며, 의욕을 좌절시키는 아무런 가치 없는 좌충우돌하는 인물로 그려진다. 많은 사람들은 일단 컴퓨터와 네트워크가 충분히 도입되면, 중간 관리자들의 서류 전달 및 보고 기능이 자동화될 것이고, 그들을 필요로 하는 일이 적어질 것이라고 기대했다.

하지만 상황은 그런 식으로 진행되지 않았다. 미국 노동통계청에 따르면, 중간 관리자는 1998년에 미국 노동력의 약 12.3퍼센트를 차지했는데, 2015년에는 오히려 15.4퍼센트로 늘어났다.[26] 그리고 다른 많은 직업들도 시간이 흐르면서 상당히 더 관리직처럼 변해왔다는 강력한 증거

---

◆ 　주식회사는 기업의 운영에 영향을 주지 않고 사람들이 사고팔 수 있는 주식을 발행한다. 역사가 적어도 1602년까지 거슬러 올라간다. 네덜란드 동인도 회사가 암스테르담 주식 거래소에 주식을 상장했을 때부터였다. Andrew Beattie, "What Was the First Company to Issue Stock?" Investopedia, accessed March 13, 2017, http://www.investopedia.com/ask/answers/08/first-company-issue-stock-dutch-east india.asp.

가 있다. 2015년에 경제학자 데이비드 데밍(David Deming)은 1980~2012년에 미국 경제 전체에서 다양한 역량들의 수요를 살펴본 흥미로운 연구 결과를 발표했다.[27] 예상대로 이 기간에 인지적 및 신체적 양쪽으로 틀에 박힌 역량들의 수요는 2장에서 서술한 마음과 기계의 표준적 파트너십이 경제 전체로 확산됨에 따라 급감했다.

또 데밍은 조정, 타협, 설득, 사회적 감수성을 '사회적 기술(social skills)'이라고 이름 붙이고[28] 그것의 수요 변동도 파악할 수 있었다. '사회적 기술 과제 입력(social skill task inputs)', 다시 말해 그런 과제들의 전반적인 이용도는 1980~2012년에 24퍼센트 증가한 반면, '비루틴적이고 분석적인 역량'의 이용도는 11퍼센트 증가했다. 게다가 고도의 사회적 기술을 요구하는 일자리들은 고도의 수학적 기량까지 요구하든 그렇지 않은 간에, 이 기간에 총고용에서 차지하는 비율이 높아졌다. 이 모든 일자리가 다 관리직은 아니지만, 그 기간에 걸쳐 경제 전체가 좋은 관리자가 잘하는 것들을 더 요구해왔다는 점은 명확하다. 사람들의 감정과 우선순위를 알아차리고 그들이 잘 협력하여 일하도록 만드는 능력이다.

무슨 일이 일어나는 것일까? 경제계는 왜 더 높은 비율로 관리자를, 그리고 사회적 과제에 뛰어난 직원들을 더 많이 필요로 하게 된 것일까? 강력한 디지털 기술이 확산되는 와중에 말이다. 우리는 관리와 사회적 역량이 계속 중심에 놓이는 매우 상호 의존적인 세 가지 중요한 이유가 있다고 생각한다.

첫 번째이자 가장 명백한 이유는 세계가 너무나 복잡하고 빨리 변하고 있다는 것이다. 그런 세상에서 번창하려면 끊임없는 조정 작업이 필요하다. 자동 업데이트와 소셜 미디어에서의 대화만으로는 그 모든 것을 이룰 수 없다. 그런 활동이 대단히 가치가 있긴 하지만, 그렇다고 해서 조직의 '전송 벨트(transmission belt)'[29]의 필요성이 사라지지는 않는다. 전송 벨트는 우리의 MIT 동료인 폴 오스터먼(Paul Osterman)이 중간 관리자를 묘사한 탁월한 비유다. 중간 관리자는 사소한 문제들을 해결하고, 큰 문제들을 올려 보내고, 상향과 하향 양쪽의 의사소통을 해석하고 명확히 하며, 동료들과 협상하고 논의하는 등 다양한 방식으로 자신의 사회적 기량을 펼친다. 뛰어난 변호사를 가리키는 오래된 정의는 '법정에 가기 전에 문제를 제거하는 사람'이다. 정말로 뛰어난 관리자도 거의 같은 일을 한다. 조직의 업무가 매끄럽게 이송되도록 하고, 걸려서 멈추지 않도록 막는다.

사람의 사회적 기술이 그토록 계속 가치가 있는 두 번째 이유는 우리 대다수가 숫자와 알고리즘만으로는 그다지 설득력을 느끼지 못하기 때문이다. 우리는 통계적으로 중요한 결과가 가득 담긴 표보다는 좋은 이야기나 압도적인 일화에 훨씬 더 잘 설득된다. 이것이 우리의 또 다른 인지 편향임은 분명하지만 어느 누구도 무시할 수 없는 것이다. 그래서 영리한 기업은 고객뿐만 아니라 직원들을 대할 때에도 섬세한 설득의 기술에 깊이 의존한다. 데밍이 파악했듯이, 바로 이것이 분석 능력이 고도의 사회적 기술과 결합될 때 더욱 가치를 지니는 이유다. 이 조합은 좋은 아이디어가 퍼지고 받아들여지도록 돕는다.

세 번째 이유는 가장 모호하지만 아마도 가장 중요할 것이다. 우리 인간이 함께 일하고 서로를 돕고 싶어 한다는 것이며, 우리는 그렇게 하도록 격려할 수 있고 또 격려해야 한다. 세상에는 많은 사회적 동물이 있지만 영장류학자 마이클 토마셀로(Michael Tomasello)는 이렇게 멋지게 요약했다. "침팬지 두 마리가 함께 통나무를 옮기는 모습을 본다는 것은 상상도 할 수 없다."[30) 그리고 지금까지 존재한 거의 모든 대규모 인간 집단에서는 처리할 일을 한정하고 구체화하는 일을 맡은 사람들이 있었다. 그런 일들이 제대로 이루어지지 않을 때 전제군주, 선동가, 조종자, 독재자 등 온갖 나쁜 권력자나 파벌이 등장한다. 잘 해낼 때에는 '리더십'과 '권한'과 조직 같은 용어들이 남용되면서 하찮게 들리게 되고, 초대형 여객기, 높이 800미터를 넘는 초고층 빌딩, 주머니에 들어갈 크기의 컴퓨터, 세계적인 디지털 백과사전 같은 놀라울 만큼 복잡한 것을 만들 수 있는 조직을 얻는다.

## 표준적 파트너십을 넘어

여기서 조직을 어떻게 이끌지를 깊이 살펴볼 수는 없지만(마찬가지로 그 주제를 다룬 책이 무수히 나와 있다) 우리와 함께 일하고 있는 성공했으며 기술적으로 복잡한 기업에서 관찰한 관리 방식의 일관적인 특징 두 가지를 지적하고 싶다. 첫 번째는 평등주의, 특히 발상의 평등주의다. 이 기업들은 명확한 조직 구조와 계층 관리 조직을 지니지만, 비록 신입 직원이나 하위직이 내놓은 발상이라고 해도, 핵심 역량에 속한 연구개발 부서 같은 곳과 동떨어진 어딘가에서 나왔다고 해도, 그 발상에 귀를 기울이는 문화도 가지고 있다. 이 같은 발상의 상향 침투는 때로는 기술을 통해 촉진되고, 때로는 기존 경로를 통해 일어난다.

어느 쪽이든 간에 이런 기업 내 관리자들의 주된 자세는 자신의 편견과 판단이 자신이 듣는 발상 중 어느 것이 좋은 것인지, 따라서 실행할 가치가 있는지를 결정하는 데 너무 큰 역할을 하지 않도록 노력하는 것이다. 대신에 그들은 가능할 때마다 반복과 실험이라는 과정에 기대어 새로운 발상에 대해 평가할 만한 공정한 증거를 찾는다. 다시 말해 관리자들은 발상의 평가자와 문지기라는 전통적인 역할과 거리를 둔다. 이런 변화를 불편하게 여기는 사람들도 있다. 그들은 혹시나 나쁜 발상이 빛을 보지나 않을까 걱정하지만(타당하다), 우리가 만난 가장 인상적인 기업들과 관리자들 중 상당수는 위험보다 혜택이 훨씬 더 크다고 믿는다. 한 예로 온라인 교육 회사 유다시티(Udacity)에서는 발상에 관한 평등주의가 회사의 사업 모델과 비용 구조에 아주 긍정적인 변화를 가져왔다.

유다시티는 많은 컴퓨터 프로그래밍 강의를 제공하는데 모두 과제 중심이다. 시험을 치는 대신에 학생은 코드를 작성하여 제출한다. 제출된 코드는 원래 유다시티 직원들이 평가했다. 그들이 평가 결과를 학생에게 보내는 데는 평균 2주가 걸렸다. 개발자인 올리버 캐머런(Oliver Cameron)은 외부인도 유다시티 직원처럼 학생 평가를 할 수 있는지, 더 나아가 더 빨리 할 수 있는지 알아보고 싶었다. 당시 COO인 비시 마키자니(Vish Makhijani, 나중에 CEO로 승진했다)는 우리에게 이렇게 말했다.

올리버가 한 실험은 기본적으로 과제를 제출받고, 그것을 검토할 사람들을 뽑는 것이었어요. 과제가 들어오면 내부 직원이 검토하고, 외부 사람도 뽑아서 검토하게 하는 것이죠. 그런 뒤 둘을 비교합니다.
"꽤 비슷한 수준인데." 몇 번 더 해보자.
"와, 이럴 수가. 알아차렸어? 재능 있는 사람들이 넘쳐나. 이곳 마운트뷰에 군이 직원을 고용할 필요가 없겠어. 비록 더 낫지 않다고 해도 사실상 똑같이 의미 있는 수준의 피드백을 줄 수 있어."

그 뒤에 우리는 생각하기 시작했죠. "그런데 대가를 어떻게 지불해야 하지?" 우리는 지불액을 달리하면서 실험을 시작했어요. "와, 30퍼센트만으로도 할 수 있어." 그는 하나하나 직접 시험해보면서 이 결과물을 만들어서 6주가 안 되는 시간 내에 내놓았어요.[31]

우리가 마키자니에게 유다시티의 성적 평가를 외부인에게 개방하는 것을 공식적으로 승인했는지 묻자, 그는 승인하지 않았다고 대답했다.

나는 단지 이렇게 말했어요. "꽤 괜찮아 보이는데. 계속해봐." 그래서 그는 계속했죠. 흥미로운 점은 (유다시티 설립자) 세바스천 스런(Sebastian Thrun)이 그것이 최고라고 말했다는 거예요. 그는 이렇게 말했어요.
"모바일 앱에 한 가지 수정을 하려고 했는데, 앱 스토어에서 그걸 발견한 거죠." 여기에는 그 어떤 제품 검토도 없고, 비시와 논의해서 생각을 명확히 가다듬어야 하는 일 따위도 전혀 할 필요가 없어요. 나는 시장에 무엇을 내놓고 또는 내놓지 말아야 할지를 거르는 절대적으로 완벽한 필터를 갖고 있지 않아요. 그 모든 일들을 하는 창의성을 거른다는 건 더더구나 말이 안 되죠. 그러니 여기서 모든 사람들의 집단 뇌를 이용하지 않을 이유가 어디 있어요?[32]

평등주의를 드러내거나 지지하는 것 외에, 제2의 기계 시대의 기업들은 높은 수준의 투명성을 지닌다. 전형적인 기업들보다 더 많은 정보를 더 폭넓게 공유한다. 〈월스트리트저널〉의 기술 평론가 크리스토퍼 밈스(Christopher Mims)는 정보 투명성과 평면적이고 빠르고 증거 기반의 관리 방식이 매우 상호 보완적이라고 지적한다.[33] "이 비교적 평면적인 계층 조직을 가능하게 만드는 것은 예전에는 구하기가 어려웠거나 해석하려면 더 높은 관리자가 필요했던 데이터를 일선 직원들이 본질적으로 무제한적으로 접하고 있다는 점이다." 밈스는 평등주의와 투명성의 조합이 "중간 관리층의 종말이 아니라 일종의 진화"라고 요약한다. "내가 이야기해본 모든 기업에는 선수이자 코치 역할을 하는 중간 관리자와 선임 관리자가 있었다. 직접 일을 하는 동시에 다른 사람들을 지휘하는 이들이었다."

우리는 동일한 현상을 목격하고 있다. 또 적어도 20년이 지난 지금 마음과 기계 사이의 표준적 분업이 전혀 다른 무언가에 밀려나고 있는 것을 본다. 제2의 기계 시대의 기업들은 현대 기술을 대니얼 카너먼의 시스템 1과 시스템 2(2장에서 논의했다), 그리고 인간의 능력과 편견에 대한 더 깊은 이해와 결합하여 결정을 내리고 평가하는 방식, 새로운 발상을 내놓고 다듬는 방식, 고도로 불확실한 세계에서 앞으로 나아가는 방식을 바꾸고 있다.

새로운 시장이 출현하고 번성하고 있지만, 우리는 경제 자료에서 기업이 사라지고 있다고, 즉 기술 발전으로 가능해진 그 어떤 분산형 자율 조직으로 완전히 대체되고 있다고 시사하는 증거를 전혀 찾을 수 없다. 거래 비용 경제학, 불완전 계약 이론, 다른 분야들에서 나온 통찰은 그런 일이 일어나지 않으리라는 이유를 몇 가지 드러낸다. 하지만 이 학문 분야는 나름대로 가치가 있긴 해도 그 문제를 바라보는 관점이 너무 협소하다.

불완전 계약과 잔여 통제권 때문에 언제나 기업은 필요한 존재로 남아 있을 것이다. 하지만 기업은 훨씬 더 중요한 이유로도 존재할 것이다.

세상에서 큰일을 해내기 위해 우리가 고안한 최고의 방법 중 하나로서 말이다. 사람들을 먹여 살리고, 건강을 도모하고, 오락거리를 제공하고, 지식을 얻게 하고, 삶의 물질적 조건을 개선하고, 시간이 흐를수록 지구 전체에서 점점 더 많은 사람들이 그 혜택을 보도록 하는 일들이 그렇다. 군중의 새로운 기술들은 이 모든 일들에 큰 도움을 주겠지만 기업을 대체하지는 않을 것이다. 기업은 핵심 역량의 주춧돌을 이루는 기술 중 하나다.

SUMMARY 요점

- □ DAO의 실패와 비트코인 채굴 네트워크가 직면한 도전 과제들은 완전히 분산된 조직이라는 개념이 지닌 문제점들을 보여준다.

- □ 거래 비용 경제학과 기업의 이론은 이런 문제들을 이해하기 위한 좋은 토대가 된다.

- □ 기술 발전으로 거래 비용과 조정 비용이 낮아져 온 것은 분명하며, 그 결과 새로운 시장과 시장 지향적인 사업 모델이 출현하는 데 기여해왔다.

- □ 그렇지만 대부분의 산업과 지역에서 경제 활동은 분산되기는커녕 집중되고 있는 것이 현실이다. 더 소수의 기업들이 더 많은 가치를 끌어 모으고 있다.

- □ 기업을 비롯한 비시장 조직들은 불완전한 계약의 문제(계약서에 혼란스러운 현실 세계에 존재하는 모든 가능한 우연한 상황들을 현실적으로 다 적을 수 없다는 사실)를 처리하는 데 필요하다. 기업 내에서 관리자는 (소유자와 주주를 대리하여) 잔여 통제권을 지닌다. 계약서에 적혀 있지 않은 결정을 내릴 권리다.

- □ 기업 경영자와 관리자는 계약서상 다른 어딘가에 위임되어 있지 않은 결정만을 내리는

일만 하는 것이 아니다. 그들은 사람들의 협력을 도모하고, 목표와 비전과 전략을 명확히 하고, 조직의 문화와 가치를 조성하는 등 많은 필수적인 일들을 수행한다.

☐ 기술이 발전하고 있지만, 기업은 계약서의 결함을 효과적으로 처리하고 다른 많은 혜택을 주기 때문에 앞으로도 오랫동안 경제 경관(economic landscape)의 일부로 남아 있을 것이다.

☐ 제2의 기계 시대의 선도적인 기업들은 산업 시대의 기업들과 전혀 달라 보일지 모르지만, 기업임을 언제나 쉽게 알아볼 수 있을 것이다.

1 현재 쇄도하고 있는 기술 앞에서 당신의 조직이 3~5년 안에 어떻게 달라지기를 원하는가? 마음과 기계, 생산물과 플랫폼, 핵심 역량과 군중 사이의 균형을 어떻게 바꾸고 싶은가?

2 가장 간직하고 싶은 결정 권한은 무엇인가? 그런 결정을 내리기 위해 소유할 필요가 있는 자산은 무엇인가?

3 다음 분기에 표준적 파트너십을 넘어서기 위해서 당신이 취할 가장 중요한 단계는 무엇인가?

4 당신의 목표를 더 잘 수행하는 방법은 자신의 플랫폼을 관리하는 것, 다른 플랫폼에 참여하는 것, 자신의 생산물에 초점을 맞추는 것, 이 전략들을 적절히 조합하는 것 중 어느 것인가?

5 당신은 덜 집중되고 더 분산되도록 얼마나 멀리까지 밀고 갈 의향이 있는가? 손을 덜 대고 더 자동화하는 쪽으로는 어떤가?

6 당신의 조직에서 관리자들은 발상의 문지기 역할을 얼마나 자주 하는가? 왜 그렇게 하는가? 당신은 대안을 살펴보고 있는가?

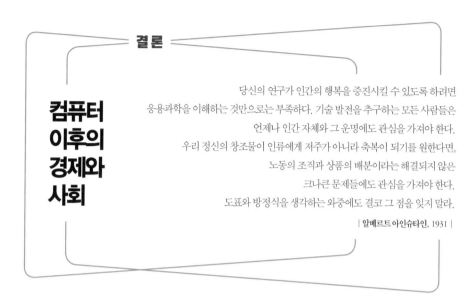

# 컴퓨터 이후의 경제와 사회

당신의 연구가 인간의 행복을 증진시킬 수 있도록 하려면
응용과학을 이해하는 것만으로는 부족하다. 기술 발전을 추구하는 모든 사람들은
언제나 인간 자체와 그 운명에도 관심을 가져야 한다.
우리 정신의 창조물이 인류에게 저주가 아니라 축복이 되기를 원한다면,
노동의 조직과 상품의 배분이라는 해결되지 않은
크나큰 문제들에도 관심을 가져야 한다.
도표와 방정식을 생각하는 와중에도 결코 그 점을 잊지 말라.

| 알베르트 아인슈타인, 1931 |

앞으로 10년 안에 당신은 지금보다 100배 더 성능이 뛰어난 컴퓨터를 가지게 될 것이다. 수십억의 두뇌와 수조 대의 기기들이 인터넷에 연결될 것이고, 그 모든 것들은 우리 인류의 집단 지식에 접근할 뿐만 아니라 그 지식에도 기여할 것이다. 그리고 그 10년이 지날 즈음에는 소프트웨어 행위자들이 점점 더 많은 지식에 접근할 것이고, 더 많은 지식에 기여할 것이다.

현재 살고 있는 사람들은 보건의료, 교통, 소매 같은 다양한 영역에서 효과적인 인공지능의 출현을 목격하는 독특한 경험을 하고 있다. 우리는 인간의 말을 이해하고 적절히 반응하는 기계, 사물을 조작하고 돌아다니면서 옮기는 로봇, 스스로 조종할 수 있는 차량과 함께 일하고 있다.

이런 발전이 사업에 어떤 의미가 있는지를 이해할 때, 번창하는 것과 단순히 생존하는 것의 차이가 빚어질 수 있다. 또는 생존하는 것과 사라지는 것의 차이를 낳을 수도 있다.

기술 발전은 기업을 시험한다. 사실, S&P 500지수에 든 미국에서 가장 자산가치가 큰 기업들의 평균수명은 1960년에는 약 60년이었다가, 지금은 20년 이내로 크게 줄었다. 조지프 슘페터가 말한 '창조적 파괴'가 이 디지털 시대에 무수히 일어나고 있으며, 이 책은 대부분의 지면을 경영자들이 어떻게 하면 이 파괴 구간을 성공적으로 헤치고 나아가도록 할 수 있을까에 초점을 맞추어 왔다.

우리가 디지털 시대에 기업이 어떻게 하면 번창할 수 있을지에 관해 조언해 달라는 요청을 많이 받긴 하지만, 우리는 가장 흔한 몇몇 질문들에는 더 폭넓은 견해를 취한다. '기계-플랫폼-군중'으로의 전환이 사회에 어떤 의미가 있을까? 기계는 사람들을 실업 상태로 내몰까? 강력한 플랫폼은 우리의 모든 경제적 결정을 좌우할까? 개인은 언제 어떻게 일할지, 어디에 살지, 누구와 친구가 될지를 결정할 자유를 박탈당하게 될까?

이런 질문들은 대단히 중요하다. 하지만 그런 질문들은 이 한 가지 질문의 변이 형태일 때가 너무나 많다. "과연 기술은 우리에게 무엇을 할까?"

그리고 그것은 올바른 질문이 아니다. 기술은 도구다. 망치든 심층 신경망이든 마찬가지다. 도구는 사람들에게 어떤 일이 일어날지를 결정하지 않는다. 우리가 결정한다. 우리가 학자 생활 내내 수천 곳의 기업을 연구하면서 얻은 교훈은 기술이 대안을 만들어내긴 하지만, 성공은 사람들이 그런 대안을 어떻게 이용하느냐에 달려 있다는 것이다. 한 벤처 기업의 성공은 기술에 얼마나 많이 접근할 수 있느냐에 달린 것이 아니라, 그 기술을 어떻게 활용하는지, 그리고 조직에 어떤 가치를 불어넣는지에 달려 있다.

우리는 개인적으로 사회적으로 이용할 수 있는 전보다 더 강력한 기술을 지니고 있다. 이는 전보다 세계를 바꿀 능력을 더 많이 지니고 있다는 뜻이다. 기본적으로 우리는 이전 세대들이 아예 할 수 없었던 것들을 할 자유를 더 많이 가지고 있다. 어느 한 가지 미래에 갇혀 있는 대신에, 우리는 미래를 빚어낼 더 큰 능력을 가지고 있다.

따라서 우리는 "기술이 우리에게 무엇을 할까?"라고 묻지 말고, "우리는 기술을 갖고 무엇을 하고 싶을까?"라고 물어야 한다. 우리가 무엇을 원하는지를 깊이 생각하는 것이 전보다 더욱 중요해졌다. 더 많은 힘과 더 많은 대안을 지닌다는 것은 우리가 어디에 가치를 두느냐가 전보다 더 중요하다는 뜻이다.

이 책에서 우리는 이 디지털 시대의 세 가지 큰 균형 조정을 서술해왔다. 마음과 기계, 생산물과 플랫폼, 핵심 역량과 군중이 그렇다. 비록 중요한 패턴과 원리가 작동하고 있긴 하지만, 우리 연구는 성공의 공식이 단 하나가 아님을 보여준다. 기계는 점점 더 다양한 분야에서 더 나은 결정을 내릴 수 있지만, 인간은 여전히 엄청난 역할을 맡고 있다. 마찬가지로 '플랫폼'이나 '군중'으로 완전히 대체한다고 해서 성공이 보장되는 것은 아니다.

게다가 이 세 차원 각각에서 기업의 최적 균형점은 단 하나만 있는 것이 아니다. 대신에 성공 전략은 늘 어느 범위에 걸쳐 있다. 애플이나 구글만큼 크게 성공한 기업은 거의 없다. 이 두 기업은 플랫폼에 의존하지만 양쪽의 플랫폼은 성격이 전혀 다르다. 개방 정도도 다르고, 군중에 의존하는 양상도 다르다. 게다가 우리가 기술한 원리들 외에, 물론 좋은 설계자의 창의성에서 주요 사업 동료의 지원, 기술적 돌파구를 여는 행운에 이르기까지, 여러 다양한 요인이 관여한다. 가장 빠르거나 달리는 자세가 가장 좋은 사람이 언제나 경기에서 이기는 것은 아니듯이, 사업도 가장 좋은 제품을 내놓거나 전략을 가장 잘 이해한다고 해서 반드시 성공하는 것은 아니다.

그렇다고 결과가 우연이나 무작위에 달려 있다는 것이 아니다. 여러 균형이 있으며, 각각은 꽤 안정적이고 지속적일 수 있다. 비슷해 보이는 두 게임 앱이 동시에 나왔는데, 한쪽이 일련의 사소한 결정과 사건이 이어지면서 소비자의 주의를 조금 더 끈다면, 그 우위는 자체 추진력을 얻어서 그 게임이 경쟁 게임보다 훨씬 더 널리 확산될 수 있다. 네트워크 효과, 규모의 경제, 보완재, 양면 네트워크, 학습 곡선, 다른 온갖 요인들이 초기의 사소한 결정들이 끼친 영향을 증폭시키면서 아주 강력한 경로 의존성을 일으킬 수 있다. 비경제적인 힘도 중요하다. 성공한 조직은 목적의식, 사명감, 공동체 의식을 창조한다.

기업이나 시장에 결코 단일한 균형 상태가 있는 것이 아니듯이, 현재 펼쳐지고 있는 기술의 힘들이 결정하는 어떤 불가피한 미래 같은 것도 없다. 게다가 우리 각자가 내리는 결정 하나하나는 역사의 경로를 빚어내고 바꿀 수 있다. 프리드리히 하이에크가 강조했듯이, 어느 한 사람이 경제에서 의사결정을 내리는 데 필요한 모든 지식에 접근하지는 못한다. 우리 각자는 우리만 알고 있는 자원이든, 우리 자신의 능력이든, 자신의 소망과 욕망이든 간에 어떤 핵심 지식의 일부를 지니고 있다. 자유 시장 체제의 탁월한 점은 가격 체계와 잘 정의된 재산권을 통해 서로 만나거나 이야기를 나눈 적이 없었을 수도 있는 사람들을 협력시킴으로써, 이 지식의 상당 부분을 생산적인 쪽으로 이용하게끔 유도하는 능력을 지녀 왔다는 것이다.

그러나 이제는 디지털화를 통해 새로운 도전의 물결이 일어나고 있다. 기술이 발전함에 따라 자신의 일자리를 잃을 것이라고 타당성 있는 걱정을 하는 사람들이 무수히 많으며, 실직한 뒤 그만큼 보수를 받는 일자리를 새로 찾을 수 있을지도 불확실하다. 가장 발전한 선진국에서 GDP 중 임금이 차지하는 비중은 줄어들어 왔으며,[1] 소득 분포의 절반 이하에 속한 사람들의 실질임금은 20년 전보다 줄어들었다. 게다가 기술의 노동력 붕괴는 결코 끝나지 않았다. 2017년 1월 맥킨지 글로벌 연구소의 제임스 매니카(James Manyika) 연구진은 "전 세계 노동시장에서 임금을 받고 일하는 모든 활동 중 약 절반이 현재 드러난 기술들을 채택함으로써 자동화될 가능성이 높다"[2]고 추정했다.

한편으로 기술이나 재능, 행운을 지닌 사람이 세계 디지털 기반 시설을 통해 전달될 수 있는 상품을 생산하기에 지금처럼 좋은 때는 없었다. 수백만 명, 아니 수십억 명의 고객에게 접촉할 수 있으므로 유례없는 규모로 가치를 생성하고 수확하는 것이 가능하다. 이 가치 생성은 공식 GDP나 생산성 통계에 반영되는 것을 훨씬 초월하는 성장의 엔진이다. 현재 더 많은 사람들이 기술을 이용하여 더 폭넓게 공유되는 재산을 형성할 엄청난 기회들이 있다.

사회가 기술을 어떻게 사용할지를 결정하는 것은 단지 정부나 정부 지도자만의 일이 아니며, 그들이 주된 역할을 하는 것도 아니다. 사회의 모든 분야들을 통해 도출되는 것이다. 기술이 어떻게 구현되고 어떻게 쓰일지를 고심하는 기업가와 관리자의 결정으로부터 나온다. 그리고 수많은 사람들이 일상생활 속에서 내리는 결정과 자신의 일을 해나가는 방식 속에서 나온다.

오늘날 수많은 사람들은 직장에서 조부모 세대에는 상상조차 못했을 상품과 서비스를 창안하는 일을 한다. 우리 경제가 가장 필요로 하는 것 중 하나는 이런 새로운 일자리를 창안하는 일을 전문으로 하는 사람들이다. 그 일을 하기 위해서는 문제를 해결하고 잠재 고객의 욕구를 충족시킬 수 있도록 기술, 인간의 기량, 다른 자원과 자산의 새로운 조합을 설계하고 실행해야 한다. 기계는 이런 유형의 대규모 창의성과 기획에는 그리 능숙하지 못하다. 하지만 인간은 다르다. 그것이 바로 기업가가 개인과 사회 모두에게 가장 보상을 안겨주는 직업 중 하나인 이유다. 새로운 기술을 적합한 사람과 맺어주면 고용주, 고용인, 고객 모두에게 혜택을 주는 더 지속 가능하면서, 포괄적이고, 생산적이고, 더 높은 임금을 받는 일자리를 만들어낼 수 있다.

매사추세츠 주 로렌스에 있는 의류 제조업체인 99디그리스커스텀(99Degrees Custom)을 생각해보자. 옷을 만드는 일만큼 시대에 뒤떨어진 인상을 주는 업종은 드물다. 특히 전성기가 한참 지난 뉴잉글랜드 섬유 도시의 한 낡은 방직공장에 터를 잡았으니 더욱 그러하다. 하지만 1815년에 기계를 파괴했던 러다이트(Luddite)주의자들과 달리, 99디그리스커스텀은 고도의 맞춤 의복을 만들기 위해 어느 정도 자동화된 첨단 생산 라인을 갖추고 있다. 이 기업은 옛 공장 일자리보다 더 나은 새로운 일자리를 많이 창안했다. 이 기업이 하는 일은 더 다양하고, 더 고도의 기술을 요하며, 임금도 더 낫다. 그리하여 더 많은 사람들을 위해 더 많은 가치를 창조하는 순효과를 낳아 왔다.

조직이 기술을 이용하여 인간의 노동을 보완하는 또 한 사례는 건강 코치를 고용하는(5장에서 논의했다) 아이오라헬스다. 건강 코치는 환자와 협력하면서, 환자가 식단이나 운동을 제대로 하도록 또는 약을 제때 먹도록 돕는다. 건강 코치는 의료 분야의 학위를 지니고 있지 않지만 연민, 동기부여 기술, 감성 지능을 통해 가치를 덧붙인다. 이 접근법이 환자의 회복이나 재입원률에 차이를 만들 수 있다는 연구 결과가 있다. 환자가 더 나아지는 한편, 절감되는 비용이 15~20퍼센트에 달하기도 한다.

기계, 플랫폼, 군중은 어떻게 쓰이느냐에 따라 전혀 다른 효과를 낳을 수 있다. 권력과 부를 집중시킬 수도 있고, 의사결정과 재산을 분산시킬 수도 있다. 사생활을 더 보호하거나 개방성을 더 높일 수도 있고, 양쪽을 동시에 할 수도 있다. 영감과 목적의식을 불어넣는 일터를 조성할 수도 있고, 탐욕과 두려움이 팽배한 일터 분위기를 조성할 수도 있다. 기술의 힘이 증가함에 따라 우리의 미래 가능성들도 늘어난다. 따라서 목표를 더 명확히 하고 우리의 가치를 더 깊이 생각하는 일이 더욱더 중요해진다.

궁극적으로 우리는 미래를 낙관적으로 본다. 앞으로 수십 년은 지금까지 인류가 목격했던 것보다 더 나아질 수 있고 나아져야 한다. 이것은 예측이 아니다. 가능성이자 목표다. 그 어떤 미래도 미리 결정되어 있지 않다. 개인이 자신의 미래 계획을 세울 수 있는 것처럼, 기업도 그럴 수 있고 사회도 그럴 수 있다.

우리는 이 책이 독자 자신의 미래 계획을 세우는 데 도움이 되었기를 바란다.

## 감사의 말

이 책을 쓰는 일은 매우 사회적인 활동으로 시작하여 지극히 고독한 행위로 끝났다. 지난 3년 넘게 우리는 10만 명이 넘는 사람들 앞에서 제2의 기계 시대에 관해 떠들어댔고, 그 주제로 수백 건의 대담을 했다. 학교, 기업, 정부, 비영리 기관에서 강연을 했다. 선거로 뽑힌 공직자, 정책 결정자, 경영진과 이사회, 교육자, 투자자, 자선사업가 등을 만났고, 온갖 분야의 전문가들과 워크숍도 했다.

그 모든 만남의 주최자들에게 감사의 말을 전하기는커녕 그런 만남을 다 기억하는 것조차 우리에게는 불가능한 일이다. 하지만 두 건은 뚜렷이 기억한다. 클라우스 슈밥과 동료들이 몇 년째 우리를 스위스 다보스에서 열리는 연례 세계경제포럼(WEF)에 초청해주고 있다는 것이다. 아마도 복도에서 가장 많은 대화가 이루어지는 행사일 것이다. 그 점에서 맞먹을 만한 모임은 TED다. 그곳에서 우리는 2013년에 총회 연설을 했는데, 그 뒤로 죽 참석하고 있다. TED의 주최자인 크리스 앤더슨(Chris Anderson, 이 책을 위해 인터뷰한 3D로보틱스의 CEO 크리스 앤더슨과 다른 사람)과 관계자들은 밴쿠버에서 모이는데, 청중 가운데 누구라도 강연자가 될 수 있을 만큼 아이디어가 넘치는 집단이다. 우리는 그 공동체의 일원이 되는 행운을 얻었다.

우리가 일하는 곳인 MIT에서 프랭크 레비(Frank Levy)는 몇 년 동안 뛰어난 학술 세미나를 주최했다. MIT 최고의 과학자, 공학자, 경제학자, 경영학자가 모여서 기술 발전의 현재 수준과 그것이 경제와 사회에 지니는 의미들을 함께 알아보는 자리였다. 학계에서 '학제 간(crossdisciplinary)'이라는 말은 경제 분야에서의 '세계 수준'과 거의 비슷하다. 그리고 현실보다 포부를 의미할 때가 훨씬 더 많다. 하지만 레비는 MIT의 바쁜 사람들이 정기적으로 모이도록 설득하는 데 성공했다. 인상적인 성취였으며, 우리는 2014년부터 2017년까지 주관한 일련의 워크숍과 MIT 슬론 경영대학원에서 우리가 연 세미나들에서 비슷한 시도를 해왔다. 우리의 초청을 받아들여서 참석한 모든 분들께 깊은 감사를 드린다. 우리가 들을 기회가 있었던 많은 자극적인 대화와 발표로부터 추려낸 통찰들을 이 책에 모두 담을 수는 없었지만, 이 보이지 않는 사상가들의 경이로운 연결망을 제공하는 MIT에 있다는 점에서 우리는 운이 좋다.

우리는 회의와 세미나를 통해 많은 아이디어를 얻었다. 그것들을 시험하고 다듬고 정돈하기 위해 우리는 가능한 한 우리가 좋아하는 기술의 괴짜 대가들 중 많은 사람들과 더 집중적으로 대화를 나누어야 했다. 그래서 우리는 케임브리지, 뉴욕, 런던, 샌프란시스코, 실리콘밸리, 워싱턴 등 여러 곳에서 약속을 잡고 만남을 가졌다. 이 책에 인용한 분들 외에도 우리는 아래의 많은 분들로부터 많은 것을 배웠다.

대런 애스모글루, 수전 애시, 데이비드 오터, 제프 베조스, 닉 블룸, 크리스천 카탈리니, 마이클 추이, 폴 도허티, 토머스 데이븐포트, 토머스 프리드먼, 데미스 하사비스, 리드 호프만, 제러미 하워드, 딘 케이먼, 앤디 카스너, 크리스틴 라가르드, 얀 르쿤, 셰인 레그, 존 레너드, 데이비드 립턴, 톰 말론, 제임스 매니카, 크리스티나 매켈런, 톰 미첼, 일론 머스크, 라메즈 남, 팀 오라일리, 질 프랫, 프란체사 로시, 다니엘라 루스, 스튜어트

러셀, 에릭 슈미트, 무스타파 술레이만, 맥스 테그마크, 세바스천 스런.

그러나 집필을 한없이 미룰 수는 없는 법이다. 많은 사람들과 대화를 나누고, 서로 꽤 많은 토론을 거친 뒤 글을 쓸 시간이 왔다. 어찌할 수 없이 고독하면서 기이하게 시간을 잡아먹는 활동이다. 집필하는 동안 MIT의 디지털이코노미사업단(IDE, Initiative on the Digital Economy)을 맡아줄 동료들이 필요했다. 그들은 우리가 기대한 것보다 훨씬 더 뛰어난 능력과 끈기를 갖고 잘 해주었다. 조앤 바치오테고스, 태미 버젤, 데빈 워델 쿡, 섀넌 파렐리, 크리스티 코, 아드조비 코엔, 저스틴 로켄위츠, 수전 영은 우수한 결과물을 내놓고 높은 수준을 유지했고, 우리의 모든 출자자들과 협력을 계속했다.

이 출자자들 중에서 재정적 지원을 해준 개인, 기업, 재단에 특히 감사를 드린다. 일일이 언급하기에는 너무나 많지만(좋은 징후다), 그분들 모두에게 깊이 감사한다. 컨설팅 기업인 액센츄어는 IDE의 최대 후원자이며, 연구 과제를 정하고 수행하는 데 도움을 주는 중요한 협력자이기도 하다. 액센츄어도 우리처럼 디지털화가 현재 그리고 미래의 경제계를 재편하는 중요한 힘이라고 믿는다. 그 회사 사람들과 함께 일하면서 많은 것을 배울 수 있어서 즐거웠다.

집필하는 동안 리사 맥멀린, 조앤 파월, 에스더 시먼스, 수 웰치는 앤드루가 제정신을 유지하면서 집중할 수 있도록 도움을 주었고, 만들라 웅코시는 그가 적어도 정신만큼 몸도 유지할 수 있도록 도왔고, 친구들과 가족들은 그가 집필에만 골몰하는 것을 참아주고, 가끔 주의를 환기시켜 주었다. 샤이 호로위츠, 야엘 마르잔, 아타드 펠레드는 3년이 넘도록 자료 조사를 돕고 개념과 사실이 맞는지 확인하는 일을 해주었다. 그리고 원고를 완성하라는 압력이 피부로 느껴지기 시작할 바로 그 무렵에, 조너선 루언이라는 형태로 우연한 행운이 찾아왔다. 그는 풀브라이트 장학금을 받고 MIT 슬론 펠로즈 과정을 막 마쳤는데, 다음 직장을 구하는 동안 흥미로운 일거리가 없을까 찾다가 우리를 만났다. 조너선은 《제2의 기계 시대》를 읽었고 에릭의 MBA 과정을 들었는데, 우리가 도움을 필요로 하는지 알고 싶어 했다. 그럼, 너무나도 필요했다. 조너선은 우리의 요청을 덥석 받아들였고, 통계 자료를 훑고, 우리가 말하고자 하는 요점을 압도적으로 잘 보여주는 그림을 찾아내고, 몇몇 분야에서 우리의 생각을 더 밀어붙이면서 끈기와 적극성과 예리한 정신을 보여주었다. 그가 있었기에 이 책은 이루 말할 수 없이 더 나아졌다(그리고 마감 시한 안에 끝낼 수 있었다).

에릭은 자기 학생들과 연구원들로부터 엄청난 도움을 받았다. 그들은 우리가 이 책을 쓸 때 생긴 수수께끼들 중 상당수에 해결책을 제공했을 뿐만 아니라, 더 중요한 점은 새로운 눈으로 문제를 보는 사람들에게만 떠오르는 질문들을 했다는 점이다. 사지트 바질, 안드레이 프라드킨, 아비 가나마네니, 샨 후앙, 멩 루이, 오주희, 대니얼 록, 기욤 생자크, 조지 웨스터먼, 에리나 이즈마 등이다. 에릭의 MBA 수업을 듣는 학생 수백 명은 이 책에 실리게 된 신선한 아이디어들 중 상당수, 그리고 이 책에 실리지 않은 훨씬 더 많은 아이디어들의 생생한 실험 대상자가 되어주었다. 마셜 밴 앨스틴, 지오프 파커, 장 티롤 교수는 플랫폼 경제학과 관련된 현안들 중 일부를 살펴보는 데 특히 도움을 주었고, 나오미 스티븐은 행정적으로 후한 지원을 해주었다. 에릭은 집필이 거의 끝나갈 무렵 샤오란 슈의 격려 덕분에 의욕을 되찾았다. 특히 얼굴을 못 볼 때가 너무나 많았음에도, 집필하는 내내 지원해준 가족들에게 고맙다는 말을 전한다.

원고를 끝냈을 때(그렇다고 여겼을 때) 우리는 노턴에 넘겼다. 《제2의 기계 시대》를 그곳에서 출판했기 때문에 이제부터 일이 어떻게 전개될지 알고 있었고, 잘될 것이라는 것도 알았다. 이번에도 브렌든 커리가 꼼꼼한 눈과 가벼운 손놀림의 능숙한 조합을 통해 원고를 편집했다. 교열 편집자 스테파니 히버트는 특유의 놀라운 주의력으로 꼼꼼히 훑어서 산뜻하면서도 깔끔한 최종 원고를 만들어냈고(그녀가 관여했음에도 오류가 있다면 무조건 우리 탓이다), 너대니얼 데닛은 모든 자질구레한 사항을 다 챙겨서 당신이 손에 쥔 이 진짜 책이 나오는 데 이루 헤아릴 수 없는 도움을 주었다. 우리 저작권 대리인이자 상담역인 라파엘 사갈린은 처음부터 끝까지 우리 곁에 머물면서 관여를 했다. 그는 자신이 맡은 일에 비해 터무니없을 만큼 우리 연구에 많은 관심을 쏟아왔으며, 우리는 몇 년 전 어느 날 갑자기 그가 전화를 해서 책을 써보지 않겠냐고 함으로써 우리를 깜짝 놀라게 한 일을 아직도 기억하고 있다. 우리는 그의 말에 귀를 기울일 정도는 영리했다.

마지막으로, 다시금 우리의 친구이자 동료인 데이비드 베릴에게 감사의 말을 전한다. 그는 우리와 함께 IDE를 출범시켰고, 우리가 책을 쓰는 동안 그 사업이 잘 굴러가고 성장하도록 했다. 또 학계의 괴팍한 인물들, 후원 요구, 인간적인 결함에 어떻게 대처하는지를 계속 잘 보여주면서 평정과 유쾌함을 결코 잃지 않는 모습을 보여준다. 우리는 대체 그가 어떻게 그렇게 하는지 도무지 알지 못하며, 그가 없다면 아무 일도 할 수 없을 것이다.

모든 분들께 진심으로 감사드린다.

## 참고문헌

### 1장

1) Alan Levinovitz, "The Mystery of Go, the Ancient Game That Computers Still Can't Win," *Wired*, May 12, 2014, https://www.wired.com/2014/05/the-world-of-computer-go.

2) American Go Association, "Notable Quotes about Go," accessed January 11, 2017, http://www.usgo.org/notable-quotes-about-go.

3) Ibid.

4) Mike James, "Number of Legal Go Positions Finally Worked Out," *I Programmer*, February 3, 2016, http://www.i-programmer.info/news/112-theory/9384-number-of-legal-go-positions-finally-worked-out.html.

5) John Carl Villanueva, "How Many Atoms Are There in the Universe?" *Universe Today*, December 24, 2015, http://www.universetoday.com/36302/atoms-in-the-universe.

6) Levinovitz, "Mystery of Go."

7) Ibid.

8) David Silver et al., "Mastering the Game of Go with Deep Neural Networks and Search Trees," *Nature* 529 (2016): 484–89, http://www.nature.com/nature/journal/v529/n7587/full/nature16961.html.

9) John Ribeiro, "AlphaGo's Unusual Moves Prove Its AI Prowess, Experts Say," *PC World*, March 14, 2016, http://www.pcworld.com/article/3043668/analytics/alphagos-unusual-moves-prove-its-ai-prowess-experts-say.html.

10) Silver et al., "Mastering the Game of Go."

11) Sam Byford, "Google vs. Go: Can AI Beat the Ultimate Board Game?" *Verge*, March 8, 2016, http://www.theverge.com/2016/3/8/11178462/google-deepmind-go-challenge-ai-vs-lee-sedol.

12) Ibid.

13) "S. Korean Go Player Confident of Beating Google's AI," *Yonhap News Agency*, February 23, 2016, http://english.yonhapnews.co.kr/search1/2603000000.html?cid=AEN20160223003651315.

14) Jordan Novet, "Go Board Game Champion Lee Sedol Apologizes for Losing to Google's AI," *VentureBeat*, March 12, 2016, http://venturebeat.com/2016/03/12/go-board-game-champion-lee-sedol-apologizes-for-losing-to-googles-ai.

15) Tom Goodwin, "The Battle Is for the Customer Interface," *TechCrunch*, March 3, 2015, https://techcrunch.com/2015/03/03/in-the-age-of-disintermediation-the-battle-is-all-for-the-customer-interface.

16) Anne Freier, "Uber Usage Statistics and Revenue," *Business of Apps,* September 14, 2015, http://www.businessofapps.com/uber-usage-statistics-and-revenue.

17) Ellen Huet, "Uber Says It's Doing 1 Million Rides per Day, 140Million in the Last Year," *Forbes*, December 17, 2014, http://www.forbes.com/sites/ellenhuet/2014/12/17/uber-says-its-doing-1-million- rides-per-day-140-million-in-last-year.

18) Airbnb, "Nomadic Life in the Countryside," accessed January 11, 2017, https://www.airbnb.com/rooms/13512229?s=zcoAwTWQ.

19) Airbnb, "James Joyce's Childhood Home Dublin," accessed January 11, 2017, https://www.airbnb.ie/rooms/4480268.

20) Airbnb, "Airbnb Summer Travel Report: 2015," accessed January 11, 2017, http://blog.airbnb.com/wp-content/uploads/2015/09/Airbnb-Summer-Travel-Report-1.pdf.

21) Chip Conley, "Airbnb Open: What I Learned from You," *Airbnb* (blog), November 25, 2014, http://blog.airbnb.com/airbnb-open-chips-takeaways.

22) Wal-Mart, "Our Locations," accessed January 13, 2017, http://corporate.walmart.com/our-story/our-locations.

23) US Securities and Exchange Commission, "Form 10-Q: Wal-Mart Stores, Inc.," December 1, 2016, http://d18rn0p25nwr6d.cloudfront.net/CIK-0000104169/2b25dfe5-6d4a-4d2d-857f-08dda979d6b9.pdf.

24) Alibaba Group, "Consumer Engagement Driving Growth for Mobile Taobao (Alizila News)," June 28, 2016, http://www.alibabagroup.com/en/ir/article?news=p160628.

25) Cheang Ming, "Singles' Day: Alibaba Smashes Records at World's Largest Online Shopping Event," *CNBC*, November 11, 2016, http://www.cnbc.com/2016/11/11/singles-day-news-alibaba-poised-to-smash-records-at-worlds-largest-online-shopping-event.html.

26) US Securities and Exchange Commission,"Form 10-Q: Facebook, Inc.," April 23, 2015, http://d1lge852tjjqow.cloudfront.net/ CIK-0001326801/a1186095-bc85-4bf7-849f-baa62dfa13ef.pdf.

27) James B. Stewart, "Facebook Has 50 Minutes of Your Time Each Day. It Wants More," *New York Times*, May 5, 2016, http://www.nytimes.com/2016/05/06/business/facebook-bends-the-rules-of-audience-engagement-to-its-advantage.html.

28) Facebook, "Facebook Q2 2016 Results," accessed January 13, 2017, https://s21.q4cdn.com/399680738/files/doc_presentations/FB-Q216-Earnings-Slides.pdf.

29) John Wanamaker, "Quotation Details: Quotation #1992," *Quotations Page*, accessed January 13, 2017, http://www.quotationspage.com/quote/1992.html.

30) Goodwin, "Battle Is for the Customer Interface."

31) Tom Slee, "Airbnb Is Facing an Existential Expansion Problem," *Harvard Business Review*, July 11, 2016, https://hbr.org/2016/07/airbnb-is-facing-an- existential-expansion-problem.

32) Alex, "Announcing UberPool," *Uber Newsroom* (blog), August 5, 2014, https://newsroom.uber.com/announcing-uberpool.

33) Mikaela, "New $5 Commuter Flat Rates with uberPOOL," *Uber Newsroom* (blog), May 8, 2016, https://newsroom.uber.com/us-new-york/new-5-commuter- flat-rates-with-uberpool.

34) Alison Griswold, "Commuting with Uber in New York Is Cheaper than Taking the Subway This Summer," *Quartz*, last modified July 11, 2016, http://qz.com/728871/commuting-with-uber-in-new-york-is-cheaper-than-taking-the-subway-this-summer.

35) Matthew Ingram, "Facebook Has Taken Over from Google as a Traffic Source for News," *Fortune*, August 18, 2015, http://fortune.com/2015/08/18/facebook- google.

36) Adario Strange, "Everything You Need to Know about Facebook's 10-Year Plan," *Mashable*, April 12, 2016, http:// mashable.com/2016/04/12/facebook-10-year-plan/#pcbrzJRndSqS.

37) Goodwin, "Battle Is for the Customer Interface."

38) Quasimodos.com, "The First 120 Years of the Dow Jones: An Historical Timeline of the DJIA Components. 1884–2003," accessed January 19, 2017. http://www.quasimodos.com/info/dowhistory.html.

39) Christine Moorman, "Marketing in a Technology Company: GE's Organizational Platform for Innovation," *Forbes*, January 29, 2013, http://www.forbes.com/sites/christinemoorman/2013/01/29/marketing-in-a-technology-company-ges-organizational- platform-for-innovation/#57f9333762c9.

40) US Securities and Exchange Commission, "Form 10-K: General Electric Company,"

February 26, 2016, http://api40.10kwizard.com/cgi/convert/pdf/GE-20160226-10K-20151231.pdf?ipage=10776107&xml=1&quest=1&rid=23&section=1&sequence=-1&pdf=1&dn=1

41) Bradley Johnson, "Big Spender on a Budget: What Top 200 U.S. Advertisers Are Doing to Spend Smarter," *Advertising Age*, July 5, 2015, http://adage.com/article/advertising/big-spenders-facts-stats-top-200-u-s-advertisers/299270.

42) FirstBuild, "[About]," accessed August 1, 2016, https://firstbuild.com/about.

43) Ilan Brat, "Chew This Over: Munchable Ice Sells like Hot Cakes," *Wall Street Journal*, January 30, 2008, http://www.wsj.com/articles/SB120165510390727145.

44) Google Play, "Indiegogo," accessed February 10, 2017, https://play.google.com/store/apps/dev?id=8186897092162507742&hl=en.

45) Jonathan Shieber, "GE FirstBuild Launches Indiegogo Campaign for Next Generation Icemaker," *TechCrunch*, July 28, 2015, https://techcrunch.com/2015/07/28/ge-firstbuild-launches-indiegogo-campaign-for- next-generation-icemaker.

46) Samantha Hurst, "FirstBuild's Opal Nugget Ice Maker Captures $1.3M during First Week on Indiegogo," *Crowdfund Insider*, August 3, 2015, http://www.crowdfundinsider.com/2015/08/72196-firstbuilds-opal-nugget-ice- maker-captures-1-3m-during-first-week-on-indiegogo.

47) "FirstBuild Launches Affordable Nugget Ice Machine," *Louisville Business First*, July 22, 2015, http://www.bizjournals.com/louisville/news/2015/07/22/firstbuild- launches-affordable-nugget-ice-machine.html.

48) Indiegogo, "Opal Nugget Ice Maker."

49) Robert M. Solow, "We'd Better Watch Out," *New York Times*, July 21, 1987, http://www.standupeconomist.com/pdf/misc/solow-computer-productivity.pdf.

50) Don Reisinger, "Worldwide Smartphone User Base Hits 1 Billion," *CNET*, October 17, 2012, https://www.cnet.com/news/worldwide-smartphone-user-base- hits-1-billion.

51) Jacob Poushter, "Smartphone Ownership and Internet Usage Continues to Climb in Emerging Economies," *Pew Research Center*, February 22, 2016, http://www.pewglobal.org/2016/02/22/smartphone-ownership-and-internet-usage-continues-to-climb-in-emerging-economies.

52) Tess Stynes, "IDC Cuts Outlook for 2016 Global Smartphone Shipments," *Wall Street Journal*, September 1, 2016, http://www.wsj.com/articles/idc-cuts-outlook-for-2016-global-smartphone-shipments-1472740414.

53) Warren D. Devine Jr., "From Shafts to Wires: Historical Perspective on Electrification," *Journal of Economic History* 43, no. 2(1983): 347–72, http://www.j-bradford-delong. net/teaching_Folder/Econ_210c_spring_2002/Readings/Devine.pdf.

54) Ibid.

55) Scott Sleek, "The Curse of Knowledge: Pinker Describes a Key Cause of Bad Writing," *Observer* 28, no. 6 (July/August 2015), http://www.psychologicalscience.org/ observer/the- curse- of- knowledge- pinker -describes-a-key-cause-of-bad-writing#. WJodJhiZOi5.

56) Andrew Atkeson and Patrick J. Kehoe, *The Transition to a New Economy after the Second Industrial Revolution*, Federal Reserve Bank of Minneapolis Research Department Working Paper 606 (July2001), http://citeseerx.ist.psu.edu/viewdoc/download?doi= 10.1.1.147.7979&rep=rep1&type=pdf.

57) Paul A. David and Gavin Wright, *General Purpose Technologies and Surges in Productivity: Historical Reflections on the Future of the ICT Revolution*, University of Oxford Discussion Papers in Economic and Social History 31 (September 1999), 12, http:// sites- final.uclouvain.be/econ/ DW/DOCTORALWS2004/bruno/adoption/ david%20wright.pdf.

58) John Moody, *The Truth about Trusts: A Description and Analysis of the American Trust Movement* (New York: Moody, 1904), 467, https://archive.org/details/ truthabouttrust01moodgoog.

59) Shaw Livermore, "The Success of Industrial Mergers," *Quarterly Journal of Economics* 50, no. 1 (1935): 68–96.

60) Richard E. Caves, Michael Fortunato, and Pankaj Ghemawat, "The Decline of Dominant Firms, 1905–1929," *Quarterly Journal of Economics* 99, no. 3 (1984): 523–46.

61) Carl Menger, *Principles of Economics* (Vienna: Braumüller, 1871), 48.

## 2장

1) David Fahrenthold, "Sinkhole of Bureaucracy," *Washington Post*, March 22, 2014, http:// www.washingtonpost.com/sf/national/2014/03/22/sinkhole- of-bureaucracy.

2) Roya Wolverson, "The 25 Most Influential Business Management Books," *Time*, August 9, 2011, http://content.time.com/time/specials/packages/article/0,28804,2086680_20 86683_2087684,00.html.

3) Thomas A. Stewart and Joyce E. Davis, "Reengineering the Hot New Managing Tool," *Fortune*, August 23, 1993, http://archive.fortune.com/magazines/fortune/fortune_archive/1993/08/23/78237/index.htm.

4) Flylib.com, "ERP Market Penetration," accessed January 22, 2017, http://flylib.com/books/en/1.20.1.44/1/.

5) Sinan Aral, D. J. Wu, and Erik Brynjolfsson, "Which Came First, IT or Productivity? The Virtuous Cycle of Investment and Use in Enterprise Systems," paper presented at the Twenty Seventh International Conference on Information Systems, Milwaukee, 2006, http:// ebusiness.mit.edu/research/papers/2006.11_Aral_Brynjolfsson_Wu_Which%20 Came%20First_279.pdf.

6) Tim Berners-Lee, "Information Management: A Proposal," last modified May 1990, https://www.w3.org/History/1989/proposal.html.

7) Chris Anderson, "The Man Who Makes the Future: Wired Icon Marc Andreessen," April 24, 2012, https://www.wired.com/2012/04/ff_andreessen.

8) Matthew Yglesias, "Online Shopping Really Is Killing Shopping Malls," Vox, January 4, 2015, http:// www.vox.com/2015/1/4/7490013/ecommerce-shopping- mall.

9) Michael Hammer and James Champy, *Reengineering the Corporation: A Manifesto for Business Revolution* (New York: Harper Collins, 2013), Kindle ed., p. 73.

10) Daniel Kahneman, *Thinking, Fast and Slow* (New York: Macmillan, 2011), Kindle ed., pp. 20–21.

11) Jack Welch, *Jack: Straight from the Gut* (London: Warner, 2001); Carly Fiorina, *Tough Choices: A Memoir* (New York: Portfolio, 2006).

12) Srikant M. Datar, David A. Garvin, and Patrick G. Cullen, *Rethinking the MBA: Business Education at a Crossroads* (Boston: Harvard Business Press, 2010), Kindle ed., p. 9.

13) Chris Snijders, Frits Tazelaar, and Ronald Batenburg, "Electronic Decision Support for Procurement Management: Evidence on Whether Computers Can Make Better Procurement Decisions," *Journal of Purchasing and Supply Management* 9, no. 5–6 (September–November 2003): 191–98, http://www.sciencedirect.com/science/article/pii/S1478409203000463.

14) Orley Ashenfelter, "Predicting the Quality and Prices of Bordeaux Wine," *Economic Journal* 118, no. 529 (June 2008):F174–84, http://onlinelibrary.wiley.com/doi/10.1111/j.1468-0297.2008.02148.x/abstract.

15) Lynn Wu and Erik Brynjolfsson, "The Future of Prediction: How Google Searches

Foreshadow Housing Prices and Sales," in *Economic Analysis of the Digital Economy*, ed. Avi Goldfarb, Shane M. Greenstein, and Catherine E. Tucker (Chicago: University of Chicago Press, 2015), 89–118.

16) D. Bertsimas et al., "Tenure Analytics: Models for Predicting Research Impact," *Operations Research* 63, no. 6 (2015): 1246–61; and Brynjolfsson and Silberholz, " 'Moneyball' for Professors?" *Sloan Management Review*, December 14, 2016. http:// sloanreview.mit.edu/article/moneyball-for-professors.

17) Shai Danzinger, Jonathan Levav, and Liora Avnaim-Pesso, "Extraneous Factors in Judicial Decisions," *PNAS* 108, no. 17 (2010): 6889–92, http://www.pnas.org/ content/108/17/6889.full.pdf.

18) Ozkan Eren and Naci Mocan, *Emotional Judges and Unlucky Juveniles*, NBER Working Paper 22611 (September 2016), http://www.nber.org/papers/w22611.

19) David Card and Laura Giuliano, *Can Universal Screening Increase the Representation of Low Income and Minority Students in Gifted Education?* NBER Working Paper 21519 (September 2015), http://www.nber.org/papers/w21519.pdf.

20) Theodore W. Ruger et al., "The Supreme Court Forecasting Project: Legal and Political Science Approaches to Predicting Supreme Court Decisionmaking," *Columbia Law Review* 104 (2004): 1150– 1210, http://sites.lsa.umich.edu/admart/wp-content/ uploads/sites/127/2014/08/columbia04.pdf.

21) William M. Grove et al., "Clinical versus Mechanical Prediction: A Meta-analysis," *Psychological Assessment* 12, no. 1 (2000): 19–30, http://zaldlab.psy.vanderbilt.edu/ resources/wmg00pa.pdf.

22) Ibid.

23) Paul E. Meehl, "Causes and Effects of My Disturbing Little Book," *Journal of Personality Assessment* 50, no. 3 (1986): 370–75, http://www.tandfonline.com/doi/abs/10.1207/ s15327752jpa5003_6.

24) Erik Brynjolfsson and Kristina McElheran, "Data in Action: Data-Driven Decision Making in US Manufacturing," 2016, https://papers.ssrn.com/sol3/papers2. cfm?abstract_id=2722502. Early work using a smaller sample found similar results: Erik Brynjolfsson, Lorin M. Hitt, and Heekyung Hellen Kim, "Strength in Numbers: How Does Data-Driven Decisionmaking Affect Firm Performance?" 2011, https:// papers.ssrn.com/sol3/ papers2.cfm?abstract_id=1819486.

25) Worldometers, "Current World Population," accessed February 26, 2017, http://www.

worldometers.info/world-population.

26) Kahneman, *Thinking, Fast and Slow*, p. 28.

27) Buster Benson, "Cognitive Bias Cheat Sheet," *Better Humans*, September 1, 2016,https://betterhumans.coach.me/cognitive -bias-cheat-sheet-55a472476b18#.qtwg334q8.

28) Jonathan Haidt, "Moral Psychology and the Law: How Intuitions Drive Reasoning, Judgment, and the Search for Evidence," *Alabama Law Review* 64, no. 4 (2013):867–80, https://www.law.ua.edu/pubs/lrarticles/Volume%2064/Issue%204/4%20Haidt%20 867- 880.pdf.

29) Richard E. Nisbett and Timothy DeCamp Wilson, "Telling More Than We Can Know: Verbal Reports on Mental Processes," *Pyschological Review* 84, no. 3 (1977): 231–60, http://www.people.virginia.edu/~tdw/nisbett&wilson.pdf.

30) Experimentation Platform, "HiPPO FAQ," accessed February 26, 2017, http://www.exp-platform.com/Pages/HiPPO_explained.aspx.

31) P. Nadler, "Weekly Adviser: Horror at Credit Scoring Is Not Just Foot-Dragging," *American Banker*, no. 211 (November 2, 1999), https://www.americanbanker.com/news/weekly-adviser-horror-at-credit-scoring-is-not-just-foot-dragging.

32) Board of Governors of the Federal Reserve System, *Report to the Congress on Credit Scoring and Its Effects on the Availability and Affordability of Credit*, August 2007, pp. 36 and S-4, https://www.federalreserve.gov/boarddocs/rptcongress/creditscore/creditscore.pdf.

33) Chuck Cohn, "Beginner's Guide to Upselling and Cross-Selling," *Entrepreneurs* (blog), *Forbes*, May 15, 2015, http://www.forbes.com/sites/chuckcohn/2015/05/15/a-beginners-guide-to-upselling-and-cross-selling/#4c310dec572e (the article cites this article: http://www.the-future-of-commerce.com/2013/10/14/ecommerce-cross-sell-up-sell).

34) 360pi, "360pi Cyber Monday Recap: Amazon Maintains Overall Price Leadership on Record-Setting Online Shopping Day, but Best Sellers Take Priority," December 9, 2015, http://360pi.com/press_release/360pi-cyber-monday-recap-amazon-maintains-overall-price-leadership-record-setting-online-shopping-day-best- sellers-take-priority.

35) W. Brian Arthur, "The Second Economy," *McKinsey Quarterly*, October 2011, http://www.mckinsey.com/business- functions/strategy-and-corporate-finance/our-insights/the-second-economy.

36) Andrea Ovans, "That Mad Men Computer, Explained by HBR in 1969," *Harvard Business Review*, May 15, 2014, https://hbr.org/2014/05/that-mad-men-computer-explained-by-hbr-in-1969.

37) Dan Wagner, interview by the authors, July 2015.

38) Ibid.

39) Ibid.

40) Ron Kohavi, Randal M. Henne, and Dan Sommerfield, "Practical Guide to Controlled Experiments on the Web: Listen to Your Customers Not to the HiPPO," 2007, https://ai.stanford.edu/~ronnyk/2007GuideControlledExperiments.pdf.

41) "Racism Is Poisoning Online Ad Delivery, Says Harvard Professor," *MIT Technology Review*, February 4, 2013, https://www.technologyreview.com/s/510646/racism-is-poisoning-online-ad-delivery-says-harvard-professor.

42) Latanya Sweeney. "Discrimination in Online Ad Delivery," Queue 11, no. 3 (2013): 10.

43) Kate Crawford and Ryan Calo, "There Is a Blind Spot in AI Research," *Nature* 538, no. 7625 (2016): 311. Also relevant is Danah Boyd's dissertation: "The Networked Nature of Algorithmic Discrimination" (PhD diss., Fordham University, 2014).

44) Mark Fisher, *The Millionaire's Book of Quotations* (New York: Thorsons, 1991), quoted in Barry Popik, "The Factory of the Future Will Have Only Two Employees, a Man and a Dog," *Barrypopik.com* (blog), December 2, 2015, http://www.barrypopik.com/index. php/new_york_city/entry/the_factory_of_the_future.

45) Paul E. Meehl, *Clinical versus Statistical Prediction* (Minneapolis:University of Minnesota Press, 1954).

46) Ibid.

47) Stuart Lauchlan, "SPSS Directions: Thomas Davenport on Competing through Analytics," MyCustomer, May 14, 2007, http://www.mycustomer.com/marketing/ strategy/spss-directions-thomas-davenport- on-competing-through-analytics.

48) "Uber 'Truly Sorry' for Price Surge during Sydney Siege," *BBC News*, December 24, 2014, http://www.bbc.com/news/technology-30595406.

49) "Uber 'Truly Sorry' for Hiking Prices during Sydney Siege," *Telegraph*, December 24, 2014, http://www.telegraph.co.uk/news/worldnews/australiaandthepacific/ australia/11312238/Uber-truly-sorry-for-hiking-prices-during-Sydney-siege.html.

50) Andrew J. Hawkings, "Tracing the Spread of Uber Rumors during Paris Terrorist Attacks," *Verge*, November 16,2015, http://www.theverge.com/2015/11/16/9745782/

uber-paris-terrorism-rumors-twitter-facebook.

51) Ian Ayres, *Super Crunchers: Why Thinking-by-Numbers Is the New Way to Be Smart* (New York: Random House, 2007), Kindle ed., loc. 1801.

52) Daniel Kahneman and Gary Klein, "Strategic Decisions: When Can You Trust Your Gut?" *McKinsey Quarterly*, March 2010, http://www.mckinsey.com/business-functions/strategy-and-corporate-finance/our-insights/strategic-decisions-when- can-you-trust-your-gut.

53) Laszlo Bock, "Here's Google's Secret to Hiring the Best People," *Wired*, April 7, 2015, https://www.wired.com/2015/04/hire-like-google.

54) Ibid.

55) Ibid.

56) P. Tetlock, *Expert Political Judgment: How Good Is It? How Can We Know?* (Princeton, NJ: Princeton University Press, 2005), p.52.

57) Matt Marshall, "How Travel Giant Priceline Drives Growth through a Series of A/B Tweaks—like Using a 'Free Parking' Button," *VentureBeat*, August 13, 2015, http:// venturebeat.com/2015/08/13/how- travel-giant-priceline-drives-growth-through-a-series-of-ab-tweaks-like-using-a-free-parking-button.

58) Rebecca Greenfield, "This Lingerie Company A/B Tests the World's Hottest Women to See Who Makes You Click 'Buy,' " *Fast Company*, November 21, 2014, https://www.fastcompany.com/3038740/most-creative-people/this-lingerie-company-a-b-tests-the-worlds-hottest-women-to-see-who-mak.

59) David A. Garvin and Lynne C. Levesque, "The Multiunit Enterprise," *Harvard Business Review*, June 2008, https://hbr.org/2008/06/the-multiunit-enterprise.

60) Stefan Thomke and Jim Manzi, "The Discipline of Business Experimentation," *Harvard Business Review*, December 2014, https://hbr.org/2014/12/the-discipline- of-business-experimentation.

## 3장

1) AISB (Society for the Study of Artificial Intelligence and Simulation of Behaviour), "What Is Artificial Intelligence?" accessed March 1, 2017, http://www.aisb.org.uk/public-engagement/what-is-ai.

2) Pamela McCorduck, *Machines Who Think*, 2nd ed. (Natick, MA: A. K. Peters, 2004), 167.

3) Ibid., 138.

4) Paul Lee Tan, *Encyclopedia of 7700 Illustrations* (Rockville, MD: Assurance, 1979), 717.

5) Mark Forsyth, *The Elements of Eloquence: How to Turn the Perfect English Phrase* (London: Icon, 2013), 46.

6) Ernest Davis and Gary Marcus, "Commonsense Reasoning and Commonsense Knowledge in Artificial Intelligence," *Communications of the ACM* 58, no. 9 (2015): 92–103, http://cacm.acm.org/magazines/2015/9/191169-commonsense-reasoning-and-commonsense-knowledge-in-artificial-intelligence/abstract.

7) Ibid.

8) David H. Autor, "Why Are There Still So Many Jobs? The History and Future of Workplace Automation," *Journal of Economic Perspectives* 29, no. 3 (2015): 3–30, http://pubs.aeaweb.org/doi/pdfplus/10.1257/jep.29.3.3.

9) Daniela Hernandez, "How Computers Will Think," *Fusion*, February 3, 2015, http://fusion.net/story/35648/how-computers-will-think.

10) John H. Byrne, "Introduction to Neurons and Neuronal Networks," *Neuroscience Online*, accessed January 26, 2017, http://neuroscience.uth.tmc.edu/s1/introduction.html.

11) Mikel Olazaran, "A Sociological Study of the Official History of the Perceptrons Controversy," *Social Studies of Science* 26 (1996): 611–59, http://journals.sagepub.com/doi/pdf/10.1177/030631296026003005.

12) Jurgen Schmidhuber, "Who Invented Backpropagation?" last modified 2015, http://people.idsia.ch/~juergen/who-invented-backpropagation.html.

13) David E. Rumelhart, Geoffrey E. Hinton, and Ronald J. Williams, "Learning Representations by Back-propagating Errors," *Nature* 323 (1986): 533–36, http://www.nature.com/nature/journal/v323/n6088/abs/323533a0.html.

14) Jurgen Schmidhuber, *Deep Learning in Neural Networks: An Overview*, Technical Report IDSIA-03-14, October 8, 2014, https://arxiv.org/pdf/1404.7828v4.pdf.

15) Yann LeCun, "Biographical Sketch," accessed January 26, 2017, http://yann.lecun.com/ex/bio.html.

16) David Silver et al., "Mastering the Game of Go with Deep Neural Networks and Search Trees," *Nature* 529 (2016): 484–89, http://www.nature.com/nature/journal/v529/n7587/full/nature16961.html.

17) Elliott Turner, *Twitter* post, September 30, 2016 (9:18 a.m.), https://twitter.com/eturner303/status/781900528733261824.

18) Andrew Ng, interview by the authors, August 2015.

19) Paul Voosen, "The Believers," *Chronicle of Higher Education*, February 23, 2015, http://www.chronicle.com/article/The-Believers/190147.

20) G. Hinton, S. Osindero, and Y. Teh, "A Fast Learning Algorithm for Deep Belief Nets," *Neural Computation* 18, no. 7 (2006): 1527–54.

21) Jeff Dean, "Large-Scale Deep Learning for Intelligent Computer Systems," accessed January 26, 2017, http://www.wsdm-conference.org/2016/slides/WSDM2016-Jeff-Dean.pdf.

22) Richard Evans and Jim Gao, "Deep-Mind AI Reduces Google Data Centre Cooling Bill by 40%," DeepMind, July 20, 2016, https://deepmind.com/blog/deepmind-ai-reduces-google-data-centre-cooling-bill-40.

23) Tom Simonite, "Google and Microsoft Want Every Company to Scrutinize You with AI," *MIT Technology Review*, August 1, 2016, https://www.technologyreview.com/s/602037/google-and-microsoft-want-every- company-to-scrutinize-you-with-ai.

24) "Field Work: Farming in Japan," *Economist*, April 13, 2013, http://www.economist.com/news/asia/21576154-fewer-bigger-plots-and-fewer-part- time-farmers-agriculture-could-compete-field-work.

25) Metric Views, "How Big Is a Hectare?" November 11, 2016, http://metricviews.org.uk/2007/11/how-big-hectare.

26) Kaz Sato, "How a Japanese Cucumber Farmer Is Using Deep Learning and TensorFlow," *Google*, August 31, 2016, https://cloud.google.com/blog/big-data/2016/08/how-a-japanese-cucumber-farmer-is-using-deep-learning-and-tensorflow.

27) Ibid.

28) Ibid.

29) Carlos E. Perez, " 'Predictive Learning' Is the New Buzzword in Deep Learning," Intuition Machine, December 6, 2016, https://medium.com/intuitionmachine/predictive-learning-is-the-key-to-deep-learning-acceleration- 93e063195fd0#.13qh1nti1.

30) Anjali Singhvi and Karl Russell, "Inside the Self- Driving Tesla Fatal Accident," *New York Times*, July 12, 2016, https://www.nytimes.com/interactive/2016/07/01/business/inside-tesla-accident.html.

31) Tesla, "A Tragic Loss," June 30, 2016, https://www.tesla.com/blog/tragic- loss.

32) Chris Urmson, "How a Driverless Car Sees the Road," TED Talk, June 2015, 15:29, https://www.ted.com/talks/chris_urmson_how_a_driverless_car_sees_the_road/

transcript?language=en.

33) Ibid.

34) Dave Gershgorn, "Japanese White-Collar Workers Are Already Being Replaced by Artificial Intelligence," *Quartz*, January 2, 2017, https://qz.com/875491/japanese-white-collar-workers-are-already-being-replaced-by-artificial-intelligence.

35) Google Translate, "December 26, Heisei 28, Fukoku Life Insurance Company," accessed January 30, 2017, https://translate.google.com/translate?depth=1&hl=en&prev=sea rch&rurl=trans late.google.com&sl=ja&sp=nmt4&u=http://www.fukoku- life.co.jp/about/news/download/20161226.pdf.

36) Allison Linn, "Historic Achievement: Microsoft Researchers Reach Human Parity in Conversational Speech Recognition," *Microsoft* (blog), October 18, 2016, http://blogs.microsoft.com/next/2016/10/18/historic-achievement-microsoft- researchers-reach-human-parity-conversational-speech-recognition/#sm.0001d0t49dx0veqdsh21cccecz 0e3.

37) Mark Liberman, "Human Parity in Conversational Speech Recognition," *Language Log* (blog), October 18, 2016, http://languagelog.ldc.upenn.edu/nll/?p=28894.

38) Julia Hirschberg, " 'Every Time I Fire a Linguist, My Performance Goes Up,' and Other Myths of the Statistical Natural Language Processing Revolution" (speech, 15th National Conference on Artificial Intelligence, Madison, WI, July 29, 1998).

39) Julie Bort, "Salesforce CEO Marc Benioff Just Made a Bold Prediction about the Future of Tech," *Business Insider*, May 18, 2016, http://www.businessinsider.com/salesforce-ceo-i-see-an-ai-first-world-2016-5.

40) Marc Benioff, "On the Cusp of an AI Revolution," Project Syndicate, September 13, 2016, https://www.project-syndicate.org/commentary/artificial-intelligence-revolution-by-marc-benioff-2016-09.

## 4장

1) Candice G., Eatsa review, *Yelp*, July 5, 2016, https://www.yelp.com/biz/eatsa-san-francisco-2?hrid=WODfZ9W7ZQ0ChbW1lQnpag.

2) Number of bank tellers in 2007: Political Calculations, "Trends in the Number of Bank Tellers and ATMs in the U.S.," June 28, 2011, http://politicalcalculations.blogspot.com/2011/06/trends-in-number-of-bank-tellers-and.html#.WLMqPxIrJBw. Number

of bank tellers in 2015: US Bureau of Labor Statistics, "Occupational Employment and Wages, May 2015," accessed March 1, 2017, https://www.bls.gov/oes/current/oes433071.htm.

3) Virginia Postrel, "Robots Won't Rule the Checkout Lane," Bloomberg, August 10, 2015, https://www.bloomberg.com/view/articles/2015-08-10/robots-won-t-rule-the-checkout-lane.

4) Laura Stevens and Khadeeja Safdar, "Amazon Working on Several Grocery-Store Formats, Could Open More than 2,000 Locations," *Wall Street Journal*, December 5, 2016, http://www.wsj.com/articles/amazon-grocery-store-concept-to-open-in-seattle-in-early-2017-1480959119.

5) Lloyd Alter, "Amazon Go Is More than Just a Grocery Store with No Checkout," Mother Nature Network, December 19, 2016, http://www.mnn.com/green- tech/research-innovations/blogs/ amazon-go-lot-more-just-checkout-free-grocery-store.

6) Gabrielle Karol, "High- Tech Investing Startup for Millennials Hits $1 Billion in Assets," *Fox Business*, June 5, 2014,http://www.foxbusiness.com/markets/2014/06/05/high-tech-investing-startup-for-millennials-hits-1-billion-mark.html.

7) Stephanie Strom, "McDonald's Introduces Screen Ordering and Table Service," *New York Times*, November 17, 2016, https://www.nytimes.com/2016/11/18/business/mcdonalds-introduces-screen-ordering-and-table-service.html.

8) Maryann Fudacz, Facebook post on Discover's timeline, June 6, 2013, https://www.facebook.com/discover/posts/10151622117196380.

9) " 'Live Customer Service' Discover It Card Commercial," YouTube, April 27, 2016, 0:30, https://youtu.be/xK-je8YKkNw.

10) "Robot Chefs Take Over Chinese Restaurant," *BBC News*, April 22, 2014, 1:22, http://www.bbc.com/news/world-asia-china-27107248.

11) James Vincent, "I Ate Crab Bisque Cooked by a Robot Chef," *Verge*, July 31, 2015, http://www.theverge.com/2015/7/31/9076221/robot-chef-moley-robotics-crab-bisque.

12) Gill A. Pratt, "Is a Cambrian Explosion Coming for Robotics?" *Journal of Economic Perspectives* 29, no. 3 (2015): 51–60, http://pubs.aeaweb.org/doi/pdfplus/10.1257/jep.29.3.51.

13) IBM, "What Is Big Data?" accessed January 30, 2017, https://www-01.ibm.com/software/data/bigdata/what is-big-data.html.

14) Andrew Ng, interview by the authors, August 2015.

15) David Samberg, "Verizon Sets Roadmap to 5G Technology in U.S.; Field Trials to Start in 2016," *Verizon*, September 8, 2015,http://www.verizon.com/about/news/verizon-sets-roadmap-5g-technology-us-field-trials-start-2016.

16) Pratt, "Is a Cambrian Explosion Coming for Robotics?"

17) Chris Anderson, interview by the authors, October 2015.

18) Benjamin Pauker, "Epiphanies from Chris Anderson," *Foreign Policy*, April 29, 2013, http://foreignpolicy.com/2013/04/29/epiphanies-from-chris-anderson.

19) Olivia Solon, "Robots Replace Oil Roughnecks," Bloomberg, August 21, 2015, https://www.bloomberg.com/news/articles/2015-08-21/flying-robots-replace-oil-roughnecks.

20) Jamie Smyth, "Rio Tinto Shifts to Driverless Trucks in Australia." *Financial Times*, October 19, 2015, https://www.ft.com/content/43f7436a-7632-11e5-a95a-27d368e1ddf7.

21) Rio Tinto, "Driving Productivity in the Pilbara," June 1, 2016, http://www.riotinto.com/ourcommitment/spotlight-18130_18328.aspx.

22) Janet Beekman and Robert Bodde, "Milking Automation Is Gaining Popularity," *Dairy Global*, January 15, 2015,http://www.dairyglobal.net/Articles/General/2015/1/Milking-automation-is-gaining-popularity-1568767W.

23) Alltech, "Drones and the Potential for Precision Agriculture," accessed January 30, 2017, http://ag.alltech.com/en/blog/drones-and-potential-precision-agriculture.

24) David H. Autor, "Why Are There Still So Many Jobs? The History and Future of Workplace Automation," *Journal of Economic Perspectives* 29, no. 3 (2015): 3–30, http://pubs.aeaweb.org/doi/pdfplus/10.1257/jep.29.3.3.

25) Brian Scott, "55 Years of Agricultural Evolution," *Farmer's Life* (blog), November 9, 2015, http://thefarmerslife.com/55-years-of-agricultural-evolution-in-john-deere-combines.

26) John Letzing, "Amazon Adds That Robotic Touch," *Wall Street Journal*, March 20, 2012, http://www.wsj.com/articles/SB10001424052702304724404577291903244796214.

27) John Dzieza, "Behind the Scenes at the Final DARPA Robotics Challenge," *Verge*, June 12, 2015, http://www.theverge.com/2015/6/12/8768871/darpa-robotics-challenge-2015-winners.

28) PlasticsEurope, "Plastics—the Facts 2014/2015: An Analysis of European Plastics

Production, Demand and Waste Data," 2015, http://www.plasticseurope.
org/documents/document/20150227150049-final_plastics_the_
facts_2014_2015_260215.pdf.

29) PlasticsEurope, "Automotive: The World Moves with Plastics," 2013, http://www.
plasticseurope.org/cust/documentrequest.aspx?DocID=58353.

30) Thomas L. Friedman, "When Complexity Is Free," *New York Times*, September 14, 2013,
http://www.nytimes.com/2013/09/15/opinion/sunday/friedman-when- complexity-
is-free.html.

31) Eos, "[Tooling]," accessed January 30, 2017, https://www.eos.info/tooling.

32) Guillaume Vansteenkiste, "Training: Laser Melting and Conformal Cooling," PEP
Centre Technique de la Plasturgie, accessed January 30, 2017, http://www.alplastics.
net/Portals/0/Files/Summer%20school%20presentations/ALPlastics_Conformal_
Cooling.pdf.

33) Yu Zhao et al., "Three-Dimensional Printing of Hela Cells for Cervical Tumor
Model *in vitro*," *Biofabrication* 6, no. 3 (April 11, 2014), http://iopscience.iop.org/
article/10.1088/1758- 5082/6/3/035001.

34) Carl Bass, interview by the authors, summer 2015.

## 5장

1) John Brockman, "Consciousness Is a Big Suitcase: A Talk with Marvin Minsky,"
Edge, February 26, 1998, https://www.edge.org/conversation/marvin_minsky-
consciousness-is-a-big-suitcase.

2) Daniel Terdiman, "Inside the Hack Rod, the World's First AI-Designed Car," *Fast
Company*, December 1, 2015, accessed 30 Jan 2017, https://www.fastcompany.
com/3054028/inside-the-hack-rod-the-worlds-first-ai-designed-car.

3) Scott Spangler et al., "Automated Hypothesis Generation Based on Mining Scientific
Literature," in *Proceedings of the 20th ACM SIGKDD International Conference on
Knowledge Discovery and Data Mining* (New York: ACM, 2014), 1877–86, http://
scholar.harvard.edu/files/alacoste/files/p1877-spangler.pdf.

4) IBM, "IBM Watson Ushers In a New Era of Data-Driven Discoveries," August 28, 2014,
https://www-03.ibm.com/press/us/en/pressrelease/44697.wss.

5) The Painting Fool, "About Me . . . ," accessed January 30, 2017, http://www.

thepaintingfool.com/about/index.html.

6) PatrickTresset.com, accessed January 30, 2017, http://patricktresset.com/new.

7) "Emily Howell," accessed January 30, 2017, http://artsites.ucsc.edu/faculty/cope/Emily-howell.htm.

8) Ryan Blitstein, "Triumph of the Cyborg Composer," *Pacific Standard*, February 22, 2010, https://psmag.com/triumph-of-the-cyborg-composer-620e5aead47e#.tkinbzy0l.

9) Skyscraper Center, "Shanghai Tower," accessed January 30, 2017, http://skyscrapercenter.com/building/shanghai-tower/56.

10) Gensler Design Update, "Sustainability Matters," accessed January 30, 2017, http://du.gensler.com/vol6/shanghai-tower/#/sustainability-matters.

11) Gensler Design Update, "Why This Shape?" accessed January 30, 2017, http://du.gensler.com/vol6/shanghai-tower/#/why-this-shape.

12) Blitstein, "Triumph of the Cyborg Composer."

13) Carl Bass, interview by the authors, summer 2015.

14) Andrew Bird, "Natural History," *New York Times*, April 8, 2008, https://opinionator.blogs.nytimes.com/2008/04/08/natural-history.

15) Quentin Hardy, "Facebook's Yann LeCun Discusses Digital Companions and Artificial Intelligence (and Emotions)," *New York Times*, March 26, 2015, https://bits.blogs.nytimes.com/2015/03/26/facebooks-yann-lecun-discusses-digital-companions-and-artificial-intelligence.

16) Andrew Ng, interview by the authors, August 2015.

17) CuratedAI, accessed March 1, 2017, http://curatedai.com.

18) Deep Thunder, "The Music Is Satisfied with Mr. Bertram's Mind," *CuratedAI*, August 31, 2016, http://curatedai.com/prose/the-music-is-satisfied-with-mr-bertrams-mind.

19) Meera Viswanathan et al., "Interventions to Improve Adherence to Self- Administered Medications for Chronic Diseases in the United States: A Systematic Review," *Annals of Internal Medicine*, December 4, 2012, http://annals.org/article.aspx?articleid=1357338.

20) Sarah Shemkus, "Iora Health's Promise: Patients Come First," Boston Globe, May 4, 2015, https://www.bostonglobe.com/business/2015/05/03/iora-health-pioneers-new-primary-care-model/kc7V4W5V8OJ0gxFqY4zBrK/story.html.

## 6장

1) The World Bank said 12.6% in 1995. World Bank, "Mobile Cellular Subscriptions (per 100 People): 1960–2015," accessed January 31, 2017, http://data.worldbank.org/ indicator/IT.CEL.SETS.P2?locations=US&name_desc=true.

2) Newspaper Association of America, "Annual Newspaper Ad Revenue," accessed May 2, 2016, http://www.naa.org/~/media/NAACorp/Public Files/TrendsAndNumbers/ Newspaper-Revenue/Annual-Newspaper-Ad-Revenue.xls.

3) Steven Waldman, "The Information Needs of Communities: The Changing Media Landscape in a Broadband Age," *Federal Communications Commission*, July 2011, 63, https://transition.fcc.gov/osp/inc-report/The_Information_Needs_of_Communities. pdf.

4) RIAA (Recording Industry Association of America), "RIAA's Yearend Statistics," accessed March 9, 2017, http://www.icce.rug.nl/~soundscapes/VOLUME02/Trends_and_ shifts_Appendix.shtml.

5) Ed Christman, "The Whole Story behind David Bowie's $55 Million Wall Street Trailblaze," *Billboard*, January 13, 2016, http://www.billboard.com/articles/ business/6843009/david-bowies-bowie-bonds- 55-million-wall-street-prudential.

6) Tom Espiner, " 'Bowie Bonds'—the Singer's Financial Innovation," *BBC News*, January 11, 2016, http://www.bbc.com/news/business-35280945.

7) Ibid.

8) "Iron Maiden Rocks the Bond Market," *BBC News*, February 9, 1999, http://news.bbc. co.uk/2/hi/business/275760.stm.

9) Roy Davies, "Who's Who in Bowie Bonds: The History of a Music Business Revolution," last modified June 5, 2007, http://projects.exeter.ac.uk/RDavies/arian/bowiebonds.

10) Richard A. Feinberg and Jennifer Meoli, "A Brief History of the Mall," *Advances in Consumer Research* 18 (1991): 426–27, http://www.acrwebsite.org/volumes/7196/ volumes/v18/NA-18.

11) "A Dying Breed: The American Shopping Mall," *CBS News*, March 23, 2014, http:// www.cbsnews.com/news/a-dying-breed-the-american-shopping-mall.

12) Thomas C. Finnerty, "Kodak vs. Fuji: The Battle for Global Market Share," 2000, https:// www.pace.edu/emplibrary/tfinnerty.pdf.

13) Sam Byford, "Casio QV- 10, the First Consumer LCD Digital Camera, Lauded as 'Essential' to Tech History," *Verge*, September 14, 2012, http://www.theverge.

com/2012/9/14/3330924/first-lcd-digital-camera-casio-qv-10.

14) Richard Baguley, "The Gadget We Miss: The Casio QV-10 Digital Camera," Medium, August 31, 2013, https://medium.com/people-gadgets/the-gadget-we- miss-the-casio-qv-10-digital-camera-c25ab786ce49#.3cbg1m3wu.

15) Mark J. Perry, "Creative Destruction: Newspaper Ad Revenue Continued Its Precipitous Free Fall in 2013, and It's Probably Not Over Yet," AEIdeas, April 25, 2014, https://www.aei.org/publication/creative-destruction-newspaper-ad-revenue-continued-its-precipitous-free-fall-in-2013-and-its-probably-not-over-yet.

16) Pew Research Center, "State of the News Media 2015," April 29, 2015, http://www.journalism.org/files/2015/04/FINAL-STATE-OF-THE-NEWS-MEDIA1.pdf.

17) Waldman, "Information Needs of Communities."

18) Ibid.

19) Tucson Citizen, accessed January 31, 2017, http://tucsoncitizen.com.

20) Lynn DeBruin, "Rocky Mountain News to Close, Publish Final Edition Friday," Rocky Mountain News, February 26, 2009, http://web.archive.org/web/20090228023426/http://www.rockymountainnews.com/news/2009/feb/26/rocky-mountain-news-closes-friday-final-edition.

21) Yahoo! Finance, "The McClatchy Company(MNI)," accessed January 31, 2017, http://finance.yahoo.com/quote/MNI.

22) Paul Farhi, "Washington Post to Be Sold to Jeff Bezos, the Founder of Amazon," Washington Post, August 5, 2013, https://www.washingtonpost.com/national/washington-post-to-be-sold-to-jeff-bezos/2013/08/05/ca537c9e-fe0c-11e2-9711-3708310f6f4d_story.html.

23) Bloomberg News, "Company News; General Media's Plan to Leave Bankruptcy Is Approved," New York Times, August 13, 2004, http://www.nytimes.com/2004/08/13/business/company-news-general-media-s-plan-to-leave-bankruptcy-is-approved.html.

24) Eric Morath, "American Media Files for Bankruptcy," Wall Street Journal, November 17, 2010, https://www.wsj.com/articles/SB10001424052748704648604575621053554011206.

25) Ryan Nakashima, "Newsweek Had Unique Troubles as Industry Recovers," U.S. News & World Report, October 19, 2012, http://www.usnews.com/news/business/articles/2012/10/19/newsweek-had-unique-troubles-as-industry-recovers.

26) Rob Verger, "Newsweek's First Issue Debuted Today in 1933," Newsweek,

February 17, 2014, http://www.newsweek.com/newsweeks-first-issue-debuted-today-1933-229355.

27) "Newsweek's Future: Goodbye Ink," *Economist*, October 18, 2012, http://www.economist.com/blogs/schumpeter/2012/10/newsweek%E2%80%99s-future.

28) Desson Howe, " 'Glass': An Eye for the Lie," *Washington Post*, November 7, 2003, https://www.washingtonpost.com/archive/lifestyle/2003/11/07/glass-an-eye-for-the-lie/8a3e6ff0-4935-4e99-a354-9ce4eac6c472/?utm_term=.75dccd7041cb.

29) Dylan Byers, "The New Republic Is Sold by Facebook Co-founder Chris Hughes," *CNNMoney*, February 26, 2016, http://money.cnn.com/2016/02/26/media/new-republic-chris-hughes-win-mccormack.

30) "Nudes Are Old News at Playboy," *New York Times*, October 12, 2015, https://www.nytimes.com/2015/10/13/business/media/nudes-are-old-news-at-playboy.html.

31) "Top Living Influential Americans," *Atlantic*, December 2006, https://www.theatlantic.com/magazine/archive/2006/12/top-living-influential-americans/305386.

32) Cooper Hefner, Twitter post, February 13, 2017 (7:55 a.m.), https://twitter.com/cooperhefner/status/831169811723939842.

33) Robert Cookson and Andrew Edgecliffe-Johnson, "Music Sales Hit First Upbeat since 1999," *Financial Times*, February 26, 2013, https://www.ft.com/content/f7b0f2b0-8009-11e2-adbd-00144feabdc0.

34) IFPI (International Federation of the Phonographic Industry), "[Global Statistics]," accessed January 31, 2017, http://www.ifpi.org/global-statistics.php.

35) Tim Ingham, "Global Record Industry Income Drops below $15bn for First Time in Decades," Music Business Worldwide, April 14, 2015, http://www.musicbusinessworldwide.com/global-record-industry-income-drops-below-15bn-for-first-time-in-history.

36) IFPI (International Federation of the Phonographic Industry), "IFPI Digital Music Report 2015," 2015, http://www.ifpi.org/downloads/Digital-Music-Report-2015.pdf.

37) Mike Wiser, "The Way the Music Died: Frequently Asked Questions," *Frontline*, accessed January 31, 2017, http://www.pbs.org/wgbh/pages/frontline/shows/music/inside/faqs.html.

38) Tim Ingham, "Independent Labels Trounce UMG, Sony and Warner in US Market Shares," Music Business Worldwide, July 29, 2015, http://www.musicbusinessworldwide.com/independent-label-us-market-share-trounces-universal-

sony-warner.

39) Dan Glaister, "Tower Crumbles inthe Download Era," *Guardian*, October 9, 2006, https://www.theguardian.com/business/2006/oct/09/retail.usnews.

40) Simon Bowers and Josephine Moulds, "HMV Calls in Administrators—Putting 4,500 Jobs at Risk," *Guardian*, January 15, 2013, https://www.theguardian.com/business/2013/jan/15/hmv-administrators-4500-jobs-at-risk.

41) Jim Boulden, "David Bowie Made Financial History with Music Bond," *CNNMoney*, January 11, 2016, http://money.cnn.com/2016/01/11/media/bowie-bonds-royalties.

42) Josephine Moulds, "Bond Investors See Another Side of Bob Dylan—but Desire Isn't There," *Guardian*, August 31, 2012, https://www.theguardian.com/business/2012/aug/31/bob-dylan-bond-goldman-sachs.

43) This report confirms 1,500 malls in 2005: "Dying Breed," *CBS News*. This report confirms 1,200 by 2015: Nelson D. Schwartz, "The Economics (and Nostalgia) of Dead Malls," *New York Times*, January 3, 2015, http://www.nytimes.com/2015/01/04/business/the-economics-and-nostalgia-of-dead-malls.html.

44) Ilaina Jones and Emily Chasan, "General Growth Files Historic Real Estate Bankruptcy," *Reuters*, April 16, 2009, http://www.reuters.com/article/us-generalgrowth-bankruptcy-idUSLG52607220090416.

45) Federal Communications Commission, "FCC Releases Statistics of the Long Distance Telecommunications Industry Report," May 14, 2003, table 2, p. 9, year 2000 (interstate plus long distance combined), https://transition.fcc.gov/Bureaus/Common_Carrier/Reports/FCC- State_Link/IAD/ldrpt103.pdf.

46) Sarah Kahn, *Wired Telecommunications Carriers in the US*, IBISWorld Industry Report 51711c, December 2013, http://trace.lib.utk.edu/assets/ Kuney/Fairpoint%20Communications/Research/Other/IBIS_51711C_Wired_ Telecommunications_Carriers_in_the_US_industry_report.pdf.

47) Business Wire, "GfK MRI: 44% of US Adults Live in Households with Cell Phones but No Landlines," April 02, 2015, http://www.businesswire.com/news/home/20150402005790/en#.VR2B1JOPoyS.

48) Greg Johnson, "Ad Revenue Slides for Radio, Magazines," *Los Angeles Times*, August 9, 2001, http://articles.latimes.com/2001/aug/09/business/fi-32280.

49) BIA/Kelsey, "BIA/Kelsey Reports Radio Industry Revenues Rose 5.4% to $14.1 Billion in 2010, Driven by Political Season and More Activity by National Advertisers," PR

Newswire, April 4, 2011, http://www.prnewswire.com/news- releases/biakelsey-reports-radio-industry-revenues-rose-54-to-141-billion-in- 2010-driven-by-political-season-and-more-activity-by-national-advertisers- 119180284.html.

50) Waldman, "Information Needs of Communities."

51) Thomas L. Friedman, *Thank You for Being Late: An Optimist's Guide to Thriving in the Age of Accelerations*(New York: Farrar, Straus, and Giroux, 2016), Kindle ed., loc. 414.

52) Statistic Brain Research Institute, "Average Cost of Hard Drive Storage," accessed January 31, 2017, http://www.statisticbrain.com/average-cost-of-hard- drive-storage.

53) Matthew Komorowski, "A History of Storage Cost," last modified 2014, Mkomo.com. http://www.mkomo.com/cost-per-gigabyte.

54) Francis Cairncross, *The Death of Distance: How the Communications Revolution Will Change Our Lives* (Boston: Harvard Business School Press, 1997).

55) Craig Newmark, LinkedIn profile, accessed February 1, 2017, https://www.linkedin.com/in/craignewmark.

56) Craigconnects, "Meet Craig," accessed February 1, 2017, http://craigconnects.org/about.

57) Craigslist, "[About > Factsheet]," accessed February 1, 2017, https://www.craigslist.org/about/factsheet.

58) Craigslist, "[About > Help > Posting Fees]," accessed February 1, 2017, https://www.craigslist.org/about/help/posting_fees.

59) Henry Blodget, "Craigslist Valuation: $80Million in 2008 Revenue, Worth $5 Billion," *Business Insider*, April 3, 2008, http://www.businessinsider.com/2008/4/craigslist-valuation-80-million-in-2008-revenue-worth-5-billion.

60) Robert Seamans and Feng Zhu, "Responses to Entry in Multi-sided Markets: The Impact of Craigslist on Local Newspapers," January 11, 2013, http://www.gc.cuny.edu/CUNY_GC/media/CUNY-Graduate- Center/PDF/Programs/Economics/Course%20Schedules/Seminar%20Sp.2013/seamans_zhu_craigslist%281%29.pdf.

61) "More than Two-Thirds of US Digital Display Ad Spending Is Programmatic," eMarketer, April 5, 2016, https://www.emarketer.com/Article/More-Than-Two-Thirds-of-US-Digital-Display-Ad-Spending-Programmatic/1013789#sthash.OQclVXY5.dpuf.

62) "Microsoft and AppNexus: Publishing at Its Best (Selling)," *AppNexus Impressionist* (blog), November 3, 2015, http://blog.appnexus.com/2015/microsoft- and-appnexus-publishing-at-its-best-selling.

63) Matthew Lasar, "Google v. Belgium "Link War" Ends after Years of Conflict," *Ars Technica*, July 19, 2011, https://arstechnica.com/tech-policy/2011/07/google-versus-belgium-who-is-winning-nobody.

64) Harro Ten Wolde and Eric Auchard, "Germany's Top Publisher Bows to Google in News Licensing Row," *Reuters*, November 5, 2014, http://www.reuters.com/article/us-google-axel-sprngr-idUSKBN0IP1YT20141105.

65) Eric Auchard, "Google to Shut Down News Site in Spain over Copyright Fees," *Reuters*, December 11, 2014, http://www.reuters.com/article/us-google-spain-news-idUSKBN0JP0QM20141211.

66) WhatsApp, "One Billion," *WhatsApp*(blog), February 1, 2016, https://blog.whatsapp.com/616/One-billion.

67) "WhatsApp Reaches a Billion Monthly Users," *BBC News*, February 1, 2016, http://www.bbc.com/news/technology-35459812.

68) Alexei Oreskovic, "Facebook's WhatsApp Acquisition Now Has Price Tag of $22 Billion," *Reuters*, October 6, 2014, http://www.reuters.com/article/us-facebook-whatsapp-idUSKCN0HV1Q820141006.

69) Ibid.

70) Benedict Evans, "WhatsApp Sails Past SMS, but Where Does Messaging Go Next?" *Benedict Evans* (blog), January 11, 2015, http://ben-evans.com/benedictevans/2015/1/11/whatsapp-sails-past-sms-but-where-does-messaging-go-next.

71) Staci D. Kramer, "The Biggest Thing Amazon Got Right: The Platform," Gigaom, October 12, 2011, https://gigaom.com/2011/10/12/419-the-biggest-thing-amazon-got-right-the-platform.

72) Matt Rosoff, "Jeff Bezos 'Makes Ordinary Control Freaks Look like Stoned Hippies,' Says Former Engineer," *Business Insider*, October 12, 2011, http://www.businessinsider.com/jeff-bezos-makes-ordinary-control-freaks-look-like-stoned-hippies-says-former-engineer-2011-10.

73) Amazon Web Services, "About AWS," accessed February 4, 2017, https://aws.amazon.com/about-aws.

74) Amazon Web Services, "Amazon Simple Storage Service (Amazon S3)—Continuing Successes," July 11, 2006, https://aws.amazon.com/about-aws/whats-new/2006/07/11/amazon-simple-storage-service-amazon-s3---continuing- successes.

75) Amazon Web Services, "Announcing Amazon Elastic Compute Cloud (Amazon EC2)—Beta," August 24, 2006, https://aws.amazon.com/about-aws/whats-new/2006/08/24/announcing-amazon-elastic-compute-cloud-amazon-ec2---beta.

76) Amazon, "Ooyala Wins Amazon Web Services Start-up Challenge, Receives $100,000 in Cash and Services Credits Plus Investment Offer from Amazon.com," December 7, 2007, http://phx.corporate-ir.net/phoenix.zhtml?c=176060&p=irol-newsArticle&ID=1085141.

77) Matthew Lynley, "Amazon's Web Services Are Shining in Its Latest Earnings Beat," *TechCrunch*, April 28, 2016, https://techcrunch.com/2016/04/28/amazon-is-spiking-after-posting-a-huge-earnings-beat.

78) Nick Wingfield, "Amazon'sCloud Business Lifts Its Profits to a Record," *New York Times*, April 28, 2016, https://www.nytimes.com/2016/04/29/technology/amazon-q1-earnings.html.

79) Ben Sullivan, "AWS Heralded as 'Fastest-Growing Enterprise Technology Company in History,' " Silicon UK, November 4, 2015, http://www.silicon.co.uk/cloud/cloud-management/amazon-aws-cloud-160-valuation-179948.

80) Yahoo! Finance, "AMZN—Amazon.com, Inc.," accessed February 4, 2017, https://finance.yahoo.com/quote/AMZN/history.

81) IFPI (International Federation of the Phonographic Industry), "2000 Recording Industry World Sales," April 2001, http://www.ifpi.org/content/library/worldsales2000.pdf.

82) IFPI (International Federation of the Phonographic Industry), "IFPI Global Music Report 2016," April 12, 2016, http://www.ifpi.org/news/IFPI-GLOBAL-MUSIC-REPORT-2016.

83) Tom Lamont, "Napster: The Day the Music Was Set Free," *Guardian*, February 23, 2013, https://www.theguardian.com/music/2013/feb/24/napster-music-free-file-sharing.

84) Wikipedia, s. v. "LimeWire," last modified January 16, 2017, https://en.wikipedia.org/wiki/LimeWire.

85) RIAA (Recording Industry Association of America), "U.S. Sales Database," accessed February 4, 2017, https://www.riaa.com/u-s-sales-database.

86) Justin Fox, "How to Succeed in Business by Bundling—and Unbundling," *Harvard Business Review*, June 24, 2014, https://hbr.org/2014/06/how-to-succeed- in-business-by-bundling-and-unbundling.

87) Joshua Friedlander, "News and Notes on 2016 Mid-year RIAA Music Shipment and

Revenue Statistics," RIAA (Recording Industry Association of America), accessed February 4, 2017, http://www.riaa.com/wp- content/uploads/2016/09/RIAA_ Midyear_2016Final.pdf.

88) Lizzie Plaugic, "Spotify's Year in Music Shows Just How Little We Pay Artists for Their Music," *Verge*, December 7, 2015, http://www.theverge.com/2015/12/7/9861372/ spotify-year-in-review- artist-payment-royalties.

89) Jon Pareles, "David Bowie, 21st- Century Entrepreneur," *New York Times*, June 9, 2002, http://www.nytimes.com/2002/06/09/arts/david-bowie-21st-century-entrepreneur. html.

90) Jack Linshi, "Here's Why Taylor Swift Pulled Her Music from Spotify," Time, November 3, 2014, http://time.com/3554468/why-taylor-swift-spotify.

91) Geoffrey G. Parker, Marshall W. Van Alstyne, and Sangeet Paul Choudary, *Platform Revolution: How Networked Markets Are Transforming the Economy and How to Make Them Work for Yo*u (New York: Norton, 2016).

## 7장

1) "Ballmer Laughs at iPhone," YouTube, September 18, 2007, 2:22, https://www.youtube. com/watch?v=eywi0h_Y5_U.

2) Walter Isaacson, Steve Jobs(New York: Simon & Schuster, 2011), 501.

3) John Markoff, "Phone Shows Apple's Impact on Consumer Products," *New York Times*, January 11, 2007, http://www.nytimes.com/2007/01/11/technology/11cnd- apple. html.

4) Victoria Barret, "Dropbox: The Inside Story of Tech's Hottest Startup," *Forbes*, October 18, 2011, http://www.forbes.com/sites/victoriabarret/2011/10/18/dropbox-the-inside-story-of-techs-hottest-startup/#3b780ed92863.

5) Facebook, "Facebook Reports Third Quarter 2016 Results," November 2, 2016, https:// investor.fb.com/investor-news/press-release-details/2016/Facebook-Reports-Third-Quarter-2016-Results/default.aspx.

6) Apple, "iPhone App Store Downloads Top 10 Million in First Weekend," July 14, 2008, http://www.apple.com/pr/library/2008/07/14iPhone-App-Store-Downloads-Top-10-Million-in-First-Weekend.html.

7) Daisuke Wakabayashi, "Apple's App Store Sales Hit $20 Billion, Signs of Slower Growth

Emerge," *Wall Street Journal*, January 6, 2016, https://www.wsj.com/articles/apples-app-store-sales-hit-20-billion-signs-of- slower-growth-emerge-1452087004.

8) Isaacson, *Steve Jobs*, 501.

9) Henry Mance, "UK Newspapers: Rewriting the Story," *Financial Times*, February 9, 2016, http://www.ft.com/intl/cms/s/0/0aa8beac-c44f-11e5-808f-8231cd71622e. html#axzz3znzgrkTq.

10) Peter Rojas, "Google Buys Cellphone Software Company," *Engadget*, August 17, 2005, https://www.engadget.com/2005/08/17/google-buys-cellphone-software-company.

11) Owen Thomas, "Google Exec: Android Was 'Best Deal Ever,'" *VentureBeat*, October 27, 2010, http://venturebeat.com/2010/10/27/google-exec-android-was-best-deal-ever.

12) Victor H., "Did You Know Samsung Could Buy Android First, but Laughed It Out of Court?" phoneArena.com, February 16,2014, http://www.phonearena.com/news/ Did-you-know-Samsung-could-buy-Android-first-but-laughed-it-out-of-court_ id52685.

13) Gartner, "Gartner Says Worldwide Smartphone Sales Soared in Fourth Quarter of 2011 with 47 Percent Growth," February 15, 2012, table 3, http://www.gartner.com/ newsroom/id/1924314.

14) Gartner, "Gartner Says Chinese Smartphone VendorsWere Only Vendors in the Global Top Five to Increase Sales in the Third Quarter of 2016," November 17, 2016, table 2, http://www.gartner.com/newsroom/id/3516317.

15) Brian X. Chen, "How Microsoft Hit CTRL+ALT+DEL on Windows Phone," *Wired*, November 8, 2010, https://www.wired.com/2010/11/making-windows-phone-7.

16) Windows Central, "Windows Phone," last updated February 3, 2017, http://www. windowscentral.com/windows-phone.

17) Microsoft, "Microsoft to Acquire Nokia's Devices & Services Business, License Nokia's Patents and Mapping Services," September 3, 2013, https://news.microsoft. com/2013/09/03/microsoft-to-acquire-nokias-devices-services-business-license-nokias-patents-and-mapping- services/#setSm8pEXtFGqGKU.99.

18) Microsoft, "Top Free Apps," accessed February 5, 2017,https://www.microsoft.com/en-us/store/top- free/apps/mobile?target=apps..social.

19) Gartner, "Gartner Says Worldwide Smartphone Sales Grew 3.9 Percent in First Quarter of 2016," May 19, 2016, table 2, https://www.gartner.com/newsroom/id/3323017.

20) Tom Warren, "Microsoft Lays Off Hundreds as It Guts Its Phone Business," *Verge*,

May 25, 2016, http://www.theverge.com/2016/5/25/11766344/microsoft-nokia-impairment-layoffs-may-2016.

21) ZDNet, "Worst Tech Mergers and Acquisitions: Nokia and Microsoft, AOL and Time Warner," *Between the Lines* (blog), February 13, 2016, http://www.zdnet.com/article/worst-tech-mergers-and-acquisitions-nokia-and-microsoft-aol-and-time-warner.

22) Nick Wingfield, "Cutting Jobs, Microsoft Turns Page on Nokia Deal," *New York Times*, July 8, 2015, https://www.nytimes.com/2015/07/09/technology/microsoft- layoffs. html.

23) Gregg Keizer, "Microsoft Writes Off $7.6B, Admits Failure of Nokia Acquisition," *Computerworld*, July 8, 2015, http://www.computerworld.com/article/2945371/smartphones/microsoft-writes-off-76b-admits-failure-of-nokia-acquisition.html.

24) Statista, "Global Smartphone OS Market Share Held by RIM (BlackBerry) from 2007 to 2016, by Quarter," accessed February 5, 2017, https://www.statista.com/statistics/263439/global-market-share-held-by-rim- smartphones.

25) Andrew Griffin, "Black-Berry Announces It Will Make No More New Phones," *Independent*, September 28, 2016, http://www.independent.co.uk/life-style/gadgets-and-tech/news/blackberry-announces-it-will-make-no-more-new-phones-a7334911. html.

26) Google Finance, "BlackBerry Ltd (NASDAQ:BBRY)," accessed February 5, 2017, https://www.google.com/finance?cid=663276.

27) Wikiquote, s. v. "Albert Einstein," last modified January 29, 2017, https://en.wikiquote. org/wiki/Albert_Einstein.

28) Shane Rounce, "UX vs. UI," Dribbble, December 7, 2014, https://dribbble.com/shots/1837823-UX-vs-UI.

29) Gary Rivlin, "Wallflower at the Web Party," *New York Times*, October 15, 2006, http://www.nytimes.com/2006/10/15/business/yourmoney/15friend.html.

30) Vauhini Vara and Rebecca Buckman, "Friendster Gets $10 Million Infusion for Revival Bid," *Wall Street Journal*, August 21, 2006, https://www.wsj.com/articles/SB115612561104040731.

31) Fame Foundry, "DeadSpace: 7 Reasons Why My-Space Is as Good as Dead," August 1, 2009, http://www.famefoundry.com/382/deadspace-7-reasons-why- myspace-is-as-good-as-dead.

32) Todd Spangler, "Time Inc. Buys Myspace Parent Company Viant," *Variety*, February 11,

2016, http://variety.com/2016/digital/news/time-inc myspace-viant-1201703860.

33) Patrick Collison, interview by the authors, summer 2015.

34) Ibid.

35) Ibid.

36) Ingrid Lunden, "Payments Provider Stripe Has Raised Another $150M at a $9B Valuation," *TechCrunch*, November 25, 2016, https://techcrunch.com/2016/11/25/payments-provider-stripe-has-raised-another-150-at-a-9b-valuation.

37) Rolfe Winkler and Telis Demos, "Stripe's Valuation Nearly Doubles to $9.2 Billion," *Wall Street Journal*, November 25, 2016, https://www.wsj.com/articles/stripes-valuation-nearly-doubles-to-9-2-billion-1480075201.

38) Collison, interview, summer 2015.

39) Ibid.

## 8장

1) James Joyce, Ulysses (Paris: Sylvia Beach, 1922), 180.

2) Payal Kadakia, "An Open Letter to Our Community from Our CEO," *Warm Up*, November 2, 2016, https://classpass.com/blog/2016/11/02/open-letter-to-community.

3) Ibid.

4) Nakesha Kouhestani, Twitter post, November 2, 2016 (8:49 a.m.), https://twitter.com/NakesaKou/status/793842460023623680.

5) Avery Hartmans, "People Are Freaking Out about ClassPass Killing Its Unlimited Membership Plan," *Business Insider*, November 2, 2016, http://www.businessinsider.com/classpass-kills-unlimited-memberships-twitter-reacts-2016-11.

6) Kadakia, "Open Letter to Our Community."

7) Zachary Apter, LinkedIn profile, accessed February 5, 2017, https://www.linkedin.com/in/zachary-apter-421a96.

8) Zachary Apter, interview by the authors, February 2016.

9) "Rent the Runway Annonces [sic] New Business | Fortune," YouTube, July 16, 2014, 24:59, https://www.youtube.com/watch?v=hc0RdVK-qK0.

10) Rent the Runway, "Danielle Nicole: Grey Pearl Linear Cage Earrings," accessed February 5, 2017, https://www.renttherunway.com/shop/designers/danielle_nicole/grey_

pearl_linear_cage_earrings.

11) Rebecca Greenfield, "Inside Rent the Runway's Secret Dry-Cleaning Empire," *Fast Company*, October 28, 2014,https://www.fastcompany.com/3036876/most-creative-people/inside-rent-the-runways-secret-dry-cleaning-empire.

12) Erin Griffith, "Rent the Runway Unveils a Netflix Subscription for Your Closet," *Fortune*, July 16, 2014, http://fortune.com/2014/07/16/rent-the-runway-unlimited- netflix-subscription-closet.

13) Rent the Runway, "Want an Unlimited Winter Wardrobe?" accessed February 5, 2017, https://www.renttherunway.com/unlimited.

14) David Z. Morris, "Trucking? There's Finally an App for That," *Fortune*, July 9, 2015, http://fortune.com/2015/07/09/trucker-path-app.

15) DAT (Dial-A-Truck), "3rd DAT Carrier Benchmark Survey: Q1 2013," DAT Special Report, 2013, http://www.dat.com/Resources/~/ media/Files/DAT/Resources/Whitepapers/2013_Carrier_BenchMark_Surveyfinal.ashx.

16) Connie Loizos, "Long- Haul Trucking Startup Transfix Lands $12 Million Series A," *TechCrunch*, November 10, 2015, https://techcrunch.com/2015/11/10/long-haul-trucking-startup-transfix-lands-12-million-series-a.

17) Transfix, "[Ship with Us]," accessed February 5, 2017, https://transfix.io/ship- with-us.

18) Flexe, "About Flexe," accessed February 5, 2017, https://www.flexe.com/company.

19) Upwork Global Inc., "About Us," accessed February 5, 2017, https://www.upwork.com/ about.

20) Cvent, "Cvent Announces Fourth Quarter and Full Year 2015 Financial Results," February 25, 2016, http://investors.cvent.com/press-releases/2016/02-25-2016-211735769.aspx.

21) Ibid.

22) BlaBlaCar, "Founders," accessed February 5, 2017, https://www.blablacar.com/about-us/founders.

23) Murad Ahmed, "BlaBlaCar Sets Course to Hit All Points Other than the US," *Financial Times*, December 10, 2014, https://www.ft.com/content/4260cd4e-7c75-11e4-9a86-00144feabdc0?siteedition=uk#axzz3QsbvnchO.

24) Laura Wagner, "What Does French Ride-Sharing Company BlaBlaCar Have That Uber Doesn't," *Two-Way*, September 16, 2015, http://www.npr.org/sections/thetwo-way/2015/09/16/440919462/what-has-french-ride-sharing-company-blablacar-got-

that-uber-doesnt.

25) "BlaBlaCar: Something to Chat About," *Economist*, October 22, 2015, http://www. economist.com/news/business/21676816-16-billion-french-startup-revs-up-something-chat-about.

26) BlaBlaCar, accessed February 5, 2017, https://www.blablacar.com.

27) Rawn Shah, "Driving Ridesharing Success at BlaBlaCar with Online Community," *Forbes*, February 21, 2016, http://www.forbes.com/sites/rawnshah/2016/02/21/driving-ridesharing-success-at-blablacar-with-online-community/#5271e05b79a6.

28) Yoolim Lee, "Go-Jek Raises Over $550Million in KKR, Warburg- Led Round," Bloomberg, last modified August 5, 2016, https://www.bloomberg.com/news/articles/2016-08-04/go-jek-said-to-raise-over- 550-million-in-kkr-warburg-led-round.

29) Steven Millward, "China's Top 'Uber for Laundry' Startup Cleans Up with $100M Series B Funding," Tech in Asia, August 7, 2015, https://www.techinasia.com/china-uber-for-laundry-edaixi-100-million-funding.

30) Emma Lee, "Tencent- Backed Laundry App Edaixi Nabs $100M USD from Baidu," TechNode, August 6, 2015, http://technode.com/2015/08/06/edaixi-series-b.

31) Edaixi, accessed February 5, 2017, http://www.edaixi.com/home/about. (English version:https://translate.google.com/translate?hl=en&sl=zh-CN&tl=en&u=http%3A%2F%2Fwww.edaixi.com%2Fhome%2Fabout.)

32) Guagua Xiche, accessed February 5, 2017, http://www.guaguaxiche.com/web/about. html.

33) C. Custer, "2015 Has Been Brutal to China's O2O Car Wash Services," Tech in Asia, November 2, 2015, https://www.techinasia.com/2015-brutal-chinas-o2o-car-wash-services.

34) Hao Chushi, accessed February 5, 2017, http://www.chushi007.com/index.html.

35) Jamie Fullerton, "China's New App Brings Chefs to Cook in Your Home," *Munchies*, April 8, 2015, https://munchies.vice.com/en/articles/chinas-new-app-brings-world-class-chefs-to-cook-in-your-home.

36) C. Custer, "Confirmed: Alibaba Invested $1.25 Billion in China's Top Food Delivery Startup," Tech in Asia, April 13, 2016, https://www.techinasia.com/confirmed-alibaba-invested-125-billion-food-delivery-startup-eleme.

37) 58.com, "58.com Subsidiary 58 Home Raises US$300 Million in Series A Funding," PR Newswire, October 12, 2015, http://www.prnewswire.com/news-releases/58com-

subsidiary-58-home-raises-us300-million-in-series-a-funding-300157755.html.

38) Paul Carsten, "Baidu to Invest $3.2 Billion in Online-to-Offline Services," *Reuters*, June 30, 2015, http://www.reuters.com/article/us-baidu-investment-idUSKCN0PA0MH20150630.

39) Charlie Songhurst, interview by the authors, October 2015.

40) Paul Barter, " 'Cars Are Parked 95% of the Time.' Let's Check!" Reinventing Parking, February 22, 2013, http://www.reinventingparking.org/2013/02/cars-are-parked-95-of-time-lets-check.html.

41) Nicholas J. Klein and Michael J. Smart, "Millennials and Car Ownership: Less Money, Fewer Cars," *Transport Policy* 53 (January 2017): 20–29, http://www.sciencedirect.com/science/article/pii/S0967070X16305571.


## 9장

1) Uber, "[Our Story]," accessed February 5, 2017, https://www.uber.com/our-story.

2) Leena Rao, "UberCab Takes the Hassle Out of Booking a Car Service," *TechCrunch*, July 5, 2010, https://techcrunch.com/2010/07/05/ubercab-takes-the-hassle-out-of-booking-a-car-service.

3) Fast Company, "Travis Kalanick, the Fall and Spectacular Rise of the Man behind Uber," *South China Morning Post*, September 25, 2015, http://www.scmp.com/magazines/post-magazine/article/1860723/travis-kalanick-fall-and-spectacular-rise-man-behind-uber.

4) Ibid.

5) Alexia Tsotsis, "Uber Opens UpPlatform to Non- limo Vehicles with 'Uber X,' Service Will Be 35% Less Expensive," *TechCrunch*, July 1, 2012, https://techcrunch.com/2012/07/01/uber-opens-up-platform-to-non-limo-vehicles-with-uber-x-service-will-be-35-less-expensive.

6) Alex, "Announcing UberPool," *Uber Newsroom*(blog), August 5, 2014, https://newsroom.uber.com/announcing-uberpool.

7) James Temperton, "Uber's 2016 Losses to Top $3bn According to Leaked Financials," *Wired*, December 20, 2016, http://www.wired.co.uk/article/uber-finances-losses-driverless-cars.

8) Andrew Ross Sorkin, "Why Uber Keeps Raising Billions," *New York Times*, June 20, 2016,

https://www.nytimes.com/2016/06/21/business/dealbook/why-uber-keeps-raising-billions.html.

9) UCLA Labor Center, "Ridesharing or Ridestealing? Changes in Taxi Ridership and Revenue in Los Angeles 2009–2014," Policy Brief, July 2015, table 1, p. 3, http://www.irle.ucla.edu/publications/documents/Taxi-Policy-Brief.pdf.

10) Tom Corrigan, "San Francisco's Biggest Taxi Operator Seeks Bankruptcy Protection," *Wall Street Journal*, January 24, 2016, https://www.wsj.com/articles/san-franciscos-biggest-taxi-operator-seeks-bankruptcy-protection-1453677177.

11) Simon Van Zuylen-Wood, "The Struggles of New York City's Taxi King," *Bloomberg BusinessWeek*, August 27, 2015, https://www.bloomberg.com/features/2015-taxi-medallion-king.

12) "Uber Fined in France over UberPop," *BBC News*, June 9, 2016, http://www.bbc.com/news/business-36491926.

13) "Why Fintech Won't Kill Banks," *Economist*, June 17, 2015, http://www.economist.com/blogs/economist-explains/2015/06/economist-explains-12.

14) Ibid.

15) Juro Osawa, Gillian Wong, and Rick Carew, "Xiaomi Becomes World's Most Valuable Tech Startup," *Wall Street Journal*, last modified December 29, 2014, https://www.wsj.com/articles/xiaomi-becomes-worlds-most-valuable-tech-startup-1419843430.

16) Eva Dou, "China's Xiaomi under Pressure to Prove Value to Investors," *Wall Street Journal*, January 10, 2016, https://www.wsj.com/articles/chinas-xiaomi-under-pressure-to-prove-value-to-investors-1452454204.

17) Eva Dou, "Xiaomi Ends 2015 as China's Smartphone King," *Wall Street Journal*, February 1, 2016, http://blogs.wsj.com/digits/2016/02/01/xiaomi-ends-2015-as-chinas-smartphone-king.

18) Kevin Kelleher, "Once a Darling, Xiaomi Is Facing Tough Questions about Its Future," Time, March 21, 2016, http://time.com/4265943/xiaomi-slowdown.

19) David Gilbert, "How Xiaomi Lost $40bn: Where It All Went Wrong for the 'Apple of the East,'" International Business Times, August 18, 2016, http://www.ibtimes.co.uk/how-xiaomi-lost-40bn-where-it-all-went-wrong-apple-east-1576781.

20) Ibid.

21) James Titcomb, "Samsung Mobile Phone Sales Fall to Lowest Level in Five Years," *Telegraph*, January 24, 2017, http://www.telegraph.co.uk/technology/2017/01/24/

samsung-mobile-phone-sales- fall-lowest-level-five-years.

22) Philip Elmer- DeWitt, "How Apple Sucks the Profit Out of Mobile Phones," *Fortune*, February 14, 2016, http://fortune.com/2016/02/14/apple-mobile-profit-2015.

23) Mikey Campbell, "Apple Captures More than 103% of Smartphone Profits in Q3 despite Shrinking Shipments," November 3, 2016, http://appleinsider.com/articles/16/11/03/apple-captures-more-than-103-of-smartphone-profits-in-q3-despite-shrinking-shipments.

24) Joel Rosenblatt and Jack Clark, "Google's Android Generates $31 Billion Revenue, Oracle Says," Bloomberg, January 21, 2016, https://www.bloomberg.com/news/articles/2016-01-21/google-s-android-generates-31-billion-revenue-oracle-says-ijor8hvt.

25) George A. Akerlof, "The Market for 'Lemons':Quality Uncertainty and the Market Mechanism," *Quarterly Journal of Economics* 84, no. 3 (1970): 488–500, https://doi.org/10.2307/1879431.

26) George A. Akerlof, "Writing the 'The Market for "Lemons"':A Personal and Interpretive Essay," Nobelprize.org, November 14, 2003, http://www.nobelprize.org/nobel_prizes/economic-sciences/laureates/2001/akerlof-article.html.

27) Ibid.

28) Eric Newcomer, "Lyft Is Gaining on Uber as It Spends Big for Growth," Bloomberg, last modified April 14, 2016, https://www.bloomberg.com/news/articles/2016-04-14/lyft-is-gaining-on-uber-as-it-spends-big-for-growth.

29) Tomio Geron, "California Becomes First State to Regulate Ridesharing Services Lyft, Sidecar, UberX," *Forbes*, September 19, 2013, http://www.forbes.com/sites/tomiogeron/2013/09/19/california-becomes-first-state-to-regulate-ridesharing-services-lyft-sidecar-uberx/#6b22c10967fe.

30) BlaBlaCar, "Frequently Asked Questions: Is It Safe for Me to Enter My Govt. ID?" accessed February 6, 2017, https://www.blablacar.in/faq/question/is-it-safe- for-me-to-enter-my-id.

31) Alex Tabarrok and Tyler Cowen, "The End of Asymmetric Information," Cato Institute, April 6, 2015, https://www.cato-unbound.org/2015/04/06/alex-tabarrok-tyler-cowen/end-asymmetric-information.

32) Joe Gebbia, "How Airbnb Designs for Trust," TED Talk, February 2016, 15:51, https://www.ted.com/talks/joe_gebbia_how_airbnb_designs_for_trust?language=en.

33) Ibid.

34) Ibid.

35) SoulCycle, "All Studios," accessed February 6, 2017, https://www.soul- cycle.com/ studios/all.

36) See, for instance, Paul Klemperer, "Markets with Consumer Switching Costs," *Quarterly Journal of Economics* 102, no. 2 (1987):375–94; and Joseph Farrell and Garth Saloner, "Installed Base and Compatibility: Innovation, Product Preannouncements, and Predation," *American Economic Review* (1986): 940–55.

37) Douglas MacMillan, "Uber Raises $1.15 Billion from First Leveraged Loan," *Wall Street Journal*, July 7, 2016, https://www.wsj.com/articles/uber-raises-1-15- billion-from-first-leveraged-loan-1467934151.

38) Bill McBride, "Hotels: Occupancy Rate on Track to Be 2nd Best Year," *Calculated Risk* (blog), October 17, 2016, http://www.calculatedriskblog.com/2016/10/hotels-occupancy-rate-on-track-to- be_17.html.

39) Hugo Martin, "Airbnb Takes a Toll on the U.S. Lodging Industry, but Los Angeles Hotels Continue to Thrive," *Los Angeles Times*, September 26, 2016, http://www.latimes.com/ business/la-fi-airbnb-hotels-20160926-snap-story.html.

40) Gregorios Zervas, Davide Proserpio, and John W. Byers, "The Rise of the Sharing Economy: Estimating the Impact of Airbnb on the Hotel Industry," last modified November 18, 2016, http://cs-people.bu.edu/dproserp/papers/airbnb.pdf.

## 10장

1) Robert Wright, Twitter page, accessed February 6, 2017, https://twitter.com/ robertwrighter.

2) Robert Wright, "Voice of America," *New Republic*, September 13, 1993, http://cyber. eserver.org/wright.txt.

3) Ibid.

4) Leonid Taycher, "Books of the World, Stand Up and Be Counted! All 129,864,880 of You," *Google Books Search* (blog), August 5, 2010, http://booksearch.blogspot. com/2010/08/books-of-world-stand-up-and-be-counted.html.

5) Khazar University Library and Information Center, "10 Largest Libraries of the World," accessed February 6, 2017, http://library.khazar.org/s101/10-largest--libraries-of-the-

world/en.

6) Antal van den Bosch, Toine Bogers, and Maurice de Kunder, "Estimating Search Engine Index Size Variability: A 9-Year Longitudinal Study," *Scientometrics*, July 27, 2015, http://www.dekunder.nl/Media/10.1007_s11192-016-1863-z.pdf; Maurice de Kunder, "The Size of the World Wide Web (the Internet)," WorldWideWebSize.com, accessed February 6, 2017, http://www.worldwidewebsize.com.

7) Stephen Heyman, "Google Books: A Complex and Controversial Experiment," *New York Times*, October 28, 2015, https://www.nytimes.com/2015/10/29/arts/international/google-books-a-complex-and-controversial-experiment.html.

8) Chris Desadoy, "How Many Videos Have Been Uploaded to YouTube?" Quora, March 31, 2015, https://www.quora.com/How-many-videos-have-been-uploaded-to-YouTube.

9) Quote verified via personal communication with Allen Paulos, March 2017.

10) Sergey Brin and Larry Page, "The Anatomy of a Large-Scale Hypertextual Web Search Engine," paper presented at the Seventh International World-Wide Web Conference, Brisbane, Australia, 1998, http://ilpubs.stanford.edu:8090/361.

11) Five Pillars," last modified February 6, 2017, at 10:52, https://en.wikipedia.org/wiki/Wikipedia:Five_pillars.

12) Friedrich A. Hayek, "The Use of Knowledge in Society," *American Economic Review* 35, no. 4 (1945): 519–30.

13) Ibid.

14) Geoffrey Nunberg, "Simpler Terms; If It's 'Orwellian,' It's Probably Not," *New York Times*, June 22, 2003, http://www.nytimes.com/2003/06/22/weekinreview/simpler-terms-if-it-s-orwellian-it-s-probably-not.html.

15) Joe Fassler, "What It Really Means to Be 'Kafkaesque,' " *Atlantic*, January 15, 2014, https://www.theatlantic.com/entertainment/archive/2014/01/what-it-really-means-to-be-kafkaesque/283096.

16) Hayek, "Use of Knowledge in Society."

17) Kenneth J. Arrow et al., "The Promise of Prediction Markets," *Science* 320 (May 16, 2008): 877–78, http://mason.gmu.edu/~rhanson/PromisePredMkt.pdf.

18) Derek Hildreth, "The First Linux Announcement from Linus Torvalds," Linux Daily, April 15, 2010, http://www.thelinuxdaily.com/2010/04/the-first-linux-announcement-from-linus-torvalds.

19) Linus Torvalds, "The Mind behind Linux," TED Talk, February 2016, 21:30, https://

www.ted.com/talks/linus_torvalds_the_mind_behind_linux?language=en.

20) "Linux Kernel Development: How Fast It Is Going, Who Is Doing It, What They Are Doing, and WhoIs Sponsoring It [2015]," accessed February 7, 2017, https://www.linux.com/publications/linux-kernel-development-how-fast-it-going- who-doing-it-what-they-are-doing-and-who.

21) Linux Foundation, "The Linux Foundation Releases Linux Development Report," February 18, 2015, https://www.linuxfoundation.org/news-media/announcements/2015/02/linux-foundation-releases-linux-development-report.

22) Tim O'Reilly, "What Is Web 2.0," September 3, 2005, http://www.oreilly.com/pub/a/web2/archive/what-is-web-20.html.

23) Torvalds, "Mind behind Linux," 21:30.

24) Gavin Thomas, "Raspbian Explained," Gadget [2015], accessed February 7, 2017, https://www.gadgetdaily.xyz/raspbian-explained.

25) Raspbian: Raspbian.org, "Welcome to Raspbian," accessed February 7, 2017, https://www.raspbian.org.

26) Torvalds, "Mind behind Linux," 17:00.

27) Ibid., 21:30.

28) ARTFL Project, "Chambers' Cyclopaedia," accessed February 7, 2017, https://artfl-project.uchicago.edu/content/chambers-cyclopaedia.

29) Karim R. Lakhani and Andrew P. McAfee, "Wikipedia (A)," Harvard Business School Courseware, 2007, https://courseware.hbs.edu/public/cases/wikipedia.

30) Ibid.

31) Larry Sanger, "My Role in Wikipedia (Links)," LarrySanger.org, accessed February 8, 2017, http://larrysanger.org/roleinwp.html.

32) Wikipedia, s. v. "History of Wikipedia," accessed February 8, 2017, https://en.wikipedia.org/wiki/History_of_Wikipedia.

33) Alexa, "Wikipedia.org Traffic Statistics," last modified February 7, 2017, http://www.alexa.com/siteinfo/wikipedia.org.

34) Wikipedia, s. v. "Wikipedia: Verifiability," last modified February 27, 2017, https://en.wikipedia.org/wiki/Wikipedia:Verifiability.

35) Josh Costine, "Slack's Rapid Growth Slows as It Hits 1.25M Paying Work Chatters," October 20, 2016, https://techcrunch.com/2016/10/20/slunk.

## 11장

1) Karim Lakhani et al., "Prize-Based Contests Can Provide Solutions to Computational Biology Problems," *Nature Biotechnology* 31, no. 2(2013): 108–11, http://www.nature.com/nbt/journal/v31/n2/full/nbt.2495.html.

2) Ibid.

3) Ibid.

4) Dana-Farber/Harvard Cancer Center, "Ramy Arnaout, MD, PhD," accessed February 8, 2017, http://www.dfhcc.harvard.edu/insider/member- detail/member/ramy-arnaout-md-phd.

5) Lakhani et al.,"Prize- Based Contests."

6) Karim Lakhani, interview by the authors, October 2015.

7) Anita Williams Woolley et al., "Evidence for a Collective Intelligence Factor in the Performance of Human Groups," *Science* 330, no. 6004 (2010): 686–88.

8) Eric Raymond, *The Cathedral and the Bazaar* (Sebastopol, CA: O'Reilly Media, 1999), 19.

9) Lars Bo Jeppesen and Karim R. Lakhani, "Marginality and Problem-Solving Effectiveness in Broadcast Search," *Organization Science*, February 22, 2010, http://pubsonline.informs.org/doi/abs/10.1287/orsc.1090.0491.

10) Jason Pontin, "Artificial Intelligence, with Help from the Humans," *New York Times*, March 25, 2007, http://www.nytimes.com/2007/03/25/business/yourmoney/25Stream.html.

11) Jeremy Wilson, "My Gruelling Day as an Amazon Mechanical Turk," *Kernel*, August 28, 2013, http://kernelmag.dailydot.com/features/report/4732/my-gruelling-day-as-an-amazon-mechanical-turk.

12) Michael Bernstein et al., "Soylent: A Word Processor with a Crowd Inside," 2010, http://courses.cse.tamu.edu/caverlee/csce438/readings/soylent.pdf.

13) Topcoder, "Topcoder Is Different," accessed February 8, 2017, https://www.topcoder.com/member-onboarding/topcoder-is-different.

14) Kaggle, accessed March 10, 2017, https://www.kaggle.com.

15) JamieV2014, "Task of the Week: Perform My Marriage," *TaskRabbit* (blog), March 26, 2014, https://blog.taskrabbit.com/2014/03/26/task-of-the-week-perform-my-marriage.

16) LauraTaskRabbit, "Task of the Week: Deliver Ice Cream Cake to My Grandpa," *TaskRabbit* (blog), November 18, 2014, https://blog.taskrabbit.com/2014/11/18/

task- of-the-week-deliver-ice-cream-cake-to-my-grandpa.

17) JamieV2014, "We're First in Line at the Apple Store," *TaskRabbit* (blog), September 17, 2012, https://blog.taskrabbit.com/2012/09/17/were-first-in-line-at- the-apple-store.

18) IMDb, s. v. "Veronica Mars: TV Series (2004–2007)," accessed February 8, 2017, http:// www.imdb.com/title/tt0412253.

19) Rob Thomas, "The Veronica Mars Movie Project," Kickstarter, accessed February 8, 2017, https://www.kickstarter.com/projects/559914737/the-veronica-mars-movie-project.

20) Ibid.

21) Sarah Rappaport, "Kickstarter Funding Brings 'Veronica Mars' Movie to Life," CNBC, March 12, 2014, http://www.cnbc.com/2014/03/12/kickstarter-funding-brings-veronica-mars-movie-to-life.html.

22) Business Wire, "Warner Bros.' 'Veronica Mars' Movie Opens on March 14, 2014," December 6, 2013, http://www.businesswire.com/news/home/20131206005856/en/Warner-Bros.'-"Veronica-Mars"-Movie-Opens-March.

23) Marc Andreessen, interview by the authors, August 2015.

24) Jacob Kastrenakes, "Indiegogo Wants Huge Companies to Crowdfund Their Next Big Products," *Verge*, January 6, 2016, http://www.theverge.com/2016/1/6/10691100/indiegogo-enterprise-crowdfunding- announced-ces-2016.

25) Indiegogo, "Indiegogo for Enterprise," accessed February 8, 2017, https://learn.indiegogo.com/enterprise.

26) Telis Demos and Peter Rudegeair, "LendingClub Held Talks on Funding Deals with Och- Ziff, Soros, Third Point," *Wall Street Journal*, last updated June 9, 2016, https://www.wsj.com/articles/lendingclub-and-hedge-funds-have-discussed-major- funding-deals-1465476543.

27) Shelly Banjo, "Wall Street Is Hogging the Peer-to-Peer Lending Market," Quartz, March 4, 2015, https://qz.com/355848/wall-street-is-hogging-the-peer-to-peer-lending-market.

28) Andreessen, interview, August 2015.

29) Joseph Schumpeter, *The Theory of Economic Development: An Inquiry into Profits, Capital, Credit, Interest, and the Business Cycle* (Cambridge, MA: Harvard University Press, 1934), 66.

30) Eric von Hippel, Democratizing Innovation (Cambridge, MA: MIT Press, 2006).

31) Alexia Tsotsis, "TaskRabbit Turns Grunt Work into a Game," *Wired*, July 15, 2011,

https://www.wired.com/2011/07/mf_taskrabbit.

32) Wikipedia, s. v. "List of Mergers and Acquisitions by Apple," last modified January 21, 2017, https://en.wikipedia.org/wiki/List_of_mergers_and_acquisitions_by_Apple.

33) Wikipedia, s. v. "List of Mergers and Acquisitions by Facebook," last modified February 4, 2017, https://en.wikipedia.org/wiki/ List_of_mergers_and_acquisitions_by_ Facebook.

34) Wikipedia, "List of Mergers and Acquisitions by Alphabet," last modified February 2, 2017, https://en.wikipedia.org/wiki/List_of_mergers_and_acquisitions_by_ Alphabet.

35) Evelyn M. Rusli, "Facebook Buys Instagram for $1 Billion," *New York Times*, April 9, 2012, https://dealbook.nytimes.com/2012/04/09/facebook-buys-instagram-for-1-billion.

36) Facebook Newsroom, "Facebook to Acquire WhatsApp," February 19, 2014, http:// newsroom.fb.com/news/2014/02/facebook-to-acquire-whatsapp.

37) D. E. Shaw & Company, "[Who We Are]," accessed February 8, 2017, https://www.deshaw.com/WhoWeAre.shtml.

38) Cliffwater LLC, "Hedge Fund Investment Due Diligence Report: D. E. Shaw Composite Fund," June 2011, http://data.treasury.ri.gov/dataset/96dcb86f-e97e-4b05-8ce2-a40289e477a6/resource/ab68154d-9a7e-4a7d-82c9-d27998d1f2bc/download/DE-Shaw-Hedge-Fund-Investment-Due-Diligence-Report-0611Redacted.pdf.

39) Nathan Vardi, "Rich Formula: Math and Computer Wizards Now Billionaires Thanks to Quant Trading Secrets," *Forbes*, September 29, 2015, http://www.forbes.com/sites/nathanvardi/2015/09/29/rich-formula-math-and-computer-wizards-now-billionaires-thanks-to-quant trading-secrets/4/#58ea036a3d61.

40) Richard Rubin and Margaret Collins, "How an Exclusive Hedge Fund Turbocharged Its Retirement Plan," Bloomberg, June 16, 2015, https://www.bloomberg.com/news/articles/2015-06-16/how-an-exclusive-hedge- fund-turbocharged-retirement-plan.

41) Katherine Burton, "Inside a Moneymaking Machine like No Other," Bloomberg, November 21,2016, https://www.bloomberg.com/news/articles/2016-11-21/how-renaissance-s-medallion-fund-became-finance-s-blackest box.

42) John Fawcett, interview by the authors, December 2016.

43) Ibid.

44) Quantopian, accessed March 10, 2017, https://www.quantopian.com/100000.

45) Fawcett, interview, December 2016.

46) Ibid.

47) Taylor Hall, "Point72's Cohen Bets $250 Million on Crowd-Sourced Quantopian," Bloomberg, July 27, 2016, https://www.bloomberg.com/news/articles/2016-07-27/point72-s-cohen-bets-250-million-on-crowd-sourced-quantopian.

48) Synthetic Biology Project, "What Is Synthetic Biology?" accessed February 8, 2017, http://www.synbioproject.org/topics/synbio101/definition.

49) Indiegogo, "DIY CRISPR Kits,Learn Modern Science by Doing," accessed February 8, 2017, https://www.indiegogo.com/projects/diy-crispr-kits-learn-modern-science-by-doing#.

50) Andrew Tarantola, "I Played God with The Odin's DIY CRISPRKit," *Engadget*, June 30, 2016, https://www.engadget.com/2016/06/30/i-played-god-with-the-odins-diy-crispr-kit.

51) Open Agriculture Initiative, "Farming for the Future," accessed February 8, 2017, http://openag.media.mit.edu.

52) Adam Thierer, *Permissionless Innovation: The Continuing Case for Comprehensive Technological Freedom* (Arlington, VA: Mercatus Center, 2014), section 1.02.

53) "Large Mechanical Hand," YouTube, April 2, 2011, 0:48, https://www.youtube.com/watch?v=dEHiAItVdiw.

54) Robert F. Graboyes, "A Hand for Innovation—Ivan Owen, Jon Schull and e-NABLE," InsideSources, October 19, 2016, http://www.insidesources.com/a-hand-for-innovation-ivan-owen-jon-schull-and-e-nable.

55) eHive, "Corporal Coles Prosthetic Hand; Robert Norman; 1845; AR#1723," accessed February 8, 2017, https://ehive.com/collections/5254/objects/387275/corporal-coles-prosthetic-hand.

56) Graboyes, "Hand for Innovation."

## 12장

1) John Maynard Keynes, *The General Theory of Employment, Interest, and Money* (London: Palgrave Macmillan, 1936), 383–84.

2) Ibid.

3) Paul Vigna and Michael J. Casey, *The Age of Cryptocurrency: How Bitcoin and Digital*

*Money Are Challenging the Global Economic Order*(New York: St. Martin's Press, 2015), 41.

4) Satoshi Nakamoto, "Bitcoin: A Peer-to-Peer Electronic Cash System," October 31, 2008, https://bitcoin.org/bitcoin.pdf.

5) Ibid.

6) Bitcoinwhoswho, "A Living Currency: An Interview with 'Jercos,' Party to First Bitcoin Pizza Transaction," *Bitcoin Who's Who* (blog), January 30, 2016, http://bitcoinwhoswho.com/blog/2016/01/30/a-living-currency-an-interview-with-jercos-party-to-first-bitcoin-pizza-transaction.

7) Yessi Bello Perez, "Mt Gox: The History of a Failed Bitcoin Exchange," CoinDesk, August 4, 2015, http://www.coindesk.com/mt-gox-the-history-of-a- failed-bitcoin-exchange.

8) Robert McMillan, "The Inside Story of Mt. Gox, Bitcoin's $460 Million Disaster," *Wired*, March 3, 2014, https://www.wired.com/2014/03/bitcoin-exchange.

9) Robin Sidel, Eleanor Warnock, and Takashi Mochizuki, "Almost Half a Billion Worth of Bitcoins Vanish," *Wall Street Journal*, February 28, 2014, https://www.wsj.com/news/article_email/SB10001424052702303801304579410010379087576.

10) Jake Adelstein and Nathalie-Kyoko Stucky, "Behind the Biggest Bitcoin Heist in History: Inside the Implosion of Mt. Gox," Daily Beast, May 19, 2016, http://www.thedailybeast.com/articles/2016/05/19/behind-the-biggest-bitcoin-heist-in-history-inside-the-implosion-of-mt-gox.html.

11) Michael J. Casey, "Bitcoin's Plunge Bites 'Miners,' " *Wall Street Journal*, January 14, 2015, https://www.wsj.com/articles/bitcoins-plunge-bites-miners-1421281616.

12) Simon Denyer, "The Bizarre World of Bitcoin 'Mining' Finds a New Home in Tibet," *Washington Post*, September 12, 2016, https://www.washingtonpost.com/world/asia_pacific/in-chinas-tibetan-highlands-the- bizarre-world-of-bitcoin-mining-finds-a-new-home/2016/09/12/7729cbea-657e- 11e6-b4d8-33e931b5a26d_story.html?utm_term=.80e5d64087d2.

13) "James Howells Searches for Hard Drive with £4m-Worth of Bitcoins Stored," *BBC News*, November 28, 2013, http://www.bbc.com/news/uk-wales-south-east-wales-25134289.

14) Blockchain, "BTC to USD: Bitcoin to US Dollar Market Price," accessed February 8, 2017, https://blockchain.info/charts/market-price.

15) University of Nicosia, "Academic Certificates on the Blockchain," accessed February 8,

2017, http://digitalcurrency.unic.ac.cy/free-introductory-mooc/academic-certificates-on-the-blockchain.

16) Rebecca Campbell, "Holberton School Begins Tracking Student Academic Credentials on the Bitcoin Blockchain," Nasdaq, May 18, 2016, http://www.nasdaq.com/article/holberton-school-begins-tracking-student-academic-credentials-on-the-bitcoin-blockchain-cm623162#ixzz4Y8MUWUu2.

17) James Melik, "Diamonds: Does the Kimberley Process Work?" BBC News, June 28, 2010, http://www.bbc.com/news/10307046.

18) United Arab Emirates Ministry of Economy, "Kimberley Process: Mid-term Report," 2016, https://www.kimberleyprocess.com/en/system/files/documents/kimberley_process_mid-term_report.pdf.

19) Everledger, accessed March 10, 2017, https://www.everledger.io.

20) US Department of Homeland Security, "Intellectual Property Rights Seizure Statistics: Fiscal Year 2014," accessed February 8, 2017,https://www.cbp.gov/sites/default/files/documents/2014%20IPR%20Stats.pdf.

21) OECD (Organisation for Co-operation and Development), "Global Trade in Fake Goods Worth Nearly Half a Trillion Dollars a Year—OECD & EUIPO," April 18, 2016, https://www.oecd.org/industry/global-trade-in-fake-goods-worth-nearly-half-a-trillion-dollars-a-year.htm.

22) John Brownlee, "How Sneaker Designers Are Busting Knock-Offs with Bitcoin Tech," Fast Company, June 3, 2016, https://www.fastcodesign.com/3060459/how-sneaker-designers-are-busting-knockoffs-with-bitcoin-tech.

23) Cade Metz, "The Grand Experiment Goes Live: Overstock.com Is Now Accepting Bitcoins," Wired, January 9, 2014, https://www.wired.com/2014/01/overstock-bitcoin-live.

24) Overstock.com, "Overstock.com Launches Offering of World's First Cryptosecurity," June 5, 2015, http://investors.overstock.com/phoenix.zhtml?c=131091&p=irol-newsArticle&ID=2056957.

25) Cade Metz, "Overstock Will Issue a Private Bond Powered by Bitcoin Tech," Wired, June 5, 2015, https://www.wired.com/2015/06/overstock-will-issue-private-bond-powered-bitcoin-tech.

26) Overstock.com, "Overstock.com Announces Historic Blockchain Public Offering," March 16, 2016, http://investors.overstock.com/mobile.view?c=131091&v=203&d

=1&id=2148979.

27) Nasdaq, "Nasdaq Linq EnablesFirst-Ever Private Securities Issuance Documented with Blockchain Technology," December 30, 2015, http://ir.nasdaq.com/releasedetail. cfm?releaseid=948326.

28) Jemima Kelly, "Barclays Says Conducts First Blockchain-Based Trade-Finance Deal," Reuters, September 7, 2016, http://www.reuters.com/article/us-banks- barclays-blockchain-idUSKCN11D23B.

29) Nick Szabo, "Smart Contracts: Building Blocks for Digital Markets," Alamut, 1996, http://www.alamut.com/subj/economics/nick_szabo/smartContracts.html.

30) Ethereum, accessed February 8, 2017, https://www.ethereum.org.

31) The Well, "Topic 459: State of the World 2013: Bruce Sterling and Jon Lebkowsky," accessed February 8, 2017, http://www.well.com/conf/inkwell.vue/topics/459/State-of-the-World-2013-Bruce-St-page01.html.

32) Alexis C. Madrigal, "Bruce Sterling on Why It Stopped Making Sense to Talk about 'The Internet' in 2012," Atlantic, December 27, 2012, https://www.theatlantic.com/ technology/archive/2012/12/bruce-sterling-on-why-it- stopped-making-sense-to-talk-about-the-internet-in-2012/266674.

33) Will Oremus, "Tech Companies Are Dominating the Stock Market as Never Before," Slate, July 29, 2016, http://www.slate.com/blogs/moneybox/2016/07/29/the_world_s_5_most_valuable_companies_apple_google_microsoft_amazon_facebook.html.

34) Edelman, "2016 Edelman Trust Barometer," accessed February 9, 2017, http://www.edelman.com/insights/intellectual-property/2016-edelman-trust-barometer/state-of-trust/trust-in-financial-services-trust-rebound.

35) Jon Evans, "Decentralize All the Things!" Tech-Crunch, January 10, 2015, https:// techcrunch.com/2015/01/10/decentralize-all-the-things.

36) Evgeny Morozov, "The Perils of Perfection," New York Times, March 2, 2013, http:// www.nytimes.com/2013/03/03/opinion/sunday/the-perils-of-perfection.html.

37) Peter Sims, "How Andreessen Horowitz Is Disrupting Silicon Valley," Silicon Guild, September 5, 2014, https://thoughts.siliconguild.com/how-andreessen- horowitz-is-disrupting-silicon-valley-208041d6375d#.jguk1gbxx.

38) Don Tapscott and Alex Tapscott, Blockchain Revolution: How the Technology behind Bitcoin Is Changing Money, Business, and the World (New York: Portfolio, 2016).

## 13장

1) The DAO, "Introduction to the DAO," last modified June 29, 2016, https://daowiki. atlassian.net/wiki/display/DAO/Introduction+to+the+DAO.

2) Will Dunn, "The Rise and Fall of The DAO, the First Code-Based Company," NS Tech, July 22, 2016, http://tech.newstatesman.com/feature/dao-code-based- company.

3) Seth Bannon, "The Tao of 'The DAO' or: How the Autonomous Corporation Is Already Here," TechCrunch, May 16, 2016, https://techcrunch.com/2016/05/16/the-tao-of-the-dao-or-how-the-autonomous-corporation is-already-here.

4) Joanna Belbey, "How to Invest in the Institutional Revolution of Blockchain," Forbes, January 18, 2017, http://www.forbes.com/sites/joannabelbey/2017/01/18/how- to-invest-in-the-institutional-revolution-of- blockchain/2/#5807c7603890.

5) "The DAO Raises More than $117 Million in World's Largest Crowdfunding to Date," Bitcoin Magazine, May 16, 2016, https://bitcoinmagazine.com/articles/the-dao-raises-more-than-million-in-world-s-largest-crowdfunding-to-date-1463422191.

6) The DAO, "Introduction."

7) Nathaniel Popper, "Paper Points Up Flaws in Venture Fund Based on Virtual Money," New York Times, May 27, 2016, https://www.nytimes.com/2016/05/28/business/dealbook/paper-points-up-flaws-in- venture-fund-based-on-virtual-money.html.

8) Dino Mark, Vlad Zamfir, and Emin Gun Sirer, "A Call for a Temporary Moratorium on 'The DAO,' " Draft (v0.3.2), last modified May 30, 2016, https://docs.google.com/document/d/10kTyCmGPhvZy94F7VWyS-dQ4lsBacR2dUgGTtV98C40.

9) Nathaniel Popper, "A Hacking of More than $50 Million Dashes Hopes in the World of Virtual Currency," New York Times, June 17, 2016, https://www.nytimes. com/2016/06/18/business/dealbook/hacker-may-have-removed-more-than-50-million-from-experimental-cybercurrency-project.html.

10) Daniel Krawisz, LinkedIn profile, accessed February 7, 2017, https://www.linkedin.com/in/daniel- krawisz-323bb121.

11) Daniel Krawisz, "Ethereum Is Doomed," Satoshi Nakamoto Institute, June 20, 2016, http://nakamotoinstitute.org/mempool/ethereum-is-doomed.

12) E. J. Spode, "The Great Cryptocurrency Heist," Aeon, February 14, 2017, https://aeon. co/essays/trust-the-inside-story-of-the-rise-and-fall-of-ethereum.

13) Ibid.

14) Ibid.

15) Mike Hearn, "The Resolution of the Bitcoin Experiment," Mike's blog, January 14, 2016, https://blog.plan99.net/the-resolution-of-the-bitcoin-experiment- dabb30201f7#. rvh0ditgj.

16) Ibid.

17) Daniel Palmer, "Scalability Debate Continues as Bitcoin XT Proposal Stalls," CoinDesk, January 11, 2016, http://www.coindesk.com/scalability-debate-bitcoin-xt- proposal-stalls.

18) Nathaniel Popper, "How China Took Center Stage in Bitcoin's Civil War," *New York Times*, June 29, 2016, https://www.nytimes.com/2016/07/03/business/dealbook/ bitcoin-china.html.

19) Danny Vincent, "We Looked inside a Secret Chinese Bitcoin Mine," *BBC News*, May 4, 2016, http://www.bbc.com/future/story/20160504-we-looked-inside-a-secret-chinese-bitcoin-mine.

20) Brandon Griggs, "Futurist: We'll Someday Accept Computers as Human," CNN, March 12, 2012, http://www.cnn.com/2012/03/12/tech/innovation/ray-kurzweil- sxsw.

21) R. H. Coase, "The Nature of the Firm," Economica 4, no. 16 (1937): 386–405, http:// www.richschwinn.com/richschwinn/ index/teaching/past%20courses/Econ%20 340%20-%20Managerial%20 Economics/2013%20Fall%20340%20-%20The%20 Nature%20of%20the%20 Firm.pdf.

22) Thomas W. Malone, Joanne Yates, and Robert I. Benjamin, "Electronic Markets and Electronic Hierarchies," *Communications of the ACM* 30, no. 6 (June 1987): 484–97.

23) "Corporate Concentration," *Economist*, March 24, 2016, http://www.economist.com/ blogs/graphicdetail/2016/03/daily-chart-13.

24) Andrew McAfee and Erik Brynjolfsson, "Investing in the IT That Makes a Competitive Difference," *Harvard Business Review* 86, no. 7/8(2008): 98.

25) Sanford J. Grossman and Oliver D. Hart, "The Costs and Benefits of Ownership: A Theory of Vertical and Lateral Integration," *Journal of Political Economy* 94, no. 4 (1986): 691–719.

26) US Bureau of Labor Statistics, "Occupational Employment Statistics," accessed March 11, 2017, https://www.bls.gov/oes/tables.htm.

27) David J. Deming, *The Growing Importance of Social Skills in the Labor Market*, NBER Working Paper 21473 (August 2015), http://www.nber.org/papers/w21473.

28) Ibid.

29) Paul Osterman, *The Truth about Middle Managers: Who They Are, How They Work, Why They Matter* (Boston: Harvard Business School Press, 2009).

30) Quoted in Jonathan Haidt, *The Righteous Mind: Why Good People Are Divided by Politics and Religion* (New York: Vintage Books, 2012), 237.

31) Vishal Makhijani, interview by the authors, August 2015.

32) Ibid.

33) Christopher Mims, "Data Is the New Middle Manager," *Wall Street Journal*, April 19, 2015, https://www.wsj.com/articles/data-is-the-new-middle-manager-1429478017.

## 결론

1) For median wages in the United States: Drew DeSilver, "For Most Workers, Real Wages Have Barely Budged for Decades," Pew Research Center, October 9, 2014, http://www.pewresearch.org/fact-tank/2014/10/09/for-most-workers-real-wages-have-barely-budged-for-decades. For share of labor in the OECD: "Workers' Share of National Income: Labour Pains," *Economist*, October 31, 2013, https://www.economist.com/news/finance-and-economics/21588900all-around- world-labour-losing-out-capital-labour-pains.

2) James Manyika et al., "Harnessing Automation for a Future That Works," McKinsey Global Institute, January 2017, http://www.mckinsey.com/global- themes/digital-disruption/harnessing-automation-for-a-future-that-works.

옮긴이 **이한음**

서울대학교 생물학과를 졸업한 뒤 실험실을 배경으로 한 과학소설《해부의 목적》으로 1996년 〈경향신문〉 신춘문예에 당선됐다. 전문적인 과학 지식과 인문적 사유가 조화된 번역으로 우리나라를 대표하는 과학 전문 번역자로 인정받고 있다. 리처드 도킨스, 에드워드 윌슨, 리처트 포티, 제임스 왓슨 등 저명한 과학자의 대표작이 그의 손을 거쳐갔다. 저서로는 과학소설집《신이 되고 싶은 컴퓨터》,《DNA, 더블댄스에 빠지다》가 있으며, 옮긴 책으로는《제2의 기계 시대》,《살아있는 지구의 역사》,《알고리즘, 인생을 계산하다》,《인에비터블 미래의 정체》등이 있다.《만들어진 신》으로 한국출판문화상 번역 부문을 수상했다.

**트리플 레볼루션의 시대가 온다**
머신·플랫폼·크라우드

1판 1쇄 발행  2018년 10월 26일
1판 10쇄 발행  2022년 12월 14일

**지은이** 앤드루 맥아피, 에릭 브린욜프슨
**옮긴이** 이한음
**펴낸이** 고병욱

**기획편집실장** 윤현주 **기획편집** 장지연 유나경 조은서
**마케팅** 이일권 김도연 김재욱 오정민 복다은 **디자인** 공희 진미나 백은주
**외서기획** 김혜은 **제작** 김기창 **관리** 주동은 **총무** 노재경 송민진

**펴낸곳** 청림출판(주)
**등록** 제1989-000026호

**본사** 06048 서울시 강남구 도산대로 38길 11 청림출판(주) (논현동 63)
**제2사옥** 10881 경기도 파주시 회동길 173 청림아트스페이스 (문발동 518-6)
**전화** 02-546-4341 **팩스** 02-546-8053
**홈페이지** www.chungrim.com
**이메일** cr1@chungrim.com
**블로그** blog.naver.com/chungrimpub
**페이스북** www.facebook.com/chungrimpub

ISBN 978-89-352-1238-5 (03320)